완판본 인쇄·출판의 문화사적 연구

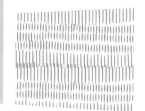
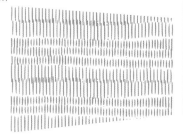

# 완판본
# 인쇄·출판의
# 문화사적 연구

이태영

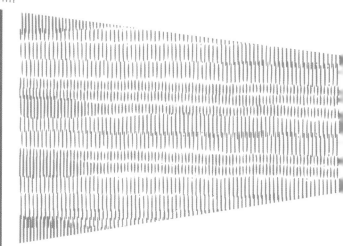

역락

완판본(完板本)은 조선시대에 전라북도 전주에서 인쇄·출판을 담당하던 출판인과 인쇄인들이 지은 이름이다. 전주의 옛 이름인 완산에서 출판한 책이란 뜻으로 '완판(完板)'이란 이름으로 불렸다. 당시 서울에서 발행된 경판본과 쌍벽을 이루면서 조선시대와 개화기시대 우리나라 인쇄·출판문화를 이끌게 되었다.

이 '완판본 인쇄·출판의 문화사적 연구'는 완판본 옛 책 전반을 문화사적인 관점으로 다루는 책이다. 이 책은 전라북도의 인쇄·출판에 대한 문화사를 지역학적 관점으로 서술하였다. 특정 지역의 역사와 문화는 그 지역을 자세히 이해하는 바탕 위에서 기술되어야 한다고 생각한다. 전북의 역사와 문화를 바탕으로 기술하려고 노력하면서도, 서울의 경판본, 경기의 안성판본, 대구의 달성판본과의 구조 안에서 이해하려고 노력하였다.

1부, '완판본과 전북 전주(완산)'에서는 전북 전주에서 출판한 '완판본'(完板本)이 갖는 다양한 개념과 완판본 옛 책의 종류를 제시하고, 판매용 책인 완판방각본(完板坊刻本)을 출판하게 된 지역의 역사와 문화적 배경을 살펴보았다.

2부, '전라감영·전주부(全州府)와 완판본의 발달'에서는 완판본을 발전하게 한 원동력이 된 전라감영의 인쇄문화를 다른 지역의 감영과 비교하여 그 내용을 제시하고, 전라감영과 전주부와의 관계를 살피며, 전라감영에서 발간한 책의 목판인 완영책판의 문화사적 의미를 짚어보았다.

3부, '완판본과 전북의 교육'에서는 전라감영의 교육기관인 희현당에서 희현당철활자로 만든 책의 종류와 그 의미를 알아보고, 전북 태인에서 찍은 초기 방각본의 의미와 시대적 배경을 통하여 당시 전북의 교육에 대해 살펴보았다.

4부, '완판본과 전북의 정신'에서는 완판본이 다양하게 출판되는 배경에 지역민들의 의식세계가 반영된 것으로 이해하여 이를 구체적으로 살펴보고, 전북 지역의 사찰에서 간행한 다양한 불경을 통하여 그 시대의 문화사를 이해하였다.

5부, '완판본의 간행과 기록'에서는 완판본을 출판할 때 기록하는 간기(刊記)에 나타나는 특징을 다양하게 살펴보고, 이를 경판본과 중국, 일본과 비교하고, 완판본의 배지에 나타나는 인쇄의 특징을 통하여 완판본 출판의 내용을 보완하였다.

완판본 옛 책에 관심을 기울인 지가 어언 30여 년이 되었다. 많은 자료를 제공해 주신 골동품 가게 주인들에게 감사드린다. 좋은 자료를 남겨 놓았다가 꼭 보여주셨던 많은 분들이 계셔서 연구가 가능하였다. 옛 책이 나올 때마다 살펴볼 기회를 준 전주역사박물관과 전주완판본문화관, 전주시에 감사하게 생각한다. '티끌 모아 태산'이라는 속담에 따라, 작은 자료 하나씩 사진 찍고 모아서 오늘 이런 책을 낼 수 있게 된 것이다. 완판본에 대해 관심이 있는 분들이 참고할 수 있도록 한 권 한 권을 찾아보고 기록하였다.

최근 몇 년 동안은 주로 연구실에서 완판본 연구에 집중하면서 자료를 탐색하였다. 필요한 부분은 답사를 통해 확인하면서 글을 작성하였다. 완판본 연구는 나에게 큰 취미와 같은 분야였다. 자료를 찾아서 책방, 골동품 가게에 가는 일은 큰 즐거움이었다. 경판본, 달성판본의 유적지를 답사하고 조사할 때는 마치 소풍에 가는 들뜬 기분이었다. 옛 책과 관련된 사항을 확인하느라 인터넷 안에서 국립중앙도서관, 여러 박물관을 방문하여 확인하는 재미도 만사를 잊게 하는 좋은 시간이었다. 완판본 옛 책을 확인하는 재미에 빠져 가족과 친구들에게 무심하여 무척 미안하다.

고 류탁일 선생님은 『완판방각소설의 문헌학적 연구』를 쓰신 분이다. 얼마나 철저하게 조사하고 비교를 했는지 지금 보아도 그 학문적 자세가 너무나 놀랍다. 나는 선생님의 저서를 읽고 크게 깨달았고 부끄러워했다. 머리 숙여 존경하는 마음을 드린다.

연세대학교에서 퇴임하신 홍윤표 교수님은 국어학계의 큰 어른이시며 필자의 스승이시다. 항상 공부를 게을리하지 말라고 채근하시는 선생님께 감사드린다. 선생님의 자상한 가르침으로 옛 책을 공부하고 이렇게 글을 쓰고 책을 내게 되었다.

완판본에 대해 논문을 쓰신 수많은 학자들에게 감사드린다. 그분들의 많은 논문을 읽고 참고할 수 있어서 행복하였다. 전주의 역사와 문화를 연구하기 위해 결성하여 지금까지 함께 하고 있는 전주문화연구회 회원들은 항상 큰 힘이 되었다. 전주의 역사와 문화를 발표하고 토론하면서 지역의 문화 발전을 위해 노력하였다. 완판본 연구와 지역의 문화적 이해에 많은 도움을 준 이동희 관장을 비롯한 회원들에게 감사드린다. 오랜 세월 희로애락을 같이 한 유종국 교수를 비롯한 동료 선후배 여러분과, 같은 길을 가고 있는 이래호 교수, 서형국 교수, 황용주 학예관, 신은수 선생을 비롯한 여러분에게 고마움을 전한다.

완판본 특강에서 귀를 기울여 준 전북 도민들과 전주 시민께 감사드린다. 청중들은 나에게 큰 격려와 힘을 주신 분들이다. 수업 시간에 함께 해 준 학생들에게도 감사하게 생각한다. 완판본을 탄생시킨 이 지역의 수많은 인쇄인, 출판인, 각수와 완판본을 판매하던 많은 분들의 수고와 고마움을 생각한다. 이러한 노력으로 전주에 '완판본문화관'이 탄생하였고 '완판본마당순체'와 '완판본마당각체'와 같은 글꼴이 탄생하였다. 앞으로 전주의 인쇄·출판문화가 정보문화적 시각으로 재탄생되기를 희망한다. 올해는 전라도 정도 천년을 기념하는 해이고, 전주 한복판에 조선시대 호남을 다스리던 전라감영이 복원된 해이다. 이런 경사스러운 해에 책이 나오게 되어 기쁘게 생각한다.

현재 준비하고 있는 제2권『완판본 한글고전소설의 서지(書誌)와 언어』는 완판본 한글고전소설에 관련된 출판과 서지사항, 언어(방언) 등을 다루려고 한다. 제3권에서는 조선 후기 전주의 여러 서점, 그 서점을 중심으로 유통된 내용과 완판본을 활용하는 방향, 완판본 관련 유적지 등을 다루고자 한다.

몇 년 전, 기꺼이 완판본에 관한 책을 내주시기로 약속하고 훌륭하게 출판해 주신 이대현 역락 사장님께 감사드린다. 채근해 주신 이태곤 편집이사님, 깔끔하게 편집해 주신 문선희 편집장님, 표지를 맡아주신 최선주 디자인팀 과장님을 비롯한 직원 여러분께 깊이 감사드린다.

필자는 전라북도 전주시 고사동에서 태어나 완산동을 거쳐 한옥마을이 있는 교동에서 자랐다. 전의(全義) 이씨의 조상님들인 충경공 이정란 장군, 이영남 장군, 청백리 만암 이상진, 성리학자 목산 이기경, 고재 이병은 할아버지가 전주를 지키신 분들이다.

필자의 아버님은 전북대학교 농과대학 농학과를 졸업하셨다. 필자는 인문대학 국어국문학과, 큰 딸은 예술대 미술학과, 큰 아들은 상과대학 회계학과, 막내아들은 예술대학 국악과를 졸업하였다. 우리 집안에서 3대가 전북대학교를 졸업하였다. 필자는 74년도에 입학하여 대학과 대학원까지 마치고, 83년부터 조교로 시작하여 오늘날까지 38년 동안 전북대학교에서 생활하였다. 이번 학기로 대학생활을 마무리하게 된다. 전공 강의와 연구는 물론, 완판본 연구를 하는 동안 많은 도움을 준 전북대학교에 감사하게 생각한다.

　　평생 우리 자녀를 위해 고생하시다가 일찍 세상을 떠나신 어머님을 그리워한다. 용돈으로 고서를 사는 내 모습을 어이없어 하면서도 잘 참아준 아내, 그러고도 여전히 친구처럼 지내주는 아내 박명숙(보나) 씨에게 감사드린다. 무심한 아빠를 이해해 준 우리 큰딸 현경이(실비아), 큰아들 주한이(요한), 막내아들 주찬이(요셉)에게 고마움을 전한다. 함께 해주신 모든 분들이 건강하시기 바란다.

2020. 12.
전라북도 전주시 효자동 연구실에서
이태영 씀

# 1부

# 완판본과 전북 전주(완산)

1부에서는 전북 전주에서 출판한 '완판본'(完
板本)이 갖는 다양한 개념과 완판본 옛 책의
종류를 제시하고, 판매용 책인 완판방각본(完
板坊刻本)을 출판하게 된 지역의 역사와 문화
적 배경을 살펴본다.

# 제1장 | 완판본(完板本)의 개념과 범위

## 1. 개념의 다양성

어떤 용어의 개념은 처음에는 하나의 개념을 갖고 시작하지만, 시대에 따라, 계층에 따라 의미를 달리할 수 있다. 사람들이 새로 알게 된 지식과 정보에 따라서, 또는 대상에 대한 인식이 변하면서 새롭게 의미가 추가되는 경우가 많기 때문이다.

'완판본'(完板本)이란 용어는 다양한 개념으로 사용되고 있다. 사전에서 사용되는 개념과 논문에서 사용되는 개념이 다르다. 또한 학계의 개념과 민간에서 사용되는 개념이 상당히 다르다. 오늘날 지역문화에 대한 관심이 매우 높아 개념이 빠르게 변하고 있다. 이는 시대와 계층에 따라 전공학문의 입장, 서지학적인 입장, 문화사적인 입장, 지역사적인 입장에서 다르게 보는 경향이 존재하기 때문이다. 이런 시기에 '완판본'의 개념과 책의 범위를 명확히 해야 할 필요성을 갖는다.

원래 '완판'이란 용어는 조선시대 전북 전주에서 책을 발간하면서 사용한 어휘이다. 그러다가 '완판본'은 문학에서 '경판본'(京板本)이란 용어와 견주게 되면서 왕성하게 사용되었다. 현재 여러 국어사전과 백과사전에 표제어로 '완판본'이 등재되어 있어 나름대로 분명한 개념을 갖고 있다. 그러나 고전소설에 국한되었던 범위에서 서지학적 입장에서 방각본(판매용 책) 전체로 범위가 확대되고, 지역사적 입장에서는 전라감영에서 발간된 책까지 포함하기에 이르게 되면서 완판본의 의미는 상당히 달라졌다. 또한 지역민들이 갖는 문화사적인 범위에서 전라도, 또는 전라북도에서 발간된 모든 책을 포함하는 개념을 갖게 되었다. 따라서 이를 체계적으로 규명하는 일이 매우 필요한 시점이다.

이 글에서는 '완판본'의 개념과 함께 '完'의 다양한 의미와 '완판본'이 갖는 범위와 그 종류를 제시해 보고자 한다.


## 2. '完山'(전주)의 변천과정과 '完'

### 2.1. 完山의 유래와 변천

전라북도 '전주'의 도시 이름은 역사적으로 다음과 같이 변경되었다. (전주시청 홈페이지 참조.)

완판본 인쇄·출판의 문화사적 연구

| 시대 | 명칭/제도 |
|---|---|
| ~ 6세기말, 백제시대 | 완산 |
| 685년, 신라 신문왕 5년 | '완산주'를 둠. |
| 757년, 신라 경덕왕 16년 | 전주 |
| 892년, 신라 진성왕 6년 | 후백제 |
| 940년, 고려 태조 23년 | '전주목'을 설치. |
| 1018년, 고려 현종 9년 | '안남대도호부'라 부름. |
| 1356년, 고려 공민왕 5년 | '완산부'로 환원. |
| 1392년, 조선 태조 원년 | '완산 유수부'를 둠. |
| 1403년, 조선 태종 3년 | '전주부'라 부름. |
| 1895년, 조선 고종 32년 | '전주부'를 '전주군'으로 변경 |
| 1914년 10월 1일 | '전주면'을 설치. |
| 1931년 4월 1일 | '전주읍'으로 승격. |
| 1935년 10월 1일 | '전주부' 승격, 완주군과 분할. |
| 1949년 8월 15일 | '전주시'로 개칭. |

'전주'의 명칭 변천 과정

'完山'이라는 명칭의 유래에 대해서는 고려 신종(神宗) 2년(1199)에 전주목의 사록 겸 장서기(司祿兼掌書記)로 부임한 이규보(李奎報)가 전주에 있을 때 그 감회를 기술한 『南行月日記』속에 보이는 다음과 같은 기록을 통해서 명확하게 알 수 있다. 옛 군현의 이름은 鎭山 이름에 따른다는 통례를 깨고, 건지산(乾止山)에서 취하지 않고 완산이라는 산의 이름에서 따왔다고 보고 있다.(국역전주부사, 2008:27)

"무릇 전주라는 곳은 혹 완산이라고 불리는데 옛날에 백제국이
었다. …… 행동거지를 자세히 살펴보면 가히 볼 만한 점이 있다.
중자산(中子山)이란 산이 있는데, 가장 울창하여 고을의 진산(雄鎭)
이다. 거기에 이른바 완산이란 산은 단지 하나의 나지막한 봉우리
일 뿐인데 한 고을의 이름을 여기서 따왔으니 참으로 이상하다."

(南行月日記)

마찬가지로 『輿地勝覽』에도 다음과 같은 내용이 실려 있는데, 『국역
전주부사』(2008:28)에 의하면 '완산은 전주부 시가지의 서남쪽에 위치한
몇 개의 마을에 걸쳐 있는 표고 183m의 낮은 산으로, 전주부를 한눈에 내
려다볼 수 있고 부근의 산봉우리는 완산 7봉이라 불리고 있으며, 부내의
요충지를 점하고 있음과 동시에 전주를 공격하고 방어하기 위한 최적의
땅을 점하고 있다.' 라고 해설하고 있다.

"완산은 작은 산이다. 고을의 남쪽으로 3리에 있다. 전주부가 이
것으로 이름을 얻었다. 다른 이름으로는 남복산(南福山)이라 한다.
읍을 설치한 후부터 땔나무를 하거나 약초를 캐는 것을 금하였다."

(輿地勝覽)

시(詩)에 나타나는 '완산'을 찾아보면 다음과 같다. 고려시대 문호 이
규보가 전주목 사록 겸 장서기에서 전직되어 갈 때의 작품이 『東國李相國
集』(券第十 古律詩)에 실린 '入廣州贈晉書記公度'(廣州에 들러 書記 晉公度에게
줌)란 시인데, 이 시의 5행에는 '完山醉夢方驚罷'(完山의 취한 꿈이 이제 막 놀
라 깨자)란 시구가 있다. 『稼亭先生文集』(卷之二十 律詩)에는 '完山途中'(완산
의 도중에)이란 시가 나오는데, 이 시의 7행에는 '靑春白日完山道'(젊은 날

완판본 인쇄·출판의 문화사적 연구

대낮에 완산길을 휩쓰는데)란 시구가 나온다. 고려 때 학자인 이곡(李穀)이 전
부(典簿) 이백겸(李伯謙)과 눌재(訥齋) 장항(張沆)과 함께 완산거리를 시끌벅
적 호방하게 노닐었던 젊은 날을 회상하며 지은 것이다. (박금규, 2011:64)

## 2.2. 간기(刊記)에 나타나는 '完'

백제시대의 이름인 '完山'이란 명칭은 완판본 刊記에 아주 많이 쓰이
고 있음을 볼 수 있다. '完山'이라고 쓰는 경우도 있지만, '完'이라고 쓰는
경우도 많다. '完府, 完南, 完西, 完龜洞'과 같은 사용이 그 예이다.

『明心寶鑑抄』간기

『儒胥必知』간기

完山, 完山 北門內, 完山 梁冊房, 完山 西門外, 完山 招安局

完西, 完西溪, 完南, 完南 龜石里, 完龜洞(龜洞)

完山府, 完府, 完府之溪南山房

完南 鍾洞, 完南廟藏板

全州 南廟藏板, 全州府

일반적으로 '完山'이라 쓰고, 책을 발간한 장소나 책방을 기록할 때는 정확히 기재한 것으로 보인다. '完山府'로 쓸 경우에 이를 줄여서 '完府'로 쓰고 있으나, '全州府'를 '全府'로 줄여서 쓰는 경우는 없다. 이를 보면 '完山 = 完'이란 공식이 이미 성립하고 있음을 알 수 있다. 특정 장소나 책방을 가리키지 않고 동서남북과 같은 방위를 표시할 때는 '完西, 完南'과 같이 쓰고 있는 것이 특징적이다.

방각본 책의 판권지는 1909년 일제의 간섭으로 붙이기 시작하였는데 여기에는 모두 '전주'로 기록하고 '완산'이란 명칭을 전혀 쓰지 않고 있다.

이미 태종3년(1403년) 행정구역의 명칭이 '全州府'로 바뀌었음에도 불구하고 각종 책의 간기에 '完山'이 등장하는 이유는 바로 백제시대에 '완산'이라 불렸고 이 명칭이 고려까지 이어져 왔기 때문이다. 이 지역민들은 백제시대에 사용하였던 '완산'이 그 후대에 '전주'로 바뀌었지만 백제시대의 백성임을 나타내는 '완산'을 즐겨 사용하였던 것이다.[1]

1600년대 관찰사가 출판한 책의 간기를 보면 '全州府'와 '完山府'를 함께 쓰고 있음을 볼 수 있다. 아래의 예에서 특이한 것은 같은 인물인 '李冲'에 대하여 '湖南觀察使', '全羅道觀察使'로 표기한 것이다. 여기서 '호남=전라도'라는 등식을 가지고 있었다는 점을 알 수 있다. 경우에 따라서 '전라감영'을 '호남관찰영'이라고도 부르고, 풍남문을 '호남제일성'이라고 부르는데 이때 '호남'은 '전라북도·전라남도·제주도'를 말하지만 '전주'를 상징하기도 하는 것이다. '完山八景, 完山誌, 完山 崔氏'와 같이 조선후기는 물론 1900년대 중반까지도 '완산'이란 용어를 즐겨 쓰고 있는

---

1    전주의 중심에 있던 산이 '完山'이어서 더욱 '완산'을 잊지 않고 사용한 것으로 보인다.

점이 특징적이다.[2]

『朱子書節要』萬曆 三十九年(1611) 中秋 重刊 于全州府

『十七帖, 王右軍書』萬曆 壬子冬(1612) 湖南觀察使 李相公冲 模刊 于完
山府

『帝範』萬曆 四十一年(1613) 正月日 嘉善大夫 全羅道 觀察使 兼 巡察
使 李冲 開刊 于完山府

『晚六先生行狀』崇禎後 三辛丑(1781) 三月日 完府 開刊

『兆陽林氏族譜』(崇禎後)三癸亥(1803) 六月日 全州府城西 活印

完山八景, 完山勝景, 完山誌, 完山 崔氏


# 3. '완판본(完板本)'의 개념

## 3.1. 완판본 용어의 생성 배경

일반적으로 완판본은 한자로 '完板本'이라고 쓰고 있으나, '完版本'이
라고 쓰기도 한다. 한자에 충실하여 해석하면 '完板本'은 '전주에서 목판
으로 찍은 옛 책'이란 뜻이 있으나, '完版本'은 '전주에서 출판한 옛 책'이
란 의미를 갖는다. 국어사전과 백과사전에는 다음과 같이 해설되어 있다.

---

2    간기의 한자는 원래 붙어 있으나, 편의상 띄어쓰기를 한다. 괄호 안에 넣는 아라비아 숫
자의 연대 표시는 독자들의 편의를 위해 필자가 임의로 넣은 것이다.

완판본(完板本) 「명사」 『문학』 : 조선 후기에, 전라북도 전주에서 간행된 목판본의 고대 소설을 통틀어 이르는 말. 전라도 사투리가 많이 들어 있어 향토색이 짙다. (표준 국어 대사전)[3]

완판본(完板本) : 조선시대 전주 지방에서 출판된 방각본(坊刻本). (중략) 서민의 취향에 영합해 나타난 출판물이 완판방각본(完板坊刻本)이다. 그것은 사대부층을 위한 교양서나 문집류를 간행했던, 앞선 비방각본류(非坊刻本類)와는 달리 서민의 요구에 적절히 부응하면서, 영리를 추구하는 상업적인 출간물이었다. (한국민족문화대백과사전)[4]

완판본(完板本)은 서울에서 발간된 경판본(京板本) 고전소설에 대비된 말로, 전라북도 전주(全州)에서 판매를 목적으로 목판으로 발간한 고전소설을 일컫는 말이었다. 경판본의 경우, 국어사전에서는 문학에 한정하여 '서울에서 판각한 책.'으로 간단히 나와 있어 애매한 해설을 하고 있으며, 『한국민족문화대백과사전』에서는 '조선시대 서울에서 출판된 방각본.'으로 되어 있다. 후자가 경판본의 뜻에 맞는 것으로 이해된다.[5]

---

3  『우리말 큰사전』과 『금성 국어대사전』에는 다음과 같이 풀이가 되어 있다.
    완판본(完板本) (이) 조선 말기에 '전주에서 간행된 옛 국문 소설의 목판본'을 통틀어 일컫는 말. 경판본과 구별되며 전라도 사투리가 많이 들어 있는 것이 특색이다. 〈참〉 경판본. (우리말 큰사전)
    완판본(完板本) 「명」 조선 말기에 전라 북도 전주(全州)에서 간행된 고대 국문 소설의 목판. 전라도 방언으로 판각(板刻)되어 있어 향토색이 농후함. ≥경판본(京板本). (금성 국어 대사전)

4  『한국민족문화대백과사전』에는 완판본을 방각본의 입장에서 자세히 서술하고 있다.

5  같은 시기에 경기도에서 출판한 책에 대해서는 사전에 '안성판'이란 어휘를 올리지 않고 있고, 대구(달성)에서 출판한 책에 대해서도 역시 '달성판'이란 어휘를 올리지 않고 있다.

완판본 인쇄·출판의 문화사적 연구

경판본(京板本)「명사」『문학』서울에서 판각한 책. (표준국어대사전)

경판본(京板本) 조선시대 서울에서 출판된 방각본(坊刻本). (한국민족문화대백과사전)

　　김기평(1965), 박노춘(1965, 1967), 申昌淳(1966), 윤성근(1967) 등의 논문을 통해서 살펴보면[6], '완판, 완판본'이란 용어를 사용한 시기는 1960년대 논문에서부터 주로 사용한 것으로 보인다. '완판, 경판, 안성판'을 비교한 내용이 대부분이다. 예를 들면『춘향전』의 계열 관계를 따지는 논문이 대표적이다. '완판본'이란 용어가 사용되고 집중적으로 조명받기 시작한 것은 '완판본 한글고전소설'이 판소리계열 소설에서 출발하고 있다는 점이 부각되면서부터 경판본과 차별화되었기 때문이다. 따라서 '판소리'와 완판본 고전소설과의 비교가 논문의 내용으로 많이 언급되고 있다.

　　'완판본'이란 용어에는 '방각본'(坊刻本)의 성격이 강하게 배어 있다. 한글고전소설도 판매용 책이었기 때문에 '판매용 책'이란 뜻을 가진 '방

───────────

이는 안성판의 경우 책이 많지 않아 경판본으로 포함해서 생각하는 경향이 있고, 달성판의 경우는 경상감영의 책 이외에 목판본으로 된 판매용 책이 많지 않아 하나의 개념으로 묶기가 어려워서 그런 것으로 해석된다. 그러나 차후 사전에서 함께 다루어야 할 것이다.

6　해당 논문은 다음과 같다.
　　김기평(1965),「완판본·춘향전의 수사법 고찰」,『공주교육대학교 논문집』 2.
　　박노춘(1965),「홍길동전 목판본(경판본·안성본·완판본) 편고」,『문리학총』, Vol.3 No.1, 경희대학교 문리과대학.
　　박노춘(1967),「完板本 洪吉童傳 (Ⅰ)」,『국어국문학』 제36권.
　　申昌淳(1966),「完板本 春香歌 註譯 硏究」,『어문논집』 4, 중앙어문학회.
　　윤성근(1967),「완판본 열여춘향슈졀가 연구」,『어문학』 16, 한국어문학회.

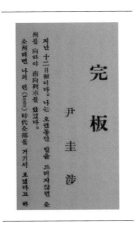

『文章』지에 실린 '완판' 수필

각본'이란 어휘를 쓰면서 '완판 방각본'이란 용어가 사용되었다. 따라서 '완판 방각본'이란 어휘에는 '완판본'의 개념이 고전소설만 한정하는 범위에서 벗어나, 전주에서 발간된 방각본 전부를 가리키는 뜻으로 확대되어 쓰이게 되었다.

'完板'이란 용어가 쓰인 시기를 추적해 보면, 1940년에 발행한 '文章' 14호에 실린 평론가 윤규섭(尹圭燮)의 수필 제목이 '完板'인 것을 알 수 있다. 이 내용은 윤규섭 씨가 전주에 와서 '완판본 목판'을 수집해서 서울로 옮긴 내용이 담겨 있다. 수필의 내용에도 완판이란 어휘가 쓰이는 것으로 보면 이미 서울에서는 전주에서 발행된 한글고전소설에 대해 '완판'이란 명칭을 사용한 것으로 보인다.

"그러나 언문판(諺文板)만은 남도가요에 전라도 소리가 판을 치듯이 전혀 完板의 독무대로서 그 종목도 15·6종 이상으로 금번 내가 입수한 板本만 12종이다. 나머지 3종은 모다 중간낙찰이 되어 부득이 양수(讓受)치 못하고 春香傳을 筆頭로 趙雄傳 楚漢傳 忠烈傳 大鳳傳 華容道 大成傳 沈淸傳 諺三國誌 張風雲傳 翟成儀傳 小春香傳 도합 오백여 板을 양씨에게서 讓受하였다. 시대의 遷易으로 말미아마 가업을 폐하게 된 양씨에게 동정을 금할 수 없는 바이나 世傳의 家寶를 開放하여 주신 양씨의 후의에 거듭 謝하여 마지 않는다."

완판본 인쇄·출판의 문화사적 연구

최초의 '完板' 기록

'完板'이란 한자가 보이는 최초의 문헌은 1916년 '다가서포'에서 발간한 『少微家塾點校附音通鑑節要』(33권-35권)으로 표지의 제목이 '大通鑑 完板 十七字 十'으로 되어 있다. 통감이 대체로 작은 책으로 발행되는데 '大通鑑' 십 책은 큰 책으로 발행되었다는 의미이고, '十七字'는 행의 글자 수를 말한다. '完板'은 전주에서 발행한 완판본임을 말해 준다. 전주 '다가서포'의 판권지가 붙어 있다. 이 책의 제목은 매우 역사적인 의미를 가진 제목으로 완판본을 공식적으로 기록한 최초의 책이라고 할 수 있다.[7]

한글고전소설은 서울에서 목판으로 찍은 京板本, 경기도에서 목판으로 찍은 安城板本, 그리고 전북 전주에서 목판으로 찍은 完板本이 전부이다.

전주에서 발행한 완판본 한글고전소설은 1823년 발간한 『별월봉긔하』를 시작으로 제목으로는 약 24종이 현재까지 알려진 종류이다.[8]

---

7   필자는 최근 경매에 나온, 일제강점기 다가서포에서 발행한 책의 값을 알리는 '廣告文'에 '完板各種書籍'이란 내용을 확인하였다. 이미 '완판(完板)'이란 명칭이 일반화되었음을 보여준다.

8   연세대학교 중앙도서관에 소장된 목판 50장본 『셰민황졔젼이라』(도서번호 811.93)는 '갑조즁츈의곤산은직셔라'라는 간기를 갖고 있다. 완판본일 가능성이 매우 높다.

완판본 『심청가』

『별춘향전이라』[9], 『열여춘향슈졀가라』[10], 『심쳥젼권지상이라』[11], 『심쳥가라』, 『홍길동젼』, 『삼국지라』(3·4권)[12], 『삼국지라』(3권), 『언삼국지라(공명션싱실긔권지하라)[13]』, 『소디셩젼권지상이라[14](용문젼이라)[15]』, 『니디봉젼상이라』, 『쟝경젼이라』, 『장풍운젼』, 『뎍셩의젼상(젹셩의젼하)』, 『됴웅젼상이라』, 『초한젼권지상이라(셔한연의권지하라)』, 『퇴별가라』, 『화룡도권지상이라』, 『임진녹권지삼이라』, 『별월봉긔하』, 『졍슈경젼』, 『현슈문젼권지단』, 『구운몽샹(구운몽하)』, 『유충열젼권지상』, 『셰민황졔젼이라』(24종)

---

9   이본으로 『별춘향전이라』(完山新刊), 『별춘향전이라』(戊申季秋完西新刊), 『별춘향전이랴극상』, 『불별춘향전이라』등 네 종이 있다.(배연형, 2006:201)

10  완판본 『열여춘향수절가』는 여러 종류가 있다. '병오판 열녀춘향슈졀가라'(1906, 33장본)이라고 알려진 책, '무신구동신간본'(1908년), 완흥사서포본(1912년), 다가서포본(1916년) 등이 있다.

11  이본으로 '乙未未月完山開刊'의 간기를 갖는 『심쳥젼이라 상』의 제목이 있다.

12  완판본 『삼국지』는 두 종류가 있다. 하나는 『삼국지삼권이라』란 제목으로 3권으로만 된 책이고, 다른 하나는 『삼국지라』라는 제목으로 '3·4권'이 합본된 책이다.

13  『공명션싱실긔권지하라』는 『언삼국지』에 포함되어 있다.

14  완판본 『소디셩젼』의 가장 오래된 판은 1836년에 발간된 『蘇大成 쇼디셩젼』이란 제목을 가진 책이다. 『쇼디셩젼』이란 한글제목이 음각으로 되어 있다.

15  『용문젼이라』는 『소디셩젼』에 포함되어 있다.

경판본은 경기도 안성판이 1780년에 『임경업전』을 출판하였고, 서울에서는 1792년 『장경전』을 찍었다. 이로부터 약 70여 종류의 소설이 서울과 경기에서 출판되었다.(이창헌, 1995:250, 이정원, 2005:165)

경판본 『샤시남졍긔』

안성판본 『졔마무젼』

책에 나오는 간행 기록을 확인해 보면, 경판본의 경우는 간기에 해당 지명이 나온다. 그 지역의 서점에서 출판되었다는 표시이다. 물론 판권지에는 '경성'을 쓰고 있지만, 간기에서는 서울을 나타내는 '京城'을 전혀 표시하지 않고 있는 점이 특징적이다. 경기도에서는 '안성동문이신판'이라는 간기가 많이 보인다. 전주에서는 '完西, 完南, 完山 北門內, 봉셩, 龜洞, 龜谷, 龜石里' 등이 간행 기록에 나오고, 판권지에는 '多佳書鋪, 西溪書鋪, 文明書館, 完興社書鋪, 梁冊房, 七書房, 昌南書館' 등의 책방이 나온다. 서울에서 나온 방각본의 간기와 간기에 나오는 지명을 제시하면 다음과 같다.

南谷新版, 甲子季秋銅峴新刊, 甲午仲秋武橋新刊, 己未石橋新刊, 歲
在辛亥季冬由洞新版

'廣通坊, 南谷, 銅峴, 武橋, 美洞, 石橋, 石洞, 宋洞, 冶洞, 漁靑橋, 由
谷, 由洞, 由泉, 紫岩, 布洞, 蛤洞, 紅樹洞, 華山, 華泉, 孝橋'

이를 비교해 보면 서울은 책이 출판된 지명을 刊記에 사용하는 데 비
하여, 전주에서는 책이 출판된 지명도 쓰이지만 주로 방위를 나타내는 '完
西, 完西溪, 完南, 完龜洞, 完南 龜石里' 등이 사용되는 점이 매우 특이한
점이다. 이러한 특징은 '도시'의 상징성을 '完'으로 표기하고 있다는 점에
서 매우 독특한 간기 표시 방법이라고 할 수 있다. 여기서 '완판본'이란 용
어가 탄생하였던 것이다.

『퇴별가』戊戌(1898)仲秋完西新刊 (1916, 다가서포본)
『초한전』丁未(1907)孟夏完南龜石里新刊 (1916, 다가서포본)
『심청전』大韓光武十年丙午(1906) 孟春完西溪新刊 (1911, 서계서포본)

## 3.2. 완판본과 경판본 고전소설

전라감영이 있던 전주에 호남의 모든 물산이 모여들면서 시장이 크게
발달하여 각종 물건들이 교환되고 판매되었다. 또한 사대부들이 전주를
중심으로 활동하면서 지적 생산물인 책을 요구하게 되었다. 수요에 따라
한지를 생산하게 되었는데 이는 중앙정부의 요청과 시장에서 판매를 목
적으로 생산하게 된 것이다. 이처럼 한지 생산, 시장 유통, 교통의 발달, 인
쇄 문화 발달은 서로 유기적인 관계 속에서 발달하게 되었다.

완판본 인쇄·출판의 문화사적 연구

특히 전라도는 김제, 부안, 나주 등의 너른 평야에서 쌀농사로 어느 정도 부유하게 된 계층들과 전주와 같은 상업도시에서 중산층이 늘어나면서, 이들은 재미를 위해 당시 유행하던 판소리와 유명한 영웅들의 이야기를 글로 읽기를 원했던 것이다.

전라감영이 자리했던 호남에서 발전한 판소리는 완판본 한글고전소설을 전주에서 발간하게 하는 계기를 만들었다. 이 소설로 말미암아 '완판본'이란 용어가 학계에서 공식적으로 쓰여 경판본과 더불어 인쇄문화의 양대 산맥을 이루게 되었다. 완판본과 경판본 고전소설은 장수, 글꼴, 문체 등의 측면에서 다른 특징을 보인다.

경판본 한글고전소설은 장수가 16장에서 64장본(『월왕전』)까지 있다. 그러나 대체로 20장본과 30여 장본이 대부분이다. 여기에 비해 완판본은 초기에는 20장본과 30여 장본으로 출발하여 후기에는 73장본, 84장본이 대부분이다. 예를 들면, 경판본 『춘향전』은 20장본인데 비하여 완판본 『열여춘향수절가』는 84장본이다.

장수가 이처럼 차이가 나는 것은 근본적으로 책을 발행한 목적이 달랐음을 보여준다. 즉, 경판본은 대중들에게 흥미를 위해 판매를 목적으로 발행한 책이었고, 완판본은 당시 전주 지역에서 유행한 판소리의 사설이 당시 민중들에게 너무나 인기가 있어서 제작하여 판매한 책이었다.

완판본과 경판본은 둘 다 목판본이지만 글꼴이 상당히 달랐다. 경판본은 '궁체'의 하나인 흘림체(행서체)를 쓴 반면, 완판본은 민체로서 정자체(해서체)로 쓰였다. 글꼴이 이처럼 다른 이유는 경판본은 식자층들이 주로 읽을 수 있도록 약간 흘림체를 썼고, 완판본은 일반 서민들이 읽을 수 있도록 정자체를 썼던 것이다.

전주의 완판본은 초기에 출판한『구운
몽』,『장경전』등을 제외하고는 대체로 해
서체로 되어 있는데 이는 반듯이 쓴 정자
체를 말한다. 우리는 이러한 글자체를 '민
체'라고도 부르고 있다. 정자로 글자를 새
긴 이유는 소설 한 권을 다 읽으면서 우리
한글을 공부할 수 있도록 배려한 것이어서
완판본 한글고전소설은 한문소설과는 아
주 다르게 그 발간의 목적이 흥미와 교훈

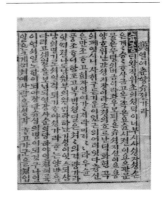

완판본『열여춘향슈절가』

을 주는 소설은 물론, 한글교육을 위한 책을 발간하는 데 있었다. 실제로
한글고전소설『언삼국지』의 첫페이지에 '가갸거겨'로 시작하는 자모음표
인 '반절표'가 붙어 있어서 이를 입증하고 있다. 소설 책 한두 권을 다 읽
으면 한글을 깨우칠 수 있도록 만들었던 것이다.

경판본은 이야기 서술 방식이 한문을 번역한 문어체 방식이었지만, 완
판본은 우리 말투의 구어체 이야기 방식으로 서술되어 있다. 완판 고전소
설의 특징은 일상언어인 구어체가 주로 사용되고 있고, 방언이 많이 사용
되어 있어서 방언 연구에 큰 도움을 주고 있다. 완판본 한글고전소설은 다
른 문헌과는 달리 낭송이 중심이 되었다. 고전소설이 낭송되었다고 하는
사실은 고전소설의 제목에서 발견된다. 완판본 고전소설의 대부분은 그
제목이 '화룡도 권지하라, 됴웅전상이라' 등으로 되어 있다. 제목에까지 '-
이라'를 붙인 것은 이 고전소설을 낭송하였음을 말해 준다. 판소리의 고
장이었기 때문에 낭송체의 완판본 고전소설이 등장한 것이다. 서울에서
간행된 경판본 고전소설의 제목에서는 '-이라'를 발견할 수 없다.(홍윤표,

완판본 인쇄·출판의 문화사적 연구

### 3.3. 완판 방각본(完板 坊刻本)

방각본(坊刻本)이란 용어는 '판매하기 위해 찍은 책'을 말한다. 전주에서는 서울과 비슷한 시기에 판매를 목적으로 찍은 책이 아주 많이 생산되었다. '완판 방각본'이란 용어는 '조선시대 후기, 판매를 목적으로 전주에서 찍은 옛 책.'을 말하는 것이다. 그래서 '완판 방각본 한글고전소설'이란 말이 생겨난 것이다.

방각본의 원류는 서울에서 선조 9년(1576년)에 간행된 『攷事撮要』로 알려져 있다. 경판 방각본에 대해서는 많은 연구가 있고, 소설이 아닌 한문방각본에 대한 연구는 옥영정(2010)에 이미 자세히 소개되어 있다. 경기도 안성에서 발간한 소설을 제외한 방각본으로는 '『童蒙初讀』, 『啓蒙編諺解』, 『童蒙初習』, 『明心寶鑑抄』, 『三體千字文』, 『草簡牘』, 『通鑑節要』, 『幼蒙先習』, 『千字文』' 등이 있다.(이정원, 2005:166) 대구를 중심으로 한 방각본은 金璡鴻이 운영한 '在田堂書鋪'가 대표적인 서점이다. 이 서점에서는 嶺營板의 사서삼경 중 일부인 『大學諺解』(1913), 『大學章句大全』(1913), 『中庸諺解』(1913), 『中庸章句大全』(1913) 등을 쇄출하여 판매하였고, 『童蒙先習』(1910년 경), 『保幼新編』(1909), 『喪禮備要』(1913), 『十九史略』(1913), 『全韻玉篇』(1913), 『註解千字文』(1913), 『通鑑節要』(1890) 등 도합 10여 종의 책을 간행한 바 있다.(장인진, 2001:68)

완판 방각본은 전주에서 1714년에 발행된 『童蒙先習』을 시작으로 태인과 전주에서 많은 책이 발간되었다. 방각본의 경우 흔히 전주에서 발행된 방각본을 '완판 방각본' 이라 부르고 있으나 '完'의 개념에 따라서 '태인 방각본' 까지를 포함해야 할 것이다. 전라북도 정읍에 속한 태인과 전북의 중심인 전주는 지리적으로 매우 가깝고 그 출판이 서로 연결되어 있다. 그런 연유로 태인 방각본이 후에 전주에서 그대로 발행되는 경우가 있었다.[16] 따라서 소지역으로는 달리 부를 수 있으나, 전체적으로 '완판 방각본' 으로 부르는 것이 바람직할 것이다. 태인에서는 발행한 방각본은 다음과 같다.(송일기, 2000;14)

『史要聚選』[17](1799), 『事文類聚』[18](1799), 『新刊素王事紀』[19](1804), 『孔子家語』[20](1804), 『農家集成』[21](1806), 『新刊救荒撮要』[22](救荒補遺方合綴, 1806), 『詳說古文眞寶大全』[23](後集, 1796), 『詳說古文眞寶大全』(前集,

---

16 책의 배지에 인쇄된 책의 종류를 통하여 태인본 『標題句解孔子家語』(上, 中, 下)는 1862년에, 태인본 『增刪濂洛風雅』는 1916년에 전주에서 출판되었음을 알 수 있다.(이태영, 2010:98)

17 『史要聚選』은 권이생(權以生)이 중국 상고시대부터 명나라에 이르기까지의 역사적 사실 가운데 요점이 되는 부분을 뽑아 엮은 것이다.

18 『事文類聚』는 중국 상고시대에서 송나라 때까지의 모든 사문(事文), 즉 사실(事實)과 시문(詩文)을 수집하여 부문별로 분류한 백과사전과 같은 책이다.

19 『新刊素王事紀』는 공자를 비롯한 성현들을 받드는 내용과 구체적 의식을 수록한 것이다.

20 『孔子家語』는 중국 명나라의 반부(潘府)가 『주자가례』(朱子家禮)에 입각하여 공자의 일대기를 서술한 책이다.

21 『農家集成』은 조선 중기의 문신이었던 신속(申洬)이 만든 농업에 관련된 책이다.

22 『新刊救荒撮要』는 서원(淸州)의 현감으로 있던 신속(申洬)이 흉년이 들어 양식이 부족한 것을 염려하여 기근 구제에 대한 내용으로 엮은 책이다.

23 『詳說古文眞寶大全』은 송(宋)나라의 학자 황견(黃堅)이 편찬한 것으로 학생들이 문장을 배우는 데 필수적인 교본으로, 조선시대 서당에서 교재로 쓰던 시문선집이다.

1803), 『童子習』[24](1804), 『孔子通紀』[25](1803), 『大明律詩』[26](1800), 『增刪 濂洛風雅』[27](1796), 『孝經大義』[28](1803), 『明心寶鑑抄』[29](1844)

전주에서 발행한 방각본은 대체로 다음과 같다.

### 1) 고전소설

완판본 방각본 소설 가운데 가장 오래된 판본은 1803년에 간행된 한문본 고소설인 『九雲夢』인데, 이것은 전주에서 간행되었다.[30] 이 소설은 '崇禎後三度 癸亥(1803)'의 간기를 가지고 있다. 1916년 七書房의 판매소인 昌南書館에서 발행한 판권지가 붙어 있는 것을 보면 무

한문본 『剪燈新話句解』

---

24  『童子習』은 명나라의 주봉길(朱逢吉)이 편찬한 유교의 기초 덕목에 관한 내용을 모은 어린이용 교화서이다.

25  『공자통기』는 공자의 일생을 한꺼번에 살필 수 있도록 요점을 정리하였기 때문에 통기(通紀)라는 이름을 붙였다.

26  『대명률시』는 명나라의 유명한 시인들의 칠언율시(七言律詩)를 모아 둔 시집이다.

27  『증산염락풍아』는 중국의 주돈이(周敦頤)와 정명도(程明道)의 시를 모은 것이다.

28  『孝經大義』는 공자(孔子)가 그의 제자 증자(曾子)와 더불어 문답한 것 중에 효도에 관한 것을 명나라 서관(徐貫)이 간행한 판본을 말한다.

29  『明心寶鑑』은 고려 충렬왕 때 추적(秋適)이 편찬한 어린이 학습용 책이다. 『明心寶鑑抄』는 『明心寶鑑』에서 중요한 부분을 뽑아 만든 것이다.

30  우리나라 사람이 쓴 소설 작품 가운데 최초로 간행된 소설은 영조1년(1725년)에 전라도 나주에서 간행된 한문본 『九雲夢』이다. 이 소설은 '崇禎再度己巳錦城午門新刊'의 간기를 가지고 있다.

려 113년 동안 한문본 고전소설이 발간된 것을 알 수 있다.『剪燈新話句解』는 중국 명나라 구우(瞿祐)의 단편 傳奇小說集으로 상권과 하권 두 책으로 발간되어 판매되었다.『九雲夢』은 조선 후기 숙종 때 서포(西浦) 金萬重이 지은 고전소설로 6권으로 되어 있고, 두 권씩을 묶어 상권, 중권, 하권 등 세 책으로 발간되었다.『三國誌』는 1494년경에 나관중이 쓴『三國志演義』를 말하는데, 후한 말기에 조조(曹操), 손권(孫權), 유비(劉備)가 건국한 위(魏), 오(吳), 촉(蜀)의 흥망에 관한 이야기이다.

전주에서 발행한 완판본 한글고전소설의 최고본은『별월봉긔』(하권, 48장본)으로 1823년 4월에 당시 전주군 구이면 구동(龜谷)에서 발간되었다.[31]

현존하는 완판본 한글고전소설의 종류는 24가지이다. 이 가운데 판소리계 소설이『열여춘향슈졀가』,『심쳥가』,『심쳥전』,『화룡도』,『퇴별가』로 5종이고, 나머지 대부분은 영웅소설이다. 판본이 다른 종류를 합치면 약 90여 종류가 된다.[32]

(한문고전소설)『九雲夢』[33],『三國誌』[34],『剪燈新話句解』[35]

---

31  전주의 완판본은『구운몽』을 제외하고는 대체로 해서체로 되어 있는데 이는 완벽하게 반듯이 쓴 정자체를 말한다. 정자로 글자를 새긴 이유는 소설 한 권을 다 읽으면서 우리 한글을 공부할 수 있도록 배려한 것이어서 완판본 한글고전소설은 한문소설과는 아주 다르게 그 발간의 목적이 단순한 소설을 발간한 것이 아니라 한글교육을 위한 책이었음을 알수 있다. 실제로 한글고전소설『언삼국지』의 첫 쪽에 '가갸거겨'로 시작하는 자모음표인 반절표가 붙어 있어서 이를 입증하고 있다. 소설 책 한 권을 다 읽으면 한글 교육을 거의다 할 수 있도록 만들었던 것이다.

32  90여 종류로 산정할 때, 출판사를 옮겨 출판한 책, 간기와 판권지가 다른 책을 이본으로삼고, 배지에서 발견된 이본 등을 종합하여 산출하였다.

33  조선 숙종 때 서포 김만중(金萬重)이 지은 한문고전소설이다.

34  후한 말기에 조조(曹操), 손권(孫權), 유비(劉備)가 건국한 위(魏), 오(吳), 촉(蜀)의 흥망에 관한 이야기로, 1494년경에 나관중이 쓴『三國志演義』를 말한다.

(한글고전소설)『열여춘향수절가』[36],『별춘향전』[37],『심청전』[38],『심청가』[39],『홍길동전』[40],『삼국지』[41],『언삼국지』[42],『소대성전』[43],『용문전』[44],『유충열전』[45],『이대봉전』[46],『장경전』,『장풍운전』[47],『적성의전』[48],『조웅전』[49],『초한전』[50],『퇴별가』[51],『화룡도』[52],『임진

35 중국 명나라 구우(瞿佑)가 지은 전기체(傳奇體) 형식의 단편 소설집으로, 당나라 전기 소설을 본떠 고금(古今)의 괴담(怪談)과 기문(奇聞)을 엮은 것이다.

36 판소리 「춘향가」가 소설로 만들어진 한글고전소설이다.

37 이 책은 19세기 후반 『춘향전』 중에서 가장 먼저 전주에서 발간한 한글고전소설이다.

38 판소리 「심청가」가 소설로 정착한 한글고전소설이다.

39 판소리 「심청가」가 소설로 만들어진 한글고전소설이다.

40 조선 중기 허균(許筠)이 지은 고전소설로 한글고전소설이다.

41 전라감영에서 책을 찍어낸 책판은 다행히 잘 보관되어 현재 전북대학교 박물관에 보관되어 있다. 그러나 방각본 책판 중 일부는 1940년대 윤규섭 씨가 서울로 옮긴 뒤 육이오 때 사라진 것으로 알려져 있었다. 그러던 중 최근 일본에서 수입되어 시중에 유통되었는데 주로 분합(유충열전), 담배합(심청전), 난로 가리개(초천자문)로 변형되어 사용되었던 것이다. 다행히 완전한 삼국지 3권의 목판 한 개가 발견되어 개인이 소장하고 있다.

42 한글로 된 삼국지를 말한다.

43 중국 명나라를 배경으로 영웅 소대성의 활약을 그린 한글고전소설이다.

44 중국 명나라를 배경으로 한 영웅 용문의 일대기를 그린 한글고전소설이다.

45 중국 명나라를 배경으로 유충열이라는 영웅의 무용담을 실은 한글고전소설이다.

46 중국 명나라를 배경으로 한 이대봉의 활약상을 그린 한글고전소설이다.

47 중국 송나라를 배경으로 한 주인공 장풍운에 대한 이야기를 그린 한글고전소설이다.

48 중국 송나라를 배경으로 한 주인공 적성의의 일대기를 그린 한글고전소설이다.

49 중국 송나라를 배경으로 조웅이라는 영웅의 무용담을 실은 한글고전소설이다.

50 고대 중국 초(楚)나라와 한(漢)나라가 서로 천하를 다투었던 역사적 사실을 엮은 한글고전소설이다.

51 「토별가」는 동리 신재효가 개작하여 정착시킨 판소리 사설의 하나이다. 『퇴별가』는 이 사설을 소설화한 것이다.

52 중국소설 『삼국지연의』(三國誌演義) 중 '적벽대전' 부분을 이야기한 한글고전소설이다. 판소리로 불리던 「적벽가」와 같은 내용이다.

록』[53], 『별월봉기』[54] 『정수경전』[55], 『현수문전』[56], 『구운몽』[57], 『세민황제전』[58]


## 2) 자녀 교육용 도서

자녀 교육용 도서로는 『千字文』, 『四字小學』, 『二千字』 등이 발행되었고, 『童蒙先習』, 『明心寶鑑抄』와 같은 아이들의 수신서가 발간되었다.

> 한자 학습서 : 『蒙學二千字』, 『日鮮千字文』, 『千字文』[59], 『四字小學』[60], 『註解千字文』[61], 『草千字文』[62], 『養洞千字文』, 『杏谷千字文』, 『新增類合文』[63], 『華東書法』[64]

---

53  임진왜란의 전쟁 기록으로 역사소설이다.

54  중국 명나라 때 소운(蘇雲)의 아들 소태(蘇泰)의 일생을 그린 이야기이다.

55  한국을 배경으로 주인공 정수경을 중심으로 하는 한글고전소설이다.

56  중국 송나라를 배경으로 주인공 현수문의 일대기를 그린 영웅소설이다.

57  조선 숙종 때 서포 김만중(金萬重)이 지은 한문고전소설을 번역한 소설이다.

58  중국 당나라 태종 이세민의 활약을 그린 소설이다.

59  『千字文』은 漢字 기초 교육을 위한 아동용 학습서이다.

60  『四字小學』은 중국 宋代의 수양서로 朱子가 제자 劉子澄에게 소년들을 학습시켜 교화시킬 수 있는 내용으로 서적을 편집케 하여, 주자 자신이 교열·가필한 것이다.

61  『註解千字文』은 한자 기초 교육을 위한 아동용 학습서로, 1855년 전주에서 간행한 천자문이다.

62  『草千字文』은 한석봉이 지은 초서체 천자문으로 아동들이 초서(草書)를 공부하기 위한 책이다.

63  『新增類合文』은 '乙酉春完山刊'의 간기를 갖는다. 필자가 경매에 나온 것을 확인한 바 있다.

64  『華東書法』은 서예가 창암(蒼巖) 이삼만(李三晩)이 지은 서예에 관한 여러 필법을 다룬 책이다.

교양서 : 『明心寶鑑抄』[65], 『諺解圖像童蒙初學』, 『啓蒙篇』[66], 『童蒙先
習』, 『童蒙初習』, 『擊蒙要訣』[67], 『兒戲原覽』[68], 『蒙學篇諺解』
한시 교재 : 『唐音精選』


### 3) 가정 생활백과용 도서

완판 방각본 중 생활백과용 도서가 많이 발간되었다. 이는 한자 공부
를 위해 필요한 '옥편', 상례와 제례에 필요한 도서, 한문과 한글로 편지를
쓰는 법, 가정에서 쉽게 치료할 수 있는 의학서, 공문서에 필요한 이두문
작성에 관한 책, 중국의 역사를 공부하기 위한 도서, 길흉화복에 관한 책
등이 발간되었다. 이 도서들은 같은 시대에 서울에서도 많이 발간되었다.

운서 : 『全韻玉篇』[69], 『御定奎章全韻』[70], 『三韻通考』[71], 『增補三韻通

65    『明心寶鑑抄』는 아동의 학습용으로, 중국 고전에 나온 선현들의 금언(金言)과 명구(名句)
      를 편집하여 만든 책이다.
66    『啓蒙編』은 초학자의 한문 교육용으로, 유교의 기초 교양에 관한 간단한 한문 장구(章句)
      를 모아서 한글로 토를 달고 언해한 책이다.
67    『擊蒙要訣』은 1577년(선조 10) 이이(李珥)가 저술한 책으로, 덕행과 지식의 함양을 위해
      초학자를 위한 교육과정의 교재로 널리 쓰였다.
68    『兒戲原覽』은 正祖 때에 장혼(張混)이 고금의 事文을 종류에 따라 모아서 아동 교육용으
      로 엮은 책이다. 이 책은 조선시대 가정교육의 기초적인 교재로 사용하였다.
69    『全韻玉篇』은 조선시대 『御定奎章全韻』을 모체로 새롭게 만든 옥편의 하나로 조선 후기
      매우 권위 있는 옥편으로 널리 사용되었다.
70    『御定奎章全韻』은 정조 임금이 규장각(奎章閣)의 여러 신하에게 편찬하도록 한 韻書이
      다. 주로 이덕무(李德懋)에 의해 편찬되었다고 전한다.
71    『三韻通考』는 조선시대에 편찬된 운서이다.

考』(수진본)[72], 『三韻通考』(수진본)[73]

예서 : 『家禮』, 『喪禮類抄』, 『喪禮』, 『喪禮初要』[74], 『喪祭類抄』[75], 『四
禮便覽』[76]

편지 쓰는 법 : 『증보언간독』[77], 『언간독』[78], 『簡牘精要』[79], 『簡牘會
粹』, 『書簡草』, 『草簡牘』[80], 『寒暄箚錄』[81]

의학서 : 『新增證脈方藥合編』[82]

공문서 작성 : 『儒胥必知』[83]

중국 역사서 : 『少微家塾點校附音通鑑節要』[84], 『通鑑五十篇詳節要

---

72  『增補三韻通考』는 완판 수진본으로 '歲丁卯孟冬完府新刊'의 간기를 가진다. 경북대 남
권희 교수 소장본이다.

73  『三韻通考』는 완판 수진본으로 '乙卯閏四月日書, 西溪(도장)'의 간기를 가진다. 필자가 골
동품 영업을 하는 분에게서 확인하였다.

74  『喪禮初要』는 상중(喪中)에 행하는 의례를 요약한 책이다.

75  『喪祭類抄』는 조선시대 지송욱(池松旭)이 喪禮와 祭禮에 대해 쓴 책이다.

76  『四禮便覽』은 조선시대 도암(陶菴) 이재(李縡, 1680~1746)가 『朱子家禮』의 법을 중심으로
여러 학설을 조정하고 통합한 예서(禮書)이다.

77  『증보언간독』은 조선 후기 한글 편지의 書式을 모은 『언간독』을 증보한 책이다.

78  『언간독』은 조선 후기 한글 편지의 書式을 모은 책이다.

79  『簡牘精要』는 조선시대 다양한 한문체의 편지를 쓰는 요령과 예문을 기록해 놓은 책
이다.

80  『草簡牘』은 초서체로 한문 편지를 쓰는 요령을 기록한 책이다.

81  『寒暄箚錄』은 조선시대 書簡文의 형식 및 내용에 대한 것을 분류하여 편집한 책이며, 서
간문의 격식, 문투, 예절 등을 다룬 책이다.

82  『新增證脈方藥合編』는 1884년(고종 21) 황필수(黃泌秀)가 편찬한 실용적인 醫書이다.

83  『儒胥必知』는 조선시대 선비와 서리(胥吏), 목민관(牧民官)이 늘 다루어야 할 公文의 書式,
여기에 쓰이는 이두(吏讀) 등을 해설한 책이다.

84  『少微家塾點校附音通鑑節要』는 송나라 휘종(徽宗) 때 강지(江贄)가 司馬光이 지은 『自治
通鑑』의 방대함을 간추려 엮은 중국의 역사서로 50권 15책이다. 줄여서 〈통감〉 또는 〈통
감절요〉라 부른다.

解』,『古今歷代標題註釋十九史略通攷』[85],『史要聚
選』[86],『新刊增註三略直解』[87],『精選東萊先生左氏博
議句解』[88],『史記英選』[89]

생활 상식 : 『文字類輯』[90],『簡禮彙纂』[91]

길흉화복 : 『增補天機大要』[92]

한시 : 『杜律分韻』

유서 : 『事文抄』

문학서 : 『朱書百選』

지도 : 『首善全圖』[93]

---

85　『古今歷代標題注釋十九史略通攷』은 명나라의 여진 종해(余進 宗海)가 지은 중국의 太古
　　에서부터 元나라까지의 19사를 요약한 중국의 역사서이다. 줄여서 〈사략〉 또는 〈십구사
　　략〉이라 부른다.

86　『史要聚選』은 조선시대 권이생(權以生)이 중국 상고시대부터 명나라까지의 사실(史實)에
　　서 요람(要覽)이 되는 부분을 뽑아 엮은 중국의 역사서이다. 태인본 『史要聚選』(1799)을
　　교정하여 서계서포에서 재출판한 전주 완판본『史要聚選』(1828년)이다.

87　『新刊增註三略直解』는 兵書의 하나인 『三略』을 명나라의 유인(劉寅)이 풀이한 책이다.

88　『精選東萊先生左氏博義句解』는 1168년에 중국 남송의 東萊 여조겸(呂祖謙, 1137-1181)이
　　『春秋左氏傳』에 대하여 논평하고 註釋한 책이다.

89　『御定史記英選』은 正祖가 司馬遷의 『史記』와 班固의 『漢書』에서 중요 부분을 뽑아 엮은
　　史書다.

90　『文字類輯』은 일상생활에 필요한 상식들을 여러 책에서 뽑아 天道·地道·萬物·人倫 등
　　다양한 부문별로 엮은 책이다.

91　『簡禮彙纂』은 편지를 쓰는 방법과 각종 서식 등에 대하여 기술해 놓은 책이다.

92　『增補天機大要』는 조선시대 일상생활의 모든 분야에서 길흉을 가리는 방법을 기록한 책
　　이다.

93　『首善全圖』는 '甲子完山重刊'의 간기를 가진 지도로 한양의 지도를 말한다. 서울에서 간
　　행한 『首善全圖』와 전주에서 중간한 『首善全圖』는 약간의 차이점을 갖는다. 지도 자체
　　는 똑 같으나, 전주에서 간행한 지도에는 좌우에 과거시험에 필요한 정보가 새겨져 있

역대도 : 『中國東國古今歷代圖』[94]
인명록 : 『東國文獻』[95]


### 4) 유교 경전

유교는 공자를 始祖로 하는 중국의 대표적 사상이다. 仁을 모든 도덕
을 일관하는 최고 이념으로 삼고, 修身, 齊家, 治國, 平天下의 실현을 목표
로 하는 일종의 윤리학·정치학이며, 수천 년 동안 중국, 한국, 일본 등 동
양사상을 지배하여 왔다. 이러한 동양 사상의 흐름 때문에 '사서 삼경'은
사대부들의 필독서가 되었다.

완판 방각본 중 '사서 삼경'은 아주 다양한 서지적 특징을 보이면서 발
간되었다. 다른 방각본 책과는 다르게 아주 큰 책으로 발간된 것이 특징이
며, 또한 휴대에 편리하게 수진본으로도 발간된 특징을 보인다.

> 『大學諺解』, 『中庸諺解』, 『論語諺解』, 『孟子諺解』, 『詩經諺解』, 『書
> 傳諺解』, 『周易諺解』, 『中庸章句大全』, 『小學諸家集註』, 『詩傳大全』,
> 『大學章句大全』, 『論語集註大全』, 『孟子集註大全』, 『書傳大全』, 『周

---

다. 오른쪽 맨 위에 '科擧 - 附式年文科初試定數'가, 왼쪽에는 '生進初試定數'가 도별로
도표로 제시되어 있다. 그러니까 문과와 생원진사 시험에 필요한 인원을 참고로 제시한
것이다. 현재 서울시역사박물관에 소장하고 있으며, 이 지도를 이용하여 서울시역사박
물관 광장의 분수대를 조성하였다.

94  『중국동국고금역대도』는 중국과 우리나라의 역대 국가를 한 장에 담은 표이다. 좌측 하
단에 '乙卯(1850)秋完山春軒重刊'이라는 간기가 있다. 중국은 伏羲氏로부터 淸나라 咸豊
연간(1851-1861)까지, 우리나라는 단군으로부터 조선 憲宗(1835~1849)까지 언급하고 있다.

95  『東國文獻』은 조선시대 태조 때에서 순조 때까지의 여러 명신, 명현들의 이름과 약력을
수록한 인명록, 또는 인물지이다.

『易傳義大全』

# 4. 완판본 개념의 확대

## 4.1. 완영본(完營本)

1700년대에 이르러 전라감영에서 책을 출간할 때, 그 간기에 대부분 '完營'이란 용어를 사용한다. 이는 '완산감영'을 줄여서 부르는 말인데[96] 『조선왕조실록』에서도 그대로 쓰이고 있다. 전라감영에서는 1800년대 말까지 책을 출간하였으니 이 지역 사람들은 '完山'을 여전히 사용하고 있던 셈이다.[97]

이미 간기에 '完營'으로 표기되어 있기 때문에 관례에 따라 '완영본'이라 부르고 있지만, 결국 '완영'의 '완'이 완판을 표시하기 때문에 완판본의 범위에 들어간다. 또한 이미 1700년대 전라감영에서 본격적으로 책이 출판되기 직전에 全州府에서 책을 찍어낸다. 이때는 전라도관찰사가 전주부윤을 겸하고 있기 때문에 이 간기에는 '全州府, 完山府'로 표기되어 있다. 전라도 남원이나 나주에서 발간된 책의 경우, '운봉영본, 금성본' 등과 같이 따로 부를 수 있으나, 전라감영의 영향 아래에서 발행된 책들이기 때문에 완판본의 개념에 들어가야 할 것이다.

---

96   평양감영을 '箕營'이라고 부르는데, '箕營'은 '기성(箕城)에 있는 감영(監營)'이란 뜻으로 평양감영을 나타내는 데 쓰였다.

97   백제시대의 '완산'이란 명칭을 후대까지 사용하던 세대들은 주로 사대부들로 보인다.

이 완영판 책을 찍으면서 발달한 전라감영의 목판 기술, 즉 각수, 인쇄 기술, 한지 생산 등은 후에 계속되는 사간본의 발달, 방각본의 발달에 결정적인 역할을 하였다.

## 1) 完營本

『五禮儀』(乾隆癸亥(1743) 秋完營 開刊), 『東醫寶鑑』[98](歲甲戌(1754) 仲冬內醫院校正完營重刊), 『新編 醫學正傳』(歲己卯(1759) 季夏內醫 院校正完營重刊), 『朱子大全』(辛卯(1771) 入梓完營藏板), 『明義錄』 (丁酉(1777) 孟秋完營開刊), 『杜律 分韻』[99](庚戌(1790) 仲秋完營新刊), 『諭諸道道臣綸音』(乾隆五十九年 (1794) 九月二十三日完營刊印), 『御 定朱書百選』(乙卯(1795) 完營新

완영본 『五禮儀』

刊), 『陸奏約選』(甲寅手選御定陸奏約選丁巳(1797) 完營刊印), 『三韻聲彙』(己 丑(1829) 季秋), 『警民編』(乙丑(1829) 六月完營開刊), 『浣巖集』(歲乙酉冬完營 開刊南高寺歲), 『五統節目』(開國五百三年十二月日(1894년) 完山招安局活印), 『鄉約章程』(開國五百三年十二月日(1894년) 完山招安局活印), 『尤菴先生言行 錄』(崇禎紀元後五更子(1900) 秋完營開刊), 『華東正音通釋韻考』[100](完營藏板)

---

98　『東醫寶鑑』은 허준(許浚)이 선조(宣祖)의 명을 받들어 중국과 우리나라의 醫書들을 참고 하여 집성하고, 임상 체험을 바탕으로 治療方을 모은 한의학(漢醫學)의 백과전서이다.

99　『杜律分韻』은 당나라 두보(杜甫)의 시(詩)를 정조(正祖)의 명(命)으로 발간하였다.

100　『華東正音通釋韻考』는 1747년(영조 23)에 박성원(朴性源)이 저술한 韻書이다.

## 2) 全州府本[101]

『三元參贊延壽書』[102](皇明 正統三年 戊午(1438) 孟秋 重刊 全州府), 『孝經』(成化 十一年 乙未(1475) 五月 全州府 開板), 『朱子書節要』[103](萬曆三十九年(1611년)中秋重刊于全州府), 『十七帖(王右軍書)』[104](萬曆壬子冬(1612년) 湖南觀察使 李相公冲模刊于完山府), 『帝範』(萬曆 四十一年(1613년) 正月日嘉善大夫全羅道觀察使兼巡察使 李冲開刊于完山府)

## 3) 희현당철활자본[105]

『孟子集註大全』[106](乙丑(1805)四月豊沛鑄印), 『朴公贈吏曹參判忠節錄』[107](崇禎紀元後癸未(1823)孟夏希顯堂開刊), 『蘭谷先生年譜』[108](1876, 발문에 '希顯堂活字印'의 기록이 있다.)

---

101 정형우··윤병태(1995ㄴ)에서 제시된 전라감영 소재지 전주에서 발행한 책의 목록에서는 237종류로, 조선시대 전주부에서 발행한 책이 전국에서 단일 도시로서는 가장 많다.

102 『三元參贊延壽書』는 5권 1책 58쪽으로 도학 관련 의학서이다. 至元辛卯菊月李鵬飛序에 따르면 1291년 중국 명나라의 이붕비가 지은 책을 조선시대 세종대인 1438년 전주에서 목판으로 발간하였다. 현재 충북 음성 기록역사관에 소장되어 있다.

103 『朱子書節要』는 조선시대 이황(李滉, 1501~1570)이 중국의 朱子가 지은 『朱子大典』 중에서 편지를 뽑아 모은 책이다.

104 『十七帖』은 중국 동진(東晋)의 서예가 왕희지(王羲之)의 편지를 모은 서첩이다.

105 윤병태(1990:23)에서는 이 활자를 '希顯堂鐵字'로 명명하고, 이 활자로 인쇄한 책을 79종을 찾아, 인출시기에 따라, 전기, 중기, 후기, 미상본으로 나누어 제시하고 있다. 남권희(2010)에서는 '희현당철활자'로 이름하고, 윤병태의 인출 시기에 따라 105종류를 제시하고 있다.

106 『孟子集註大全』은 朱子가 『孟子』를 集註한 책이다.

107 『朴公贈吏曹參判忠節錄』은 청재(清齋) 박심문의 충절에 관한 기록들을 모아 놓은 책이다.

108 『蘭谷先生年譜』는 조선시대 문신으로 숙종 대 노론으로 활동한 蘭谷 金時傑(1653~1701)의 연보이다.

### 4) 錦城本[109]

『御定朱書百選』(庚申(1800)錦城新印)


### 5) 雲峰營本, 남원(龍城)본

『兵學指南』(乾), 『兵學指南』(坤)(辛卯(1711)春雲峰營開刊, 戊辰(1748)秋南原營開刊), 『警民編諺解』(戊辰(1748)七月日龍城開刊)


### 6) 임실본

『梁琴新譜』(1610년 임실에서 임실현감이 간행.)


영남의 감영은 '嶺營'이라고 간기에 표기하고 있다. 그러나 호남의 감영을 '湖營'이라고는 쓰지 않고 '完營'이라고 쓰고 있다. 전라감영에서 '완영'이란 이름으로 책이 발간된 시기는 주로 1700년대에서 1800년대까지인데 1700년대부터 간기에 '完營'이라고 표기되어 있다. 따라서 '完'이 생산적으로 쓰이기 시작한 시기는 이때부터라고 할 수 있다. '完營'은 '전라감영, 완산감영, 호남관찰영'으로 불리고, 전주는 '풍패지향, 호남제일성'의 별칭을 갖게 된다.[110] 여기서 '完'은 '큰, 완전한, 훌륭한'이란 의미를 내포하기 시작하였다.

'完'은 하나의 음절로도 '호남'과 '전주'를 상징하기 시작하였다. 그래서 '完紙, 完板, 完營'과 같은 말이 쓰이게 된다.


---

109  금성(나주)에서 발간한 『九雲夢』은 '崇禎再度己巳(1725)錦城午門新刊'의 간기를 갖고 있다.

110  호남고속도로를 벗어나 전주를 들어오는 입구에 '湖南第一門'이란 현판이 걸려 있다.


완판본 인쇄·출판의 문화사적 연구

完營, 完營藏板, 完州, 完紙, 完東門[111]

서지학의 입장에서 전라감영의 '完營本'은 경상감영의 '嶺營本'과 대비된다. 장인진(2001:64)에 의하면 경상감영에서는 七書 14종, 經書 6종, 禮書 9종, 史書 24종, 儒家書 20종, 童蒙書 3종, 字書 3종, 政敎類 23종, 農書 1종, 兵書 7종, 醫書 8종, 詩文 17종, 文集 57종, 類書 3종, 榜目 4종, 기타 2종 등 총 111종의 책을 간행하였다. 경상감영에서 발행된 사서삼경은 그 책판을 서포주인이 인수 또는 대여하여 조선후기까지 계속 발행하여 판매함으로써 방각본 발달에 큰 영향을 끼치게 된다. 또한 전주와 대구는 서로 필요한 책을 가져다가 판매하면서 책의 출판을 보완하게 된다.

## 4.2. 전주부본(全州府本)

조선시대에는 경상감영과 경상감영 소재지에서 발행한 책이 가장 많으나, 감영이 소재한 도시로는 전주(완산)가 가장 많은 책을 발간하였다. 정형우·윤병태(1995ㄴ)에서 제시된 전라감영 소재지 전주에서 발행한 책으로 237종류를 제시하고 있다.

> 家禮, 簡易集, 江陵金氏族譜, 綱目, 警民編, 警世問答, 經筵講義, 經筵講義大學, 啓蒙, 溪隱集, 戒酒書, 古文眞寶, 孤竹集, 救急簡易方, 九雲夢, 歸去來辭, 南軒文集, 內訓, 內訓集, 論語大文, 論語大全, 論語諺解,

---

111 '완동문'은 '판동문'에서 변천하였다. 영조 을미년(1775, 영조 51)에 관찰사 서호수(徐浩修)가 다시 짓고 편액을 '완동문'이라고 고쳤다.(변주승, 여지도서48, 전라도 보유1, 67쪽)

전주부본 『孝經』 간기

農家集, 農稼集, 農事直設, 農書, 達城碑誌, 達城碑誌錄, 達性集, 唐音, 大明律, 大明集, 大明集禮, 大典通編, 大千字, 大學, 大學大全, 大學諺解, 陶隱集, 道學正脉, 東萊博義, 童蒙先習, 東文選, 東文粹, 東槎集, 東岳集, 東岳集續集, 東醫寶鑑, 銅人經, 同春年譜, 同春堂年譜, 東賢奏義, 屯庵集, 滕王閣, 馬醫方, 脉訣, 孟子, 孟子大文, 孟子大全, 孟子諺解, 明義錄, 明義錄諺解, 牧隱集, 無冤錄, 文章軌範, 白江集, 柏谷集, 百拙齋集, 百拙集, 百洲集, 僻瘟方, 兵衛森, 四佳集, 史記英選, 史記評林, 史略, 詞訟類抄, 四傳春秋, 三綱行實, 三國誌, 三略, 三韻聲集, 三韻通考, 三元延壽書, 上觀貞要, 喪禮補編, 喪禮備要, 喪禮抄, 傷寒賦, 傷寒指掌圖, 書大文, 書傳大全, 書傳諺解, 釋尊儀式, 石州集, 石洲集, 仙源集, 性理大全, 聖學輯要, 性學集要, 聖學集要, 小學, 小學講本, 小學啓蒙, 小學大全, 小學諺解, 小學集成, 續明義錄, 續明義錄諺解, 續兵將圖, 續兵將圖說, 孫武子, 宋名臣錄, 宋明臣錄, 宋名臣言行錄, 受敎輯錄, 詩家一旨, 詩大文, 詩傳大全, 詩傳諺解, 心經釋義, 心經釋疑, 十九史略, 兒戲原覽, 養蒙大訓, 楊州趙譜, 楊州趙氏族譜, 陽村集, 御定史記英選, 御定朱書百選, 御製綸言, 御製追慕錄, 諺解産書, 諺解呂氏鄕約, 呂氏鄕約, 歷代授受圖, 聯珠集, 禮記, 五禮儀, 五臟圖, 五行精氣, 玉溪集, 王右軍書, 龍龕手鑑, 牛溪集, 韻考, 韻會, 韻會玉篇, 月軒集, 尉僚子, 類合, 陸宣公奏議, 陸秦約選, 栗谷全書, 律學解頤, 律學解頤指掌圖, 挹翠集, 儀禮經傳, 儀禮文

완판본 인쇄·출판의 문화사적 연구

學, 儀禮問解, 儀禮正傳, 醫學入門, 醫學正傳, 二樂亭集, 二倫行實, 李相
國集, 李氏聯珠集, 李衛公, 理學通錄, 忍齋文集, 認齋集, 人皇法體, 紫陽
文集, 字彙, 蠶書, 蠶書推句, 潛齋集, 長吟亭遺稿, 長吟集, 剪燈新話, 全
韻玉篇, 絶句, 貞觀政要, 靜觀齋集, 靜觀集, 正俗, 正音通釋, 周易, 周易
大全, 周易諺解, 朱子大全, 朱子封事, 註解千字, 竹西集, 竹吟集, 中庸大
全, 中庸諺解, 中庸集略, 中庸或問, 增補韻考, 增修無寃錄大全, 芝峯類
說, 芝峰遺說, 指掌圖, 診脉須知, 眞西山集, 眞書諺解, 陳后山詩, 此(屯)
菴集, 滄浪集, 蒼霞集, 天運紹統, 闡義昭鑑, 千字, 淸溪集, 靑丘風雅, 淸
露集, 體素集, 草千字, 叢堂集, 推句, 則言, 太公六韜, 胎産集, 澤堂集, 通
鑑, 學蔀通辨, 寒暄箚錄, 杏村法帖大字, 胡傳春秋, 或問中庸, 化堂集, 皇
華集, 孝經[112], 厚齋集, 訓義小學, 欽恤典則 (237종)

## 4.3. 전라도 사찰본

조선 초기 불교를 장려한 정책에 따라 불경이 많이 발간되었다. 사찰
에서 간행된 불경은 대체로 '용장사판본, 안심사판본'과 같이 절 이름과
함께 부르는 것이 일반적이다. 그러나 이를 묶어서 부를 명칭이 필요한데,
'고려, 조선시대 전라도, 또는 전북의 사찰에서 출판한 책'을 '완판 사찰
본'이라 부르는 게 바람직할 것이다.[113] 전라북도의 사찰에서 발행한 책을

---

112  여기 인용한 『孝經』 이미지는 전주역사박물관 소장으로 1475년 전주부에서 발행된 책
     이다.

113  책을 발간한 전북의 사찰을 예로 들면, 전북 고산의 安心寺, 花岩寺, 雲門寺, 廣濟院, 影子
     庵, 魚頭庵과, 전북 정읍의 龍藏寺, 雲住寺와, 전북 완주의 圓嵒寺, 長波寺 白雲庵, 松廣寺
     와, 전북 김제의 興福寺, 金山寺, 歸信寺와, 고창의 文殊寺, 진안의 中臺寺, 懸庵, 전북 전
     주의 관성묘(關聖廟) 등이 옛 책을 발행한 사찰이다.

일부만 예를 들면 다음과 같다.(박상국, 1987:465)

## 1) 안심사(安心寺, 전북 고산 兜率山)

『妙法蓮華經』(묘법연화경) (1405), 『大願和尙注心經』(대원화상주심경) (1411), 『六經合部』(육경합부) (1414), 『金剛般若波羅蜜經』(금강반야바라밀경) (1414), 『六經合部』(육경합부) (1424), 『妙法蓮華經』(묘법연화경) (1545), 『蒙山和尙六道普說』(몽산화상육도보설) (1566), 『六祖口訣金剛般若波羅蜜經』(육조구결금강반야바라밀경) (1570), 『大方廣圓覺修多羅了義經』(대방광원각수다라료의경) (복

안심사본『妙法蓮華經』

각본), 『金剛經諺解』(금강경언해) (1575), 『高峯和尙禪要』(고봉화상선요) (1575), 『類合』(유합) (1575), 『千字文』(천자문) (1575), 『大慧普覺禪師書』(대혜보각선사서) (1576), 『妙法蓮華經』(묘법연화경) (1674), 『靜觀集』(정관집) (1741), 『大報父母恩重經』(대보부모은중경) (1806)


## 2) 화암사(花岩寺, 전북 고산 佛明山)

『楞嚴經』(능엄경) (1443), 『佛說大報父母恩重經』(불설대보부모은중경) (1443), 『妙法蓮華經』(묘법연화경) (1443), 『佛說長壽滅罪護諸童子陀羅尼經』(불설장수멸죄호제동자타라니경) (1443), 『六經合部』(육경합부) (1462), 『妙法蓮華經』(묘법연화경) (1477), 『佛說大報父母恩重經』(불설대보부모은중경) (1484), 『金剛般若波羅蜜經』(금강반야바라밀경) (1488), 『六經合部』(육경합부) (1488), 『金剛經啓請』(금강경계청) (1488), 『禪源諸詮

완판본 인쇄·출판의 문화사적 연구

集都序』(선원제전집도서) (1493), 『佛說預修十王生七經』(불설예수시왕생칠경) (1618)

### 3) 용장사(龍藏寺, 전북 정읍 운주산)

『誠初心學人文』(계초심학인문), 『高峯和尙禪要』(고봉화상선요), 『楞嚴經』(능엄경), 『蒙山和尙法語略錄』(몽산화상법어약록), 『佛說廣本大歲經』(불설광본대세경), 『金剛般若波羅蜜經』(금강반야바라밀경), 『大慧普覺禪師書』(대혜보각선사서), 『妙法蓮華經』(묘법연화경), 『法集別行錄節要幷入私記』(법집별행록절요병입사기), 『禪源諸詮集都序』(선원제전집도서), 『水陸無遮平等齋儀撮要』(수륙무차평등재의촬요), 『天地冥陽水陸齋儀纂要』(천지명양수륙재의찬요), 『十地經論』(십지경론), 『大佛頂如來密因修了義諸菩薩萬行首楞嚴經』(대불정여래밀인수료의제보살만행수능엄경) (이상 1635년), 『妙法蓮華經』(묘법연화경) (1670, 雲住寺)

고려시대나 조선 초기와 중기에 편찬된 불경의 간기를 보면 全州일 경우를 제외하고는 거의 대부분 '全羅道 高山, 全羅道 金堤'와 같이 표기하고 있다. 불경은 거의 사찰에서 출판되는 관계로 일반적인 행정구역을 간기에 표기하는 것으로 보인다.

그러나 사찰본일 경우라도 '全州'에서 발행된 경우에는 '全羅道'를 표기하지 않고 있다. 이는 '전주'라는 어휘가 '전라도'라는 어휘와 중복된다고 생각하였기 때문이다. '전주'는 전라도의 중심지이고, 전라감영이 있는 곳이기 때문에 '전주 = 전라도 = 호남'이라는 등식을 갖는 어휘임을 알 수 있다.

『金剛般若波羅蜜經』永樂十二年甲午(1414) 全羅道高山地安心寺
開板

『妙法蓮華經』萬曆三十八年庚戌(1610) 全羅道金堤郡僧伽山興福
寺刊

『金剛般若波羅蜜經』至正十七年正酉(1357)六月日刊 全州開板

『佛祖三經』(四十二章經, 佛遺教經, 潙山警策), 至正辛丑(1361) 重刊留全
州圓嵓寺

『佛祖源流』乾隆二十九年甲申(1764)夏刊 板于全州松廣寺觀音殿

『妙法蓮華經』順治三年丙戌(1646) 全州長波寺白雲庵開刊

『妙法蓮華經』順治十一年甲午(1654) 八月日 全州長波寺白雲庵開板

## 4.4. 19세기 목활자본

대체로 19세기에 목활자가 일반화되면서 업자들이 이 목활자를 가
지고 다니거나, 문중 인쇄소에서 족보나 문집을 주로 많이 찍었다. 그 목
활자본을 예로 들면 다음과 같다.(옥영정, 2002 참조) 특히 『全州崔氏族譜』
(崔維翰編, 宗垈, 1805)에 사용된 목활자는 '지겟다리획 印書體字'(천혜봉,
2006:502)로 불린다. 이 많은 목활자는 민간의 족보와 문집을 찍어내는 데
주로 사용되었다. 완산감영에서 출판한 『桂苑筆耕集』(完營, 1834), 『種藷
譜』(完營, 1834)도 역시 이 활자를 사용하였다.

『決訟類聚』(金伯幹編, 1585跋), 『兆陽林氏再修世譜』(全州府城西, 1803),
『濟州高氏再修族譜』(高學聖, 完西, 1804), 『耽津崔氏族譜』(上之卽位五年
甲子中秋旣望完府重刊, 1804)[114], 『全州崔氏族譜』(崔維翰編, 宗垈, 1805), 『桂

---

114   이 문헌은 전주시청 소장본이다.

苑筆耕集』(完營, 1834), 『種藷譜』(完營, 1834), 『全州李氏族譜黃岡公三譜』(良厚公墓閣, 1850), 『全州柳氏族譜』(柳德懋, 屯山齋閣, 1865), 『全州崔氏族譜』(粉洞齋, 1866), 『兆陽林氏四修世譜』(兆陽林氏世譜所, 全州 西歸洞, 1872), 『一齋先生續集』(李恒撰, 1887), 『鄕約事目』(招安局, 1895), 『全州崔氏世譜』(崔昌烈等編, 粉土洞齋閣, 1898), 『尤菴先生言行錄』(宋近洙編輯, 完營, 1900), 『密陽朴氏世譜』(朴圭浩等編, 鳳捿先山齋舍, 1903), 『金忠靖公甲峰遺稿』(金宇杭著, 全州府東, 1904), 『兆陽林氏五修世譜』(林明翰, 全州 回浦沙村, 1904), 『全州柳氏四修世譜』(柳秀健等編, 屯山齋閣, 1905), 『晩圃遺稿』(鄭濟鎬著, 萬圃齋, 1908), 『寶城吳氏世譜』(寶城吳氏世譜所, 1909), 『完山誌』(吳榮錫編, 鄕老齋, 1911), 『白經野堂遺稿』[115](歲壬子孟秋上澣 完東村重刊, 1912), 『西溪公疏集』(宋東胤著, 1916), 『朝鮮萬姓簪纓譜』(柳錫泰著, 武城書院, 1918), 『兆陽林氏族譜』(林奉述等編, 1920), 『全州李氏族譜』(黃岡公四譜, 良厚公墓閣, 1922), 『全鮮誌』(李炳善編, 全州鄕校 1923), 『南原梁氏世譜』(梁淳普刊編, 梁淳普方, 1926), 『竹山朴氏世稿實記』(朴泰著, 夢心齋, 1926), 『全州崔氏族譜』(崔極老編, 崔氏齋閣, 1927), 『楊州趙氏派譜』(趙相善編, 趙相善家, 1928), 『四禮纂笏』(金鼎鉄著, 東陽精舍, 1928), 『困菴先生文集』(蘇世良著, 永慕齋, 1929), 『全州李氏懷安大君派世譜』(李源承, 法史山齋閣, 1929), 『全州崔氏派譜世系』(崔永俊房, 1929), 『全州生進靑襟錄』(鄭來和等編, 全州鄕校 司馬齋 1932), 『礪山宋氏派譜』(宋公眞刊編, 永慕齋 1933), 『潁陽千氏世譜』(千錫煥刊編, 潁陽千氏大同譜所, 1933), 『林氏世家大同譜』(林秉雲刊編, 其上齋, 1935), 『韓山李氏派譜』(李俊洪刊編, 李俊洪房, 1935), 『全州李氏德源君派族譜』(李益中刊編, 李益中方, 1934), 『咸陽吳氏族譜』(吳世淵編, 養生醫院, 1938), 『義城金氏世譜』(金長鉉, 新庵書齋, 1938), 『光胖窩遺稿』(洪以木將著, 仰止堂, 1940), 『壯行通考』(丁元常著, 永慕齋, 1941)

---

115  『白經野堂集遺稿』는 전주역사박물관 소장본이다.

## 4.5. 20세기 초·중기 출판본

1909년부터 일제가 판권지를 붙이
도록 강요하고 검열을 시행하자, 발행
되는 모든 책들은 판권지에 '전주'를 명
기하기 시작하였다. 이 책들은 다양하
게 발행되었으나 모두 완판본의 범위에
넣어야 할 것이다.

『國樂譜』

필경본은 유지에다가 철필로 글씨
를 써서 인쇄잉크를 바른 롤러를 사용
하여 인쇄하는 형태를 말한다. 이 필경
본은 석판본이 끝나는 시점인 60년대와
70년대에 가장 유행한 것으로 추정된다. 그러나 전주에서 발간된 필경본
은 1923년에도 발행된 것으로 보아 상당히 오래 전부터 발간된 것으로
보인다.

『아히들의 셩틱죠비』(1923년) 全羅北道 全州郡 全州面 大和町 200
番地, 全州天主公敎會 具瑪瑟 神父
『雅樂譜』(1948년) 全州市 南溪洞 一四三, 印刷所 溪林社
『國樂譜』石菴 鄭坰兌 編著 麒麟峰下 刊行
『新時調類聚』(1962년) 全州市 中央洞 3-2 正文社

석판본(石版本)은 목판본 이후에 나온 인쇄법으로 주로 19세기 말과
20세기 초에 많이 사용되어 1930년대와 40년대에 책을 많이 발간하였

다.[116] 전주에서 발간된 석판본의 일부를 제시하면 다음과 같다.[117] 1930년대부터 시작된 석판본 인쇄는 주로 개인의 문집과 족보가 대부분이다. 이 석판본의 발행은 1980년대까지 계속되었다.[118]

『金海崗壽詩帖』

『二至齋遺稿』(1933년), 『諺文小學』(1934), 『蘭圃壽帖』(1934년), 『昌原黃氏波譜』(1934년), 『明心寶鑑』(1937년), 『近思齋遺稿』(1937년), 『金海崗壽詩帖(龜蓮珍藏)』(1938년), 『漢陽趙氏文獻』(1939년), 『禾菴詩集』(1947년), 『於巖遺稿』(1948), 『璿源李氏巴陵君派世懿錄』(1949년), 『慶州金氏波譜』(1950년), 『河節婦趙氏事蹟錄』(1952년), 『兆陽林氏七修世譜』(1954년), 『順天金氏世譜』(1956년), 『戀翁實記』(1956년), 『完山誌』(1958년), 『全州李氏世譜』(석판본), 『古佛應驗明聖經』(1959년), 『黃岡院誌』(1961년), 『萬頃儒林錄』(1966년)

활자본은 목활자본과 신연활자본이 대부분이다. 목활자본은 족보나

---

116 시대가 맞지 않는데도 족보나 문집과 같은 책을 옛스럽게 만들기 위해 석판본과 활자본(오침안정법)을 선택하는 경우도 있다. 70년대 이후에는 공타본, 청타본도 많이 사용되었다. 이들 책은 완판본에서 제외하기로 한다.

117 천혜봉(2010:568)에 의하면, 普成社에서 1908년에 『大家法帖』, 新舊書林에서 1913년에 『文字類輯』, 新文館에서 1913년에 『訓蒙字會』, 文雅堂에서 1914년에 『아미타경』, 寶晉齋에서 1914년에 『新式草簡牘』을 찍어낸 것으로 보고 있다.

118 이 목록에 나오는 일부 책은 『南安齋 고서목록』(2011)에서 발췌하여 인용하였다.

문집 간행에 많이 사용되었다. 신연활 자본은 일본인들이 들여와서 전주에서 는 주로 30년대와 40년대에 많이 발간 되었다. 고창과 정읍 등 전라북도 일부 지역에서도 일본인들이 직접 신연활자 본을 발간하였다.

『松軒手帖』

『完山誌』(1911년, 목활자본) 明治四十四
年辛亥(1911)九月 日 全州鄕老齋重刊
　『全鮮誌』(1923년, 목활자본) 印刷兼發
行所, 全州鄕校內
　『淑人昌寧曺氏實記』(1937년, 신연활자본) 全州府 大正町, 愛知屋印刷所
　『松軒手帖』(1941년, 신연활자본) 全州府 大正町, 愛知屋活版印刷所

이처럼 20세기 초·중기에 나온 옛 책들은 판매용 책과 주문자 생산본 들이 있지만 모두 완판본의 범위에 포함해서 논의해야 할 것이다.

## 4.6. 완판본의 새로운 개념

1413년(태종 13년) 전국 행정구역을 8도제로 정비하면서 전라도는 전 주에 관찰사를 두고 현재의 전라남도, 전라북도와 제주도에 걸친 1부 4목 4도호부 12군 31현의 광활한 지역을 관할하였다. 1896년(고종 33년) 전국 을 13도로 나누면서 전라도는 전라북도와 전라남도로 분리되고 전라북도 는 26군으로 구성되었다.

전라도민들은 '完'이란 한자 음절을 '完山=백제(후백제)=全州=全羅道=湖南=完'이라는 등식으로 생각하여 사용하였던 것이다. 이런 의식이 조선시대에 강화된 이유는 전주가 후백제의 도읍지였고, 또한 조선을 건국한 이태조의 본향(豊沛之鄕)이었기 때문이기도 하다.

### 4.6.1. 기존 '완판본'의 개념

경판본 고전소설에 대비하여 쓰인 '완판본'은 이미 사전에 나와 있는 뜻대로 쓰이고 있다. 고전소설이 판매용 책인 관계로 기존의 완판본에 대한 개념은 다음과 같다.

> 1) 전라북도 전주에서 간행된 목판본의 고대 소설을 통틀어 이르는 말.(완판본 고전소설)
> 2) 전주에서 간행된 판매용 책을 통틀어 이르는 말.(완판 방각본)

전라감영에서 발행한 책은 간기에 '完營'이란 기록을 남김으로써 '完營本'의 이름을 갖게 되고, 전주부에서 발행한 책은 그 종류가 237종류에 이르렀다. 이는 '완판본'을 발달시키는 데 중심 역할을 했다. 전라감영에서 출판한 '완영본'과 전주부에서 출판한 '全州府本'을 시작으로 각수와 인쇄기술이 발달하면서 이후로 '私刊本', '坊刻本'이 발전하였기 때문에 전라감영의 '완영판'과 전주부의 '전주부본'이 '완판본'의 중심에 자리를 잡게 된 것이다. 따라서 완판본을 이야기할 때, 완영판과 전주부본을 빼놓고 이야기할 수 없는 것이다.[119]

---

119 전라관찰사가 전주부윤을 겸직하는 경우가 많아서 '전주부본'의 경우 전라관찰사의 영

1909년 이후 일제의 검열로 인하여 간기를 붙이는 관습이 없어지고, 판권지를 붙이기 시작하면서 '전주'를 쓰기 시작하였다. 이후 1935년 전주와 완주가 분리되면서 비로소 '전주'란 어휘가 자리하게 된 것이다. 1900년대 초에 출판한 필경본, 석판본, 연활자본들은 그간 관심을 크게 보이지 않았지만 '전주에서 발간한 옛 책'이란 점에서 여전히 완판본이란 이름으로 불리고 있다.

지역민들은 차츰 완판본의 개념을 확대하여 '전주에서 찍은 옛 책', 또는 '전북에서 찍은 옛 책'으로 개념을 확대하기 시작하였다. 그리하여 최근에는 전라북도에서 찍은 책을 모두 '완판본'이라고 부르게 되었다.

전라감영은 전주에 있었지만 전북과 전남과 제주를 관할하는 관청이었다. 따라서 조선시대에는 호남에서 발행된 관판본(官板本) 책들은 모두 전라감영의 영향 아래에서 발행된 것으로 볼 수 있다. 그러므로 완판본의 개념을 더 확대해야 할 필요성을 갖게 된다.

### 4.6.2. '완판본' 개념의 확대

결론적으로 '완판본'이란 용어는 협의의 개념과 광의의 개념을 포함하여 다음의 세 가지 개념을 더 가질 수 있을 것이다.

### 1) 전주에서 발간한 옛 책(협의의 개념)[120]

---

향하에서 발간된 경우가 많다.

120 천혜봉(2006:252)은 '完板은 西溪, 完山, 完西, 豊沛, 完南, 完龜 등에서 간행한 판본과 河慶龍이 간행한 판본을 총칭한다.'고 보고 있다. 이혜경(1999:32)은 완판본의 개념을 '전라북도 전주 지방에서 간행된 판본으로서, 전주의 옛 지명이 完山이었으므로 完板本이라

(1) 전라관찰사 또는 전라감영에서 찍은 책을 이르는 말.(완영본)

(2) 관찰사와 전주부사의 영향 아래 전주부에서 찍은 책을 이르는 말.(전주부본)

(3) 전라북도 전주에서 간행된 목판본의 고대 소설을 통틀어 이르는 말.(完板本)[121]

(4) 전주에서 찍은 주문용 책인 '私刊本'을 이르는 말.(完板 私刊本)[122]

(5) 전주에서 찍은 필경본, 석판본, 활자본을 통틀어 이르는 말.(完版本)


## 2) 전라북도에서 출판한 옛 책

(1) 전라북도 태인, 전주에서 발행한 판매용 책을 통틀어 이르는 말.(완판 방각본)

(2) 전라북도 사찰에서 출판한 불경, 도교에 관한 책을 통틀어 이르는 말.(완판 사찰본)


## 3) 전라감영이 관할하던 호남 지역에서 찍은 옛 책(광의의 개념)

주로 영·정조 시대와 그 전후, 호남의 수도인 전주의 전라감영에서 찍은 옛 책이다. 전라감영에서 관할하던 나주, 남원, 태인, 임실 등에서 발간한 책을 포함한다.

---

하였다'라고 설명하고 있다.

121  국어사전인 『표준국어대사전』이나 『우리말샘』에 나오는 완판본의 개념이다.

122  전주에서 찍은 '私刊本'은 문집과 족보가 대부분이다. 이들은 조선 후기 목활자본이 많은 게 특징이다.

# 5. 결론

용어의 개념은 정확해야 한다. 그러나 현재 '완판본'의 개념은 사전에서처럼 하나의 뜻풀이로 제시하기 어렵다. 현재의 완판본에 대한 사전적 개념은 최소한 다음과 같이 바꾸어야 한다.

> 완판본(完板本) : 조선 후기에, 전라북도 전주에서 간행된 판매용 책을 통틀어 이르는 말. 전라도 사투리가 많이 들어 있는 목판본 한글 고전 소설을 비롯하여 천자문, 사서삼경, 역사서, 실용서 등의 판매용 책을 통틀어 이르는 말이다.

전통적으로 불리던 완판본의 개념과, 그간 연구된 전주의 옛 책의 내용에 따른 개념의 변화와, 지역민들이 갖는 문화사적인 개념들이 의미를 달리한 채 쓰이고 있기 때문에 완판본의 개념은 한 가지로 사용하기 어려운 실정이다.

지역민들은 이 지역 사람들이 주로 사용하는 '전라북도 전주에서 찍어낸 옛 책.'이란 광의의 개념을 요구하고 있지만, 서지학적인 입장에서는 한국의 서지체계 속에서 '완판본'의 개념을 고려해야 하기 때문에 그 입장은 상당한 차이를 보이고 있다. 완판본의 개념은 물론, 경판본, 안성판본, 달성판본의 개념은 물론 완판본과 경판본[123], 완영본과 영영본의 비교 개념이 분명히 이루어져야만 거기에 따른 완판본의 개념도 완전하게 될

---

123 국어사전에서 경판본의 개념은 '서울에서 판각한 책.'으로 되어 있다. 그러나 경판본의 개념이 학계에서는 주로 판매용 책인 경판방각본의 개념으로 사용한다. 따라서 완판본과 경판본의 개념도 이러한 범위를 설정하여 다시 정립해야 할 것이다.

수 있을 것이다.

완판본은 '전주'(완산)라는 서지학적인 입장에서 매우 독특한 지역성을 나타내는 개념이고, 다른 지역과 차별성을 갖는 개념이다. 첫째는 한글 고전소설이고, 둘째는 방각본이다. 이 두 유형이 서울이나 대구와 다른 문화적 차별화를 보여주었고, 판매용 책의 전국성이라는 특징을 갖추었다. 셋째는 완판본이란 개념을 탄생시킨 배경이 되는 기관인 전라감영에서 발행된 책이 '완영본'이었기에 '完'의 개념이 확고하게 이루어진 것이다.

이러한 차별화는 지역사의 입장에서 확대가 가능하게 되었다. 즉 고려시대와 조선초기의 책, 조선초·중기의 사찰본과 1900년대 중반까지의 필경본, 석판본, 활자본들을 그 범위에 넣게 되었다.

권희승(1981), 「호남 방각본에 관한 연구」, 성균관대학교 대학원 : 도서관학 학위논문 (석사).

金東旭(1973), 「坊刻本小說 完板·京板·安城板의 內容 比較 硏究」, 『연세논총』10-1, 연세대 대학원.

김동욱(1970), 「방각본에 대하여」, 『동방학지』, Vol.11, 연세대학교 국학연구원, 97-139.

김동욱(1974), 『한국고전소설판각본자료집』, 국학자료원.

김동욱(1994), 「방각본에 대하여」, 『고소설의 저작과 전파』, 아세아문화사, 223-246.

류탁일(1982), 「完版坊刻小說의 文獻學的 硏究」, 학위논문(박사), 동아대학교.

류탁일(1985), 『완판 방각소설의 문헌학적 연구』, 학문사.

박금규(2011), 「전주의 완산과 관련된 한시 연구」, 『완산의 역사와 문화』, 전주문화원, 64-74.

박상국(1987), 『全國寺刹所藏木板集』, 문화재관리국.

배연형(2006), 「『별춘향전』(완판 29장본) 연구」, 『판소리연구』 22. 195-227.

송일기(2000), 「泰仁 坊刻本의 出現 時期 및 養眞居士 朴致維의 行歷考」, 『고서』 제9호, 한국고서협회, 9-24.

옥영정(2002), 「湖南地方 木活字本 硏究」, 성균관대 박사학위논문.

옥영정(2010), 「非小說 漢文坊刻本 刊行에 대한 書誌的 고찰」, 『열상고전연구』 31, 213-254.

윤규섭(1940), 「完板」, 『文章』 2-2, 200-203.

이정원(2005), 「안성판 방각본 출판 현황」, 『어문연구』 제33권 제3호(통권 127호), 한국어문교육연구회, 161-183.

이창헌(1995), 「경판방각소설 판본 연구」, 서울대학교 박사학위논문.

이태영(2004), 「지역 전통 문화의 기반 구축과 그 활용 방안 - 완판본 한글 고전소설의 데이터베이스 구축과 그 활용을 중심으로 -」, 『민족문화논총』 30집 (영남대), 273-304.

이태영(2007), 「새로 소개하는 완판본 한글고전소설과 책판」, 『국어문학』 43집, 29-54.

이태영(2010), 「완판 방각본 출판의 문화사」, 『열상고전연구』 31, 91-115.

이혜경(1999), 「조선조 방각본의 서지학적 연구」, 전남대 박사학위논문.

장인진(2001), 「경상감영의 인쇄문화가 지역사회에 끼친 영향」, 제15회 한국향토사 연구 전국학술대회 토론문, 61-70.

전북대학교 한국학자료센터(2011), 『全州 南安齋 所藏 全義李氏家의 古文獻』, 湖南圈域 古文書資料集成2.

조법종 외(2001), 『全北歷史文獻資料集』(조선시대:태조~세종), 全北學研究叢書Ⅰ, 신아출판사.

조희웅(1999), 『古典小說 異本目錄』, 집문당.

조희웅(2006), 『고전소설 연구보정(상, 하)』, 박이정.

천혜봉(2006), 『한국서지학』, 민음사.

최문화(1977), 「방각본 심청전 연구」, 고려대학교 학위논문(석사).

홍윤표(2007), 「한글의 역사와 완판본 한글 고소설의 문헌적 가치」, 『국어문학』 43집, 5-27.

제2장 | # 완판 방각본 출판과 문화적 배경

## 1. 완판본과 방각본(坊刻本)

『표준국어대사전』에서 완판본(完板本)은 '조선 후기에, 전라북도 전주에서 간행된 목판본의 고대 소설을 통틀어 이르는 말.'로 풀이되어 있고, 『한국민족문화대백과사전』에는 '조선시대 전주 지방에서 출판된 방각본(坊刻本).'으로 풀이되어 있다. 완판본(完板本)은 서울에서 발간된 경판본 옛 책에 대비된 말로, '전주(全州)에서 판매를 목적으로 목판으로 발간한 옛 책'을 일컫는 말이었다.

전라북도 전주는 당시에는 '完山'이라고 했고, 실제로 완판본 한글고전소설은 당시 전주군 구이면에서도 발간되었기 때문에 전북 전주와 전북 완주군을 포함하는 지역이 해당된다. 작은 범위의 완판본이라 하면 현재 완주군을 포함한 전주에서 발간된 옛 책을 통칭하는

말로 쓰고 있다. 따라서 완판본은 '전라북도 전주에서 발간한 옛 책'을 말하게 되었다.[1]

판매를 하기 위하여 일반인들이 출판소에서 간행한 책을 방각본(坊刻本)이라고 하는데, 이 방각본의 원류는 서울에서 선조 9년(1576년)에 간행된 『攷事撮要』로 알려져 있다. 완판 방각본은 전라북도 전주에서 출판된 판매용 책을 말한다. 완판 방각본은 1714년 『童蒙先習』을 시작으로 1930년대까지 서울, 대구와 더불어 많은 책이 발간되었다.

이제까지의 완판 방각본에 대한 연구는 류탁일(1985)에서 전반적으로 정리되었다. 이외에는 서지학적인 연구가 대부분이다. 따라서 서지사항에 대한 개괄적인 이해는 어느 정도 정리가 되었다. 그러나 왜 전주 지역을 중심으로 완판 방각본이 성행하게 되었는지에 대한 문화사적인 연구는 많지 않다. 그것은 이 지역에 대한 문화를 자세히 이해해야 하기 때문이다.

이 글에서는 완판 방각본의 발달에 밀접하게 영향을 끼친 몇 가지 문화적인 요인을 살펴보고자 한다. 상업출판이 성행한 이유, 전라남북도와 제주도를 관할하던 전라감영의 위치와 역할, 전라도의 중심인 전주부(全州府)의 역할, 전주 시장의 기능, 한지의 대량 생산, 쌀이 생활의 중심이 되

---

1  조선시대의 전주는 전라북도, 전라남도, 제주도를 관할하는 전라감영(완산감영)이 있던 호남의 수도였다. 그러므로 '전주, 나주, 남원'과 같이 비교적 큰 도시에서 책이 많이 발간되었는데 감영의 영향 아래에서 찍은 책을 완산감영본이라고 할 수 있어서 완판본의 개념에 들어갈 수 있는 것이다. 물론 전주의 완산감영에서 찍은 것은 '전라감영본, 완산감영본, 완영본', 나주에서 찍은 것은 나주의 옛 이름인 '금성'으로 되어 있기 때문에 '금성판본', 남원 운봉에서 찍은 것은 '운봉영본' 등으로 불린다. 이렇게 확대해서 개념을 정리하면 완판본은 '전라감영이 관할하던 지역에서 찍은 옛 책'으로 개념을 확대할 수 있다.

었던 시대에서 중농의 역할과 욕구, 전라도에서 탄생한 판소리의 소설화 과정, 일제강점기 한글 교육 및 2세 교육, 지역민의 근대화 욕구 등 다양한 문화적 배경을 살펴보고자 한다.

# 2. 전라감영, 전주부, 태인의 출판 문화

## 2.1. 전라감영과 출판 문화

조선 왕조는 1392년 조선 태조 원년에 전주부에 감영(完營)을 설치하였다.[2] 관찰사는 왕권의 대행자로서 한 道의 모든 행정과 시정의 성패를 책임지며, 도내의 행정·사법·군사권을 가지고 총괄하던 최고 책임자였다. 전주는 조선시대 전 기간을 통하여 호남의 수도였다.

완산감영(完營)에서는 중앙정부의 요청으로 士大夫 취향의 도서인 完營板 책이 만들어지게 된다.[3] 서적은 학문을 진흥시키고 정치와 문화적인

---

2   고려시대에는 안렴사(按廉使)가 관할하였는데, 전북도청에 있는 『湖南觀察先生案』에 따르면, 전라도에는 1372년에 안렴사가 처음 부임한 것으로 되어 있다. 고려말 관찰사제에 따라 맨 처음 전라도 도관찰출척사로 부임한 인물은 최유경(崔有慶)이다.

3   『조선왕조실록』을 보면 완산 감영에서 책을 출판하게 하는 내용이 여러 곳에서 보이고 있다.
    《영조 039 10/09/02(갑술) / 전라 감영에 《동현주의》 및 《속경연고사》를 간행하여 올리도록 명하다 》【원전】 42 집 452 면
    《정조 020 09/09/11(정사) / 《대전통편》을 반포하다 》【원전】 45 집 539 면
    《정조 041 18/12/25(무인) / 주자의 서간문을 모은 《주서백선》이 완성되다 》【원전】 46 집 534 면
    《정조 045 20/11/03(갑진) / 《무원록언해》를 간행·배포할 것을 명하다 》【원전】 46 집 676 면

이상을 실현하는 수단으로 사용되면서 시대마다 서적 편찬과 간행에 심혈을 기울였다.(신양선, 1997:11) 완산감영에서 발행한 책으로는 정치, 역사, 제도, 사회, 어학, 문학, 유학에 관한 90여 종류의 책이 간행되었다.(鄭亨愚 외, 1979:558)

『朱子文集大全』의 내제와 간기

加髢新禁事目, 簡易集, 綱目, 警民編, 經世問答, 孤竹集, 蘭谷先生年譜, 達城碑誌錄, 大明律, 大典通編, 道學正脈, 東岳集, 東岳集幷續, 東醫寶鑑, 同春年譜, 東賢奏議, 杜律分韻, 屯巖集, 孟子集註大全, 鳴巖集, 明義錄, 明義錄諺解, 朴公贈吏曹參判忠節錄, 白江集, 百拙齋集, 白洲集, 史記英選, 史記評林, 四禮便覽, 三韻聲彙, 喪禮補編, 喪禮備要, 石洲集, 性理大全, 性理大全書, 聖學輯要, 小學諺解, 續經筵故事, 續明義錄, 續明義錄諺解, 受敎輯說, 新刊史略, 梁大司馬實記, 楊州趙氏族譜, 御定綸音, 御製追慕錄, 聯珠集, 永世追慕錄續錄, 五家統節目, 五禮儀, 浣巖集, 尤菴先生言行錄, 月軒集, 諭諸道道臣綸音, 諭中外大小民人等斥邪綸音, 諭湖南民人等綸音, 陸奏約選, 栗谷全書, 疑禮問解, 醫學正傳, 二樂亭集, 忍齋集, 自警編, 潛齋稿, 潛齋集, 長吟集, 全韻玉篇, 靜觀齋集,

正音通釋, 種藷譜, 左傳, 朱書百選, 朱子大全, 竹西集, 增補三韻通考, 增修無冤錄, 蒼霞集, 靑溪集, 七書, 鍼灸經驗方, 豊山洪氏族譜, 鄕約章程, 鄕禮合編, 化堂集, 皇華集, 厚齋集, 訓義小學, 訓義資治通鑑綱目, 欽恤典則

완산 감영에서 발간한 서적의 간행기록을 일부 소개하면 다음과 같다.

警民編(乙丑(1829)六月完營開刊), 東醫寶鑑(歲甲戌(1754)仲冬內醫院校正完營重刊), 杜律分韻(庚戌(1790)仲秋完營新刊), 明義錄(丁酉(1777)孟秋完營開刊), 三韻聲彙(己丑(1829)季秋), 新編醫學正傳(歲己卯(1759)季夏內醫院校正完營重刊), 御定朱書百選(乙卯(1795)完營新刊), 五禮儀(乾隆癸亥(1743)秋完營開刊), 浣巖集(歲乙酉冬完營開刊南高寺歲), 尤菴先生言行錄(崇禎紀元後五更子(1900)秋完營開刊), 諭諸道道臣綸音(乾隆五十九年(1794)九月二十三日完營刊印), 陸奏約選(甲寅手選御定陸奏約選丁巳(1797)完營刊印), 朱子大全(辛卯(1771)入榟完營藏板), 華東正音通釋韻考(完營藏板)

호남관찰사가 전주에서 발간한 자료로는 다음과 같은 것도 있다. 이 자료를 보면 완산감영에서 발간한 시대보다 훨씬 앞서서 발간된 점이 특이하다.

『朱子書節要』萬曆 三十九年(1611) 中秋 重刊 于全州府
『十七帖, 王右軍書』萬曆 壬子冬(1612) 湖南觀察使 李相公冲 模刊 于完山府

『十七帖』의 간기

『帝範』萬曆 四十一年(1613) 正月日 嘉善大夫 全羅道 觀察使 兼 巡察 使 李冲 開刊 于完山府

완산감영의 위용을 알 수 있는 유일한 기록물은 완영판 책과 그 책을 찍은 완영 목판들이다. 완산감영에서 책을 출판할 때 사용한 책판이 현재 전주 향교의 소유로 전북대학교 박물관에 약 5,058 판이 보관되어 있다. 이 책판은 1900년에 전라관찰사 조한국(趙翰國)이 향교로 이전하여 현재까지 보관하여 오고 있다. 주로 『資治通鑑綱目』, 『東醫寶鑑』, 『性理大全』, 『栗谷全書』, 『朱子文集大全』, 『增修無寃錄』, 『史記』, 『史略』 등의 책판이 있다.

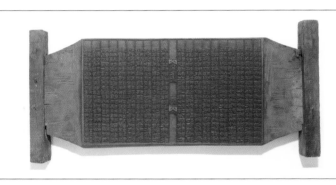

『性理大全』의 목판

이 가운데 필자가 소장한 완영본 『朱子文集大全』 표지 안쪽에 다음과 같은 기록이 있다. 이를 보면 '癸丑(1913)' 년에 전주 향교에서 이 책판을 이용하여 후쇄한 것을 알 수 있어서 이런 식으로 많은 책을 인출했을 것이다.

완판본 인쇄·출판의 문화사적 연구

朱子文集大全一部共六十一冊/ 先生沒後七百十三年/ 降生
七百八十四年/ 癸丑孟夏於完府鄉校印來

　　전라감영에서 발간한 책은 주로 사대부에게 나누어주는 정도의 출판
만이 가능하였기 때문에 일반 가정에서는 보기가 어려웠다. 이때 지역 선
비들의 요청으로 처음에는 향교에서 인출을 했지만, 차츰 인근 출판소에
서 목판을 대여하여 판매용 책을 찍어내었다. 주로 전라감영에서 찍은 책
과 함께 식자층들이 지적 활동을 위해 요구한 책들이 대부분이다.

　　전라감영본은 전주에 있는 서점에 대여되어서 방각본으로 대량 출판
되었는데 그 목록은 대체로 다음과 같다. 필자가 고서점에서 구입하거나
확인한 바에 의하면 『東萊博義』, 『東醫寶鑑』, 『朱書百選』 등은 후쇄본들이
아주 다양하게 나타나는 것으로 보아 20세기 초기까지 상당한 양이 방각
본(판매용 책)으로 출판된 것으로 보인다.

　　　東萊博義, 東醫寶鑑, 朱書百選, 童蒙先習, 三國誌, 四書三經 등

## 2.2. 전주부(全州府)의 출판 문화

　　정형우·윤병태(1995ㄴ)에서는 전라감영 소재지인 전주에서 발행한 책
의 목록에서 237종류를 제시하고 있다. 정형우·윤병태(1979)의 『韓國冊板
目錄總攬』에 수록된 전주의 비방각본을 류탁일(1985:24)이 분류한 내용을
제시하면 다음과 같다.

『朱子書節要』의 간기

七書類：論語(諺解), 大學(諺解), 孟子(諺解), 中庸(諺解), 書傳(諺解), 詩經(諺解), 周易(諺解), 胡傳春秋, 禮記

禮書類：家禮, 大明集禮, 喪禮補編, 喪禮備要, 五禮儀, 儀禮經傳, 儀禮問解

史書類：綱目, 史記英選, 史記評林, 史略, 通鑑

儒家類：啓蒙傳義, 東萊博義, 釋尊儀式, 性理大全, 聖學輯要, 宋名臣錄, 心經釋義, 朱書百選, 理學通錄, 朱子大全, 朱子封事, 眞西山集

童蒙類：大千字, 童蒙先習, 小學(諺解), 類合, 註解千字文, 孝經

韻書類：增補韻考, 三韻聲彙, 三韻通考, 龍龕手鏡, 韻會玉篇, 字彙, 全韻玉篇, 正音通釋

政敎類：警民篇, 警世問答, 內訓, 大明律, 大典通編, 明義錄(諺解), 續明義錄, 三綱行實, 綸音, 呂氏鄕約(諺解), 二倫行實, 經筵講義, 東賢奏議, 無寃錄, 詞訟類抄, 受敎輯錄, 陸宣公奏議, 陸奏約選, 律學解頤, 貞觀政要, 正俗(諺解), 闡義昭鑑, 欽恤典則

農書類：農家集成, 農事直說, 農書, 蠶書

兵書類：三略, 續兵將圖說, 孫武子

醫書類：救急簡易方, 東醫寶鑑, 銅人經, 馬醫方, 脉訣, 傷寒賦, 傷寒指掌圖, 五臟圖, 醫學入門, 醫學正傳, 人皇法體, 診脉須知

文學類：古文眞寶, 唐音, 東文選, 東文粹, 文章軌範, 剪燈新話, 靑丘風雅

文集類：簡易集, 溪隱集, 孤竹集, 南軒文集, 陶隱集, 東岳集, 東槎集,

屯庵集, 牧隱集, 白江集, 柏谷集, 百拙齋集, 百洲集, 四佳集, 石州集, 達
性集, 仙源集, 同春年譜, 陽村集, 聯珠集, 玉溪集, 牛溪集, 栗谷集, 月軒
集, 挹翠集, 李相國集, 訥齋集, 紫陽文集, 潛齋集, 長吟集, 靜觀集, 竹西
集, 竹吟集, 屯菴集, 滄浪集, 淸溪集, 淸露集, 澤堂集, 化堂集, 皇華集, 厚
齋集, 芝峯類說

　其他：江陵金氏族譜, 歸去來辭, 騰王閣, 五行精記, 兵衛森, 戒酒書

위에서 살펴본 바와 같이 전주부에서 발행한 책은 조선시대 전국 도시
중 가장 많은 종류로 알려져 있다. 조선 초기부터 후기에 이르기까지 관찰
사가 감영이 소재한 지역의 부윤을 겸직하고 있었기 때문에 책의 출판에
있어서 감영과 감영이 소재한 도시가 더욱 관련되고 있음을 알 수 있다.

## 2.3. 희현당철활자본(希顯堂鐵活字本)의 발간

하삼도에서 도 단위 학교이자 상설교육 기관인 영학(營學)으로 제일
먼저 설립한 곳은 1700년에 설립된 전라도 전주의 희현당이다. 경상도의
낙육재(樂育齋), 전라도의 희현당(希顯堂), 충청도의 영학원(營學院), 평안도
의 장도회(長都會), 함경도의 양현당(養賢堂), 황해도의 사황재(思皇齋) 등이
도 단위 학교로 상설교육 기관인 營學이다.(이성심, 2017;17) 희현당은 전라
도 문재들을 교육하는 기관이고, 전라도 선사(選士)들이 머물던 장소였다.
희현당은 도 단위 유생을 대상으로 하는 교육기관으로 설립되었다.(이성
심, 2017;17)

'희현당'은 전라감영에서 관장하는 교육기관이고, 당시 전국에 5개 정
도 있던 영학의 하나였다. 여기에서 '희현당 철활자'가 만들어져서 책이

『孟子集註大全』의 간기

찍혔다는 기록이 있고, 여기서 발간한 책이 현존하고 있다. 윤병태(1990:23)에서는 이 활자를 '希顯堂鐵字'로 명명하고, 이 활자로 인쇄한 책을 79종을 찾아, 인출시기에 따라, 전기, 중기, 후기, 미상본으로 나누어 제시하고 있다. 남권희(2010)에서는 '희현당철활자'로 이름하고, 윤병태의 인출 시기에 따라 105종류를 제시하고 있다. 이 활자를 바탕으로 전국에서 많은 책이 발간되었는데, 간기가 확실한 몇 권의 책을 제시하면 다음과 같다.

『孟子集註大全』乙丑(1805)四月豊沛鑄印
『朴公贈吏曹參判忠節錄』崇禎紀元後癸未(1823)孟夏希顯堂開刊
『蘭谷先生年譜』1876, 발문에 '希顯堂活字印'의 기록이 있다.

## 2.4. 태인방각본의 역할

전이채(田以采), 박치유(朴致維)가 『史要聚選』(1799), 『事文類聚』(1799), 『新刊素王事紀』(1804), 『孔子家語』(1804), 『農家集成』(1806), 『新刊救荒撮要』(救荒補遺方合綴, 1806), 『詳說古文眞寶大全』(後集, 1796), 『詳說古文眞寶大全』(前集, 1803), 『童子習』(1804), 『孔子通紀』(1803), 『大明律詩』(1800), 『增刪濂洛風雅』(1796), 『孝經大義』(1803) 등의 책을, 손기조(孫基祖)가 『明心寶鑑抄』(1844)를 정읍 태인현에서 19세기 중엽까지 간행하여 판매하였다.(송일

기, 2000;14). 이 책들은 당시 문인사회에서 인기가 있었던 실용적인 책들로, 수요자인 문인들의 요구에 따라 출판한 것이다. 전북 태인에서 발간된 방각본의 내용적 특징은 다음과 같다.

첫째, 공자의 생애와 업적을 기리기 위한 서적이 많았다. 공자와 관련된 것으로 알려진 방각본은 『孔子家語』, 『孔子通紀』, 『新刊素王事紀』 등이다. 둘째, 유교적 교

태인본 『農家集成』의 간기

양이나 교화를 강조하는 내용의 서적을 출판하여 『明心寶鑑抄』, 『孝經大義』, 어린이 교육용 도서인 『童子習』 등이 출판되었다. 셋째, 실용성을 가진 방각본을 출판하였다. 농사 기술을 널리 알리기 위해 만든 『農家集成』과 굶주림을 구제하기 위해 만든 『新刊救荒撮要』가 있고, 당시의 백과사전인 『事文類聚』, 초학자들을 위한 문장 백과사전인 『古文眞寶大全』 등이 발간되었다.

전북 태인은 서울을 제외하고 지방에서는 일찍이 판매용 책을 대량으로 찍어낸 지역이다. 판매용 책을 찍었다는 사실은 당시의 태인의 여러 환경이 다른 지역에 비해 매우 종합적으로 발전하였음을 말하여 주는 것이다. 태인의 방각본은 지방의 상업적 출판의 터전을 마련하였으며 다양한 독자층을 대상으로 책을 대중적으로 보급하는 큰 역할을 했다.

조선시대의 태인은 현감이 있었던 큰 도시였고, 통일신라 시대에 태인에 군수로 부임한 후 유상대(流觴臺)를 만들어 풍류를 즐긴 고운 최치원을 모신 무성서원(武城書院)이 있을 만큼 유학자들이 많이 기거하던 곳이었

다. 따라서 자연히 그 지역에서 지식 탐구열이 높게 되었고 교육용 도서와 실용적 도서가 많이 발간되게 된 것이다.[4]

태인 방각본의 출판이 끝날 무렵인 1803년부터 전주에서 방각본 판매가 일반화되는 것은 전주와 태인의 출판문화가 아주 밀접한 관련이 있었음을 보여준다. 실제로 태인 방각본의 책판은 전주로 옮겨와서 계속 출판된 것으로 확인된다. 필자가 소장하고 있는 『標題句解孔子家語』(上, 中, 下)는 상권과 하권의 겉표지 배면에 아직까지 알려지지 않은 완판본 『됴웅전』(조웅전)이 반초서체로 찍혀 있다. 이는 이 책의 책판을 태인에서 전주로 가져다가 후쇄한 것으로 보인다. 이 책의 표지에는 책을 찍은 연대를 알 수 있는 '歲在壬戌'이라는 기록이 있다. 여기서 '壬戌'은 완판본 고전소설의 출간과 관련하여 추정해 볼 때, 1862년으로 추정할 수 있다.

태인에서 간행된 『增刪濂洛風雅』는 '卷之五'의 말미에 '田以采梓'의 기록이 있어서 태인본임이 분명하다. 그러나 필자가 소장하고 있는 『增刪濂洛風雅』의 '卷之一'의 앞장에 붙어 있는 '목록'에 '歲在丙辰開刊'이라는 간기가 인쇄되어 있다. 이때 '丙辰'은 책판을 태인에서 가져다가 후쇄하였기 때문에 1916년으로 추정된다. 더욱이 표지의 배지에 『小學諺解』가 인쇄되어 있는데 이 『小學諺解』는 1916년 전주 '七書房'에서 간행된 책이다. 이처럼 배지에 인쇄된 증거는 여럿을 찾을 수 있다.

---

4 　정극인 선생은 우리나라 최초의 가사작품인 〈상춘곡〉을 태인에서 지었다. 태인에서 방각본 책이 많이 간행된 이유는 당시 태인의 교육적 환경과 문화적 환경에 말미암는 것이다. 조선 중기 일재 이항, 하서 김인후, 면앙정 송순, 고봉 기대승, 송강 정철 등 걸출한 학자를 배출한 호남지역은 유학이 크게 진흥되어 호남 사림이 형성되었고, 이로 인하여 향촌사회에 유학이 널리 보급되었다. 이에 따라 조선시대에는 태인, 고부, 담양, 장성을 중심으로 학문의 꽃을 피우게 되었다.

## 3. 상업 출판의 촉진

### 3.1. 남문 시장의 발달

장명수(1994;119)에 따르면 전라도 전주는 시장의 발상지이고, 남문시장은 그 때부터 지금까지 계승된 한국의 유일무이한 역사적 시장이다. 맨 처음 시장이 열렸다는 1473년, 시장이 허용된 1525년부

전주 서문밖 시장의 풍경

터 지금까지 시장이 존속하고 있다. 『林園十六志』(1840년대)와 『萬機要覽』(1809년)에서는 전라도에서 큰 시장으로 全州邑內場과 南原邑內場을 꼽고 있다. 전주의 시장은 전주부내대장(全州府內大場), 남문외장(南門外場), 서문외소장(西門外小場), 북문외장(北門外場), 동문외장(東門外場)으로 되어 있다. 전주 남부시장은 조선시대에 전국 5대 시장 중의 하나이다. 동문외장은 9일장으로 한약재와 특용작물을 거래하고, 서문외장은 7일장으로 양념과 어물을 거래하였으며, 남문외장은 2일장으로 생활품과 곡식을, 북문외장은 4일장으로 포목과 잡곡을 거래하였다. 남문시장은 '남밖장'이라 하여 전라도에서 가장 큰 시장이었다. 전주교는 싸전다리, 매곡교는 연죽다리, 완산교는 염전다리로 불렸고, 서문부근에는 약령시가 자리하여 아주 큰

시장을 형성하였다.[5]

『임원경제지』와 『승정원일기』에 의하면 전주 시장은 중국과 일본과의 교역이 이루어졌고, 시전(市廛)이 많이 설치되어 민간에 필요한 물품이 거래되는 지역적 시장의 중심권이라 할 수 있었다. 전주는 전라감영의 소재지이면서 정치, 경제, 문화의 중심권이었다. 자연히 모든 물자가 거래되고, 소비도 전주를 중심으로 이루어지면서 교역의 중심지가 되었다. 중국과 일본의 상품이 들어와서 거래되었고 상설점포인 시전(市廛)이 설치되어 지역적 시장의 중심권으로 역할을 하였다.(소순열·원용찬,2003:102)

모든 지역이 다 그렇지만, 전주에서도 남부시장을 중심으로 책방이 형성되어 완판본의 인쇄와 판매가 이루어졌다. 이 시장들은 1893년 동학혁명 전까지 번성하다가 1897년부터 일본인들이 다가동과 중앙동에 상점을 만들어 진출하면서 침체되어 동문, 북문시장이 소멸되고 서문시장은 남문시장에 통합되었다.

## 3.2. 출판소(서점)의 발달

남문시장을 중심으로 방각본을 찍어 판매한 책방은 '다가서포, 문명서관, 서계서포, 창남서관, 칠서방, 완흥사서포, 양책방' 등이다. 후에 아중리로 이사를 한 '양책방'을 제외하고 모든 책방이 남문시장 근처에 자리하

---

5    여기 소개하는 사진은 전주역사박물관에 소장된 『금란부(金蘭簿)』에 실린 사진이다. 사진 중간에 있는 다리는 완산교이고, 완산교 왼쪽 끝에 '서계서포, 다가서포' 등 서점이 있었다.

고 있었던 것으로 보면 남문시장이 매우
큰 시장이었음을 알 수 있다.[6] 실제로 전주
의 남문시장은 조선시대 전국 3대 시장 중
의 하나여서 수많은 상인들이 전국에서 물
건을 구입하기 위하여 몰려들었는데 이때
상인들이 책을 구입해 가거나 아니면 미리
주문을 받아서 책을 사다가 주는 경우가
많았을 것이다.

다가서포의 판권지

완판본 한글고전소설은 완판본 방각본
과 더불어 서울에서도 많이 판매가 되었
다. 그 증거로 완판본 한글고전소설의 맨 뒤에 붙은 판권지에 '分賣所'가
나오는데 그 서점들이 대체로 서울에 있는 서점들이다. 또한 '京鄕各書館'

---

6  한글고전소설에 적힌 책주인의 주소를 살펴보면 전북, 전남, 충청, 부산, 제주 등 매우 다
   양하게 나타나는 것으로 보아 전국적으로 판매되고 있었음을 알 수 있다.
   『三國志』'全北 金提郡 大正 二年 九月 十五日之求 所有者 金泰儀'
   『죠한젼』'大正 八年 三月 一 전라북도 금산군 금성면 장도리 책주 이종두'
   『張風雲傳』'務安郡 石谷面 大峙里 乙亥年 正月 十五日'
   『華容道』'海東 朝선 全羅南道 靈光郡 道內面 外新里 단 주는 徐東鎭이요 자는 乃星
   이요 生年는 壬辰 生日는 二月 十二日이야'
   『심청전』'단기 사이구일연 정유 십이월 이십오일 慶尙南道 陜川郡 大幷面 大枝里 公
   羽 所有'
   『유충열전』'東萊郡 沙上面 嚴弓里'
   『삼국지』'濟州道 濟州面 二徒里 九××번지'
   『삼국지』'朝鮮 全南 濟州道 濟州面 二徒'
   조희웅(1999:618)에는 정문연본 『뎍성의젼』의 책주인으로 '蔚山郡 彦陽面 台機里
   四八七 金南經'이 기록되어 있다고 소개하고 있다. 박순호 소장본 『삼국지』의 책주인
   으로 '庚戌 十一年 二十六 水原 安外面 裡村里 冊'이 기록되어 있다.(조희웅, 1999:232)

이라는 기록도 함께 보인다. 이것은 여러 지역의 서점에서 판매했다는 기록이다. 판권지에 따르면 전주의 '칠서방'(七書房)에서 만든 책을 서울의 '新舊書林, 雁東書館, 東美書市'에서 판매한다는 기록이 나오고, 어떤 경우에는 대구 '在田堂書鋪'의 고무인이 찍힌 경우도 있어서 말 그대로 경향 각지에서 책이 판매되었음을 알 수 있다.

## 3.3. 書堂의 발달

조선시대 서당은 사설 초등교육기관으로 書房, 書齋라 불렸다. 남자아이는 7, 8세가 되면 서당에 들어가 한학의 기초와 習字를 배웠다.

일제강점기에 우리나라 서당의 숫자는 약 1만 개소였는데 이후 증가하여 1912년 4월 말에는 16,540개소가 되었고, 1919년 5월 말에는 23,556개소가 되어 학동들은 약 37만 명에 이르렀다. 1938년 3월 말 전북 도내의 숫자는 304개소에 지나지 않고 전주부 내에는 '노송정 서당, 완산 서당, 반곡 서당, 완흥 서당, 완산 서당, 상생 서당(1), 상생 서당(2)' 등 7개소에 지나지 않았다.(국역전주부사, 391쪽)

완판 방각본이 가장 많이 출판된 시기가 1911년, 1916년인데 이 시기가 서당이 가장 많이 증가한 시기여서 그만큼 아동용 책이 많이 발간되어 판매되었음을 알 수 있다.

일제에 의해 1918년 2월에 총령 제18호에 의거 서당 규칙이 발포되었는데 교과서는 다음의 서적 중에서 선택케 하여 그에 대한 단속을 엄중히

완판본 인쇄·출판의 문화사적 연구

하였다.[7](국역전주부사, 390쪽)

천자문, 類合, 啓蒙篇, 擊蒙要訣, 소학,
효경, 사서, 삼경, 통감, 古文眞寶, 明心
寶鑑, 文章軌範, 唐宋八家文讀本, 東詩, 唐
詩, 法帖, 조선총독부편찬 교과서

실제로 전주에서 방각본으로 찍은 교
육용 책은 다음과 같다.

蒙學二千字, 日鮮千字文, 千字文, 四字
小學, 註解千字文, 草千字文, 養洞千字文,
杏谷本千字文, 新增類合文, 明心寶鑑抄,
諺解圖像童蒙初學, 啓蒙篇, 童蒙先習, 擊蒙要訣, 兒戲原覽

'율곡선생전서' 중 『擊蒙要訣』

# 4. 전라 지역의 문화적 배경

## 4.1. 종이(한지)의 대량 생산과 방각본의 발달

중국의 종이 만드는 기술은 우리나라에 전해지는데, 고구려는 마(麻)
를 이용하여 종이를 만드는 방법을, 백제는 닥(楮)를 사용하는 방법을 전

---

7   일제강점기에 완판본 한글고전소설은 시민들의 국어 교과서의 역할을 하였다. 실제로
    『언삼국지』에는 반절표가 붙어 있어서 이 책이 한글을 배우고 익히는 책으로 쓰였음을
    알 수 있다.

해 받았다. 이처럼 우리나라에 종이 만드는 방법이 전해지면서 신라와 고려를 거쳐 조선시대에 이르기까지 우리나라는 세계 제일의 종이인 한지를 생산해 내게 되었다. 조선 시대에는 전라도 전주, 남원, 경상도 상주, 의령과 중앙의 조지서가 대표적인 종이 생산지였다. 특히 전주 韓紙는 닥나무 껍질과 닥풀의 원료인 황촉규의 뿌리를 이용하여 철분이 없는 맑은 물에서 만들었기 때문에 매우 희고 깨끗한 특징을 가진 종이를 말한다.

고려시대 문인인 이규보(1168-1241년)가 지은 『東國李相國集』의 '十二國史重雕後序'에 '全州牧에서 본서를 摹工雕印하였다.'라 하고, 同書(권25)의 夢驗記에도 '내가 일찍 完山(全州)에 掌記할 때에 按廉使郞將盧公이 牧官을 시켜 十二國史를 新印하였다.'라는 기사가 보인다.(김두종,1973:96) 이러한 기록으로 보면 이미 전주에서는 고려시대부터 많은 한지가 만들어진 것으로 보인다.

완산감영에서는 중앙정부의 요청에 부응하기 위하여 한지를 제작하였다. 이러한 한지의 제작은 자연히 서적을 발간하는 일과 관련되어 중앙정부에서 필요한 서적을 간행하게 되었다.

한지를 만드는 지장이 경상도와 전라도가 압도적으로 많은 것은 이 지역의 한지 생산이 중앙정부의 요청에 의해 이루어졌기 때문이다. 실제로 많은 생산량을 중앙으로 보냈다는 기록이 있다. 전라감영에서는 한지를 제작하여 중앙에 상납하고, 중앙에서 내려 보낸 책을 찍는 일 등 중앙정부의 요청에 부응하기 위하여 한지를 제작하였다. 감영의 시설로는 조지소(造紙所)가 있었는데 여기서는 여러 종류의 종이를 제조하는 일을 담당하였다. 여기에는 지장(紙匠)이 있어 질 좋은 한지를 만드는 일에 관여하였다.[8] 또한 전주의 인근인 상관, 구이, 임실 등에 지소(紙所)를 두기도 하였다.[9] 전주부에는 서문과 남문 사이에 '지전(紙廛)'이 많이 들어서서 지전거리가 형성되기도 하였다.

『新增東國輿地勝覽』(1469-1545년)에도 주요 종이 생산지로서 경상도 영천군, 밀양군, 청도군 그리고 전라도의 전주부(全州府)가 나와 있다. 『東國輿地勝覽』(1481년)에는 전주를 上品紙의 산지라고 하였고, 『輿地圖書』(18세기)와 『大東地志』(1864년)에는 조선시대 전주의 한지가 최상품이었다고 기록하고 있다. 조선 시대에는 전라도 전주, 남원, 경상도 상주, 의령과 중앙의 조지서가 대표적인 종이 생산지였다.

『世宗實錄』地理志 전라도(全羅道) 편에 각색 종이로 표전지(表箋紙), 자문지(咨文紙), 부본단자지(副本單子紙), 주본지(奏本紙), 피봉지(皮封紙), 서계지(書契紙), 축문지(祝文紙), 표지(表紙), 도련지(搗鍊紙), 중폭지(中幅紙), 상표지(常表紙), 갑의지(甲衣紙), 안지(眼紙), 세화지(歲畫紙), 백주지(白奏紙), 화약

---

8    『조선왕조실록』을 보면 '지공(紙工), 지장(紙匠), 종이 갑옷[紙甲], 지화(紙花), 지의(紙衣)' 등 종이에 관련된 많은 용어들이 나온다.
    《세종 027 07/02/15(을묘) / 광주 목사에게 명나라에 바칠 백자 장본 10개를 잘 구어 올리게 하다》
    김자가 이말을 임금에게 아뢰니, 곧 전라도 감사에게 전지하여, "전주(全州)의 지장(紙匠)에게 역마(驛馬)를 주어 올려 보내라." 하고, 광주 목사(廣州牧使)에게 전지하여, "명나라에 바칠 대·중·소의 백자(白磁) 장본(樟本) 10개를 정세(精細)하게 구어 만들어 올리라." 하였다.

9    일찍이 전주(완주군 포함) 일대에서 한지가 생산되었다. 1800년대부터 전주 경기전 뒤쪽 풍남동을 중심으로 한지를 만들다가 차츰 도시화가 되면서 물이 차츰 나빠지고, 또 1937년 전주천에 방천이 생기면서 1940년대 한지 공장들은 서학동 흑석골로 공장을 옮기게 된다. 한짓골이라 불리는 흑석골은 1960년대 초까지는 냇가에 지통을 설치하고 순수 水漉式으로 한지를 제조하였다. 그러다가 70년대에 전주 팔복동 공업단지로 공장을 이전하였다.

지(火藥紙), 장지(狀紙), 상주지(常奏紙), 유둔지(油芚紙), 유둔(油芚)을 만들었다고 기록되어 있다.

『世宗實錄』地理志 전라도 편과 전주부 편에는 임금께 올리는 문서에 쓰이는 종이와, 나라의 공문서에 쓰이는 종이, 갑옷을 만드는 종이, 그림을 그리는 종이, 기름을 칠한 종이 등 20여 종류의 다양한 용도의 종이를 생산하였다고 밝히고 있다.

『世宗實錄』地理志 전주부(全州府) 편에는 표전(表箋)·주본(奏本)·부본(副本)·자문(咨文)·서계(書契) 등의 종이 및 표지(表紙)·도련지(搗鍊紙)·백주지(白奏紙)·유둔(油芚)·세화(歲畵)·안지(眼紙) 등이 생산되었는데, 도(道) 안에 오직 이 고을과 남원(南原)의 것의 품질이 좋다고 기록되어 있다.[10]

또한 『朝鮮王朝實錄』 원본 6집 381면에는 남원·전주 등에서 수납하는 각종 종이의 수를 줄이도록 했다는 기록이 다음과 같이 나와 있다.

전라도 관찰사(全羅道觀察使)가 아뢰기를,

"자문지(咨文紙)·주문지(奏聞紙) 및 각사(各司)에 들이는 표지(表紙)·도련지(搗鍊紙)는 모두 남원(南原), 전주(全州) 등 고을에 나누어 정(定)하여 수납(收納)하는데 그 수가 지나치게 많습니다. 이 때문에 닥나무가 매우 귀하여, 혹 이리저리 민간에서 거두므로 백성이 받는 폐해가 작지 않으니, 청컨대 그 수를 적당히 줄이게 하소서."

하니, 승정원(承政院)에 전교(傳敎)하여, 마련(磨勘)하여 아뢰게 하였다.

---

10    『世宗實錄』地理志 경상도 편에는 '중국에 바치는 표지(表紙)와 나라에서 쓰는 표지, 도련지(搗鍊紙)·안지(眼紙)·백주지(白奏紙)·상주지(常奏紙)·장지(狀紙)' 등이 있다고 되어 있다.

세종 16년(1434년) 『資治通鑑』을 인쇄할 종이를 경상도, 전라도. 충청도, 강원도 등지에서 나누어 만들게 하였는데, 경상도에 맹절지(孟節紙), 유목지(柳木紙) 각 2천권, 전라도에 호정지(蒿精紙), 유목지(柳木紙) 각 2천권, 충청도에 마골지(麻骨紙) 1천권, 강원도에 유목지(柳木紙) 1천권을 만들도록 하였다.(이승철, 1999:40)

1910년대 한지의 종류는 약 40여 종이었다. 모두 닥섬유로 만든 종이들이었다. 20여 종의 한지가 전라도에서 생산되었는데 제일 비싼 종이는 전라도에서 만든 태장지(苔壯紙)였다.[11] 우리나라의 한지 제조업체는 대부분 전라북도와 경상도에 집중되어 있었다. 1936년도의 경우 우리나라 한지의 총생산량 중 전북과 경상도가 전국 생산량의 약 75%를 차지하고 있었다.[12]

사서삼경과 같은 큰 책을 만들기 위해서는 많은 종이가 필요했고, 전주나 대구에서는 종이가 풍부하여 방각본으로 책을 찍을 수 있었다. 한글 고전소설의 경우, 완판본은 84장본이 많은 반면에 경판본은 20장에서 30장본이 대부분이다. 경제적 수지를 맞추기 위한 출판이었지만 한지의 발달이 소설의 분량을 늘이는 계기가 되었다.

중국이 종이를 발명한 문명국가였다면, 한국은 세계에서 품질이 가장 좋은 천연 한지를 만든 문명국가였다고 말할 수 있다. 특히 전주는 한국

---

11    전주를 중심으로 지승공예, 지호공예, 지화공예, 색지공예 등 종이공예가 크게 발달하여 다양한 종류의 공예품을 생산하게 되었다.

12    전주역사박물관에는 1900년대 초 전주에서 서울을 비롯하여 각 지역과 한지를 거래한 '한지 거래 대장'을 보유하고 있다. 이 대장을 조사해 보면 전주 한지의 거래량을 확인할 수 있을 것이다.

종이의 중심에 있었던 문명도시였다. 우리 민족의 가장 우수한 문화 유산들을 수없이 남기게 한 것은 천연 재료를 이용하여 만든, 그래서 천년 이상 보존이 가능한 한국의 종이이자 전주의 종이인 한지(韓紙) 때문이었다.

## 4.2. 판소리의 발달과 방각본 한글고전소설

전주 지역의 통인들이 즐기던 대사습놀이는 정조 8년(1784)에 이 지방에 才人廳과 歌舞私習廳이 설치됨에 따라 시작되었다. 이 날은 동짓날에 통인들이 광대를 초청하여 판소리를 듣고 노는 잔치인데, 이 날이 되면 통인들은 광대를 초청하여 가무를 겨루었다.

판소리의 경우 발생 초기에는 광대가 해안 주민과 농민을 대상으로 창을 하고서 그 대가를 받았을 것으로 추정된다. 그러다가 판소리가 놀이로서의 기능을 가미하면서 독자적인 영역을 확장해 가는 과정에서 돈을 받을 수 있는 곳을 찾아 나서게 된 것으로 보인다.(임성래, 1995:21) 18, 19세기를 거치면서 판소리는 특정한 계층만이 즐기는 예술이 아니라 거의 모든 계층이 즐긴 것이어서 대중예술로 성장하여 소설 독자층의 확대에 기여를 하게 되고 소설의 상업화가 가능하게 된 것이다.(류탁일, 1985:37)

전라도 지역의 소작농들은 벼와 한지를 재배하여 돈을 벌었고, 상업에 종사하여 부유층들이 많이 생기게 되었다. 이들

완판 41장본 『심청가』

완판본 인쇄·출판의 문화사적 연구

은 재미있게 읽을 수 있는 소일거리가 필요하게 되는데 마침 전주에서 유행하던 판소리 '춘향가, 심청가, 토별가, 적벽가' 등이 너무 재미가 있어서 인쇄인과 출판인들이 책을 출판하기에 이른다.

동리 신재효(1812-1884)는 '춘향가, 심청가, 토별가, 박타령, 적벽가, 변강쇠가' 등 판소리 여섯 마당을 새롭게 정리하였다. 『심청가』(41장본)를 저본으로 다시 소설로서 재미를 덧붙이면서 완판 『심청전』(71장본)을 만든 것이다. 완판 29장본 『別春香傳』이 33장본으로 확대되면서 『열녀춘향슈절가』라는 새 표제가 붙게 되었다. 이 대본이 독자의 호응을 받게 되자, 다시 84장본으로 재확대하면서도 『열여춘향슈절가』라는 표제는 그대로 유지하였다. 그래서 일반적으로는 상권 45장, 하권 39장으로 된 책을 『열여춘향슈절가』로 부르고 있다.

1908년에 전주에서 발간한 완판본 『심청전』에 나타나는 매우 특이한 어휘인 '패깍질'은 표준어로는 '딸꾹질'이다.(픽각질 두세 번의 숨이 덜걱 지니) 전북 전주에서 발간된 한글고전소설에 전주 지역에서 쓰는 '태깍질'이 아니고 어째서 '픽각질'이 쓰였을까? 전남방언에서는 대체로 '포깍질'이 일반적이고, 전북방언에서는 '포깍질, 퍼깍질, 태깍질'이 일반적이다. 전광현(1983:85)에 따르면 '패깍질'이 남원 운봉에서 쓰이는 것으로 보고된 바 있다. 남원 운봉 지역은 경남 함양과 인접한 지역으로 경남 방언이 많이 사용되는 지역이다. 따라서 '픽각질'형은 전남과 경남에서 사용하는 '포깍질'과 전북에서 사용하는 방언 '태깍질'이 접촉지역에서 서로 섞이면서 '패깍질'을 만든 것이다.

'픽각질(패깍질)'이 완판본 『심청전』에 나타나는 사실은 이 소설이 남원의 동편제 판소리의 원고가 전주에서 목판으로 발간된 것임을 말해주는 것이다. 동편제는 판소리 유파의 하나로 전라북도 운봉, 구례, 순창, 흥덕 등지에서 많이 부른다. 반면에 서편제는 광주, 나주, 보성 등지에서 많이 불렸다.[13]

우리가 흔히 『춘향전』이라 부르는 『열여춘향수절가』[14]는 『심청전』, 『퇴별가』, 『화룡도』(적벽가)와 더불어 판소리계 소설이라 불린다. 이들은 판소리 사설을 바탕으로 소설화시킨 것이다. 흥미롭게도 『열여춘향수절가』에는 전북 남원의 말씨가 그대로 살아 있다. 남원은 전남과 경남의 접경지역이어서 평소에도 전남과 경남의 말씨가 많이 사용되는 곳인데 『열여춘향수절가』에 많은 남원 지역의 언어가 사용되고 있는 것이다. 『열여춘향슈절가』가 독특한 방언을 보이는 것은 바로 전남, 경남과 전북의 말씨를 보이고 있다는 점이다.

> 어만니 엇지 와겻소? (어머니 어찌 오셨소?) 〈열여춘향수절가下, 33ㄱ〉

'와겻소?'는 실제로 전남에서 '언지 와겠소?'와 같이 쓰이는데 아주 많이 사용되는 존대표현이다. 이 표현을 보면 접촉 지역의 언어가 남원에 영향을 미치고 있는 것을 알 수 있다. 결국 완판본 『심청가』, 『열여춘향슈절가』는 남원의 동편제 판소리의 원고를 전주에서 목판으로 출판한 것임을 알 수 있다.

---

13  동국대 한국문화연구소의 배연형 교수는 『열여춘향슈절가』는 김세중제 동편제 판소리이고, 완판본 『심청가』는 송만갑제 동편제일 것이라는 의견을 주셨다. 깊이 감사드린다.

14  『열녀춘향수절가』가 표준어이다. 그러나 『춘향전』 중에서 완판본 한글고전소설을 대표하는 책은 84장본 『열여춘향슈절가』이므로 이 책에서는 현대국어 표기를 『열여춘향수절가』로 표기하기로 한다.

## 4.3. 근대 시민의식의 발흥

전라감영이나 서원에서 발간된 비방각본 고문헌은 문집류가 많고, 정치와 교육을 위한 책이었다. 이들 책들은 사대부들을 위한 출판이었다. 이 책의 영향으로 사가의 선비들이 책을 요구하게 되면서 방각본이 출판된다. 일반 시민들의 교육열이 높아지면서 고전소설과 많은 교양서들이 출판되게 된다. 전북 태인의 방각본 출판은 지식에 대한 개화를 열망하는 시대정신의 반영이라고 말할 수 있다. 판매를 목적으로 하는 방각본의 출현은 근대 시민사회로 가는 방향에 촉진제가 되었다.

일찍이 상업이 발달하여 온갖 물건이 거래되었던 전라북도 전주에서는 호남평야를 배경으로 소작농민층이 형성되어 대량의 쌀과 닥나무를 재배하였고, 상업으로 여유가 생긴 서민 인구가 확대되어 갔다. 이처럼 여유를 가진 서민들은 개인의 취향에 따라 다양한 독서 욕구를 갖게 되었다. 그러나 기존의 사대부들의 취향에 맞는 도서로서는 도저히 지적욕구를 충족시킬 수가 없었고 이러한 서민의 요구에 부응하여 완판방각본이 출현한 것이다.

비방각본이 상류층의 고도한 지식을 내용으로 하는 책인 반면에, 방각본은 서민층이 일상생활에 필요로 하는 대중적 책들이었다. 비방각본이 政敎와 救恤을 위한 교화적인 것이 주된 내용인데 반하여, 방각본은 격몽(擊蒙)을 위한 교육용 기초서적, 가정생활 백과 도서, 흥미 위주의 고전소설 등이 대부분이었다.

방각본 한글고전소설을 많이 발간한 것은 개화기 시대에 이 소설을 읽을 수 있는 독자층이 형성되었다는 증거이며, 이 계층은 넓은 호남평야를 일구는 경제적 안정을 얻은 농민들이나 상인들이었다. 결론적으로 호남 지방의 농토를 배경으로 경제적 안정을 얻은 서민층과 상업으로 여유를 갖게 된 서민층의 문화적 욕구에 맞게 간행한 것이 완판 방각본이라고 할 수 있을 것이다.

## 5. 결론

책을 발간하기 위해 필수적으로 갖추어야 할 사항이 있다.

첫째로, 목판을 만들 나무가 많아야 했고, 닥나무를 재배하여 종이를 만들 환경, 그리고 깨끗한 물이 필요한 자연환경이 갖추어져야 했다.

둘째, 여러 장인이 함께 하였다. 목판을 제작하기 위해 나무를 다루는 사람인 목장인, 목판에 글자를 새기는 각수, 활자를 만드는 사람 야장인, 새김칼을 만드는 도장인, 종이를 만드는 지장인, 좋은 먹을 만드는 먹장인의 역할이 중요하였다.

셋째, 글씨는 잘 쓰는 서예인, 글을 잘 아는 지식인과 선비의 역할이 필요하였다.

넷째, 책을 인쇄하고 유통하기 위해서는 돈을 대는 발행인, 직접 인쇄에 참여하는 인쇄인, 책을 중개하는 유통중개인, 책을 소비하는 소비자가 필요하였다. 그리하여 전주에서는 인쇄와 판매를 위한 서점이 발생하게 되는데 대도시여야만 가능한 일이었다.

조선시대 전라감영의 영향으로 전주에 모여든 많은 가내수공업은 목장(木匠), 지장(紙匠), 주석장, 선자장(扇子匠), 야장(冶匠), 유장(鍮匠), 마조장

(磨造匠) 등이 발달하였다. 그러나 1900년대에 들어서면서 대량생산을 위한 분업과 기계화가 되면서 전주의 가내수공업은 쇠퇴하기 시작한다. 이와 마찬가지로 가내수공업의 하나인 목판 인쇄 출판업도 쇠퇴하기 시작한다.

완판 방각본이 한창 판매되던 1900년대 초에는 이미 서울에서는 활자본 신소설과 딱지본 고소설이 출판되었다. 신소설은 양지에 활자로 인쇄한 책이어서 목판에 한지를 사용하던 완판본과는 출판비에서 너무 큰 차이가 났다. 실제로 1920년대에는 필경으로 인쇄한 책들이 보이기 시작하고, 194·50년대에도 전주에서는 노루지에 석판으로 인쇄한 석판본이 유행하였었다. 이 석판본들은 다시 주문에 의해 생산하는 사간본의 성격을 띠게 되었다. 따라서 활자 인쇄기술의 발달로 인하여 완판 방각본은 차츰 쇠락의 길을 걷기 시작하였다. 특히 서양 종이인 양지의 발달로 인하여 수공으로 인한 인건비가 많이 드는 한지 생산은 급속히 줄어들게 되었고 이는 곧 방각본 출판에 많은 비용이 들게 한 이유가 되었다.

> 『아히들의 셩틱죠비』 1923년, 全州天主公敎會, 필경 인쇄함.
> 『明心寶鑑抄』 소화7년(1932년), 전주 양책방, 노루지에 목판 인쇄함. 간기에 '乙巳冬完西溪新刊'이 있음.
> 『金海崗壽詩帖』 소화13년(1938년), 전주 以文堂石版所, 석판 인쇄함.(표제는 '龜蓮珍藏'으로 되어 있음.)

전주에서는 아중리에 있던 양책방이 홀로 남아 1937년까지 모든 방각본 책판을 모아서 한지와 양지(노루지)에 인쇄를 해서 판매를 하였으나 결국 문을 닫고 말았다.

완판 방각본이 시대의 흐름에 밀려 역사의 뒤안으로 사라졌지만 그 책들은 여전히 남아서 우리에게 화려했던 방각본의 역사와 문화를 말하고 있다. 서민을 중심으로 일기 시작한 개화 의식, 민주적 의식은 매우 높았다고 말할 수 있다. 이러한 의식은 이 지역 사람들이 많은 책을 통하여 배움을 가지고 있었기 때문에 가능한 것이었다. 완판 방각본이 그 역할의 한 부분을 담당하였던 것이다.

특히 완판본 한문고전소설과 한글고전소설은 목판본과 필사본을 포함하여 수많은 양이 이 지역에서 출판되었다. 특히 완판본 한글고전소설은 서울의 경판본과 함께 근·현대의 소설 발달에 큰 공헌을 하였다. 활자본 소설은 물론, 한국의 현대소설에 큰 영향을 끼치면서 명실공히 소설문학의 원천지로서 역할을 한 것이다.

김동욱(1994). 「방각본에 대하여」, 『고소설의 저작과 전파』, 아세아문화사, 223-246.

김두종(1973), 『韓國古印刷技術史』, 탐구당.

박순호(1994). 「완판 방각본 한글 소설 목록(박순호 교수 소장본)」, 『고소설의 저작과 전파』, 아세아문화사, 359-370.

소순열·원용찬(2003), 『전북의 시장 경제사』, 전라문화총서 11, 신아출판사, 102.

송일기(2000), 「泰仁 坊刻本의 出現 時期 및 養眞居士 朴致維의 行歷考」, 『고서』 제9호, 한국고서협회, 9-24.

신양선(19976), 『조선후기 서지사』, 혜안.

옥영정(2009), 「한문방각본 간행에 대한 서지적 고찰」, 열상고전연구회 제47차 정례 학술발표회 발표초록, 33-58.

유탁일(1985). 『완판 방각소설의 문헌학적 연구』, 학문사.

이승철·구자운(1999), 『한지의 역사』, 소호산림문화과학연구보고서 제2집.

이태영(2001), 「完板(全州板) 坊刻本 한글 古小說의 書誌와 言語」, 정광교수회갑기념논문집.

이태영(2004ㄱ), 「완판본 '심청가(41장본)' 해제 및 영인」, 『국어사연구』 4호, 351-436.

이태영(2004ㄴ), 「지역 전통 문화의 기반 구축과 그 활용 방안 - 완판본 한글 고전소설의 데이터베이스 구축과 그 활용을 중심으로 -」, 『민족문화논총』 30집(영남대), 273-304.

이태영(2007) 「새로 소개하는 완판본 한글고전소설과 책판」, 『국어문학』 43집, 29-54.

이태영(2008), 「전라감영과 시장의 발달이 호남문화에 끼친 영향」, 『전라감영연구』, 전주역사박물관·전라문화연구소, 165-190.

임성래(1995), 『조선 후기의 대중 소설』, 태학사.

장명수(1994), 『城郭發達과 都市計劃 硏究 - 全州府城을 中心으로 -』, 학연문화사.

장인진(2001), 「경상감영의 인쇄문화가 지역사회에 끼친 영향」, 제15회 한국향토사

연구 전국학술대회 토론문, 61-70.

전광현(1983), 「전라북도의 말」, 『한국의 발견』 전라북도편, 뿌리깊은나무, 85.

鄭享愚·尹炳泰(1979), 『韓國冊板目錄總覽』, 한국정신문화연구원.

조희웅(1999), 『古典小說 異本目錄』, 집문당.

조희웅(2006), 『고전소설 연구보정(상, 하)』, 박이정.

홍성덕·김철배·박현석 공역(2009), 『국역 全州府史』, 전주시·전주부사국역편찬위원회.

완판본 인쇄·출판의 문화사적 연구

# 2부

## 전라감영·전주부(全州府)와 완판본의 발달

2부에서는 완판본을 발전하게 한 원동력이 된 전라감영의 인쇄문화를 다른 지역의 감영과 비교하여 그 내용을 제시하고, 전라감영과 전주부와의 관계를 살피며, 전라감영에서 발간한 책의 목판인 완영책판의 문화사적 의미를 짚어본다.

# 제3장

# 전라감영(完營)과 지방감영의 출판 연구

## 1. 감영과 책

조선시대 8도 감영에서는 많은 책을 출판하였다. 개인이 책을 출판할 수 없는 상황에서 관청에서 하는 출판이 주류를 이루었다. 조선시대 지방감영에서 출판한 책의 종류는 이미 여러 책판 목록에 제시되어 있다. 그러나 책판 목록은 책판을 보유한 내용을 담고 있는 것일 뿐, 이제까지 지방감영에서 출판한 모든 책의 종류를 의미하는 것은 아니다.

8도 감영에서 책이 얼마나 출판되었는지를 판단하기는 쉽지 않다. 현재로서는 '諸道冊板錄', '冊板錄', '完營客舍冊板目錄', '各道冊板目錄', '鏤板考' 등과 같은 조선시대 책판의 보유 현황을 기록한 자료에 의존하여 판단하고 있다. 이 자료들은 오로지 책판을 통해서 출판한 책을 판단하고 있을 뿐이다.

전라감영에서 출판한 책을 어떻게 산출할 수 있을까? 도대체 조선시대 전기와 후기를 통틀어 전라감영에서 몇 종류의 책을 출판한 것인가?

일반적으로 감영에서 출판한 책은 그 출판의 배경을 몇 가지 유형으로 나눌 수 있다.

첫째, 임금이 국가를 통치하기 위하여 통치 이념이 담긴 책을 지방 감영에서 출판하여 관료들이 읽고 임금의 통치 이념을 이해하도록 하였다. 중앙에서 지방 감영에 출판하도록 명령한 중요한 책들은 『조선왕조실록』과 역사서에 기록되어 있다. 임금의 지시로 만든 책들은 '御製, 御定'이란 말이 붙는데, 『御定朱書百選』, 『御定奎章全韻』, 『御定陸奏約選』, 『御定綸音』, 『御製追慕錄』, 『御定史記英選』등과 같은 책의 경우는 감영에서 출판한 간기가 정확히 붙어 있다.

둘째, 『續明義錄』, 『大典通編』, 『欽恤典則』, 『大明律』, 『性理大全』, 『東醫寶鑑』등과 같이, 중앙에서 찍은 책을 다시 찍어 배포하라고 명령한 경우가 있다. 이런 번각본은 목판으로 다시 찍어서 일정량을 배포하였다.

셋째, 관찰사의 의견으로 책을 출판하였다. 관찰사가 관할 지역을 통치하기 위해서 필요한 책을 출판하였다. 그리하여 정치, 유학, 제도, 문학, 병서 등 아주 다양한 책들이 출판되었다.

넷째, 지방 감영의 경우, 관찰사가 혈연이나 지연, 또는 학연과 관련되어 문집이나 문학서 등을 발간하는 경우가 많았다. 최지선(2005;83)에서는 개인적인 연유로 전라감영에서 간행된 문집으로 『東岳集』, 『芷庵集』, 『百拙齋集』, 『月軒集』, 『竹西集』등을 들고 개인문집의 간행이 두드러지는 점을 특징으로 보고 있다.

다섯째, 이처럼 다양한 책의 출판은 그 지역의 출판문화를 활성화시켜

완판본 인쇄·출판의 문화사적 연구

서, 필요한 책의 요구가 급증함에 따라서 사가(私家)에서도 책을 출판하는 주문자 생산이 늘어나게 되었다. 책판 목록에 나오는 '私板'은 확인된 목판의 경우이고, 문중이나 서원을 중심으로 주문한 책들이 많았을 것으로 추정된다.[1]

여섯째, 이처럼 지방 감영과 지방 감영이 소재한 지역에서 수많은 책이 출판되면서, 급기야 조선 후기에는 일반인들이 판매를 하는 방각본으로 다시 출판되는 상황에 이르게 되었다. 또한 다른 방각본 출판의 발달에 지대한 영향을 끼치게 되었다.

본고에서는 책판 목록과 그간의 연구 등을 참조하여 전라감영에서 발간한 책과 다른 지방 감영에서 출판한 책의 종류를 비교해 보기로 한다.


## 2. 지방 감영의 위상과 책 출판의 의의

### 2.1. 지방 감영과 관찰사의 역할

조선시대의 팔도 감영의 소재는 다음과 같다.(위키백과사전 참조)

(1) 경기도 감영(畿營): 한성 돈의문 밖

(2) 충청도 감영(錦營): 청주(충청감사는 충주에 있고, 감영은 청주에 있었다.),

---

1    조선 후기, 목활자는 문집이나 족보를 편찬하는 데 아주 긴요하게 쓰인 활자이다. 이러한 목활자본의 출판에 따른 책을 잘 살펴야 할 것이다.(옥영정, 2003 참조)

선조 35년(1602년) 공주로 이전

(3) 전라도 감영(完營): 전주

(4) 경상도 감영(嶺營): 상주, 선조 34년(1601년) 대구로 이전

(5) 강원도 감영(東營): 원주

(6) 함경도 감영(咸營): 함흥, 선조 33년(1600년) 영흥으로 이전

(7) 평안도 감영(箕營): 평양

(8) 황해도 감영(海營): 해주


관찰사는 외관들의 불법, 비위를 살피고 탄핵하는 권한인 외헌(外憲) 기능과 행정·사법·군사 등 지방통치의 모든 행정을 관할하는 방백(方伯) 기능을 가지고 있었다. 전라감사의 기능을 이희권(2008), 이동희(2016)를 참고하여 그 기능을 쉬운 용어로 제시하면 다음과 같다. 감영의 영향 아래에서 수많은 책이 인쇄·출판되고, 그로 말미암아 조선후기에 방각본이 발달하게 되므로 인쇄·출판 기능을 따로 설정해 보기로 한다.


(1) 수령의 감독과 근무 평가

(2) 행정의 기능 - 농사, 구제, 과거시험, 세금과 재정

(3) 사법적 권한

(4) 군사 최고 지휘권

(5) 전주부윤 겸직

(6) 교육, 문화적 기능

(7) 인쇄·출판의 기능[2]

## 2.2. 책판 목록과 지방 감영의 책 출판

지방감영에서는 왕이 국정 운영에 필요한 책의 출판 지시에 따라, 또는 관찰사의 통치를 위해서 필요한 책을 출판하였다. 또한 지역의 지식인들이 요구하는 많은 책을 출판할 필요가 있었다. 서적은 학문의 진흥, 정치와 문화의 이상을 실현하는 수단으로 사용되면서 왕조마다 서적 간행에 힘을 쏟았다.(신양선, 1997:11)

전라감영에서는 중앙정부의 요청과 관찰사의 지시로 士大夫 취향의 도서인 완영본 책이 만들어진다. 전라감영에서 발행한 책으로는 정치, 역사, 제도, 사회, 어학, 문학, 유학에 관한 다양한 종류의 책이 간행되었다.(정형우·윤병태, 1979:558)[3] 감영에서 발간한 책의 다양성을 전라감영본으로 일부 예를 들면 다음과 같다.

> *정치서 : 明義錄, 明義錄諺解, 續明義錄, 續明義錄諺解, 今忠壯遺事, 梁大司馬實記, 御製綸音
> *역사서 : 綱目, 御定史記英選, 史記評林, 左傳, 訓義資治通鑑綱目, 新刊史略
> *제도서 : 國朝喪禮補編, 大典通編, 喪禮補編, 受敎輯說, 增修無寃

---

2    19세기 전주부 고지도에는 전라감영 내에 종이 생산과 인쇄·출판과 관련된 곳으로 '印房, 紙所, 紙砧' 등이 설치되어 있음을 알 수 있다.
3    이 목록은 일부 교정이 이루어졌다.

錄, 欽恤典則, 四禮便覽, 栗谷全書
  *사회서 : 加髢申禁事目, 警民編, 警世問答, 鄕禮合編
  *醫書 : 東醫寶鑑, 醫學正傳
  *兵書 : 續兵將圖說
  *어학서 : 三韻聲彙, 正音通釋, 華東正音通釋韻考
  *문학서 : 簡易集, 東岳集, 屯庵集, 白江集, 御製追慕錄, 永世追慕錄續
錄, 陸奏約選, 月軒集, 潛齋稿, 潛齋集, 蒼霞集, 皇華集, 厚齋集, 石洲集
  *유학류 : 性理大全, 性理大全書, 聖學輯要, 小學諺解, 御定朱書百
選, 朱子大全, 朱子文集, 訓義小學, 七書
  *기타 : 豊山洪氏族譜

정형우·윤병태(1995ㄱ)과 (1995ㄴ)에서는 다음과 같은 책판 목록을 이
용하여 지방 감영과 감영 소재지의 책판 목록을 제시하였다.

'攷事撮要'(1576-1734년), '古書冊板有處攷'(1700년경), '慶尙道冊
板'(1730년경), '冊板置簿冊'(1740년경), '三南所藏冊板'(1743년경), '諸
道冊板錄'(1750년경), '完營冊板目錄'(1759년경), '嶺湖列邑所在冊板目
錄'(1760년경), '芸閣冊都錄'(1760년경), '各道冊板目錄'(1778년경), '古冊
板有處攷'(1780년경), '冊板錄'(1780년경), '通文館志'(1795년경), '林園
十六志', '鏤板考'(1814년), '鑄字所應行節目'(1814년), '書冊目錄'(1815
년), '各道冊板目錄'(1840년), '完營客舍冊板目錄'(1885년), '韓國古書年
表資料'(1969년), '韓國古書年表資料補'(1972년), '冊板錄'(남권희 교수
소장본), '嶺南冊板', '完營客舍冊板'(鉛印本)

먼저 여러 가지 책판목록에 의거하여 정형우·윤병태(1995ㄴ)에서 제시
된 '지명별 서명 일람표'를 참고하여 책의 종류를 제시하면 다음과 같다.

완판본 인쇄·출판의 문화사적 연구

## 1) 경상감영(嶺營)에서 발행한 책

江陵金氏族譜, 綱目, 擊蒙要訣, 警民編, 警世問答, 庚申司馬榜目, 桂苑筆耕, 季漢書, 古文百選, 歐浦集, 鴎浦集, 國朝喪禮補編, 奎章全韻, 杞溪俞氏族譜, 樂靜集, 南溪集, 南軒集, 琅玕書, 論語, 論語大全, 論語諺解, 農家集, 丹巖奏議, 唐鑑, 唐宋八大家文鈔, 唐詩鼓吹, 大明律, 大明集禮, 大典通編, 大千字, 大千字文, 大學, 大學大全, 大學諺解, 嵩泉集, 獨石集, 敦孝錄, 東國通鑑, 東里集, 東醫寶鑑, 痘科彙編, 杜律, 杜律分韻, 杜詩, 杜詩批解, 痘疹會通, 萬病回春, 孟子, 孟子大全, 孟子諺解, 鳴皐集, 明義錄, 明義錄大全, 明義錄諺解, 牧隱集, 無冤錄, 閔文忠公奏義, 磻溪隨錄, 百家類纂, 白江年譜, 白沙集, 百行原, 兵將圖說, 兵學指南, 北窓集, 史記英選, 史略大文, 史略諺解, 司馬氏書儀, 事文類聚, 史補略, 四書具諺解, 四書大全, 四書諺解, 史漢一統, 三綱行實, 三綱行實圖, 三經具諺解, 三經大全, 三經諺解, 三禮儀, 三峰集, 三韻聲彙, 喪禮備要, 書傳, 書傳大全, 書傳諺解, 醒翁集, 聖學十圖, 小學, 小學大全, 小學諺解, 小華外史, 續明義錄大全, 續明義錄諺解, 續史略, 續五禮儀, 率菴稿, 宋朝名臣錄, 睡谷集, 受敎輯錄, 水北集, 袖珍韻, 崇儒重道綸音, 習齋集, 詩藪, 詩傳, 詩傳大全, 詩傳諺解, 雅誦, 兩漢詞命, 御製雲漢篇, 麗史提綱, 歷代通鑑, 歷代通鑑纂要, 易學啟蒙, 禮記, 禮記淺見錄, 五禮儀, 五柳先生集, 吳子, 溫公書儀, 畏齋集, 龍飛御天歌, 虞註杜律, 雲漢篇, 原病式, 月沙集, 柳文, 類苑叢寶, 諭中外綸音, 六禮疑輯, 六典條例, 陸奏約選, 陰崖集, 儀禮集, 醫學正傳, 二倫行實, 立石集, 立岩集, 節酌通編, 正菴集, 丁酉式年司馬榜目, 定齋集, 帝王韻紀, 趙註杜律, 種德新編, 左傳, 註唐音, 周禮, 朱書百選, 朱書要類, 周易大全, 周易諺解, 朱子敬齋箴, 朱子語錄, 朱子語類, 竹泉集, 中庸, 中庸大全, 中庸諺解, 增補萬病回春, 增修無冤錄, 增訂挹翠軒集, 直菴集, 晉菴集, 闡義昭鑑, 千字, 靑陸集, 聽松書, 太

華集, 通鑑, 八大家, 八子百選, 風雅, 河濱集, 韓文, 漢書, 漢書評林, 海峯集, 鄕禮合編, 玄洲集, 壺谷集, 壺隱集, 皇明世說, 黃帝素問, 孝經具解, 訓義小學, 訓義小學具諺解, 訓義小學大全, 休翁集, 欽恤典則 (191종)

### 1-1) 경상감영 소재지 '상주'에서 발행한 책

家禮, 江皐集, 警民編, 經書類抄, 經書類聚, 谿堂集, 啓蒙, 乖老十詠, 九數略, 九畹詩集, 菊圃集, 黔澗集, 急難圖, 及菴集, 懶齋集, 南溪文集, 道德經, 獨庵遺稿, 獨庵集, 東國通鑑提綱, 峒隱集, 同春堂文集, 同春集, 洞虛齊文集, 痘瘡集, 梅軒實記, 名賢詩話, 無忝齋集, 百記, 白沙手蹟, 白沙集, 兵學指南, 負暄堂集, 沙西集, 祥刑要覽, 仙源年譜, 仙源遺稿, 仙源集, 聖學十圖, 性學十圖, 蘇齋文集, 蘇齋集, 小學, 小學大全, 損齋集, 垂老十詠, 順齋集, 食療纂要, 息山集, 新刊李相國集, 新註道德經, 略韻, 歷代將鑑博議, 愚伏文集, 愚伏集, 愚庵文集, 愚庵集, 月磵文集, 月澗集, 月峰集, 揖翠軒, 揖翠軒集, 李相國集, 頤齋集, 李太白文集, 仁川世稿, 日記, 立齋集, 將鑑博議, 鄭統相事蹟, 制菴集, 拙齋集, 朱文酌海, 朱晦菴集, 陳書, 進獻心圖, 蒼石文集, 蒼石集, 天機大要, 千字, 淸江屛風書, 淸江小說, 淸臺集, 淸陰年譜, 淸陰集, 竹齋集, 秋潭集, 春秋, 忠孝堂, 太平通載, 通鑑總論, 漢都十詠, 漢陰文稿, 漢陰集, 解刑要覽, 虛堂集, 虛白堂集, 玄齋集, 兄弟急難圖, 活齋集, 晦庵詩文, 后溪集, 訓義小學大全, 休岩集, 希菴集 (105종)

### 1-2) 경상감영 소재지 '대구'에서 발행한 책

家禮, 江陵金氏族譜, 居業錄, 居業明, 兼山集, 警世問答, 桂苑筆耕, 溪隱集, 古文百選, 古玉詩集, 國朝喪禮, 國朝喪禮補編, 菊葡集, 奎章全韻, 杞溪俞氏族譜, 樂靜集, 南溪集, 南軒集, 論語, 論語具解, 論語大全, 論語諺解, 農家集, 唐鑑, 唐詩鼓吹, 大明集禮, 大典通編, 大學, 大學具解,

大學大全, 大學諺解, 道德經, 獨石集, 敦孝錄, 東國通鑑, 東里集, 峒隱集, 東醫寶鑑, 同春集, 痘科彙編, 杜律分韻, 杜詩, 杜詩批評, 痘疹會通, 萬病回春, 孟子, 孟子具解, 孟子大全, 孟子諺解, 鳴皐集, 牧隱集, 夢窩集, 無冤錄, 磻溪隨錄, 白江年譜, 白沙先生文集, 白沙集, 白洲集, 兵學指南, 報全集, 北窓詩集, 北窓集, 史記英選, 史略, 史略具解, 四溟集, 事文類聚, 史補略, 史漢一統, 三經諺解, 三峯集, 三峰集, 喪禮備要, 書傳, 書傳具解, 書傳大全, 書傳諺解, 聖學十圖, 少微通鑑, 疎菴集, 小全孟子, 小學, 小學具解, 續五禮, 續五禮儀, 率菴集, 睡谷集, 隨錄, 水北遺稿, 水北集, 睡軒集, 習齋集, 詩藪, 詩諺解, 詩傳, 詩傳具解, 詩傳大全, 詩傳諺解, 雅誦, 麗史提綱, 易學啓蒙, 禮記, 五禮儀, 浣花流水, 王郎返魂傳, 畏齋集, 龍溪集, 原病式, 月沙集, 柳文, 類苑叢寶, 六禮疑集, 陸奏約選, 陰崖集, 儀禮經傳, 二程全書, 立石集, 立岩集, 節酌通編, 正菴集, 靖節集, 趙子杜詩, 朱書百選, 朱書要類, 周易, 周易具解, 周易大全, 周易諺解, 朱子語類, 中庸, 中庸具解, 中庸大全, 中庸諺解, 直菴集, 普菴集, 蒼石集, 天機大要, 千字文, 清仙兩先生年譜, 清虛集, 太華集, 通鑑, 八大家, 八子百選, 風雅, 韓文, 漢書, 海峯集, 鄕禮合編, 皇極經書, 黃帝素問, 后溪集, 訓義小學具諺解, 希岩集 (154종)

## 2) 충청감영(錦營)에서 발행한 책

家禮, 激谷集, 警民編, 禁髢事目, 記譜通編, 唐律, 大典通編, 晩翠集, 明義錄, 默庵集, 史纂集, 三綱行實, 喪禮問答, 西岩集, 書傳, 雪峰集, 醒翁集, 小學諺解, 松谷集, 宋僧, 詩傳, 心學圖, 延平集, 月沙集, 李忠靖集, 立岩集, 再造藩邦, 增補韻考, 直解大明律, 闡義昭鑑, 秋浦集, 冲庵集, 荷谷集, 韓景集, 虛白集, 玄谷集, 玄岩集, 和劑, 和劑方, 訓義小學, 欽恤典則 (41종)

## 2-1) 충청감영 소재지 '청주'에서 발행한 책

擊壤集, 古文精粹, 救急方, 歐蘇手簡, 金剛經, 農事直說, 童蒙須知, 梅月堂, 孟子諺, 明心寶鑑, 武夷九曲, 兵學指南, 四端七情, 三灘集, 石蜂書, 石蜂集, 性理群書, 小學大文, 小學大全, 宋子大全, 新增類合, 禮部韻, 牛馬治療方, 韋蘇州, 韋蘇州集, 林塘集, 程書分類, 中庸諺, 晉山世稿, 進修楷範, 纂圖脉, 春種, 忠信篤敬, 平正整齋, 韓詩, 韓詩外傳, 或問大學, 黃孤山草書, 黃庭煥鵝, 孝經, 孝悌忠信 (41종)

## 2-2) 충청감영 소재지 '충주'에서 발행한 책

家禮輯覽, 龜峯集, 杞溪俞氏族譜, 大學, 陶淵明集, 無冤錄, 沙溪集, 三韻通考, 喪禮備要, 西河集, 素問, 疎菴集, 愼獨齋集, 新註無冤錄, 岳飛屛風書, 疑禮問解, 國朝喪禮補編, 大典通編, 兵學指南, 三綱行實, 闡義昭鑑, 訓義小學 (22종)

## 2-3) 충청감영 소재지 '공주'에서 발행한 책

家禮, 橄谷集, 警民編, 禁髢事目, 記譜通編, 唐律, 大典通編, 晩翠集, 明義錄, 默庵集, 史纂集, 三綱行實, 喪禮問答, 西岩集, 書傳, 雪峰集, 醒翁集, 小學諺解, 松谷集, 宋僧, 詩傳, 心學圖, 延平集, 月沙集, 李忠靖集, 立岩集, 再造藩邦, 增補韻考, 直解大明律, 闡義昭鑑, 秋浦集, 冲庵集, 荷谷集, 韓景集, 虛白集, 玄谷集, 玄岩集, 和劑, 和劑方, 訓義小學, 欽恤典則(41종)

## 3) 전라감영(完營)에서 발행한 책

加髢新禁事目, 簡易文集, 簡易集, 綱目, 警民編, 警世問答, 國朝喪禮補編, 金忠壯遺事, 訥齋集, 大典通編, 東岳集, 東醫寶鑑, 屯巖集, 明義

錄, 明義錄諺解, 白江集, 史記英選, 史記評林, 三韻聲彙, 喪禮補編, 性理大全, 性理大全書, 聖學輯要, 小學諺解, 續明義錄, 續兵將圖說, 受敎輯說, 梁大司馬實記, 御定綸音, 御製追慕錄, 永世追慕錄續錄, 陸奏約選, 月軒集, 醫學正傳, 潛齋稿, 潛齋集, 正音通釋, 左傳, 朱書百選, 朱子大全, 朱子文集, 增修無寃錄, 蒼霞集, 豐山洪氏族譜, 鄕禮合編, 華東正音通釋韻考, 皇華集, 厚齋集, 訓義小學具諺解, 訓義小學, 訓義小學大全, 訓義資治通鑑綱目, 欽恤典則 (53종)

### 3-1) 전라감영 소재지 '전주'(完山)에서 발행한 책

家禮, 簡易集, 江陵金氏族譜, 綱目, 警民編, 警世問答, 經筵講義, 經筵講義大學, 啓蒙, 溪隱集, 戒酒書, 古文眞寶, 孤竹集, 救急簡易方, 九雲夢, 歸去來辭, 南軒文集, 內訓, 內訓集, 論語大文, 論語大全, 論語諺解, 農家集, 農稼集, 農事直設, 農書, 達城碑誌, 達城碑誌錄, 達性集, 唐音, 大明律, 大明集, 大明集禮, 大典通編, 大千字, 大學, 大學大全, 大學諺解, 陶隱集, 道學正脉, 東萊博義, 童蒙先習, 東文選, 東文粹, 東槎集, 東岳集, 東岳集續集, 東醫寶鑑, 銅人經, 同春年譜, 同春堂年譜, 東賢奏義, 屯庵集, 滕王閣, 馬醫方, 脉訣, 孟子, 孟子大文, 孟子大全, 孟子諺解, 明義錄, 明義錄諺解, 牧隱集, 無寃錄, 文章軌範, 白江集, 柏谷集, 百拙齋集, 百拙集, 百洲集, 僻瘟方, 兵衛森, 四佳集, 史記英選, 史記評林, 史略, 詞訟類抄, 四傳春秋, 三綱行實, 三國誌, 三略, 三韻聲集, 三韻通考, 三元延壽書, 上觀貞要, 喪禮補編, 喪禮備要, 喪禮抄, 傷寒賦, 傷寒指掌圖, 書大文, 書傳大全, 書傳諺解, 釋尊儀式, 石州集, 石洲集, 仙源集, 性理大全, 聖學輯要, 性學集要, 聖學集要, 小學, 小學講本, 小學啓蒙, 小學大全, 小學諺解, 小學集成, 續明義錄, 續明義錄諺解, 續兵將圖, 續兵將圖說, 孫武子, 宋名臣錄, 宋明臣錄, 宋名臣言行錄, 受敎輯錄, 詩家一旨, 詩大文, 詩傳大全, 詩傳諺解, 心經釋義, 心經釋疑, 十九史略, 兒戲原覽, 養

蒙大訓, 楊州趙譜, 楊州趙氏族譜, 陽村集, 御定史記英選, 御定朱書百選, 御製綸言, 御製追慕錄, 諺解産書, 諺解呂氏鄕約, 呂氏鄕約, 歷代授受圖, 聯珠集, 禮記, 五禮儀, 五臟圖, 五行精氣, 玉溪集, 王右軍書, 龍龕手鑑, 牛溪集, 韻考, 韻會, 韻會玉篇, 月軒集, 尉僚子, 類合, 陸宣公奏議, 陸秦約選, 栗谷全書, 律學解頤, 律學解頤指掌圖, 抱翠集, 儀禮經傳, 儀禮文學, 儀禮問解, 儀禮正傳, 醫學入門, 醫學正傳, 二樂亭集, 二倫行實, 李相國集, 李氏聯珠集, 李衛公, 理學通錄, 忍齋文集, 認齋集, 人皇法體, 紫陽文集, 字彙, 蠶書, 蠶書推句, 潛齋集, 長吟亭遺稿, 長吟集, 剪燈新話, 全韻玉篇, 絶句, 貞觀政要, 靜觀齋集, 靜觀集, 正俗, 正音通釋, 周易, 周易大全, 周易諺解, 朱子大全, 朱子封事, 註解千字, 竹西集, 竹吟集, 中庸大全, 中庸諺解, 中庸集略, 中庸或問, 增補韻考, 增修無冤錄大全, 芝峯類說, 芝峰遺說, 指掌圖, 診脉須知, 眞西山集, 眞書諺解, 陳后山詩, 此(屯)菴集, 滄浪集, 蒼霞集, 天運紹統, 闡義昭鑑, 千字, 淸溪集, 靑丘風雅, 淸露集, 體素集, 草千字, 叢堂集, 推句, 則言, 太公六韜, 胎産集, 澤堂集, 通鑑, 學蔀通辨, 寒暄箚錄, 杏村法帖大字, 胡傳春秋, 或問中庸, 化堂集, 皇華集, 孝經, 厚齋集, 訓義小學, 欽恤典則 (237종)

## 4) 평안감영(箕營)에서 간행한 책

擊蒙要訣, 箕子外記, 紀效新書, 論語講經, 大明律, 大典通編, 大學講經, 讀書錄要語, 東溟集, 童蒙須知, 東州前集, 孟子講經, 孟子大全, 勉齋集, 明義錄, 閔文忠公奏義, 兵將圖說, 史記英選, 司馬法, 槎川詩鈔, 沙村集, 三綱行實圖, 三經四書講經, 三略, 三禮儀, 喪禮備要, 書傳講經, 小學諺解, 續兵將圖說, 續三綱行實, 續平壤誌, 孫武子, 松江歌辭, 詩傳講經, 新註無冤錄, 吳子, 尉繚子, 六韜, 二倫行實圖, 李衛公問對, 將鑑博議, 朱書百選, 周易講經, 周易本義口訣附設, 中庸講經, 芝村集, 闡義昭鑑, 通

鑑節要, 平壤志, 荷樓集, 鄕禮合編, 華東正音通釋韻考, 訓義小學大全, 欽恤典則 (54종)

### 4-1) 평안감영의 소재지 '평양'에서 간행한 책

家禮補註, 高廉草書, 古文精粹, 古文眞寶, 救急方, 九成宮, 九成宮醴泉銘, 勸文論, 歸去來辭, 龜文圖, 龜文旨, 箕子志, 南溪禮說, 老乞大, 農書, 大略韻, 大明律, 大雨賦, 大字中庸, 大字千字, 大學, 獨谷集, 東國通鑑, 東萊博議, 童蒙先習, 童蒙須知, 銅人經, 孟子, 朴通事, 百聯抄解, 範學全編, 兵衛森, 補註古文眞寶, 鳳麓集, 三十二體篆隷書, 三韻通考, 書傳口訣, 鮮于樞赤壁賦, 雪庵集, 雪庵千字, 性理群書, 聖學十圖, 小學, 宋元節要, 詩大文, 詩傳, 新釋朴通事諺解, 新釋淸語老乞大, 心經, 十九史略, 蓮亭集, 浣花流水, 蠶書, 張汝弼書法, 張汝弼書帖, 赤壁詩, 政經, 種德新編, 周易, 中庸, 證道歌, 楚辭, 春種, 春秋, 翠虛集, 治疱易驗, 韓文, 韓文正宗, 黃疸瘧方, 孝經 (70종)

### 5) 함경감영(咸營)에서 간행한 책

家禮, 擊蒙要訣, 警民編, 啓蒙傳疑, 廣濟秘笈, 句解南華眞經, 龜鑑集, 近思錄, 倚岩集, 論語, 論語大全, 論語諺解, 楞禮文, 楞嚴經, 大學, 大學大全, 大學諺解, 讀史隨筆, 讀書錄要語, 讀書要語, 東溪集, 東溟集, 童蒙須知, 東州前集, 孟子, 孟子大全, 孟子諺解, 孟諺, 武經要節, 般若集, 法華經, 兵衛森, 兵將圖說, 北關陵殿誌, 三綱行實圖, 三略, 三韻通考, 喪禮備要, 書諺, 書傳, 書傳大全, 書傳諺解, 雪庵東銘, 雪庵集, 性理字義, 性理學義, 世宗行跡, 小學, 小學諺解, 詩傳, 詩傳大全, 詩傳諺解, 新傳煑硝方, 心經, 心經附註, 十九史略通攷, 漁山集, 御筆十字, 歷代史論, 易諺, 易學, 易學啓蒙, 易學啓蒙諺解, 易學集, 五禮儀鈔, 浣花流水, 恩重經, 倚

庵集, 二倫行實圖, 篆海心鏡, 靜觀齋集, 種德新編, 周易, 周易大全, 周易諺解, 周易參同契, 죽은집, 中庸, 中庸大全, 增補三韻通考, 淸虛集, 楚辭, 初學字訓增輯, 春種, 春種集, 忠武公家乘, 澤堂年譜, 通鑑節要, 鞭羊集, 韓濩千字, 咸興本宮儀式, 行軍須知, 湖洲集, 華嚴經, 火砲式諺解, 孝經大義, 訓義小學大全 (97종)

### 5-1) 함경감영의 소재지 '함흥'에서 간행한 책

古文眞寶, 百行源, 四體千字, 三灘集, 西征錄, 十九史略, 略韻, 莊子, 周易參同契, 和隱集 (10종)

### 6) 황해감영(海營)에서 간행한 책

救荒撮要, 軍布蕩減綸音, 禁髢事目, 大典通編, 明義錄, 白沙集, 兵將圖說, 兵學指南, 三綱行實, 三綱行實圖, 疎菴集, 小學諺解, 守夢集, 崇儒重道綸音, 御製雲漢篇, 雲漢篇, 尹公白沙集, 二倫行實, 二倫行實圖, 字恤典則, 再思堂集, 闡義昭鑑, 火砲式諺解, 訓義小學, 訓義小學大全, 欽恤典則 (26종)

### 6-1) 황해감영의 소재지 '해주'에서 간행한 책

家禮, 簡易方, 擊蒙要訣, 警民編, 孔子廟碑, 救荒輯要, 近思錄, 近思錄釋疑, 近思釋疑, 蘭亭, 蘭亭春種, 南窓集, 魯齋集, 論語大文, 大唐中興頌, 大字歸去辭, 大學, 陶山記, 杜詩, 梅花詩, 孟子大文, 兵學指南, 史記, 史記列傳, 三綱行實, 三韻通考, 上樑文, 桑楡集, 書大文, 書釋, 成謹甫集, 聖學十圖, 聖學輯要, 小學, 小學大全, 續三綱行實, 宋史, 守夢集, 詩大文, 詩釋, 新增類合, 心法, 安平勸農敎, 安平書法, 安平書帖, 歷代將鑑博議, 易釋, 詠史詩, 唐大文, 唐學大文, 柳記, 柳記心法, 幽懷不可瀉, 栗

谷續集, 栗谷集, 二倫行實, 將鑑博議, 篆千字, 鄭虀杜詩, 中庸, 中庸大
文, 陳書, 聽訟筆法, 春種, 濯纓集, 退溪大字細字, 筆陣圖, 學大文, 韓碑,
漢書列殿, 或問大學, 或問中庸, 和劑方, 回文詩, 晦庵詩文集, 晦庵時文
抄 (76종)

정형우·윤병태(1995ㄴ)에서 제시된 지방감영과 그 소재지에서 출판한
책의 종류를 도표로 제시하면 다음과 같다.

| 감영 이름 | 책판 수 | 감영 소재 도시 이름 | 책판 수 | 합계 |
|---|---|---|---|---|
| 강원감영 | 1 | 원주 | 45 | 46 |
| 경기감영 | 1 | | | 1 |
| 경상감영 | 191 | 상주 | 105 | 450 |
| | | 대구 | 154 | |
| 전라감영 | 53 | 전주 | 237 | 290 |
| 충청감영 | | 공주 | 41 | 104 |
| | | 충주 | 22 | |
| | | 청주 | 41 | |
| 평안감영 | 54 | 평양 | 70 | 124 |
| 함경감영 | 97 | 함흥 | 10 | 107 |
| 황해감영 | 26 | 해주 | 76 | 102 |
| 합계 | 423 | | 801 | 1,224 |

정형우·윤병태(1995)에서 제시된 감영과 소재지의 책판목록의 종류

조선시대에는 경상감영과 경상감영 소재지에서 발행한 책이 가장 많으나, 감영이 소재한 도시로는 전주(완산)가 가장 많은 책을 발간하였다.

# 3. 기존 연구에서 지방감영의 책 출판 현황

2장에서 살펴본 내용은 『攷事撮要』(1576년)에 나타난 책판 목록과 그 이후 목록에 나오는 내용들이다. 그러나 지방감영의 책판은 조선 전기와 조선 후기로 나누어 살피는 게 일반적이다. 따라서 지방감영에서 출판한 책들도 전기와 후기로 나누어 살펴볼 필요가 있을 것이다. 연구가 진행된 지방감영이 있고, 연구가 진행되지 않은 지방감영이 있다. 여기서는 일단 그간의 연구를 중심으로 검토된 내용을 주로 살펴보기로 한다.

## 3.1. 충청감영본의 현황

'충청감영 충주 간행본'은 1395년부터 1598년까지 조선 전기에 다음과 같이 8종의 책이 발행된 것으로 보고 있다.(김성수, 2010;37)

鄕藥救急方, 尙書, 禮記, 律學辨疑, 樂書, 新刊性理群書, 寓菴先生文集, 牧隱文藁(8종)

'충청감영 공주 간행본'은 조선 후기 다음과 같이 17종이 간행된 것으로 보고 있다.(김성수, 2010;42)

大學, 孤靑先生遺稿, 林唐遺稿, 救荒撮要, 辟瘟方, 忠淸道大同事目, 農家集成, 讀書錄, 讀書續錄, 西坰集, 溫幸陪從錄, 闡義昭鑑, 疹疫方, 南明先生文集, 三綱行實, 訓義小學, 警敏編(17종)

김성수(2010;41)에 따르면, 公州는 조선시대 後期에 해당하는 1598년부터 19世紀末까지 충청감영이 자리하였던 곳이다. 공주에서는 15세기와 16세기까지 200년 동안 별집류 2종과 史部 政法類 1종을 합쳐서 단 3종밖에 간행되지 않았으나. 충청감영이 옮겨온 1598년 이후 공주에서는 17세기에 무려 19종이나 간행된 것으로 보고 있다. 이처럼 감영의 소재지가 어디냐에 따라서 인쇄·출판의 현황이 달라지고 있음을 알 수 있다.

## 3.2. 강원감영본의 현황

『攷事撮要』(1568/1576/1585)에서 원주 지역의 간행서적이 23종인데, 거기에 조사를 통하여 6종을 추가하여 29종으로 파악하고 있다.(최경훈, 2012;203)

三峯先生集, 益齋亂藁, 櫟翁稗說, 新註無冤錄, 檢屍格式, 老子鬳齋口義, 列子鬳齋口義, 寂滅示衆論, 三峯先生集, 救急簡易方, 蓮軒雜稿, 誠初心學人文, 復齋先生集, 服藥須知, 家禮, 陶隱, 居助道方, 九成宮醴泉銘, 大學衍義輯略, 大明律, 大學, 無輯釋論語, 無輯釋孟子, 十九史略, 歷代年表, 將鑑博議戴溪(元), 剪燈新話瞿佑(明), 中庸, 地算(29종)

원주 지역의 조선 후기 간행 서적은 기존의 책판 목록을 종합하여 23

종을 확인하고, 여기에 조사를 통하여 2종을 추가하여 25종으로 보고하고 있다.(최경훈, 2012;220)

> 亨齋先生詩集, 家禮諺解, 久菴遺稿, 三綱行實圖, 二倫行實圖, 龍仁李
> 氏族譜, 春沼子集, 原州李氏族譜, 后溪集, 闡義昭鑑, 壽谷集, 御製百行
> 源, 成謹甫先生集, 明義錄, 續明義錄, 欽恤典則, 關東鎭興錄, 御製雲漢
> 篇, 訓義小學大全, 諭中外大小臣庶綸音, 諭京畿洪忠全羅慶尙原春咸鏡
> 六道綸音, 御製諭原春道嶺東嶺西大小士民綸音, 兵學指南, 關東別典,
> 千字冊(25종)

현재까지의 연구로 보면, 위에서 보는 바와 같이 강원감영본으로 처리하지 못하고, 강원감영이 소재한 원주지역본으로 처리하고 있어서 강원감영에서 출판한 책을 정확히 파악하기는 어려운 실정이다.

## 3.3. 전라감영본의 현황

다음 목록은 옥영정(2011;461)에서 제시된 것으로 '조선 전기 전주지역 간행 추정 간본 목록'이다. 괄호 안에 있는 책은, 기존 정형우·윤병태(1995 ㄴ)에서 제시된 전주지역의 출판 목록에 옥영정(2011)에서 추가한 책으로, 합치면 총 68종이다.[4]

> 江陵金氏族譜, (決訟類聚), 經筵講義, 啓蒙, 戒酒, 古文眞寶, 救急簡易

---

4    최지선(2005;25)이 제시하는 『故事撮要』선조 15(1585)년 목판본에는 『蚕書』, 『推句』가 들어 있다.

方, (救急方), 歸去來辭, 南軒文集, 農事直設, 農書, 大學, 陶隱集, 東文粹, 東槎集, 銅人經, 馬醫方, 脉訣, 孟子大文, 牧隱集, 文章軌範, 僻瘟方, 兵衛森, 詞訟類抄, 三元延壽書, 傷寒賦, 傷寒指掌圖, 釋尊儀式, 小學, 詩家一旨, 十九史略, 養蒙大訓, 陽村集, 諺解産書, 諺解呂氏鄕約, 諺解絶句[5], 呂氏鄕約, 歷代授受圖, 禮記, 五臟圖, 王右軍書, 龍龕手鑑, 韻會玉篇, 陸宣公奏議, 律學解頤, 醫學正傳, 人皇法體, 紫陽文集, 蠶書, (將鑑博議), 貞觀政要, 正俗, 周易, 中庸集略, 指掌圖, 診脉須知, 眞書, 眞西山集, 陳后山詩, 天運紹統, 靑丘風雅, 則言, 學蔀通辨, 杏村法帖大字, (鄕藥集成方), 胡傳春秋, 孝經(68종)

　

다음 목록은 최지선(2005)에서 제시된 것으로 '조선 후기 완영 간행간본 목록'이다. 괄호 안에 있는 책은 기존 정형우·윤병태(1995ㄴ)에서 제시된 전주지역의 출판 목록에 들어 있는 책들이다. 그러나 『』으로 표시된 책들은 기존 업적을 참고하여 새로 추가된 책들이다. 그리하여 최지선(2005)에서는 조선 후기 전라감영의 출판된 책을 71종으로 보고 있다.

　

加髢新禁事目, 簡易集, 綱目, 警民編, 經世問答, (孤竹集), 國朝喪禮補編, (達城碑誌錄), (大明律), 大典通編, (道學正脈), 東岳集, 東醫寶鑑, (同春年譜), (東賢奏議), 『杜律分韻』, 屯巖集, (鳴巖集)[6], 明義錄, 明義錄諺解, 白江集, (百拙齋集), (白洲集), 史記英選, 史記評林, 『四禮便覽』, 三韻聲彙,

---

5  남권희(1999)에 의해, 『陣書諺解』와 『絶句』로 서명이 정해졌던 책이 『諺解絶句』와 『陳書』였음이 밝혀진 것으로 보고하고 있다.(옥영정, 2011;448)

6  이 책은 여러 책판 목록에 전주에서 발행한 책판으로 되어 있으나 정형우·윤병태(1995ㄴ)에서는 전주 출판 목록에는 빠져 있다.

(喪禮備要), (石洲集), 性理大全, 性理大全書, 小學諺解, 續明義錄, (續明義錄諺解),『續經筵故事』, 梁大司馬實記, (楊州趙氏族譜), 御定綸音, 御製追慕錄, (聯珠集),『浣巖集』,『尤菴先生言行錄』, 月軒集,『諭諸道道臣綸音』,『諭中外大小民人等斥邪綸音』, 陸奏約選, (栗谷全書), (疑禮問解), 醫學正傳, (二樂亭集), (忍齋集), (全韻玉篇), (靜觀齋集), 正音通釋,『種藷譜』, 左傳, 朱子文集, 朱書百選, 朱子大全, (竹西集), 增修無冤錄, 蒼霞集, (靑溪集),『七書』,『鍼灸經驗方』, 豊山洪氏族譜, 鄕禮合編, (化堂集), 皇華集, 厚齋集, 訓義小學, 欽恤典則 (이상 71종)

## 3.4. 평안감영본의 현황

조선시대 평안감영(箕營)에서 간행된 傳存本은 모두 60종으로 보고, 여기서 조선전기에 평안감영에서 간행된 傳存本은 모두 8종으로 보고 있다.(崔宇景, 2008;81)

新刊音點性理群書句解, 精選東萊先生博議句解, 獨谷先生集, 救急易方, 韓文正宗, 宋鑑節要, 宋朝名臣言行錄, 儷語編類(8종)

조선 후기 평안감영에서 간행된 傳存本은 모두 52종으로 보고 있다.(崔宇景, 2008;81)

孟子大文, 自警編, 練兵實記雜集, 新編直音禮部玉篇, 經國大典, 大明律, 受敎輯錄, 庚午式年司馬榜目, 延安李氏族譜, 南溪先生禮說, 排字禮部韻略, 三綱行實圖, 擊蒙要訣, 三禮儀, 續三綱行實圖, 二倫行實圖, 種

완판본 인쇄·출판의 문화사적 연구

德新編, 唐太宗李衛公問對直解, 司馬法直解, 孫武子直解, 吳子直解, 尉繚子直解, 六韜直解, 平壤志·平壤續志, 武經七書彙解, 兵學指南, 老乞大諺解, 顧庵遺稿, 新註無寃錄, 澤堂先生集, 續兵將圖說, 新刊增註三略直解, 芝村先生文集, 閔文忠公奏議, 沙村集, 松江歌辭, 箕子外記, 槎川詩抄, 鳳麓集, 華東正音通釋韻考, 宋子大全, 荷樓集, 五山集, 牧民大方, 大明律講解, 平壤續志, 鄕禮三選, 禮書箚記, 平壤續誌, 平壤續志, 平壤誌, 平壤續誌, 平壤志·平壤續志·平壤後續志(52종)

## 3.5. 함흥감영본의 현황

조선시대 함흥감영(咸營)에서 간행된 傳存本은 모두 36종이며, 조선전기에 함흥감영에서 간행된 傳存本은 모두 3종으로 보고 있다.(崔宇景, 2008;122)

論語, 聖學十圖, 小學諺解(3종)

조선 후기 함흥감영에서 간행된 傳存本은 모두 33종으로 보고 있다.(崔宇景, 2008;122)

神器秘訣, 家禮, 練兵指南, 中庸章句大全, 孟子大全, 北溪先生性理字義, 芴記, 東溟先生集, 篆海心鏡, 靜觀齋先生集, 薛文淸公讀書錄要語, 論語集註大全, 陳法諺解, 湖洲先生集, 大學諺解, 東州先生集, 家禮, 論語諺解, 大學諺解, 喪禮備要, 中庸諺解, 中庸章句大全, 三綱行實圖, 二倫行實圖, 澤堂李先生年譜, 歷代史論, 喪禮備要, 續兵將圖說, 北道陵殿

誌, 增補三韻通考, 廣濟秘笈, 永興本宮儀式, 咸興本宮儀式(33종)

## 3.6. 황해감영본의 현황

조선시대 황해감영(海營)에서 간행된 傳存本은 모두 17종이고, 조선 전기에 황해 감영에서 간행된 傳存本은 모두 5종으로 보고 있다.(崔宇景, 2008;146)

杜工部詩范德機批選, 杜工部詩范德機批選, 前漢書列傳, 救荒撮要, 勸農敎(5종)

조선 후기 황해감영에서 간행된 傳存本은 모두 12종으로 보고 있다.(崔宇景, 2008;146)

牛馬羊猪染疫病治療方, 守夢先生集, 益齋亂藁, 疎菴先生集, 三綱行 實圖, 二倫行實圖, 兵將圖說, 小學諸家集註, 闡義昭鑑, 천의쇼감언해, 赤壁賦帖, 增補三韻通考(12종)

## 3.7. 경상감영본의 현황

손계영(2017ㄱ)에서는 조선시대 경상감영본을 170종으로 보고 있다. 이후 손계영(2017ㄴ)에서는 정확한 책의 목록이 제시되지 않고 있으나 168종으로 수정하였다. 경상감영본은 조선후기에 편찬한 책은 정확히 제시되고 있으나, 조선전기에 발간한 책이 정확하게 제시되지 않고 있다. 손계영(2017ㄱ)의 논문 말미에 도표로 제시된 '책판 목록에 표기된 서명'을 참고하여 제시하면 조선시대 경상감영본은 다음과 같다.

家禮, 江陵金氏世譜, 綱目(資治通鑑綱目), 擊蒙要訣, 兼山集, 警民編, 警世問答原篇, 庚申司馬榜目, 桂苑筆耕, 季漢書, 古文百選, 鷗浦集, 國朝喪禮補編, 奎章全韻, 杞溪俞氏族譜, 樂靜集, 南溪集, 南軒集, 琅玕書, 論語大全, 論語諺解, 農家集, 唐鑑, 唐宋八大家, 柳文, 韓文, 唐詩鼓吹, 大明律, 大明集禮, 大典通編, 大學大全, 大學諺解, 太華集, 獨石集, 敦孝錄, 東國通鑑, 東里集, 東醫寶鑑, 痘科彙編, 杜律分韻, 杜詩, 杜詩批解, 痘疹會通, 孟子大全, 孟子諺解, 鳴皐集, 明義錄, 明義錄諺解, 續明義錄, 續明義錄諺解, 牧隱集, 無冤錄, 無冤錄諺解, 閔文忠公奏議, 磻溪隨錄, 百家類纂, 白江年譜, 白沙集, 白洲集, 百行原, 兵將圖說, 兵學指南, 北窓集, 史記英選, 史略大全, 史略諺解, 事文類聚, 四溟集, 史補略, 史漢一統, 三綱行實, 三禮儀, 三峰集, 三韻聲彙, 喪禮備要, 書傳大全, 書傳諺解, 醒翁集, 聖學十圖, 小學大全, 小學諺解, 小華外史, 續史略, 續五禮儀, 率菴稿, 宋朝名臣錄, 睡谷集, 受敎輯錄, 水北集, 袖珍韻, 崇儒重道綸音, 習齋集, 詩藪, 詩傳大全, 詩傳諺解, 雅誦, 兩漢詞命, 御製雲漢篇, 麗史提綱, 歷代通鑑纂要, 易學啓蒙, 禮記, 禮記淺見錄, 五禮儀, 五柳先生集, 吳子, 溫公書儀, 畏齋集, 龍溪集, 龍飛御天歌, 虞註杜律, 原病式, 月沙集, 類苑叢寶, 諭中外綸音, 六禮疑輯, 六典條例, 陸奏約選, 陰崖集, 儀禮集, 儀禮經傳, 醫學正傳, 二倫行實, 立岩集, 莊陵誌, 節酌通編, 正菴集, 丁酉式年司馬榜目, 定齋集, 帝王韻紀, 趙註杜律, 種德新編, 種德新編諺解, 左傳, 酒德頌, 周禮, 朱書百選, 朱書要類, 周易大全, 周易諺解, 朱子敬齋箴, 朱子語類, 竹泉集, 中庸大全, 中庸諺解, 增補萬病回春, 直菴集, 晉菴集, 闡義昭鑑, 大千字文, 靑陸集, 聽松書, 靑泉集, 通鑑, 八子

百選, 風雅, 河濱集, 鶴泉集, 漢書, 漢書評林, 海峯集, 鄕禮合編, 玄洲集, 壺谷集, 壺隱集, 皇明世說, 黃帝素問, 孝經具解, 休翁集, 欽恤典則 (170종)

박순(2017)에서는 경상감영본을 '대구감영 이전의 영영판'과 '대구감영 시기의 영영판'과 같이 두 가지로 나누어 설명하고 있다. '대구감영 시기의 영영판'은 류탁일(2001)의 연구를 바탕으로 하여 '확인된 영영판 목록', '刊年未詳 未確定圖書', '영영판의 범주로 포함할 수 있는 서적 목록' 등으로 나누어 총 207종을 제시하고 있다.

家禮, 家禮考證, 家禮增解, 稼亭先生文集, 江陵金氏族譜, 江陵劉氏族譜, 綱目, 檢屍狀式, 擊蒙要訣, 兼山集, 經書釋義, 警世問答, 桂苑筆耕, 季漢書, 古今歷代標題註釋十九史略通攷, 古文謬選, 谷雲集, 果齋集, 久堂先生文集/附錄, 鷗浦集, 國朝喪禮補編, 國朝續五禮儀, 國朝五禮儀, 杞溪兪氏族譜, 南溪集, 南塘經義記聞錄, 南坡相公集, 南軒集, 內訓, 農家集成, 唐宋詩話, 唐宋八大家文鈔, 唐宋八子百選, 唐詩鼓吹, 大明講解律, 大明集禮, 大典通編, 獨庵遺稿, 敦孝錄, 東國兵鑑, 東國地理志, 東國通鑑, 東萊先生音註唐鑑, 東里集, 東醫寶鑑, 痘科彙編, 杜律分韻, 杜詩批解, 痘疹會通, 兩漢詞命, 麗史提綱, 歷代通鑑纂要, 嶺南蠲惠總錄, 禮記集說大全, 禮記淺見錄, 龍溪遺稿, 龍飛御天歌, 柳文, 類苑叢寶, 六禮疑輯, 陸宣公奏議, 六典條例, 立巖集, 漫浪集, 鳴皐集, 明谷集, 明義錄, 閔文忠公奏議, 朴正字遺稿, 磻溪隨錄, 磻溪隨錄補遺, 百家類纂, 白江年譜, 白沙先生集, 白洲集, 兵要, 病原式, 兵將圖說, 兵學指南, 補註銅人經, 補閑集, 北窓古玉兩先生詩集, 分流杜工部詩(諺解), 史記英選, 司馬氏書儀, 四溟集, 史補略, 史漢一統, 三綱行實圖, 三經四書大全, 三禮

儀, 三峯集, 喪禮備要, 生六臣先生合集, 書經, 薛文清公從政名言, 醒翁先生逸稿, 聖學十圖聖賢道學淵源, 少微家塾點校附音通鑑節要, 小學諺解, 小華外史, 續明義錄, 率庵遺稿, 宋名臣言行錄, 睡谷先生集, 受敎輯錄, 水北遺稿, 袖珍韻, 崇儒重道綸音, 崇禎紀元後三丁酉增廣司馬榜目, 崇禎三丙午式年司馬榜目, 崇禎再庚申增廣司馬榜目, 崇禎再庚申增廣司馬榜目, 習齋集, 時藪, 食療纂要, 新刊增補三略直解, 新撰救急簡易方, 新編古今事文類聚, 新編醫學正傳, 十九史略諺解, 雅誦, 樂書, 樂靜先生文集, 楊湖先生遺稿, 楊輝算法, 御定奎章全韻, 御製百行源, 御製王世子冊禮後各道身布折半蕩減綸音, 御製雲漢編, 易學啓蒙, 易學圖說, 吳慶元, 五柳先生集, 梧里先生續集, 吳子, 雰沙集, 虞註杜律, 芸齋遺稿, 月沙先生文集/ 附錄, 遺山樂府, 酉陽雜俎, 陰崖先生文集, 儀禮經傳通解補, 醫學正傳, 二倫行實圖, 將鑑博議, 莊陵誌, 藏板, 樗軒集, 節酌通編, 佔畢齋先生集, 靜庵先生文集, 正庵集, 丁酉式年司馬榜目, 濟嬰新編, 帝王韻紀, 趙註杜律, 拙翁集, 種德新編, 酒德頌, 朱書百選, 朱書節要, 周易, 朱子敬齋箴, 朱子語類大全, 增補萬病回春, 增修無冤錄大全, 增訂挹翠軒遺稿, 直菴集, 陣書, 晉菴集, 纂圖互註周禮, 纂註杜詩澤風堂批解, 闡義昭鑑, 千字, 淸陸集, 聽訟書, 靑松沈氏族譜, 靑泉集, 秋江集, 春亭集, 春秋, 春秋經典集解, 春秋左氏傳, 太平通載, 坡谷遺稿, 破閑集, 破閑集, 風雅, 鶴泉集, 韓文, 漢書評林, 寒水齋先生年譜, 寒水齋先生文集/ 年譜, 閒靜堂集, 海峯集, 鄕禮合編, 壺谷集, 壺隱集, 笏記, 洪崖先生遺稿, 皇明世說, 黃帝素問, 訓義小學大全, 休翁集, 欽恤典則 (207종)

이들 연구를 바탕으로 지방감영본을 제시하면 대체로 다음과 같다.

| 감영 이름 | 조선 전기 | 조선 후기 | 합계 |
|---|---|---|---|
| 충청 감영 | 8 | 17 | 25 |
| 강원 감영<br>(원주 지역) | 29 | 25 | 54 |
| 전라 감영 | 68 | 71(93) | 139(161)[7] |
| 평안 감영 | 8 | 52 | 60 |
| 함흥 감영 | 36 | 33 | 69 |
| 황해 감영 | 5 | 12 | 17 |
| 경상 감영 | 170[8] | | 170 |

지방감영본의 통계표

# 4. 전라감영과 전주부(全州府)의 책 출판

## 4.1. 전라감영의 책 출판

이제까지 전라감영의 인쇄출판 문화에 대해서는 주로 기존의 책판목록에 의지하여 연구되어 왔다. 그리하여 책판목록을 바탕으로 하고, 거기에 『조선왕조실록』, 기타 문헌 등을 참고하여 추가한 것이 대부분이다. 그러나 조선후기는 전국 지방감영이 왕의 명령으로 책을 다량으로 출판하

---

7    괄호 안의 숫자는 필자가 기존의 연구를 종합하고 그간 포함되지 않은 책을 포함하여 산출한 것이다.

8    경상감영본 연구에서 조선 전기에 발행한 책이 구체적으로 제시되지 않고 조선시대를 통틀어 제시하고 있다. 여기서는 손계영(2017ㄴ)의 연구를 참고하기로 한다.

던 시대였다. 여기에서 한지가 대량으로 생산되던 전주를 중심으로 하는 전라감영의 역할은 매우 큰 것이었다.[9] 『조선왕조실록』을 보면 완산감영에서 책을 출판하게 하는 내용이 여러 곳에서 보이고 있다.

《영조 039 10/09/02(갑술) / 전라 감영에 《동현주의》 및 《속경연고사》를 간행하여 올리도록 명하다》 - 전라 감영에 《동현주의(東賢奏議)》 및 《속경연고사(續經筵故事)》를 간행하여 올리도록 명하였다.

《정조 020 09/09/11(정사) / 《대전통편》을 반포하다》 - 호남(湖南)·영남(嶺南)·관서(關西)의 감영(監營)에 명하여 번각(飜刻)하여 판본(板本)을 간직하게 하였다.

《정조 041 18/12/25(무인) / 주자의 서간문을 모은 《주서백선》이 완성되다》 - 책이 완성되자 여러 신하들에게 반포하고, 또 호남·영남·관서의 감영에 명하여 번각(飜刻)하고 판본을 보관하게 하였다.

《정조 045 20/11/03(갑진) / 《무원록언해》를 간행·배포할 것을 명하다》 - 관서(關西) 및 양남(兩南)의 감영에 명하여 《무원록언해(無冤錄諺解)》를 간행하여 배포하게 하였는데, 형조 판서 이득신(李得臣)이 아뢴 것을 따른 것이다.

《영조 059 20/03/05(계미) / 순천부에 있는 판본이 희귀한 《성리대전》을 개수하게 하다》

---

9    전라감영의 기관으로 '紙所, 印房, 冊板庫' 등이 있어서 책이 출판된 과정을 엿볼 수 있다.

"《성리대전(性里大全)》은 성학(聖學)의 근본인데 이 책은 판본이 희귀합니다. 들리는 말에 의하면 순천부(順天府)에 있다 하는데 이 지러져서 인출(印出)할 수 없다고 하니, 마땅히 완영(完營)으로 하여 금 개수하여 새롭게 하도록 하소서." 하니, 임금이 옳게 여겼다.

특히 관찰사가 전주부윤을 겸직하던 시기가 조선 전기부터 후기이므로 전주부에서 출판된 수많은 책들이 관찰사와 어떤 관련을 맺고 있는지 깊이 있는 연구가 진행되어야 한다. 그러나 그러한 연구는 현재로서는 쉽지 않아 차후의 연구과제로 남겨둔다. 본 연구에서는 기존의 연구를 바탕으로 진행하고자 한다.

정형우·윤병태(1995;184)는 여러 책판 목록을 참고하여 53종의 일람표를 제시하고 있다. 홍성덕·김철배(2005)에서는 최지선(2005)의 도표를 참고하여 71종으로 보고 있다. 홍성덕·김철배(2005)에서 사용한 책판 목록은 '諸道冊板錄, 冊板錄, 完營客舍冊板目錄, 龍湖閒錄, 各道冊板目錄, 鏤板考, 林園十六志' 등이다. 최지선(2005)에서는 71종으로 보고 있다.[10] 전주의 책판을 수록하고 있는 '冊板置簿冊, 三南所藏冊板, 諸道冊板錄, 完營冊板目錄, 嶺湖列邑所在冊板目錄, 各道冊板目錄' 등의 기록을 참고하고 있다.[11] 이들의 차이점을 살펴보기로 한다.

---

10  옥영정(2011)에서 제시하는 '전라감영 후기 출판 목록'은 최지선(2005)에서 제시하는 전라감영에서 출판한 책의 종류와 같다.

11  소장되어 있던 책판의 내용에 대해서는 「冊板置簿冊」에서 57종, 「三南所藏冊板」에서 56종, 「諸道冊板錄」에서 73종, 「完營冊板目錄」에서 81종, 「嶺湖列邑所在冊板目錄」에서 16종, 「各道冊板目錄」 44종, 「冊板錄」에서는 70종, 「鏤板考」에는 34종, 19세기말의 「完營客舍冊板目錄」에는 75종을 기록하고 있다. (옥영정, 2011;450)

완판본 인쇄·출판의 문화사적 연구

1) 정형우·윤병태(1995), 홍성덕·김철배(2005), 최지선(2005)에서 같이 선정한 책

加髢新禁事目, 簡易集, 綱目, 經世問答[12], 大典通編, 東岳集, 東醫寶鑑, 屯巖集, 明義錄, 明義錄諺解, 白江集, 史記英選, 史記評林, 三韻聲彙, 性理大全, 性理大全書, 小學諺解, 續明義錄, 梁大司馬實記, 御定綸音, 御製追慕錄, 月軒集, 陸奏約選, 醫學正傳, 正音通釋, 左傳, 朱書百選, 朱子大全, 增修無冤錄, 蒼霞集, 豊山洪氏族譜, 鄕禮合編, 皇華集, 厚齋集, 訓義小學, 欽恤典則 (36종)

2) 정형우·윤병태(1995), 최지선(2005)에서만 선정한 책

警民編, 國朝喪禮補編, 朱子文集

『警民編』은 '完營冊板目錄'에 수록된 책으로 대체로 전주부 명단에 수록되어 있다. 그러나 분명한 전라감영본 간기를 갖고 있다. 『國朝喪禮補編』은 '鏤板考'에 기록되어 있는데, 다른 책판 목록에서는 『喪禮補編』으로 되어 있는 것으로 보아 같은 책으로 보인다. 『朱子文集』은 『朱子大全』으로도 쓰이고 있는데 원래 책명은 『朱子文集大全』이므로 이 책의 이칭으로 보인다. 따라서 여기서는 『警民編』 1종만 전라감영본으로 선정해야 한다.

3) 정형우·윤병태(1995), 홍성덕·김철배(2005), 최지선(2005)에서 같이

---

12    정형우·윤병태(1995)에서는 '警世問答'으로 적혀 있다.

## 선정한 책

喪禮補編, 永世追慕錄續錄, 潛齋稿, 潛齋集, 訓義小學具諺解, 訓義小學大全, 訓義資治通鑑綱目

『喪禮補編』은 『國朝喪禮補編』과 같은 책이므로 1종으로 처리한다. 『永世追慕錄續錄』은 '鏤板考'에 언급되어 있다.[13] 『潛齋稿』는 '各道冊板目錄', '完營客舍冊板目錄'에 언급되어 있다. 『潛齋集』은 정형우·윤병태(1995)의 일람표 전주부 목록에 있다. 『訓義小學具諺解』는 '諸道冊板錄'에, 『訓義小學大全』은 '鏤板考'에 기록되어 있다. 그러나 이 두 책들은 『訓義小學』과 같은 책으로 이해된다. 옥영정에서는 『訓義小學』만을 선정하고 있다. 『訓義資治通鑑綱目』은 '鏤板考'에 언급되어 있다. 그렇다면 위의 책에서 전라감영본으로 5종을 선택할 수 있을 것이다.

### 4) 홍성덕·김철배(2005), 최지선(2005)에서 같이 선정한 책

孤竹集, 達城碑誌錄, 道學正脈, 同春年譜, 鳴巖集, 百拙齋集, 白洲集, 喪禮備要, 石洲集, 續明義錄諺解, 楊州趙氏族譜, 聯珠集, 栗谷全書, 疑禮問解, 二樂亭集, 忍齋集, 全韻玉篇, 靜觀齋集, 竹西集, 靑溪集, 七書, 化堂集(22종)

---

13  규장각 소장 책판에 『御製永世追慕錄』으로 되어 있는 것으로 보아 『御製追慕錄』도 동일한 책으로 이해된다.

여기서 『七書』를 제외하고는 정형우·윤병태(1995)의 일람표에서는 전주부에서 발간한 책의 목록에 들어 있다. 『七書』는 '完營客舍冊板目錄'에 보인다. 『石洲集』은 '完營客舍冊板目錄', '龍湖閒錄', '各道冊板目錄'에 보인다. 『續明義錄諺解』는 여러 책판 목록에 나타난다. 『栗谷全書』는 '完營客舍冊板目錄', '龍湖閒錄'에 보인다. 『全韻玉篇』는 '龍湖閒錄'에 보인다. 이외의 모든 책은 '各道冊板目錄'에만 보인다. 위의 책은 모두 22종이다.

전주부에서 발행한 책으로 처리하고 있는 많은 책들 중에서 전라감영본으로 볼 수 있는 책이 얼마나 많은지를 가늠할 수 있는 부분이라고 할 수 있다.

### 5) 정형우·윤병태(1995)에서만 언급한 책

(簡易文集), (金忠壯遺事), (訥齋集), 聖學輯要, 受教輯說, (華東正音通釋韻考)

『簡易文集』은 '鏤板考'에서만 언급된 것으로 『簡易集』과 같은 것으로 보인다. 『金忠壯遺事』는 정형우·윤병태(1995)의 일람표에서 전라감영본으로 언급하고 있는 책이다. 다른 연구자들은 언급하지 않고 있다. 실제로 같은 책 서명색인 22쪽을 보면 이 책은 광주본으로 나와 있다. 따라서 잘못 언급한 것으로 보인다. 『訥齋集』도 서명색인 26쪽에 광주본, 남원본, 금산본으로 나와 있어서 전라감영본으로 보기 어렵다. 『聖學輯要』는 전주부 목록에 있고, '完營冊板目錄'에서만 보인다. 『受教輯說』은 『受教輯錄』이란 이름으로 전주부 목록에 있다. '完營冊板目錄'에서만 보인다. 『華

東正音通釋韻考』는 '鏤板考'에 기록되어 있다. 다른 책판목록에서는 판심제의 제목인 『正音通釋』으로 기록되어 있다. 따라서 위의 책들 중에 전라감영본은 중복을 피하여 2종임을 알 수 있다.

### 6) 홍성덕·김철배(2005)에서만 언급한 책

東岳集幷續, 四禮要覽, 新刊史略, 潛齋稿集, 長吟集, 朱子百選

『東岳集幷續』은 '完營冊板目錄'에 『東岳集續集』으로 되어 있다. 『四禮要覽』은 '完營客舍冊板目錄'과 '龍湖閒錄'에 나타나는데 『四禮便覽』의 오기로 보인다. 『新刊史略』은 '完營客舍冊板目錄'과 '龍湖閒錄'에 나타난다. '完營冊板目錄'에는 『史略』으로 기재되어 있다. 『潛齋稿集』은 『潛齋稿』와 『潛齋集』을 한꺼번에 기록한 것으로 이해된다. 『潛齋稿』는 '各道冊板目錄'과 '完營客舍冊板目錄'에 나오고, 『潛齋集』은 '鏤板考'와 '諸道冊板錄', '冊板錄'에 나온다. 『長吟集』은 '各道冊板目錄'에만 보이는데, 정형우·윤병태(1995)의 전주부 목록에 있다. 『朱子百選』은 '鏤板考'에서만 보이는데, 이는 『朱書百選』으로 보인다. 『朱書百選』은 '鏤板考, 諸道冊板錄, 冊板錄'에 언급되어 있다. 중복되거나 이칭을 제거하면 위의 책에서 전라감영본은 3종으로 볼 수 있다.

### 7) 최지선(2005)에서만 언급한 책

최지선(2005)에서만 언급한 책은 두 종류이다. 하나는 전주부에서 발간한 것으로 보고된 책이고, 다른 하나는 새로 전라감영본으로 찾은 책들이다.

> 大明律, 東賢奏議, 杜律分韻, 四禮便覽, 續經筵故事, 浣巖集, 尤菴先生言行錄, 諭諸道道臣綸音, 諭中外大小民人等斥邪綸音, 種藷譜, 鍼灸經驗方

『大明律』은 '完營冊板目錄'에 나오는데 이미 정형우·윤병태(1995)의 전주부 목록에 있다. 『東賢奏議』도 '嶺湖列邑所在冊板目錄, 完營冊板目錄'에 나오는데 정형우·윤병태(1995)의 전주부 목록에 있다. 『四禮便覽』은 '完營客舍冊板目錄'에 나온다. 나머지 책들은 기존의 책판 목록에 나오지 않는다. 이는 최지선(2005)에서 새로 찾은 전라감영본들이다. 따라서 위에서 언급한 전라감영본은 모두 11종이다.

## 8) 홍성덕·김철배(2005)와 최지선(2005)의 차이점

홍성덕·김철배(2005)에서 제시한 책판 목록은 71종에 이른다. 그 목록을 제시하면 다음과 같다.

> 加髢新禁事目, 簡易集, 綱目, 訓義資治通鑑綱目, 經世問答, 孤竹集, 達城碑誌錄, 大典通編, 道學正脈, 東岳集, 東岳集幷續, 東醫寶鑑, 同春年譜, 屯巖集, 鳴巖集, 明義錄, 明義錄諺解, 白江集, 白洲集, 百拙齋集, 史記英選, 史記評林, 四禮要覽, 三韻聲彙, 喪禮補編, 喪禮備要, 石洲集,

性理大全, 性理大全書, 小學諺解, 續明義錄, 續明義錄諺解, 新刊史略, 梁大司馬實記, 楊州趙氏族譜, 御製追慕錄, 御定綸音, 聯珠集, 永世追慕錄 續錄, 月軒集, 陸奏約選, 栗谷全書, 疑禮問解, 醫學正傳, 二樂亭集, 忍齋集, 潛齋集, 潛齋稿, 潛齋稿集, 長吟集, 全韻玉篇, 靜觀齋集, 正音通釋, 左傳, 朱書百選, 朱子百選, 朱子大全, 竹西集, 增修無冤錄, 蒼霞集, 青溪集, 七書, 豊山洪氏族譜, 鄕禮合編, 化堂集, 皇華集, 厚齋集, 訓義小學具諺解, 訓義小學, 訓義小學大全, 欽恤典則 (71종)

최지선(2005)에 따르면, 전라감영에서 출판한 책은 다음과 같다.[14]

加髢新禁事目, 簡易集, 綱目, 警民編, 經世問答, 孤竹集, 國朝喪禮補編, 達城碑誌錄, 大明律, 大典通編, 道學正脈, 東岳集, 東醫寶鑑, 同春年譜, 東賢奏議, 杜律分韻, 屯巖集, 鳴巖集, 明義錄, 明義錄諺解, 白江集, 百拙齋集, 白洲集, 史記英選, 史記評林, 四禮便覽, 三韻聲彙, 喪禮備要, 石洲集, 性理大全, 性理大全書, 小學諺解, 續明義錄, 續明義錄諺解, 續經筵故事, 梁大司馬實記, 楊州趙氏族譜, 御定綸音, 御製追慕錄, 聯珠集, 浣巖集, 尤菴先生言行錄, 月軒集, 諭諸道道臣綸音, 諭中外大小民人等斥邪綸音, 陸奏約選, 栗谷全書, 疑禮問解, 醫學正傳, 二樂亭集, 忍齋集, 全韻玉篇, 靜觀齋集, 正音通釋, 種藷譜, 朱子文集, 朱書百選, 朱子大全, 竹西集, 增修無冤錄, 蒼霞集, 青溪集, 七書, 鍼灸經驗方, 豊山洪氏族譜, 鄕禮合編, 化堂集, 皇華集, 厚齋集, 訓義小學, 欽恤典則 (71종)

---

14  최지선(2005;85)에는 '존재여부 미확인 문헌'이란 도표가 제시되어, 서명과 수록책판목록이 제시되어 있다. 이에 따르면 '比菴集, 三韻聲集, 潛齋集, 潛齋稿, 潛齋稿集, 長吟集, 朱子百選, 左傳, 訓義小學具諺解, 訓義小學大全, 新刊史略' 등의 책을 들고 있다.

완판본 인쇄·출판의 문화사적 연구

홍성덕·김철배(2005)에서는 책판 목록에 나타나는 전라감영의 책판의 종류를 제시한 것이고, 최지선(2005)에서는 책판 목록을 포함하여 전라감영에서 출판한 책의 종류를 제시한 것이어서 조금 다른 점이 있다. 홍성덕·김철배(2005)에서 제시한 책판 목록이 최지선(2005)와 다른 점은 다음 책들이다. 홍성덕·김철배(2005)에서 제시된 책들은 기존 책판에 나오는 제목이고, 중복되거나, 이칭인 책들이 많은 게 특징이다.

> (東岳集幷續), (四禮要覽), (喪禮補編), (新刊史略), (永世追慕錄續錄), (潛齋稿),
> (潛齋稿集), (潛齋集), (長吟集), (朱子百選), (訓義小學具諺解), (訓義小學大全),
> (訓義資治通鑑綱目) (13종)

최지선(2005)에서 제시된 책의 종류가 홍성덕·김철배(2005)와 다른 점은 다음 책들이다. 최지선(2005)에서는 기존의 책판 목록에 제시되지 않은 새로운 책을 많이 포함하고 있다.

> 警民編, 國朝喪禮補編, 大明律, 東賢奏議, 杜律分韻, 四禮便覽, 續經
> 筵故事, 浣巖集, 尤菴先生言行錄, 諭諸道道臣綸音, 諭中外大小民人等
> 斥邪綸音, 種藷譜, 朱子文集, 鍼灸經驗方(14종)

결론적으로, 위에서 살펴본 바와 같이, 이제까지 정형우·윤병태(1995), 홍성덕·김철배(2005), 최지선(2005)를 살펴서 중복된 것과 이칭으로 불리는 것을 제외하고 전라감영본을 산출하면, 총 80권으로 산정할 수 있다.

加髢新禁事目, 簡易集, 綱目, 警民編, 經世問答, 孤竹集, 達城碑誌錄, 大明律, 大典通編, 道學正脈, 東岳集, 東岳集幷續, 東醫寶鑑, 同春年譜, 東賢奏議, 杜律分韻, 屯巖集, 鳴巖集, 明義錄, 明義錄諺解, 白江集, 百拙齋集, 白洲集, 史記英選, 史記評林, 四禮便覽, 三韻聲彙, 喪禮補編, 喪禮備要, 石洲集, 性理大全, 性理大全書, 聖學輯要, 小學諺解, 續經筵故事, 續明義錄, 續明義錄諺解, 受敎輯說, 新刊史略, 梁大司馬實記[15], 楊州趙氏族譜, 御定綸音, 御製追慕錄, 聯珠集, 永世追慕錄續錄, 浣巖集, 尤菴先生言行錄, 月軒集, 諭諸道道臣綸音, 諭中外大小民人等斥邪綸音, 陸奏約選, 栗谷全書, 疑禮問解, 醫學正傳, 二樂亭集, 忍齋集, 潛齋稿, 潛齋集, 長吟集, 全韻玉篇, 靜觀齋集, 正音通釋, 種藷譜, 左傳, 朱書百選, 朱子大全, 竹西集, 增修無冤錄, 蒼霞集, 靑溪集, 七書, 鍼灸經驗方, 豊山洪氏族譜, 鄕禮合編, 化堂集, 皇華集, 厚齋集, 訓義小學, 訓義資治通鑑綱目, 欽恤典則

## 9) 필자가 추가하는 책

위의 80 종류 외에도 다음과 같은 책은 분명한 간기를 갖고 있다. 따라서 일단 아래 7종을 추가한다면 총 87종류를 확인할 수 있다. [16]

---

15　『梁大司馬實記』는 남원 출신인 의병장 양대박(1543-1592)의 충절을 기리기 위해 정조 임금이 충장공의 시호를 내리고 직접 문집 간행을 명하여 전라감영에서 출판된 책이다. 「完營客舍冊板目錄」(1885)에 남원에 소재한 책판으로 기록되어 있다. 현재 책판 208판이 남원향토박물관에 온전히 보관되어 있다.(남원시 문화예술과, 2020 참조)

16　『전주향교지』에 실린 1987년 홍두현이 작성한 「尊經閣重建記」와 「藏版閣의 由來」의 版木保有錄에 의하면 小學, 大學, 中庸, 論語, 孟子, 詩傳, 書傳, 周易, 朱子大全, 性理大全, 綱目. 栗谷全書, 東文選, 史記評林, 史記, 八家精選, 史要, 無免錄 東醫寶鑑, 三綱錄 등의 책판을 보존하고 있었다. 현존하지 않는 것은 小學, 四書三經, 東文選, 史記評林, 八家精選, 史要 등이며, 보유록에 없는 것으로는 史略, 朱書百選 2종이다.(홍성덕, 2005;90 참조)

『五禮儀』乾隆癸亥(1743)秋完營開刊

『標題註疏小學集成』命弘文館令完營刊進甲子(1744)二月日

『自警編』歲乙酉冬(1765)完營開刊南高寺歲

『諭湖南民人等綸音』乾隆四十八年(1783)十月初八日 全羅監營開刊

『增補三韻通考』戊戌秋完營刊

『鄕約章程』開國 五百三年(1894) 十二月日 完山招安局 活印

『五家統節目』開國 五百三年(1894) 十二月日 完山招安局 活印


간행 기록인 간기를 정확하게 보여주는 전라감영본을 제시하면 다음과 같다.[17]


『五禮儀』乾隆癸亥(1743)秋完營
開刊

『標題註疏小學集成』命弘文館令
完營刊進甲子(1744)二月日

『東醫寶鑑』歲甲戌(1754)仲冬內
醫院校正完營重刊[18]

『新編醫學正傳』歲己卯(1759)季
夏內醫院校正完營重刊

『自警編』歲乙酉冬(1765)完營開

완영본 『東醫寶鑑』 간기

17 다음 책은 전북 태인 상두산에서 교정되어 완영에서 활자로 인출되었다는 기록인데, 이것이 완영에서 출판한 것인지는 분명하지 않다. 참고로 적어둔다.

　　『慶州鄭氏月城君派世譜卷之二』泰仁象頭寺校正完營北活字印出

18 이 책은 일반적으로 1814년에 간행된 것으로 알려져 있으나, 전북대학교박물관에 소장된 『東醫寶鑑』에 찍혀 있는 御醫 金光國(1727-1797)의 인장 정보로 미루어 볼 때 1754년으로 파악하는 것이 바람직하다.

刊南高寺藏

『浣巖集』歲乙酉(1765) 冬完營開刊南高寺藏

『朱子文集大全』辛卯(1771) 入梓完營藏板

『明義錄』丁酉(1777) 孟秋完營開刊

『續明義錄』戊戌(1778) 李春完營開刊

『增補三韻通考』戊戌(1778) 秋完營刊

『諭湖南民人等綸音』乾隆四十八年(1783) 十月初八日 全羅監營開刊

『杜律分韻』庚戌(1790) 仲秋完營新刊

『華東正音通釋韻考』辛亥(1791) 新印 完營藏板

『諭諸道道臣綸音』乾隆五十九年(1794) 九月二十三日完營刊印

『御定朱書百選』乙卯(1795) 完營新刊

『御定陸奏約選』甲寅手選丁巳(1797) 完營刊印

『鄕禮合編』崇禎後三周丁巳(1797) 完營開刊

『新編醫學正傳』歲己卯(1819) 季夏內醫院校正完營重刊

『警民編』乙丑(1829) 六月完營開刊

『三韻聲彙』己丑(1829) 季秋完營開板

『種藷譜』種藷譜一冊甲午(1834) 完營開印南原府藏表紙記

『諭中外大小民人等斥邪綸音』庚子(1840) 春完營新刊

『鄕約章程』開國 五百三年(1894) 十二月日 完山招安局 活印

『五家統節目』開國 五百三年(1894) 十二月日 完山招安局 活印

『尤菴先生言行錄』崇禎紀元後五更子(1900) 秋完營開刊

『御製追慕錄』湖南開刊 芸閣活印

『御製續永世追慕錄』湖南開刊 芸閣活印

희현당(希顯堂)은 전라감사 김시걸(金時傑)이 1700년에 옛 사마재가 있
던 터에 창건한 樓亭으로 유생들의 학당으로 사용한 곳이다. 전주시 화산

동에 위치하고 있던 '희현당'(현 전주신흥고등학교)에서는 '희현당장판(希顯堂藏板)'이라고 하여 18세기 말에 여러 책이 출판되었다. 특히 이 책을 출판하면서 만들었던 무쇠 활자는 '희현당철활자(希顯堂 鐵活字)'로 불리는데 무쇠를 녹여 만든 활자이다. 이 활자를 이용하여 많은 책이 발간되었다. 『朴公贈吏曹參判忠節錄』의 간기에 보면 '崇禎紀元後癸未(1823)孟夏希顯堂開刊'이라는 간기가 붙어 있다. 또한 1876년에 발간된『蘭谷先生年譜』의 발문에 '希顯堂活字印'의 기록이 있다.

이러한 사례로 볼 때, 희현당에서 발행한 옛 책은 전라감영의 영향으로 발행된 것이어서 전라감영본으로 포함되어야 할 것으로 보인다. 그렇다면 전라감영본 중 확인이 된 것은 다음 3종을 포함하여 90종으로 볼 수 있을 것이다.[19]

> 『孟子集註大全』乙丑(1805)四月豊沛鑄印
> 『朴公贈吏曹參判忠節錄』崇禎紀元後癸未(1823)孟夏希顯堂開刊
> 『蘭谷先生年譜』(1876)

여기에 4.2.에서 언급하는 전주부에서 출판한 책인『朱子書節要』, 『十七帖(王右軍書)』,『帝範』 등 3종을 포함한다면 전라감영본 중 간기가 분명한 책은 총 93종으로 파악된다. 물론 간기가 비교적 분명한 전라감영본에 대한 이러한 추정은 앞으로 계속 수정될 것이다.

---

19  윤병태(1990:23)에서는 이 활자를 '希顯堂鐵字'로 명명하고, 이 활자로 인쇄한 책을 79종을 찾아, 인출시기에 따라, 전기, 중기, 후기, 미상본으로 나누어 제시하고 있다. 남권희(2010)에서는 '희현당철활자'로 이름하고, 윤병태의 인출 시기에 따라 105종류를 제시하고 있다. 여기서는 일단 간기가 확실한 책만 제시하기로 한다.

## 4.2. 전주부(全州府, 完山府)의 책 출판

전라감영(完營)에서 발간한 책을 논의
할 때, 간과할 수 없는 사실은 전라감영이
소재한 지역인 전주와의 관련성이다. 전라
감영은 전주부에 500여 년간 소재하고 있
어서 전주부에서 출판한 책들이 전라감영
이나 관찰사와 결코 무관하지 않다는 점이
다. 특히 조선 초기부터 후기에 이르기까
지 관찰사가 감영이 소재한 지역의 부윤을
겸직하고 있었기 때문에 책의 출판에 있어

전주부본 『王右軍書』 간기

서 감영과 감영이 소재한 도시가 더욱 관련되고 있음을 알 수 있다.[20]

따라서 감영과 감영이 소재한 도시의 관련성을 배제한 채, 전라감영에
서 출판한 책을 단순히 책판 목록만을 바탕으로 산출하는 일은 바람직하
지 않은 일이다. 그러나 현재로서 아주 정밀한 작업을 거치지 않는 한, 감
영 출판과 감영이 소재한 도시의 출판물의 관련성을 해석할 근거가 마땅
하지 않다. 덧붙여 각 감영의 책을 서로 비교하거나, 감영의 소재지에서
발간한 책들을 서로 비교하여 감영본을 추정할 수 있을 뿐이다.

조선시대 초기부터 후기까지 감영의 책임자인 관찰사가 감영이 소재
한 도시의 부윤을 함께 맡는 경우가 많았다. 예를 들면 전라감영의 관찰사

---

20    충청감영의 경우, 충주에서 공주로 이전할 때, 충청감영이 소재한 충주에서 발간한 책의
      종류가 현저하게 줄어든 것을 볼 수 있다.

완판본 인쇄·출판의 문화사적 연구

가 전주 부윤을 함께 맡는 경우이다. 이럴 경우 관찰사의 이름으로 전주에서 출판된 책들이 있다. 간기에 전라관찰사가 명기된 경우가 있지만, 그렇지 않은 경우가 훨씬 많다.

따라서 감영이 소재한 지역의 출판을 함께 이야기 하는 것이 매우 필요하다고 생각한다. 예를 들면 전라감영의 경우, 전라감영본을 언급하면서도 전주부에서 출판된 책을 함께 언급하는 것이 반드시 필요하다. 기존 책판목록에 전주가 계속적으로 제시되는 것으로 보아 전주부에서 공적으로 출판된 책이 많을 것으로 판단된다. 공적 출판이었다면 당시 관찰사가 개입된 것으로 이해된다.[21]

지방 감영이 소재한 도시의 경우, 책판 목록에서도 확인되는 바와 같이 같은 도의 인근 지역에 비해 월등히 많은 책을 출판한 것을 볼 수 있다. 이러한 사실은 지방 감영의 소재지여서 관찰사가 그 도시의 부윤을 겸하고 있기 때문에 그처럼 많은 책을 출판한 것으로 이해할 수 있다. 따라서 정밀한 탐색을 통하여 감영본을 가려내는 작업이 필요할 것이다.

다음에 제시하는 책은 전주에서 1611년, 1612년, 1613년에 발간한 책으로, 관찰사가 전주부윤을 겸하고 있어서 출판한 책이다. 특별히 간기가 없는 경우도 있다. 책을 발행한 도시가 '全州府, 完山府'로 되어 있지만 관찰사가 직접 개입하여 만든 책임을 알 수 있다. 이런 경우 감영에서 출판한 것으로 처리해야 할 것이다.[22]

---

21　조선 후기 책판 목록에는 일반 私家에서 출판된 책의 경우, 전라도에서 발행된 책의 경우에 '私板'이란 기록이 있는 점을 참고할 수 있다.

22　전주부에서 출판한 책의 경우에 표지 이면, 곧 배지에 전주부에서 사용된 고문서가 붙어 있는 경우가 많다. 필자가 소장한 『朱子書節要』의 경우, 전주부의 고문서가 모든 책에 붙

『朱子書節要』萬曆三十九年(1611)中秋重刊于全州府

『十七帖(王右軍書)』萬曆壬子冬(1612)湖南觀察使 李相公冲模刊于完山府

『帝範』萬曆 四十一年(1613) 正月日嘉善大夫 全羅道觀察使兼巡察使 李冲開刊于完山府

　　이처럼 전주부에서 발행했지만 전라관찰사가 관여한 것이라면 전라 감영에서 출판한 것으로 볼 수 있을 것이다.

　　『湖南道先生案』을 보면 '觀察使 兼 全州府尹 成奉祖'란 기록이 보인다. 이는 1448년에서 1450년까지 재직한 관찰사의 이름이다. 그런데 전라도관찰사는 물론 전주부윤으로 겸직하고 있다. 이처럼 조선 초기부터 전라도관찰사가 전라감영이 소재한 지역인 전주의 부윤을 겸직하고 있었다.

　　또한 같은 문서에 '行 觀察使 兼 兵馬水軍節度使 都巡察使 全州府尹 親軍 武南營 外使 原任 奎章閣直提學 金文鉉'이란 기록이 나온다. 이는 1893년에 도임한 관찰사의 직함이다. 그러니까 공식 기록으로만 보더라도 1448년부터 1893년까지 관찰사는 전주부사를 겸직하는 경우가 아주 많았던 것으로 나타난다.[23]

---

어 있다. 『朱子書節要』의 배지에 나타난 고문서는 숙종 14년(1688, 강희 27년) 전후로 전라도 여러 지역의 군수, 현감, 목사 등이 순찰사에게 제출한 여러 종류의 보고서이다.(이태영, 2016;284) 『詳說古文眞寶大全後集』 2책과 3책의 뒤표지의 배지에 '全州地南固山城 別將'이란 기록이 문서의 일부에서 보이는 것으로 보아 全州府에서 발행한 고문서로 추정된다.

23　이 책에서는 관찰사 재임 관련 사진을 전라북도 도청에서 보유한 『湖南道先生案』과 『觀察先生案湖南』에서 인용하고 있다.

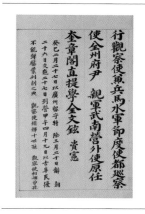

관찰사 겸 전주부윤 성봉조 관찰사 겸 병마절도사 순찰사
전주부윤 김문현

　따라서 '책판 목록'에 의거할 때, 전라감영이 소재한 전주에서 발행한 책은 237종으로 전국에서 가장 많은 책의 종류를 보여주고 있다. 이러한 특징은 전라감영이 전주를 벗어난 적이 없기 때문에 더욱 그렇다.

　그러므로 전라감영에서 발간한 책을 논하기에 앞서서, 전주부에서 발행한 책들이 과연 순수하게 전주부에서 필요해서 발행한 책인지, 아니면 전라감영의 영향 아래에서 발행한 책들인지를 규명해야 할 것이다. 그러나 현재로서는 다른 감영과 그 소재지의 변동에서 볼 수 있는 것처럼 감영의 소재지가 변경될 경우에는 기존 소재지의 출판이 거의 없다시피 줄어들고 새로 감영이 온 소재지의 경우에는 현격하게 출판이 늘어나는 것을 볼 때, 전주부의 출판은 거의 전라감영과의 영향 아래에서 이루어졌다고 말할 수 있다.

　따라서 단순히 전라감영의 간기가 있는 것과 왕조실록이나 역사서에 기록된 자료만으로 전라감영본을 몇 종류라고 추정하는 것은 일부에 지나지 않는다. 전주부에서 발행된 대다수의 책들이 전라감영본이라고 말해도 틀리지 않을 것이다. 다만 그 정황이 매우 개연성이 크지만 간기가 없어서 정확한 증거를 대기가 어려울 뿐이다.[24]

정형우·윤병태(1995ㄴ)에서 제시된 전라감영 소재지 전주에서 발행한 책의 목록은 위의 2장 2.1.의 3)에서 237종류를 제시하고 있다. 정형우·윤병태(1979)의『韓國冊板目錄總攬』에 수록된 전주의 비방각본을 류탁일(1985:24)이 분류한 내용을 제시하면 다음과 같다. 이 분류의 제시는 비방각본에 대한 종류를 확인하기 위한 것이 아니라, 그 분류를 제시하는 데 목적이 있다.[25]

> 七書類：論語(諺解), 大學(諺解), 孟子(諺解), 中庸(諺解), 書傳(諺解), 詩經(諺解), 周易(諺解), 胡傳春秋, 禮記
>
> 禮書類：家禮, 大明集禮, 喪禮補編, 喪禮備要, 五禮儀, 儀禮經傳, 儀禮問解
>
> 史書類：綱目, 史記英選, 史記評林, 史略, 通鑑

---

24 希顯堂은 전라감사 金時傑이 1700년에 창건한 樓亭으로 유생들의 학당으로 사용된 곳이다. 전주시 화산동에 위치하고 있던 '희현당'(현 전주신흥고등학교)에서는 '希顯堂藏板'이라고 하여 18세기 말, 19세기 초에 여러 책이 출판되었다. 특히 이 책을 출판하면서 만들었던 활자는 '希顯堂 鐵活字'로 불린다. 乙丑(1805) 전주에서 간행한 희현당철활자본『孟子集註大全』14권 7책은 마지막 권 말에 '乙丑四月豊沛鑄印'이라는 간기가 있다.『朴公贈吏曹參判忠節錄』은 1책으로 '崇禎紀元後癸未孟夏希顯堂開刊'이라는 간기가 있어, 순조 23(1823)년 4월에 희현당에서 인출하였다. 고종 13년(1876) 김시걸의『蘭谷先生年譜』도 희현당 철활자로 출판되었다.

25 여기 제시한 전주부본의 분류는 책의 종류를 제시하기 위한 것이 아니라 책의 분류를 제시하기 위한 것이어서 참고용으로 제시한다.

완판본 인쇄·출판의 문화사적 연구

**儒家類**：啓蒙傳義, 東萊博義, 釋尊儀式, 性理大全, 聖學輯要, 宋名臣錄, 心經釋義, 朱書百選, 理學通錄, 朱子大全, 朱子封事, 眞西山集

**童蒙類**：大千字, 童蒙先習, 小學(諺解), 類合, 註解千字文, 孝經

**韻書類**：增補韻考, 三韻聲彙, 三韻通考, 龍龕手鏡, 韻會玉篇, 字彙, 全韻玉篇, 正音通釋

**政敎類**：警民篇, 警世問答, 內訓, 大明律, 大典通編, 明義錄(諺解), 續明義錄, 三綱行實, 綸音, 呂氏鄕約(諺解), 二倫行實, 經筵講義, 東賢奏議, 無寃錄, 詞訟類抄, 受敎輯錄, 陸宣公奏議, 陸奏約選, 律學解頤, 貞觀政要, 正俗(諺解), 闡義昭鑑, 欽恤典則

**農書類**：農家集成, 農事直說, 農書, 蠶書

**兵書類**：三略, 續兵將圖說, 孫武子

**醫書類**：救急簡易方, 東醫寶鑑, 銅人經, 馬醫方, 脉訣, 傷寒賦, 傷寒指掌圖, 五臟圖, 醫學入門, 醫學正傳, 人皇法體, 診脉須知

**文學類**：古文眞寶, 唐音, 東文選, 東文粹, 文章軌範, 剪燈新話, 靑丘風雅

**文集類**：簡易集, 溪隱集, 孤竹集, 南軒文集, 陶隱集, 東岳集, 東槎集, 屯庵集, 牧隱集, 白江集, 柏谷集, 百拙齋集, 百洲集, 四佳集, 石州集, 達性集, 仙源集, 同春年譜, 陽村集, 聯珠集, 玉溪集, 牛溪集, 栗谷集, 月軒集, 抱翠集, 李相國集, 訥齋集, 紫陽文集, 潛齋集, 長吟集, 靜觀集, 竹西集, 竹吟集, 屯菴集, 滄浪集, 淸溪集, 淸露集, 澤堂集, 化堂集, 皇華集, 厚齋集, 芝峯類說

**其他**：江陵金氏族譜, 歸去來辭, 騰王閣, 五行精記, 兵衛森, 戒酒書


위에서 살펴본 바와 같이 전주부에서 발행한 책은 전국 도시 중 가장 많은 종류로 알려져 있다. 또한 분류에서 보는 바와 같이 매우 다양한 책이 출판된 것을 알 수 있다. 따라서 전라감영본은 물론, 전주부에서 발행된 책을 면밀히 살피는 일이 꼭 필요한 일이다.


# 5. 결론

전라감영과 전주부에서 책을 출판한 일은 주로 국가적인 일이었지만 이 지역에 인쇄·출판의 기반을 갖추게 하는 계기가 되었다. 그래서 목판에 글씨를 새기는 각수가 늘어나고, 인쇄에 꼭 필요한 종이와 먹 등의 산업이 크게 번성하게 되었다. 또한 시장이 크게 발달하였다.

그리하여 전라감영이 소재한 전주에서는 조선시대를 통틀어 전국에서 가장 많은 책을 출판하였고, 조선 후기에 서울을 제외하고 전국 최초로 완판방각본이라는 판매용 책을 발행하게 된다. 한글고전소설을 비롯하여 실용서적, 2세 교육용 책, 중국 역사서, 사서삼경 등이 많이 발행되었다. 판매용 책의 종류만 100여 종에 이르게 되었다. 그리하여 서울에서 발행된 책을 경판본, 전주에서 발행된 책을 완판본이라 부르게 된 것이다.

이 글에서는 전라감영에서 발행한 책과 다른 지방 감영에서 발행한 책을 기존의 책판 목록 등을 참고하여 비교하여 보았다. 각종 기반 시설이 뛰어난 전라감영과 경상감영에서 발행된 책이 훨씬 많음을 알 수 있었다. 그리고 전라감영에서 발행한 책을 책판 목록을 비롯하여 여러 연구를 바탕으로 새롭게 산정하여 보았다. 우리가 미처 생각하지 못한 여러 책들이 전라감영에서 발간되었음을 알 수 있었다.

특히 전라감영의 간기가 있는 책은 물론, 전주부에서 발행된 책이라도 전라관찰사가 관여한 책이라면 전라감영본으로 처리할 수 있을 것이다.

또한 희현당에서 발행한 책의 경우에도 전라감영본으로 처리할 수 있을 것이다.

향후 전국 도서관, 박물관에 흩어져 있는 전라감영본, 전주부본 등을 찾는 작업이 지속적으로 이루어져야 할 것이다. 어느 지역에서 발행된 책의 많고 적음의 문제가 아니라 조선시대 전국에서 발간한 책과 그 내용을 비교하면서 해당 지역의 선비와 시민들의 의식을 종합하는 일을 함께 연구해야 할 것이다.

김치우(1999), 「朝鮮朝 前期 地方刊本의 研究 -冊板目錄 所載의 現存刊本을 中心으로 -」, 성균관대박사학위논문.

金聖洙(2010), 「忠淸監營과 淸州牧의 간행도서에 관한 분석」, 『서지학연구』 45, 33-63.

김남기(2017), 「규장각 소장 영영장판의 현황과 성격」, 2017년 영남문화연구원 기획 학술대회 『영영장판과 영남의 출판문화』 소재, 15-35.

남원시 문화예술과(2020), 「『梁大司馬實記』목판 조사보고서」, 한국국학진흥원.

류탁일(1985), 『완판 방각소설의 문헌학적 연구』, 학문사.

류탁일(2001), 『영남지방 출판문화 논고』, 세종출판사.

박순(2017), 「영영판의 범주에 대한 재고찰」, 『영남학』 61권 (2017), 117-146.

박순(2017), 「영영판의 종류와 판본의 특징」, 2017년 영남문화연구원 기획학술대회 『영영장판과 영남의 출판문화』 소재, 107-126.

박용찬(2017), 「대구·경북지역 근대출판과 매체의 특성」, 2017년 영남문화연구원 기 획학술대회 『영영장판과 영남의 출판문화』 소재, 127-157.

손계영(2011), 「조선후기 책판의 간행공간에 관한 연구 - 한국국학진흥원 소장 책판 을 중심으로 -」, 『서지학연구』, 49, 359-388.

손계영(2017ㄱ), 「경상감영의 출판과 간행본의 특징」, 2017년 영남문화연구원 기획 학술대회 『영영장판과 영남의 출판문화』 소재, 71-105.

손계영(2017ㄴ), 「조선후기 경상감영의 출판과 간행본의 특징」, 『영남학』 61권 (2017), 85-116.

신양선(19976), 『조선후기 서지사』, 혜안.

옥영정(2003), 「호남지방 목활자본 연구」, 성균관대 박사학위논문.

옥영정(2011), 「조선시대 완영의 인쇄문화에 대한 고찰」, 『서지학연구』 50, 433-470.

옥영정(2017), 「경상감영의 책판목록과 보존의 특징」, 2017년 영남문화연구원 기획 학술대회 『영영장판과 영남의 출판문화』 소재, 37-69.

이동희(2016), 「전라감영과 지방통치」, 『전라감영 특별전 도록』, 전주학총서 35, 118-131.

이태영(2013), 「완판본의 개념과 범위」, 『洌上古典硏究』 38, 9-36.

이태영(2014), 「완판본에 나타난 刊記의 특징」, 『洌上古典硏究』 42, 321-350.

이태영(2016), 「배지를 활용한 완판본 연구」, 『洌上古典硏究』 49, 281-311.

이희권(2008), 「전라감영의 조직구조와 관찰사의 기능」, 『전라감영 연구』 소재, 3-41.

정재훈(2017), 「조선시대 지방감영의 출판 문화」, 2017년 영남문화연구원 기획학술대회 『영영장판과 영남의 출판문화』 소재, 1-13.

정형우·윤병태(1995ㄱ), 『한국의 책판목록(상, 하)』, 연세대학교 국학연구원 국학연구총서 4, 보경문화사.

정형우·윤병태(1995ㄴ), 『한국의 책판목록(보유·색인)』, 연세대학교 국학연구원 국학연구총서 4, 보경문화사.

최경훈(2012), 「조선시대 原州 지역의 인쇄 문화 연구」, 『서지학보』 40, 197-240.

崔宇景(2008), 「朝鮮時代 箕營·咸營·海營에서 刊行된 書籍硏究」, 경북대 문헌정보학과 석사학위.

최지선(2005), 「조선시대 호남관찰영본에 대한 서지적 연구」, 전북대 문헌정보학과 대학원 석사논문.

홍성덕·김철배(2005), 「전주향교 완영책판(完營冊板) 보존현황 및 활용방안」, 『고문화』 65, 81-106.

# 제4장

## 전라감영의 인쇄문화와 완영(完營) 책판

### 1. 관찰사의 역할

감영의 관찰사는 외관들의 불법, 비위를 살피고 탄핵하는 권한인 외헌(外憲) 기능과 행정·사법·군사 등 지방통치의 모든 행정을 관할하는 방백(方伯) 기능을 가지고 있었다. 전라감사의 기능을 이희권(2008), 이동희(2016)를 참고하여 그 기능을 쉬운 용어로 바꾸어 제시하면 '수령의 감독과 근무 평가, 행정의 기능(농사, 구제, 과거시험, 세금과 재정 등), 사법적 권한, 군사 최고 지휘권, 전주부윤 겸직, 교육·문화적 기능' 등이다. 여기에 필자가 한 가지를 더 제시하면 '인쇄·출판의 기능'이 있다.

지방감영에서는 왕이 국정 운영에 필요한 책의 출판 지시에 따라, 또는 관찰사의 통치를 위해서 필요한 책을 출판하였다. 또한 지역의 지식인들이 요구하는 많은 책을 출판할 필요가 있었다. 왕조마다 서적을 간행하여 학문을 진흥시키고, 정치적 이상과 문화적 이상을 실현하기 위하여 출판에 힘을 쏟았다.(신양선, 1997:11)

전라감영에서 출판한 완영본으로 불리는 옛 책에 대한 연구는 주로 책판 목록에만 의존하여 형태서지학적으로 이루어지고 있다. 이태영(2017)에서는 이제까지의 연구를 토대로 93종의 완영본을 제시한 바 있다. 그러나 조선시대에 전라감영과 전주부의 관계에서 관찰사가 전주부윤을 겸직한 일이 많기 때문에 전라감영에서 발행한 책과 전주부에서 발행한 책의 관련성을 깊이 연구해야 할 필요성을 느낀다. 한편 전국에서 가장 많은 책판을 보유한 완영책판은 문화사, 사회사, 지역학적으로 면밀하게 검토할 필요성을 갖고 있다.

이 글에서는 완영본 옛 책의 종류를 자세히 살펴보고, 완영책판이 갖는 역사와 지역문화사적 입장을 정리해 보고자 한다. 그리하여 전라감영의 인쇄문화가 이 지역에 어떠한 영향을 끼쳤는지를 살피고자 한다.


## 2. 한국의 인쇄문화

한국은 인쇄문화가 가장 발달한 나라이다. 한국의 인쇄술은 신라를 시작으로 고려를 거쳐 조선시대에 이르러 뛰어난 발전을 하였다. 특히 鑄字 인쇄술은 세계 어느 나라에서도 유래를 찾아보기 어려울 만큼 뛰어난 것이었다.

손으로 쓰는 필사본 시대에서 목판이나 금속활자를 이용하여 대량 생산을 하는 간본 시대로 접어들면서 인쇄문화가 발달하게 된다. 특히 한국에서는 천년을 보관할 수 있는 닥나무를 이용한 종이인 한지가 대량으로 생산되면서 인쇄문화가 더욱 발달하는 계기가 되었다.

## 2.1. 한국의 목판 인쇄문화

고대 신라의 목판 인쇄물 중 가장 오래된 것으로 알려진『無垢淨光大陀羅尼經』은, 길이가 620㎝의 두루마리 형태의 불경으로 경주 불국사의 석가탑에 안치된 사리함 속에서 발견되었다. 이것의 제작연대는 석가탑 건립연도인 751년 이전으로 추정할 수 있다. 이 경전은 현존하는 세계 최고의 목판 인쇄물이다.

대장경(大藏經)은 불교경전의 叢書를 말한다. 고려 시대에 開板한 대장경은 1011년(현종2년)의 初版 古本과, 1091년(선종 8년) 이후 간행된『續大藏經』이 있다. 이들 제1차 간행 대장경은 몽골의 침입으로 소실되고, 1236년(고종 23년)에 시작하여 51년(고종 38년)에 완성한『八萬大藏經』이 세계적으로 이름난 고려본 대장경이다. 현재 장판(藏版) 8만 1258장 가운데 6,589권이 합천(陜川) 海印寺에 소장되어 있다. 이 대장경은 한국의 국보 제32호로 지정되어 있고, 1995년 유네스코에서 세계문화유산으로 지정하였다.

## 2.2. 한국의 금속활자 인쇄문화

한국의 고대 신라시대에는 사찰의 범종을 만드는 기술이 매우 발달했고, 고려 시대에는 범종과 불상, 주화(鑄貨)의 문자 및 불교 용구의 명문(銘

文)을 만드는 주조법이 발달되어 있어서 활자를 만들 수 있는 요건이 갖추어져 있었다.

『古今詳定禮文』은 고려 의종 때 최윤의(崔允儀) 등이 왕명을 받들어 고금의 예문을 모아 편찬한 책으로 50권으로 된 책인데 지금은 전하지 않는다. 그러나 고려 고종 때의 문신인 이규보(李奎報)가 엮은 『東國李相國集』에 이 책을 1234년(고종 21년)에 금속활자로 찍어냈다는 기록이 있어, 세계 최초의 금속활자본으로 추정하고 있다.

고려 주자판 『南明泉和尙頌證道歌』는 고려가 강화로 천도하여 1239년에 거듭 새긴 실물이 전해지고 있어 적어도 13세기 초기 무렵 금속활자 인쇄가 실시되었음이 뚜렷하게 입증되고 있다.

고려시대에 간행된 금속활자본은 한국의 충북 청주 흥덕사에서 고려 우왕 3년(1377년)에 인쇄한 『白雲和尙抄錄佛祖直指心體要節』로 『직지』 또는 『직지심체요절』이라고 불리고 있다. 이 책은 원래 상·하 두 권이었으나, 상권은 전하지 않고 하권이 현재 프랑스 국립 도서관에 보관되어 있다. 이 책은 현존하는 세계 최고의 금속활자본으로 알려져 있다.

이처럼 한국의 금속활자는 세계 최고의 금속활자로서 고려시대의 '證道歌字本', '詳定禮文字本', '興德寺字本' 등이 있고, 조선시대의 '계미자본(癸未字本, 1403년)', '경자자본(庚子字本, 1420년)', '초주 갑인자본(甲寅字本,1434년)', '병진자본(丙辰字本, 1436년)', '경오자본(庚午字本, 1450년)', '을해자본(乙亥字本, 1455년)', '정축자본(丁丑字本, 1457년)', '무인자본(戊寅字本, 1458년)' 등 수많은 금속 활자가 만들어졌다. 특히 '초주 갑인자본(甲寅字本,1434년)'으로는 한글 문헌인 『月印千江之曲』과 『釋譜詳節』을 1447년에 찍어냈다.

## 2.3. 한국의 목활자 인쇄 문화

한국의 충북 청주 홍덕사에서 고려 우왕 3년(1377년)에 인쇄한 『白雲和尙抄錄佛祖直指心體要節』권 下에는 부족한 글자를 나무활자를 사용하고 있다. 따라서 한국에서는 일찍부터 목활자가 인쇄에 쓰였음을 알 수 있다.

조선 태조 4년(1395년)에 白州知事 徐贊이 나무활자를 만들어 書籍院에 바쳤는데 이를 가지고 『大明律直解』를 찍어 반포하였다. 한국에서 현재까지 알려진 가장 오래된 목활자 인쇄물은 조선 태조 4년(1395년)에 인출한 『開國原從功臣錄券』이다.

따라서 한국의 목활자는 '서적원자본(1395년), 녹권자본(1395년), 동국정운자본(1447년), 홍무정운자본(1445년)' 등 많은 목활자가 사용되었다.

## 2.4. 한국의 한글 고인쇄 문화

우리 민족 최대의 업적이며 문자 창제의 기록물인 『訓民正音解例本』이 1446년에 탄생하였다. 그 이후 『龍飛御天歌』, 『月印千江之曲』, 『月印釋譜』, 『釋譜詳節』 등 주옥같은 한글 문헌이 발간되었고 15세기에서부터 20세기 초까지 한글 문헌들이 계속 발간되었다. 이들 문헌은 훈민정음 창제에 따른 한글로 된 문헌이라는 점에서 매우 중요한 문헌들이다.

## 2.5. 고려시대 전주의 기록문화

완산에서는 고려시대 초·중기부터 儒書 및 史籍 그리고 醫方書들을 많이 찍어냈다. 고려시대의 서적 간행에서 목판인쇄는 가장 비중 있는 간행작업이었고, 사찰에서 주로 이루어졌다.

관판(官板)의 간행을 살펴보면, 신종(神宗) 2-3년(1199-1200)에는 全州牧에서『十二國史』를 重彫하였던 바, 고려시대 문인인 이규보(1168-1241년)가 지은『東國李相國集』의 '十二國史重雕後序'에 '全州牧에서 본서를 募工雕印하였다.'라 하고, 同書(권25)의 夢驗記에도 '내가 일찍 完山(全州)에 掌記할 때에 按廉使郞將盧公이 牧官을 시켜 十二國史를 新印하였다.'라는 기사가 보인다.(김두종,1973:96)

高宗 23년(1236) 전주목에서『東坡文集』이 重刻되었다. 공민왕 12년(1363)에 전주목에서 이제현이 선한『益齊亂藁』가 개판되었다. 공민왕 19년(1370)에 전주목에서 민사평 선의『及菴先生詩集』이 개판되었고, 충정왕 1년(1349)경에 완산목에서『拙藁千百』과『東人之文』이 출간되었다. 공민왕 6년(1357)에 전주의 덕운사(德雲寺)에서 김저(金貯)가 이 책을 구하여 지선(志禪)에 간행을 부탁하여 목판 절첩본의 형태로 된『金剛般若波羅密經』[1]이 개판되었다.(남권희, 2007:47)

공민왕 10년(1361)에 전주 원암사(圓巖寺, 현재 소양)에서『佛祖三經』(佛說四十二章經, 佛遺敎經, 潙山警策)'을 중간하고, 1551년에도『六祖法寶壇經諺解』가 발간되었다.

---

1    이 문헌은 '全州開板'이란 간기가 보이며, 문화재청 홈페이지에서 볼 수 있다.

# 3. 전라감영과 완영본

## 3.1. 전라감영과 전주

전주는 조선시대 전 기간을 통하여 호남의 수도였다. 전라감영이 있던 전주는 호남의 정치와 경제의 중심지가 되었고 교통의 요지가 되어 시장이 발달하게 되었다. 따라서 전라도의 여러 지역에서 생산한 생활도구들이 전주로 모이고 또 이곳의 시장에서 판매되면서 전주는 전라도의 문화 중심지가 된 것이다.

### 1) 시장의 발달

전라도 전주는 시장의 발상지이다. 맨 처음 시장이 열렸다는 1473년, 시장이 허용된 1525년부터 지금까지 시장이 존속하고 있다. 『林園十六志』(1840년대)와 『萬機要覽』(1809년)에서는 전라도에서 큰 시장으로 全州邑內場과 南原邑內場을 꼽고 있다.

전주의 시장은 全州府內大場, 南門外場, 西門外小場, 北門外場, 東門外場으로 되어 있다. 전주 남부시장은 조선시대에 전국 5대 시장 중의 하나이다. 동문외장은 9일장으로 한약재와 특용작물을 거래하고, 서문외장은 7일장으로 양념과 어물을 거래하였으며, 남문외장은 2일장으로 생활품과 곡식을, 북문외장은 4일장으로 포목과 잡곡을 거래하였다.

남문시장은 '남밖장'이라 하여 전라도에서 가장 큰 시장이었다. 전주교는 싸전다리, 매곡교는 연죽다리, 완산교는 염전다리라 불렀고, 서문부근에는 약령시가 자리하여 아주 큰 시장을 형성하였다.(장명수, 1994:119)

## 2) 장인의 배출과 가내수공업의 발달

전주의 가내수공업을 살펴보기 위하여, 『경국대전』에 나오는 조선 시대의 지방관청에 소속된 장인인 外工匠의 분포를 살펴보면 다음과 같다.(윤원호, 1988:11)

| 甲匠 | 冶匠 | 弓人 | 矢人 | 木匠 | 皮匠 | 鍮匠 | 漆匠 | 沙器匠 | 弓弦匠 | 紙匠 | 席匠 | 磨造匠 | 墨匠 | 梳省匠 | 油具匠 | 梳匠 | 扇子匠 | 箱子匠 |
|---|---|---|---|---|---|---|---|---|---|---|---|---|---|---|---|---|---|---|
| 10 | 68 | 40 | 61 | 59 | 61 | 6 | 61 | 39 | 2 | 236 | 58 | 5 | 6 | 1 | 55 | 1 | 2 | 4 |

조선시대 외공장의 종류 및 지방의 분포 상황

대장장이인 冶匠은 68명, 목수인 木匠은 59명, 유기 그릇을 만드는 유기장인 鍮匠은 6명, 한지를 만드는 紙匠은 236명, 돌을 깎는 磨造匠이 5명, 부채를 만드는 扇子匠 등이었다. 이들은 관아에서 일을 하는 수공업자들이었는데 관아의 일이 줄면서 밖으로 나와서 개인적인 판매를 시작하게 되었다. 이처럼 전라감영에서 관할하던 여러 장인들이 배출되면서 전주 지역에 여러 가지 문화가 종합적으로 발달하는 계기가 된 것이다.

전주를 중심으로 수공업이 발달하여 목장, 지장, 주석장, 선자장 등이 발달하였다. 반다지, 이층장, 삼층장과 같은 목기류가 대량으로 생산되었다. 이는 나무를 다루는 목장과 주석을 만드는 주석장이 많았기 때문에 각종 나무와 장석을 만들었기 때문이다. '전주장'과 '고창 반다지'는 전라도의 아주 특색 있는 목기제품이었다. 전주에서 생산된 부채는 전국 최고의 품질을 가지고 있었다.

『임원경제지』와 『승정원일기』 등 역사적 사료에 따르면, 전주 시장은 중국과 일본과 교역을 하였다. 또한 상설 점포인 市廛이 많이 설치되어 각종 물품이 거래되었다. 그리하여 전주 시장은 지역 시장의 중심이었다. 특히 1747년 영조 18년 두 번째 화폐주조에서는 전라도 감영에서 7만 량의 동전을 만들었다. 전라감영에서 주조한 동전은 '全'자나 '全左', '全

전라감영의 동전

右', '全兵' 등의 글자가 표시되어 있다.(소순열·원용찬, 2003:156)

### (1) 紙匠과 한지문화

한지를 만드는 지장이 압도적으로 많은 것은 이 지역의 한지 생산이 중앙정부의 요청에 의해 이루어졌기 때문이다. 실제로 많은 생산량을 중앙으로 보냈다는 기록이 있다. 전라감영에서는 한지를 제작하여 중앙에 상납하고, 중앙에서 내려보낸 책을 찍는 일 등 중앙정부의 요청에 부응하기 위하여 한지를 제작하였다. 감영의 시설로는 造紙所가 있었는데 여기서는 여러 종류의 종이를 제조하는 일을 담당하였다. 여기에는 紙匠이 있어 질 좋은 한지를 만드는 일에 관여하였다.[2] 또한 전주의 인근인 상관, 구

---

2    『조선왕조실록』을 보면 '지공(紙工), 지장(紙匠), 종이 갑옷(紙甲), 지화(紙花), 지의(紙衣)' 등 종이에 관련된 많은 용어들이 나온다.
      《세종 027 07/02/15(을묘) / 광주 목사에게 명나라에 바칠 백자 장본 10개를 잘 구어 올리게 하다》
        김자가 이 말을 임금에게 아뢰니, 곧 전라도 감사에게 전지하여, "전주(全州)의 지장(紙匠)에게 역마(驛馬)를 주어 올려 보내라." 하고, 광주 목사(廣州牧使)에게 전지하여, "명나라에 바칠 대·중·소의 백자(白磁) 장본(樟本) 10개를 정세(精細)하게 구어 만들어 올리라." 하였다.

이, 임실 등에 紙所를 두기도 하였다. 전주부에는 서문과 남문 사이에 '紙廛'이 많이 들어서서 지전거리가 형성되기도 하였다.

조선시대에는 전라도 전주, 남원, 경상도 상주, 의령과 중앙의 조지서가 대표적인 종이 생산지였다. 문방에서 애용한 종이로는 조지서에서 만든 자문지(咨文紙), 평강(平康)의 설화죽청지(雪花竹淸紙), 전주와 남평(南平), 남원 등에서 만든 선자지(扇子紙), 간장지(簡莊紙) 등이 주로 쓰였으며, 여러 가지 색으로 물들인 종이는 전라도의 특산품이었고, 전주산의 문방용 종이를 금강전(錦江箋)이라고 부르기도 하였다.(이승철,1999:36)

### (2) 한지 공예의 발달

역사적인 문헌에 나타난 종이공예 관련 용어를 보면 아주 다양하게 나타난다. 18세기 문헌인 『譯語類解』에는 종이로 만든 편지꽂이인 '고삭고비 (紙窩子)'와 종이 돈인 '지전(紙錢)'이 보인다. 17세기 문헌인 『朴通事諺解』에는 기름종이 모자인 '油帽, 油紙帽'가 보이고, 장례에서 주로 쓰는 '지거(紙車 : 종이로 만든 수레)', '혼마(魂馬 : 종이로 만든 말)'가 보이고 있다. 그 외에도 18세기 문헌인 『續明義錄諺解』에 '졈방이 무양 죠희로써 사롬의 얼굴을 민드러'의 기록이 보여 종이로 사람의 얼굴을 만들었다는 기록도 보인다.

이처럼 역사서에 이미 종이 공예에 대한 여러 기록이 나오는 바, 전주를 중심으로 지승공예, 지호공예, 지화공예, 색지공예 등 종이공예가 크게 발달하여 다양한 종류의 공예품을 생산하게 되었다. 그 예를 들면 다음과 같다.

신발, 물통, 종이대야, 요강, 종이 등잔, 종이 북, 반짇고리, 동고리, 붓통, 조족등, 반닫이, 빗접, 무당 투구, 서류함, 서류 지갑, 종이 실꾸리, 지승 끈, 지승 망태기, 지승 멜빵, 지승 쌈지, 지승 자리, 지 승 돗자리, 지승 합자, 지승 바구니, 지승 다래끼, 지승 합, 지승 그 릇, 지승 받진고리, 지승 흑칠 수통, 지승 표주박, 지승 자라병, 지 승 주전자, 지승 제기, 지승 상, 지승 반, 지승 지갑, 지승 허리띠, 지 승 장기알 주머니, 지승 망건통, 지승 신골, 지승 필통, 지승 안침, 지승 베개, 지승통, 지승 대야, 지승 방석, 광주리, 지호 대야, 지호 그릇, 지호 씨앗통, 지호 표주박, 종이 가면, 함지박, 유지 전안

### (3) 선자장(扇子匠)과 부채

감영에 선자장을 두고 부채를 만들 정도로 당시 부채는 사대부들의 장식품이었다. 한지가 풍부하고 시장이 발달했기 때문에 합죽선은 당시는 물론 지금까지 최고의 품질을 선보이고 있다. 이처럼 부채는 단오날 선물로 주고받을 정도로(금복현, 1990:102) 일상 생활의 필수품이라고 할 수 있었다. 왕조실록에 따르면 매년 단오절에 임금은 전주에서 진상한 합죽선을 '단오선(端午扇)'이란 이름으로 신하들에게 하사했다.

현재에도 전주에는 선자장이 지방무형문화재로 지정되어 활발히 활동하고 있는 걸 보면 그 전통을 이해할 수 있다. 전주에서 선자장으로 활동하는 이기동 씨의 구술을 보면 전라감영의 영향을 알 수 있다.(신부자, 1998:66)

"고려 때 원산지는 전남 담양, 곡성, 구례 등 대나무가 많이 나는 곳이었대요. 그대는 그렇게 많이 만들지는 않다가 조선시대부터 본격적으로 나라의 진상품으로 만들기 시작했는데 그때 전라감영

이 전주에 있었잖아. 각처에서 만든 합죽선을 전주에 와서 검사를 받고 임금님께 진상하다보니 불편하거든. 그래서 기왕에 전주로 와야 하니 여기서 만들자 해서 예전의 봉래원예식장 자리에 기술자들이 많이 주둔을 했고 석솔이라고 지금 우아동으로 나가고 인후동 가재미골로도 나가고 신방죽거리에서도 만들고 그랬어. 지금 객사 자리에 바로 부채를 검사하고 친품하는 선자청이 있었거든."

### (4) 木匠과 목기 문화

전라도의 목기 문화는 부유층이 주로 쓰던 '전주장'이라 불리는 삼층장, 이층장과 '고창 반닫이'로 대표할 수 있는 서민적인 문화로 나눌 수 있다. 생활가구가 대부분 나무로 만들어졌기 때문에 전주를 중심으로 목장의 활약이 매우 두드러졌다. 목장들이 만든 목기 문화를 예를 들면 다음과 같다.[3]

> 한옥, 이층장, 3층장, 옷장, 사방탁자, 반닫이, 농, 각게수리, 경상, 좌경, 빗접, 서가, 궤, 약장, 뒤주, 찬탁, 함, 서안, 연상, 문갑, 책장, 서류함, 평상, 팔걸이, 다듬이방망이, 떡살, 바디, 홍두개, 밥상, 제기, 농기구, 윤도, 악기, 책판

### (5) 주석장(鍮匠)과 놋쇠 문화

목기가 발달하면서 목기에 장식을 하는 여러 쇠들이 필요하게 되었는데 '경첩'을 비롯한 장석이 발달하게 되었고, 실제로 생활에서 사용하는 밥그릇을 비롯한 주석 문화가 크게 발달하였다. 이는 전라감영에서 활동

---

3  남원의 목기문화는 주로 제기, 식기 등이다. 지리산을 끼고 있는 남원은 전라도에서 목기와 종이를 많이 생산한 고장으로 현재까지도 가장 많은 목기를 생산하고 있다.

하던 유장(鍮匠)의 역할이 매우 컸던 것으로 보인다.

주석공예 : 장석(경첩, 돌쩌귀, 들쇠, 고리, 앞바탕, 뻗침대, 광두정, 감잡
이, 귀잡이, 통귀쌈, 자물쇠), 징, 꽹가리, 요강, 밥상, 제기, 밥그릇

### (6) 마조장(磨造匠)과 돌 문화

석공예는 돌이 많이 생산되는 익산을 중심으로 발달하였다. '맷돌, 돌
절구, 돌확, 다듬잇돌' 등은 집안의 필수품이기 때문에 반드시 구비해야
하는 생활도구였다. 도자기는 부안과 구이에서 주로 생산되었고, 옹기는
생활 필수품으로 전주 인근에서 생산되었다. 문방사우 중의 하나인 '벼루'
는 당시 붓으로 글씨를 쓰는 데 있어서 필수적인 것이어서 다양한 벼루를
생산하였다. 이러한 돌 문화는 전라감영에서 활동하던 마조장(磨造匠)의
역할과 관련된 것으로 보인다.

돌공예 : 맷돌, 다듬잇돌, 돌절구, 돌확, 돌구유, 벼루, 묘지석
도자기 : 병, 연적
옹기 : 장독, 독아지, 항아리, 소줏고리, 굴뚝, 물박, 물병, 장군, 간
장병, 양념통, 시루, 화로, 기와

### (7) 판소리 문화

통인(通引)[4]들이 즐기던 종합예술대회인 전주의 대사습(大私習) 놀이는
정조 8년(1784)에 이 지방에 재인청(才人廳)과 가무사습청(歌舞私習廳)이 설
치됨에 따라 시작되었다. 이 날은 동짓날에 통인들이 광대를 초청하여 판

---

4    조선시대, 지방관아의 관장 앞에 딸리어 잔심부름을 하던 사람.

소리를 듣고 노는 잔치인데, 이 날이 되면 통인들은 광대를 초청하여 가무를 겨루었다.

통인들은 영문통인(營門通引)과 본부통인(本府通引)으로 편을 나누어 양편에서 각기 광대를 초청하여 가무를 즐기는데, 청중이 많은 편이 이긴다. 광대들은 여기서 판소리를 부르는 것을 대단한 영예로 여겼다.

전주의 대사습에서 배출된 판소리 명창이 많았는데, 바로 이 대회가 곧 가단등장(歌壇登場)의 관문이기도 하였다. 이 대사습에서 배출한 명창으로는 본부광대(本府廣大)로 장자백(張子伯), 정창업(丁昌業), 김세종(金世鍾), 송만갑(宋萬甲), 염덕준(廉德俊) 등이 있고, 영문광대(營門廣大)로는 이날치(李捺致), 박만순(朴萬順), 주덕기(朱德基), 장수철(張壽喆) 등이 있다.

### (8) 희현당(希顯堂)과 교육문화

희현당(希顯堂)은 전라감사 김시걸(金時傑)이 1700년에 옛 사마재가 있던 터에 창건한 樓亭으로 유생들의 학당으로 사용한 곳이다. 성인이 되고 현인이 되기를 바란다는 희(希) 자와, 입신양명해서 부모의 이름을 드러낸다는 현(顯) 자를 취하여 희현당(希顯堂)이라 하였다. 1743년에 세워진 희현당 중수 사적비에 따르면 1715년 관찰사 이집이 중수하려다 교체되어 이루지 못하였다가 그 아들 이주진이 1738년 관찰사로 부임해 와서 건물을 넓히고 학칙 40여 조목을 마련하였다. 1907년 신흥학교 교사로 사용되다가 소실되었다. 희현당사적비(希顯堂事蹟碑)는 김시걸의 업적을 기록한 것으로 1707년에 세워졌다. 신흥학교 뒤 황학대 기슭에 묻혀 있던 것을 다시 신흥학교 교정에 세웠다.

전주시 화산동에 위치하고 있던 '희현당'(현 전주신흥고등학교)에서는

'희현당장판(希顯堂藏板)'이라고 하여 18세기 말에 여러 책이 출판되었다. 특히 이 책을 출판하면서 만들었던 무쇠 활자는 '희현당 철활자(希顯堂 鐵活字)'로 불리는데 무쇠를 녹여 만든 활자이다. 이 활자를 이용하여 많은 책이 발간되었다. 『朴公贈吏曹參判忠節錄』의 간기에 보면 '崇禎紀元後癸未(1823)孟夏希顯堂開刊'이라는 간기가 붙어 있다.

이밖에도 향교와 서원 등은 직·간접적으로 전라감영과 관련되어 전라도의 교육문화에 이바지한 바가 매우 크다고 할 수 있다.


### (9) 각수(刻手)와 인쇄문화

전라감영의 영향 하에서 한지를 많이 만들면서 자연히 서적을 발간하는 일과 관련되어 중앙정부의 요청으로 필요한 서적을 간행하게 되었다. 전라감영에서 책을 출판하면서 각수가 늘어나고, 목판, 활자 등의 인쇄기술이 발전하게 된다.


### (10) 음식문화

출판문화와 마찬가지로 전라도의 음식문화도 몇 가지 부류로 나눌 수 있을 것이다. 첫째는 전라감영이 자리한 전주는 사대부 문화의 영향으로 한정식이 발달하게 되었다. 둘째, 시장의 발달로 전국의 상인들이 모여들었기 때문에 대중적인 음식문화가 발달하게 되었다. 돈이 있는 사람들은 사대부 문화로 만들어진 한정식을 먹게 되었고, 소상인들은 해장국밥이나 비빔밥을 먹었을 것으로 추정한다. 셋째, 벼를 재배하거나 장사를 하여 재산을 형성한 이 지역사람들이 고급 음식을 원하게 되면서 다양한 음식이 생기게 된다.

전라도 전주는 서쪽으로는 서해에서 나는 해산물이 많고, 동쪽의 산에서는 산나물이 많고, 주위의 넓은 평야에서는 쌀과 채소가 많았다. 특히 서해안의 염전에서는 소금 생산이 매우 활발하여 고창, 부안, 김제, 군산 등에서 많은 소금을 생산하여 내륙으로 이동하여 팔았다. 이처럼 소금이 풍부하였기 때문에 젓갈문화와 장류문화가 발달하게 되었다.

장명수(2020:28)에서는, 조선시대 사대부들이 9첩 찬으로 생채, 나물, 구이, 조림, 전, 장과, 마른찬, 젓갈, 회(또는 편육)이며 계절과 조석에 따라 달라지는 것으로 보고 있다. 전라감영 관찰사의 9첩 찬으로는 무생채, 미나리나물, 숭어구이, 생치조림, 양하적, 죽순장아찌, 쇠고기자반, 새우젓, 어채를 제시하고 있다.

전라감사가 임금을 대행하여 백성들에게 음식을 나누는 일을 중요한 통치수단으로 보고 있다. 임금이나 왕비, 세자의 회갑, 생신 등 국가적 경축일이나 특정한 날에 감사는 수령들을 불러 잔치를 열었다. 그리고 관속들에게도 음식을 대접하였다. 세시 풍속 중에 설날, 정월대보름날, 단옷날, 복날, 동짓날, 섣달그믐날 등에 잔치를 열어 음식을 나누었다. 복날에도 보신탕, 영계, 떡, 콩죽 등의 음식을 나누었다. 경로잔치를 벌여서 국수, 떡, 고기, 생과, 유과, 전유어, 채소, 술, 나물, 초장, 꿀 등의 음식을 나누었다. 이런 잔치에서 남은 음식들은 하급 관솔들이 나누어 가져가서 먹게 하였다.(장명수, 2020:43)

장명수(2020:55)에 의하면, 각 고을의 수령들이 전주부성에 와서 머무르며 숙식을 하는 집을 '영집'(營邸)이라고 하였다. 현재 전동성당 터가 구례 영집 자리였다고 한다. 수령들이 영집에 와서 머무르면서 음식 대접을 받았는데, 3탕 7첩이 차려졌다고 한다. 이처럼 영집은 전주 음식을 형성하

완판본 인쇄·출판의 문화사적 연구

는 데 크게 기여하여, 전주 음식의 원류가 되었다고 보고 있다.

## 3.2. 완영본 옛 책의 종류

지역발전에 큰 영향력을 가진 전라감영에서는 중앙정부의 요청과 관찰사의 지시로 士大夫 취향의 도서인 완영본 책을 출판하였다. 전라감영에서 발행한 책으로는 정치, 역사, 제도, 사회, 어학, 문학, 유학에 관한 다양한 종류의 책이 간행되었다.(정형우·윤병태, 1979:558)

『조선왕조실록』을 보면 완산감영에서 책을 출판하게 하는 내용이 여러 곳에서 보이고 있다. 또한 판본을 보관하도록 명한 사실이 잘 드러나고 있다.

《영조 039 10/09/02(갑술) / 전라 감영에『동현주의』및『속경연고사』를 간행하여 올리도록 명하다 》- 전라 감영에『東賢奏議』및 『續經筵故事』를 간행하여 올리도록 명하였다.

《정조 020 09/09/11(정사) /『대전통편』을 반포하다 》- 湖南·嶺南·關西의 감영에 명하여 번각하여 판본을 간직하게 하였다.

《정조 041 18/12/25(무인) / 주자의 서간문을 모은『주서백선』이 완성되다 》- 책이 완성되자 여러 신하들에게 반포하고, 또 호남·영남·관서의 감영에 명하여 번각(飜刻)하고 판본을 보관하게 하였다.

《정조 045 20/11/03(갑진) /『무원록언해』를 간행·배포할 것을 명하다 》- 관서(關西) 및 양남(兩南)의 감영에 명하여『無冤錄諺解』를 간행하여 배포하게 하였는데, 형조 판서 이득신(李得臣)이 아뢴 것을 따른 것이다.

《영조 059 20/03/05(계미) / 순천부에 있는 판본이 희귀한『성리

대전』을 개수하게 하다 》-"『性理大全』은 聖學의 근본인데 이 책
은 판본이 희귀합니다. 들리는 말에 의하면 順天府에 있다 하는데
이지러져서 인출할 수 없다고 하니, 마땅히 完營으로 하여금 개수
하여 새롭게 하도록 하소서." 하니, 임금이 옳게 여겼다.

정형우·윤병태(1995;184)는 여러 책판 목록을 참고하여 완영본으로 53
종을 제시하고 있다. 홍성덕·김철배(2005)에서는 최지선(2005)의 도표와
'諸道冊板錄, 冊板錄, 完營客舍冊板目錄, 龍湖閒錄, 各道冊板目錄, 鏤板考,
林園十六志' 등을 참고하여 71종으로 제시하고 있다. 최지선(2005)에서는
'冊板置簿冊, 三南所藏冊板, 諸道冊板錄, 完營冊板目錄, 嶺湖列邑所在冊板
目錄, 各道冊板目錄' 등을 참고하여 71종으로 보고 있다.

필자는 이태영(2017)에서 정형우·윤병태(1995), 홍성덕·김철배(2005),
최지선(2005)를 살펴서 중복된 것과 이칭으로 불리는 것을 제외하고 전라
감영본을 산출하여, 총 80권으로 산정한 바 있다. 여기에 필자가 추가한
'五禮儀, 標題註疏小學集成, 自警編, 諭湖南民人等綸音, 增補三韻通考, 鄕
約章程, 五家統節目'과 같이 7종, 『朱子書節要』, 『十七帖(王右軍書)』, 『帝範』
등 전주부에서 나온 3종, 『孟子集註大全』, 『朴公贈吏曹參判忠節錄』, 『蘭谷
先生年譜』등 희현당철활자본 3종을 포함하여 93종으로 산출할 수 있었
다. 이를 제시하면 다음과 같다.

加髢新禁事目, 簡易集, 綱目, 警民編, 經世問答, 孤竹集, 蘭谷先生年
譜, 達城碑誌錄, 大明律, 大典通編, 道學正脈, 東岳集, 東岳集幷續, 東醫
寶鑑, 同春年譜, 東賢奏議, 杜律分韻, 屯巖集, 孟子集註大全, 鳴巖集, 明
義錄, 明義錄諺解, 朴公贈吏曹參判忠節錄, 白江集, 百拙齋集, 白洲集,

史記英選, 史記評林, 四禮便覽, 三韻聲彙, 喪禮補編, 喪禮備要, 石洲集, 性理大全, 性理大全書, 聖學輯要, 小學諺解, 續經筵故事, 續明義錄, 續明義錄諺解, 受敎輯說, 新刊史略, 十七帖(王右軍書), 梁大司馬實記, 楊州趙氏族譜, 御定綸音, 御製追慕錄, 聯珠集, 永世追慕錄續錄, 五家統節目[5], 五禮儀, 浣巖集, 尤菴先生言行錄, 月軒集, 諭諸道道臣綸音, 諭中外大小民人等斥邪綸音, 陸奏約選, 栗谷全書, 疑禮問解, 醫學正傳, 二樂亭集, 忍齋集, 自警編, 潛齋稿, 潛齋集, 長吟集, 全韻玉篇, 靜觀齋集, 正音通釋, 帝範, 種藷譜, 左傳, 朱書百選, 朱子大全, 朱子書節要, 竹西集, 增補三韻通考, 增修無冤錄, 蒼霞集, 靑溪集, 七書, 鍼灸經驗方, 標題註疏小學集成, 豊山洪氏族譜, 鄕禮合編, 鄕約章程, 化堂集, 皇華集, 諭湖南民人等綸音, 厚齋集, 訓義小學, 訓義資治通鑑綱目, 欽恤典則(93종)

조선시대 임금들은 통치 이념이 담긴 사상서, 정치서, 교화서 등을 출판케 하여, 많은 신하들이 읽도록 하였다. 이런 내용은 『朝鮮王朝實錄』에 많은 예들이 보인다. 완산감영에도 명을 내려 『朱子大全』, 『朱書百選』 등 많은 책을 찍고 그 책판을 보관하도록 했다는 기록이 보인다. 그 결과 전라감영에서는 약 90여 종류의 책들이 발간되었다.

이 책들은 당시 전라감영에 근무하던 관료들에게 배포되었다. 특히 한강 이남에서 전라도와 경상도는 한지가 많이 생산된 관계로 중앙으로부터 많은 책을 찍으라는 명이 내렸다. 이 결과 목판 인쇄 기술, 숙련된 각수, 질 좋은 한지, 유통구조 등이 크게 발전하였다.

---

5   『五家統節目』, 『鄕約章程』'은 정확하게 출판소를 확인하기 어려우나 국가기관에서 동학농민혁명 진압 직후에 간행된 점에서 전라감영본으로 추정된다. 『五家統節目』은 동학농민군의 색출, 민심 안정을 위한 책이다. 『鄕約章程』은 향약을 재조직하여 흐트러진 민심을 안정시키기 위한 책이다.

직책이 높은 관료들은 소위 사대부라 할 수 있는 학자들인데 이들이 보는 책은 당시로서는 그 시대를 대표하는 매우 귀하고 중요한 책들이었다. 따라서 새로운 책을 갈망하던 이 지역에 사는 선비들이 完營本 서적을 보고 싶어했을 것이다. 완영 책판을 이용하여 후쇄한 사실과 이후 완영 책판이 방각본 업자에게 넘어가서 판매용 책으로까지 출판된 사실 등이 이를 입증한다. 완영본 책은 한 책이 한 권에서부터 백 권에 이르는 책이 있었기 때문에 가난한 선비들은 출판된 책을 구하기 어려웠다. 그리하여 손으로 베끼는 필사본이 성행하게 되었다.[6]

그리하여 이 지역 선비들은 정치, 역사, 제도, 사회, 의학, 군대, 어학, 문학, 유학 등 다양한 완영본을 읽을 수 있게 되었고, 그 지식의 폭은 자연 넓어졌다. 감영에서 발간한 책의 다양성을 완영본으로 예를 들면 다음과 같다.

　＊정치서 : 明義錄, 明義錄諺解, 續明義錄, 續明義錄諺解, 梁大司馬實記, 御定綸音, 諭諸道道臣綸音, 諭中外大小民人等斥邪綸音, 諭湖南民人等綸音

　＊역사서 : 綱目, 史記英選, 史記評林, 左傳, 訓義資治通鑑綱目, 新刊史略, 東賢奏議, 續經筵故事

　＊제도서 : 大典通編, 喪禮補編, 受敎輯說, 增修無冤錄, 欽恤典則, 四禮便覽, 栗谷全書, 大明律, 五家統節目, 五禮儀, 鄕約章程

　＊사회서 : 加髢申禁事目, 警民編, 經世問答, 鄕禮合編, 喪禮備要, 自警編, 疑禮問解

---

6　필자의 경험에 비추어 보면, 이렇게 필사된 책들은 골동품 상점에서 헐값에 판매되거나 폐지로 수집되어 종이 재생산에 투여되거나 폐기되었다. 필사본 옛 책의 중요성을 강조해야 할 시점에 와 있다.

*醫書：東醫寶鑑, 醫學正傳, 鍼灸經驗方

*농서：種藷譜

*어학서：三韻聲彙, 正音通釋, 全韻玉篇, 增補三韻通考

*문학서·문집：簡易集, 孤竹集, 東岳集, 東岳集幷續, 屯庵集, 鳴巖
集, 白江集, 百拙齋集, 白洲集, 御製追慕錄, 永世追慕錄續錄, 陸奏約選,
月軒集, 潛齋稿, 潛齋集, 蒼霞集, 皇華集, 厚齋集, 石洲集, 竹西集, 浣巖
集, 二樂亭集, 忍齋集, 聯珠集, 化堂集, 青溪集, 長吟集, 靜觀齋集, 達城
碑誌錄, 同春年譜, 杜律分韻, 尤菴先生言行錄

*유학류：性理大全, 性理大全書, 聖學輯要, 小學諺解, 朱書百選, 朱
子大全, 朱子文集, 訓義小學, 七書, 道學正脈

*기타：豊山洪氏族譜, 楊州趙氏族譜

이 책들 중 몇 권의 내용을 예로 들면 다음과 같다.

정치서인 『明義錄』은 1776년(정조 즉위년) 王世孫(정조)의 대리청정을
반대하던 洪麟漢, 鄭厚謙 등에게 독약을 내리고, 왕세손을 옹위한 洪國榮,
鄭民始, 徐命善을 重用하였다. 이 사건을 알려 忠逆(충역)을 밝히고자 간행
한 책이다. 『續明義錄』은 正祖 즉위 초, 洪相範 등의 역모사건을 적은 책
이다. 『性理大全』은 명나라 成祖(永樂帝)의 명을 받아 胡廣 등 42명의 학자
가 송나라 때 성리학설을 집대성하여 편집한 책이다. 『朱子大全』은 중국
宋代의 성리학자 朱熹(1130~1200)의 글을 모아 편찬한 문집이다. 『朱書百
選』은 정조(正祖)가 주희(朱熹, 1130~1200)의 글 중에서 요긴한 내용을 뽑
아 1794년(正祖 18) 내각(內閣)에서 간행한 책이다.

『警民編諺解』는 1519년(중종 14) 황해도 관찰사 金正國이 백성을 警戒
하기 위해 편찬, 간행한 책으로 1책이다. 간행목적은 인륜의 중함을 모르
는 백성들을 교화하는 데 있다고 하였다. 이 책은 향촌 내부에서 엄격한

上下尊卑의 구별을 가능하게 해주는 유교적 本末論이 이념적 기초를 이루고 있다. 『東醫寶鑑』은 허준(許浚)이 선조(宣祖)의 명을 받들어 중국과 우리나라의 의서(醫書)들을 참고하여 집성하고, 임상 체험을 바탕으로 치료방(治療方)을 모은 한의학(漢醫學)의 백과전서이다.

『杜律分韻』는 당나라 두보(杜甫)의 시(詩)를 정조(正祖)의 명(命)으로 발간하였다. 역사서인 『史記』는 중국 前漢의 司馬遷이 黃帝에서 漢 武帝까지의 역사를 편찬한 역사서이다. 『史記評林』은 명나라 凌稚隆이 史記에 대한 諸家의 설을 모은 책이다. 法醫學書인 『增修無冤錄諺解』는 1790년(정조 14)에 『增修無冤錄大全』을 정조의 명에 의하여 徐有隣 등이 언해한 책이다.

『三韻聲彙』는 1751년(영조 27) 洪啓禧가 『三韻通考』, 『四聲通解』, 『洪武正韻』 등의 운서를 참고하여 지은 韻書이다. 『增補三韻通考』는 『三韻通考』의 자수(字數)를 늘리고 주해(註解)를 덧붙여 편찬한 것이 박세두(朴斗世)의 『三韻補遺』이다. 김제겸(金濟謙) 등이 이를 다시 증보하여 편찬한 운서(韻書)이다. 『華東正音通釋韻考』는 1747년(영조 23)에 박성원(朴性源)이 저술한 운서(韻書)이다.

『朱子增損呂氏鄉約』은 1518년(중종 13) 남송(南宋)의 주희(朱熹)가 첨삭하고 주석한 『여씨향약』이다. 『御定陸奏約選』은 당나라의 명신(名臣)인 육지(陸贄)의 주의(奏議)에서 통치에 도움에 된다고 생각되는 29편을 정조가 친히 선정하여 1797년(정조 21년)에 간행한 책이다. 『尤庵先生言行錄』은 조선 후기의 문신 우암(尤菴) 송시열(宋時烈)의 언행을 기록한 책이다.

나라의 통치를 목적으로 전라감영에서 출판하도록 명을 내린 이러한 책들과 전주부에서 발행한 책들은 지역 선비들에게 아주 필요한 책이었을 것이다. 이러한 책에 대한 갈증으로, 전라감영에서 숙련된 각수들이 전주에 있는 서점에 가서 일을 하면서, 私刊本 및 방각본의 폭발적인 출판을 가져오게 하는 계기가 된다.

완영본의 간기가 확실한 책의 간기를 들면 다음과 같다.[7] 간기로 보면 1743년부터 1900년까지 150여 년간 발간되었다.[8]

> 『五禮儀』乾隆癸亥(1743) 秋完營開刊
>
> 『標題註疏小學集成』命弘文館令完營刊進甲子(1744) 二月日
>
> 『東醫寶鑑』歲甲戌(1754) 仲冬內醫院校正完營重刊[9]
>
> 『新編醫學正傳』歲己卯(1759) 季夏內醫院校正完營重刊
>
> 『自警編』歲乙酉冬(1765) 完營開刊南高寺藏
>
> 『浣巖集』歲乙酉(1765) 冬完營開刊南高寺藏
>
> 『朱子文集大全』辛卯(1771) 入梓完營藏板
>
> 『明義錄』丁酉(1777) 孟秋完營開刊
>
> 『續明義錄』戊戌(1778) 李春完營開刊
>
> 『增補三韻通考』戊戌(1778) 秋完營刊
>
> 『諭湖南民人等綸音』乾隆四十八年(1783) 十月初八日 全羅監營開刊
>
> 『杜律分韻』庚戌(1790) 仲秋完營新刊
>
> 『華東正音通釋韻考』辛亥(1791) 新印 完營藏板

---

7   『道學正脈』의 경우 跋文에 '潘南朴世采謹跋. 崇禎紀元後再壬戌(1742)仲夏下浣四代嗣孫 全羅道觀察使謹識'과 같은 기록이 보인다.

8   조선전기의 경우에 관찰사의 발문이 보이는 책이 있다.
   『詞訟類聚』萬曆紀元乙酉(1585)…嘉善大夫全羅道觀察使金泰廷謹書(跋)

9   이 책은 일반적으로 1814년에 간행된 것으로 알려져 있으나, 전북대학교박물관에 소장된 『東醫寶鑑』에 찍혀 있는 御醫 金光國(1727-1797)의 인장 정보로 미루어 볼 때 1754년으로 파악하는 것이 바람직하다.

『諭諸道道臣綸音』乾隆五十九年(1794)九月二十三日完營刊印

『御定朱書百選』乙卯(1795)完營新刊

『御定陸奏約選』甲寅手選丁巳(1797)完營刊印

『鄉禮合編』崇禎後三周丁巳(1797) 完營開刊

『警民編』乙丑(1829)六月完營開刊

『三韻聲彙』己丑(1829)季秋完營開板

『種藷譜』種藷譜一冊甲午(1834)完營開印南原府藏表紙記

『諭中外大小民人等斥邪綸音』庚子(1840)春完營新刊

『鄉約章程』開國 五百三年(1894) 十二月日 完山招安局 活印

『五家統節目』開國 五百三年(1894) 十二月日 完山招安局 活印

『尤菴先生言行錄』崇禎紀元後五更子(1900)秋完營開刊

『御製追慕錄』湖南開刊 芸閣活印

『御製續永世追慕錄』湖南開刊 芸閣活印

『東醫寶鑑』간기

국가의 명령에 따라 간행한 전라감영본은 주로 1600년대에서 1800년대까지 약 90여 종이 발간되었는데, 대체로 중국의 연호를 사용하지 않았다. 명대의 연호를 주로 사용하고, 청대에 들어서면서 중국 연호를 쓰지 않은 것으로 보인다. 중국의 연호를 사용하는 책은 『五禮儀』, 『諭諸道道臣綸音』, 『尤菴先生言行錄』 등이고 나머지는 중국의 연호를 사용하지 않고 있다. 이 책의 간기를 사진으로 보면 다음과 같다.

『續明義錄』간기

『三韻聲彙』간기

『朱子文集大全』간기

『御定陸奏約選』간기

『明義錄』간기

『御定朱書百選』간기

『五禮儀』간기

『華東正音通釋韻考』간기

완판본 인쇄·출판의 문화사적 연구

희현당(希顯堂)은 전라감사 김시걸(金時傑)이 1701년(숙종 27)에 옛 사마재가 있던 터에 창건한 樓亭으로 유생들의 학당으로 사용한 곳이다.

전주시 화산동에 위치하고 있던 '희현당'(현 전주신흥고등학교)에서는 '希顯堂藏板'이라고 하여 18세기 말에 여러 책이 출판되었다. 특히 이 책을 출판하면서 만들었던 무쇠 활자는 '希顯堂 鐵活字'로 불리는데 무쇠를 녹여 만든 활자이다. 이 활자를 이용하여 많은 책이 발간되었다. 『朴公贈吏曹參判忠節錄』의 간기에 보면 '崇禎紀元後癸未(1823) 孟夏希顯堂開刊'이라는 간기가 붙어 있다. 또한 1876년에 발간된 『蘭谷先生年譜』의 발문에 '希顯堂活字印'의 기록이 있다.[10]

이러한 사례로 볼 때, 희현당에서 발행한 옛 책은 전라감영의 영향으로 발행된 것이어서 전라감영본으로 포함되어야 할 것으로 보인다.

　　『孟子集註大全』乙丑(1805)四月豊沛鑄印
　　『朴公贈吏曹參判忠節錄』崇禎紀元後癸未(1823)孟夏希顯堂開刊[11]
　　『蘭谷先生年譜』(1876)[12]

---

10　1798년 무렵 민간이 주조하여 상업적으로 사용한 활자 중에 정리자를 닮게 만든 철활자가 있는데 이를 통틀어 '整理字體鐵活字'라고 한다.(천혜봉, 2010;397) 따라서 '희현당철활자'도 여기에 속한 것으로 처리하고 있다. 윤병태(1990:23)에서는 이 활자를 '希顯堂鐵字'로 명명하고, 이 활자로 인쇄한 책을 79종을 찾아, 인출시기에 따라, 전기, 중기, 후기, 미상본으로 나누어 제시하고 있다. 남권희(2010)에서는 '희현당철활자'로 이름하고, 윤병태의 인출 시기에 따라 105종류를 제시하고 있다.

11　여기 인용하는 사진은 전주 완판본문화관 소장본이다.

12　여기 인용하는 사진은 국립중앙도서관 소장본이다.

| 『朴公贈吏曹參判忠節錄』 | 『蘭谷先生年譜』 | 『孟子集註大全』 |

## 4. 전라감영과 전주부[13]의 관계

조선 초기부터 후기에 이르기까지 관찰사가 감영이 소재한 지역의 부윤을 겸직하는 경우가 많아서, 책의 출판에 있어서 감영과 감영이 소재한 도시가 더욱 관련되고 있음을 알 수 있다.[14] 그러므로 전라감영은 도시를 이동하지 않고 전주에만 500여 년간 소재하고 있어서 전주부에서 출판한 책들이 전라감영이나 관찰사와 결코 무관하지 않을 것이다.

조선시대 초기에 전주부에서 발간된 책을 제시하면 다음과 같다.

---

13　'전주부'는 관청이라는 뜻과 전주라는 도시 이름의 두 가지 의미를 포함한다. 여기서 다루는 '전주부'의 의미는 관청이라는 의미로 주로 다룬다.

14　충청감영의 경우, 충주에서 공주로 이전할 때, 충청감영이 소재한 충주에서 발간한 책의 종류가 현저하게 줄어든 것을 볼 수 있다.(김성수, 2010;41)

『三元參贊延壽書』皇明正統三年戊午(1438)孟秋重刊全州府[15]

『大方廣佛華嚴經合論』天順六年壬午(1462)歲朝鮮國刊經都監奉敎於全羅道全州府雕造

『孝經』成化十一年(1475)乙未五月日全州府開板.

『朱子經筵講義』嘉靖三十八(1559)秋八月上澣嘉善大夫全州府尹宋純謹識.(跋)

『眞西山經筵講義』嘉靖三十八年(1559)秋八月上澣…嘉善大夫全州府尹宋純謹識.(跋)

『新編集成馬醫方』萬曆八年庚辰(1580)三月日全州府開刊

『決訟類聚』全州開刊(1585)


이태영(2017)에서 언급한 바와 같이 다음 책들은 발행한 도시(또는 관청)가 '完山府'로 되어 있지만 관찰사가 직접 개입하여 만든 책임을 알 수 있다. 이런 책들은 전라감영에서 출판한 것으로 처리하는 것이 타당하다고 생각한다.

『朱子書節要』萬曆三十九年(1611)中秋重刊于全州府

『十七帖(王右軍書)』萬曆壬子冬(1612)湖南觀察使李相公冲模刊于完山府

『帝範』萬曆 四十一年(1613) 正月日嘉善大夫全羅道觀察使兼巡察使李冲開刊于完山府

---

15 『三元參贊延壽書』는 5권 1책으로 된 도학 관련 의학서로 1291년 중국 명나라의 李鵬飛가 지은 책을 조선시대 세종대인 1438년 전주에서 목판으로 발간하였다. 현재 충북 음성에 있는 역사기록박물관에 소장되어 있다.

『朱子書節要』는 조선시대 李滉(1501~1570)이 중국의 朱子가 지은 『朱子大典』 중에서 편지를 뽑아 모은 책이다. 1611년에 全州府에서 다시 간행하였다. 『十七帖』은 중국 東晋의 서예가 王羲之의 편지를 모은 서첩이다. 1612년 全州府에서 간행하였다. 『帝範』은 당태종이 지어서 태자에게 내린 책으로 제왕으로서 모범이 되어야 할 12조목이 기록된 책이다. 1613년 完山府에서 간행되었다.

『朱子書節要』 간기

『十七帖(王右軍書)』 간기

전주부에서 나온 『詳說古文眞寶大全』의 경우는 맨 뒤에 '全州府判官, 全州府尹, 全羅道觀察使' 등이 다른데 연속적으로 나오고 있다. 이는 이 책의 발행에 직접적으로 관여했음을 나타낸다고 하겠다. 이처럼 전주부에서 발행했지만 전라관찰사가 관여한 것이라면 전라감영에서 출판한 것으로 볼 수 있을 것이다.

『詳說古文眞寶大全』[16]

通訓大夫行全州府判官全州鎭兵馬節制都尉 林健

通政大夫守全州府尹全州鎭兵馬節制使 李馨郁

嘉善大夫全羅道觀察使兼兵馬水軍節度使巡察使 李沖

　　관찰사 명부인 『湖南道先生案』을 보면 '觀察使 兼 全州府尹 成奉祖'
란 기록이 보인다. 이는 1448년에서 1450년까지 재직한 관찰사의 이름이
다. 또한 같은 문서에 '行 觀察使 兼 兵馬水軍節度使 都巡察使 全州府尹 親
軍 武南營 外使 原任 奎章閣直提學 金文鉉'이란 기록이 나온다. 이는 1893
년에 도임한 관찰사의 직함이다. 공식 기록으로만 보더라도 1448년부터
1893년까지 관찰사는 전주부사를 겸직하는 경우가 아주 많았던 것으로
나타난다.

　　전라감영에서 발간한 책을 논하기에 앞서서, 전주부에서 발행한 책들
이 과연 순수하게 전주부에서 필요해서 발행한 책인지, 아니면 전라감영
의 영향 아래에서 발행한 책들인지를 규명해야 할 것이다. 단순히 전라감
영의 간기가 있는 것과 왕조실록이나 역사서에 기록된 자료만으로 전라
감영본을 몇 종류라고 추정하는 것은 일부에 지나지 않는다. 전주부에서
발행된 상당수의 책들이 전라감영본이라고 말해도 틀리지 않을 것이다.[17]

---

16　필자가 소장한 『詳說古文眞寶大全後集』 2책과 3책의 뒤표지의 배지에 '全州地南固山城
　　別將'이란 기록이 문서의 일부에서 보이는 것으로 보아 全州府에서 발행한 고문서로 추정
　　된다.

17　현재 감영본을 보는 시각은 두 종류로 나뉜다. 하나는 간기가 분명한 것을 중심으로 하
　　고, 역사서 등에 나타난 기록으로 함께 평가하는 경우이다. 다른 하나는 감영이 소재한
　　도시에서 출판한 책을 감영본으로 보려는 시각이 있다.

실제로 정형우·윤병태(1995)를 참고하여 다른 감영본과 전주부본을 비교해 보면, 전주부에서 발행한 약 60여 종이 다른 감영본과 같은 책이다. 그 예를 제시하면 다음과 같다.

家禮(錦營) 家禮(完山) 家禮(咸營)

江陵金氏族譜(完山) 江陵金氏族譜(嶺營)

綱目(嶺營) 綱目(完山)

警民編(錦營) 警民編(嶺營) 警民編(完山) 警民編(咸營)

警世問答(嶺營) 警世問答(完山)

南軒文集(完山) 南軒集(嶺營)

大明律(箕營) 大明律(嶺營) 大明律(完山)

大明集(完山) 大明集禮(嶺營) 大明集禮(完山)

大典通編(錦營) 大典通編(箕營) 大典通編(嶺營) 大典通編(完山) 大典通編(海營)

大千字(嶺營) 大千字(完山)

大學(嶺營) 大學(完山) 大學(咸營)

大學大全(嶺營) 大學大全(完山) 大學大全(咸營)

大學諺解(嶺營) 大學諺解(完山) 大學諺解(咸營)

孟諺(咸營) 孟子(嶺營) 孟子(完山) 孟子(咸營)

孟子大全(箕營) 孟子大全(嶺營) 孟子大全(完山) 孟子大全(咸營)

孟子諺解(嶺營) 孟子諺解(完山) 孟子諺解(咸營)

明義錄(錦營) 明義錄(箕營) 明義錄(嶺營) 明義錄(完山) 明義錄(海營)

明義錄諺解(嶺營) 明義錄諺解(完山)

牧隱集(嶺營) 牧隱集(完山)

無冤錄(嶺營) 無冤錄(完山)

白江年譜(嶺營) 白江集(完山)

兵衛森(完山) 兵衛森(咸營)

史記英選(箕營) 史記英選(嶺營) 史記英選(完山)

三綱行實(錦營) 三綱行實(嶺營) 三綱行實(完山) 三綱行實(海營)

三略(箕營) 三略(完山) 三略(咸營)

三韻聲集(完山) 三韻聲彙(嶺營)

三韻通考(完山) 三韻通考(咸營)

喪禮備要(箕營) 喪禮備要(嶺營) 喪禮備要(完山) 喪禮備要(咸營)

書傳大全(嶺營) 書傳大全(完山) 書傳大全(咸營)

書傳諺解(嶺營) 書傳諺解(完山) 書傳諺解(咸營)

小學(嶺營) 小學(完山) 小學(咸營)

小學大全(嶺營) 小學大全(完山)

小學諺解(錦營) 小學諺解(箕營) 小學諺解(嶺營) 小學諺解(完山) 小學諺解(咸營) 小學諺解(海營)

續明義錄(完山) 續明義錄大全(嶺營)

續明義錄諺解(嶺營) 續明義錄諺解(完山)

續兵將圖說(箕營) 續兵將圖說(完山)

孫武子(箕營) 孫武子(完山)

受敎輯錄(嶺營) 受敎輯錄(完山)

詩傳大全(嶺營) 詩傳大全(完山) 詩傳大全(咸營)

詩傳諺解(嶺營) 詩傳諺解(完山) 詩傳諺解(咸營)

十九史略(完山) 十九史略通攷(咸營)

尉繚子(箕營) 尉僚子(完山)

醫學正傳(嶺營) 醫學正傳(完山)

二倫行實(嶺營) 二倫行實(完山) 二倫行實(海營) 二倫行實圖(箕營) 二倫行實圖(咸營) 二倫行實圖(海營)

靜觀齋集(完山) 靜觀齋集(咸營)

周易(完山) 周易(咸營)

周易大全(嶺營) 周易大全(完山) 周易大全(咸營)

周易諺解(嶺營) 周易諺解(完山) 周易諺解(咸營)

中庸大全(嶺營) 中庸大全(完山) 中庸大全(咸營)

中庸諺解(嶺營) 中庸諺解(完山)

增補韻考(錦營) 增補韻考(完山)

增修無寃錄(嶺營) 增修無寃錄大全(完山)

闡義昭鑑(錦營) 闡義昭鑑(箕營) 闡義昭鑑(嶺營) 闡義昭鑑(完山) 闡義昭
鑑(海營)

千字(嶺營) 千字(完山)

澤堂年譜(咸營) 澤堂集(完山)

通鑑(嶺營) 通鑑(完山) 通鑑節要(箕營) 通鑑節要(咸營)

孝經(完山) 孝經具解(嶺營) 孝經大義(咸營)

訓義小學(錦營) 訓義小學(嶺營) 訓義小學(完山) 訓義小學(海營)

欽恤典則(錦營) 欽恤典則(箕營) 欽恤典則(嶺營) 欽恤典則(完山) 欽恤典
則(海營)


정형우·윤병태(1995ㄴ)에서는 전라감영 소재지 전주에서 발행한 책의 목록으로 237종류를 제시하고 있다.[18] 정형우·윤병태(1979)의 『韓國冊板目錄總攬』에 수록된 전주부본을 류탁일(1985:24)이 분류한 내용을 제시하면 다음과 같다.

---

18 　전주부에서 발행한 책판은 누가 관리했을까? 왜 전주부 책판은 남지 않았을까? 앞으로 해결해야 할 문제이다. 전주부에서 발행한 책들은 상당한 수가 표지의 배면에 전주부의 문서들이 쓰이고 있다. 전주부의 책을 확인하는 하나의 방법이 될 것이다.

*七書類 : 論語(諺解), 大學(諺解), 孟子(諺解), 中庸(諺解), 書傳(諺解), 詩經(諺解), 周易(諺解), 胡傳春秋, 禮記

　*禮書類 : 家禮, 大明集禮, 喪禮補編, 喪禮備要, 五禮儀, 儀禮經傳, 儀禮問解

　*史書類 : 綱目, 史記英選, 史記評林, 史略, 通鑑

　*儒家類 : 啓蒙傳義, 東萊博義, 釋尊儀式, 性理大全, 聖學輯要, 宋名臣錄, 心經釋義, 朱書百選, 理學通錄, 朱子大全, 朱子封事, 眞西山集

　*童蒙類 : 大千字, 童蒙先習, 小學(諺解), 類合, 註解千字文, 孝經

　*韻書類 : 增補韻考, 三韻聲彙, 三韻通考, 龍龕手鏡, 韻會玉篇, 字彙, 全韻玉篇, 正音通釋

　*政敎類 : 警民篇, 警世問答, 內訓, 大明律, 大典通編, 明義錄(諺解), 續明義錄, 三綱行實, 綸音, 呂氏鄕約(諺解), 二倫行實, 經筵講義, 東賢奏議, 無寃錄, 詞訟類抄, 受敎輯錄, 陸宣公奏議, 陸奏約選, 律學解頤, 貞觀政要, 正俗(諺解), 闡義昭鑑, 欽恤典則

　*農書類 : 農家集成[19], 農事直說, 農書, 蠶書

　*兵書類 : 三略, 續兵將圖說, 孫武子

　*醫書類 : 救急簡易方, 東醫寶鑑, 銅人經, 馬醫方, 脉訣, 傷寒賦, 傷寒指掌圖, 五臟圖, 醫學入門, 醫學正傳, 人皇法體, 診脉須知

　*文學類 : 古文眞寶, 唐音, 東文選, 東文粹, 文章軌範, 剪燈新話, 靑丘風雅

　*文集類 : 簡易集, 溪隱集, 孤竹集, 南軒文集, 陶隱集, 東岳集, 東槎集, 屯庵集, 牧隱集, 白江集, 柏谷集, 百拙齋集, 百洲集, 四佳集, 石州集, 達性集, 仙源集, 同春年譜, 陽村集, 聯珠集, 玉溪集, 牛溪集, 栗谷集, 月軒集, 抱翠集, 李相國集, 訥齋集, 紫陽文集, 潛齋集, 長吟集, 靜觀集, 竹西

---

19　전주부본『農家集成』은 '完山 重刊'의 간기를 갖는다.

集, 竹吟集, 屯菴集, 滄浪集, 淸溪集, 淸露集, 澤堂集, 化堂集, 皇華集, 厚
齋集, 芝峯類說

*其他 : 江陵金氏族譜, 歸去來辭, 騰王閣, 五行精記, 兵衛森, 戒酒書

위에서 살펴본 바와 같이 전주부에서 발행한 책은 전국 도시 중 가장
많은 종류로 알려져 있다. 또한 분류에서 보는 바와 같이 매우 다양한 책
이 출판된 것을 알 수 있다. 따라서 전라감영본은 물론, 전주부에서 발행
된 책과 관찰사와의 관련성을 면밀히 살피는 일이 꼭 필요할 것이다.[20]


# 5. 완영 책판과 그 의미

## 5.1. 전북 지역의 목판

전라북도 지역에 소재한 목판의 목록을 한국국학진흥원(2016)의 목차
를 이용하여 제시하면 다음과 같다.

• 고창 선운사 - 『금강반야바라밀경』, 『대미타참약초요람보권
염불문』, 『대불정여래밀인수증요의제보살만행수능엄경』, 『불설광
본대세경』, 『불설일체여래보편광영염만청정치성사유여의보인심

---

20  전라북도 고산 화암사의 중창(1425)과 불서를 발간하는 일(1432, 1433)에 1417년 완산감
    영의 '都觀察黜陟使 兼 兵馬都節制使'를 지낸 '成達生'이 깊이 관여하였다. 이러한 사실
    로 보면 관찰사의 영향력을 짐작할 수 있을 것이다.

무능승총지대수구대명왕다라니』,『석씨원류응화사적』,『선운사승적발물』,『죽산박씨파보』,『전다라니』

- 고창 평해 황씨 -『이재유고』
- 김제 조앙사 -『불설금강정유가최승비밀성불수구즉득신변가지성취다라니』,『불설일체여래보변광명염만청정치성사유여의보인심무능승총지대수구대명왕대다라니』
- 남원 경주김씨 수은공파 대종회 -『경주김씨족보1』,『경주김씨족보2』,『경주김씨족보3』,『백졸선생집』,『수은실기』
- 남원 풍천노씨 문효공파 -『옥계선생문집』,『옥계선생속집』,『풍천노씨임술보』,『신고당묘비명』
- 남원 만인의총 기념관 -『현산선생실기』
- 남원 순흥안씨 사제당 문중 -『사재선생실기』,『죽계세적』,『기묘제현수필』,『매담공유묵』,『승지공유묵』,『적벽부』
- 무주 향산사 -『불설금강정유가최승비밀성불수구즉득신변가지성취타라니』
- 부안 부안김씨 군사공파 -『문한공단권』,『지포선생문집』
- 완주 화암사 -『계초심학인문』,『불덩심관세음보살노다라니』,『불설예수시왕생칠경』,『화암사개판시주기』,『금강반야바라밀경』,『화엄경보현행원품언해』,『정관집』,『무경집』,『무경실중어록』,『선교대변』
- 익산 숭림사 -『불덩심관세음보살모다라니』
- 익산 연안이씨 종중문적 박물관 -『성암이공유집』,『충간공이선생실기』
- 전주 국립전주박물관 -『능화판』,『수문판』
- 전주 전북대학교 박물관 -『불설천수천안관세음보살광대원만무애대비심다라니경』,『석가여래유적도』,『신증동국여지승람』,

『불설일체여래보변광명염만청정치성사유여의보인심무능승총지
대수구대명왕대다라니』, 『묘법연화경』, 『탁영선생문집』, 『반양이
선생유고』, 『능화판』, 『수문판』, 『시전지판』, 『계선판』
- 전주향교 - 『고금역대표제주석십구사략통고』, 『동의보감』,
『사기』, 『성리대전』, 『율곡전서』, 『자치통감강목』, 『주서백선』, 『주
자대전』, 『증수무원록』, 『증수무원록언해』, 『호남삼강록』
- 정읍 남고서원 - 『일재선생집』
- 정읍 도계서원 - 『오봉선생집』, 『태천선생집』
- 정읍 화엄사 - 『불설금강정유가최승비밀성불수구즉득신변가
지성취다라니』

한국국학진흥원(2016;16-19)의 '전북지역 조사결과표'를 이용하여 간략
히 목판의 장수를 제시하면 도표와 같다. 이중에서 전라감영 목판 5,058장
을 제외하면 1,716장이 보관되어 있다. 전체 85종 중에서 유교 관련 목판
이 49종, 불교 관련 목판이 36종이다. 문집과 개인전집은 19종이다. 유교
목판 중에서 전라감영 책판이 중요한 위치를 차지한다.

| 지역 | 고창 | 김제 | 남원 | 무주 | 부안 | 완주 | 익산 | 전주 | 정읍 | 합계 |
|------|------|------|------|------|------|------|------|------|------|------|
| 책판 장수 | 714 | 2 | 670 | 1 | 60 | 136 | 5 | 5,075 | 111 | 6,774 |

전북 지역 책판 소장 현황

완판본 인쇄·출판의 문화사적 연구

## 5.2. 완영 책판의 보존 역사

완영 책판의 보관처는 몇 가지로 생각할 수 있다.

첫째, 전라감영에서 운영하던 '冊板庫'에서 보관하였다. 전주박물관에 소장된 19세기 전주지도에 보면 객사 좌편(서편) 담에 책판고가 배치되어 있다. 객사 영내의 이 책판고에 전라감영의 책판들을 일차적으로 보관한 것으로 이해된다.

둘째, 전주 인근에 있는 서원과 절에서 보관하였다.

'冊板置簿冊'(1740년경), '三南所藏冊板'(1743년경), '諸道冊板錄'(1750년경), '冊板錄'(남권희 교수 소장본), '龍湖閒錄'에 따르면, 전라감영의 책판은 현재 전주와 가까운 '威鳳寺, 松廣寺, 南高寺, 石溪書院, 華山書院' 등에 나누어 보관되었다. 그 책은 다음과 같다.

> (威鳳寺)『고죽집』,『달성비지』,『도학정맥』,『동춘연보』,『명암집』,『백강집』,『백졸재집』,『백주집』,『석주집』,『악음집』,『양주조씨족보』,『연주집』,『이락정집』,『인재집』,『장음집』,『정관재집』,『죽서집』,『청계집』,『화당집』
>
> (松廣寺)『달성비지』
>
> (南高寺)『동악집』,『체소집』,『혹문중용』
>
> (石溪書院)『의례문해』,『의례문해속집』,『상례비요』,『사기영선』,『육주약선』,『증수무원록』,『경민편』,『속병장도설』
>
> (華山書院)『계은집』,『성학집요』

완영본의 간기에도 '南高寺藏'의 기록이 보인다. 이는 완영에서 책을

찍어 책판을 전주 南高寺에 보관했다
는 뜻이다.

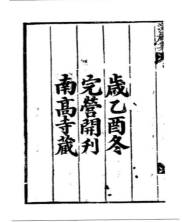

> 『自警編』歲乙酉冬(1765)完營開刊南
> 高寺藏
> 　『浣巖集』[21] 歲乙酉(1765)冬完營開刊
> 南高寺藏

『浣巖集』刊記

이 보관 장소들은 약간 다른 특징을
갖는다. 사찰의 경우에는 주로 문집과
문학서 책판을 보관하였다. 한편, 서원
의 경우에는 문학서와 다른 정치·역사·제도·사회서 등의 책판이 보관되
었다. 이러한 점은 가까이에 있는 서원에서 필요로 하였기 때문에 수시로
인출이 가능하여서 보관한 것으로 보인다.

　셋째, 인근 서점으로 대여되었다.

　사서삼경이 전주에서 서포를 운영하던 탁모 씨에게 대여된 사실이 이
미 기록에 나오고 있고, 많은 증거가 발견되고 있다.

　이처럼 나누어 보관하던 책판은 차츰 전라감영의 기능이 쇠퇴하자 더
이상 보관할 수 없음을 깨닫고 관찰사 趙漢國은 책판을 수습하여 1900년
전주향교로 이전하였다. 『湖南道先生案』의 기록에 의하면, 조한국은 경
상도관찰사를 '1898年(高宗, 고종 光武 2) 8月부터 同年(동년)12月'까지 하고

---

21　『浣巖集』은 조선 후기의 문인 鄭來僑의 문집으로, 1765년(영조 41) 洪子順이 편집하여 洪
　　鳳漢의 주선으로 전라감영에서 간행한 것이다. 4권 2책의 목판본이다. 여기 인용하는 사
　　진은 국립중앙도서관 소장본이다.

전라도관찰사를 '陰更子(1900)八月二十五日到任 癸卯(1903)潤五月二十三日逝'까지 하였다.

이때부터 전주향교에서는 이 책판을 보존하기 위해 갖은 노력을 다하여 오늘에 이르고 있다. 우리는 여기서 유림들이 책판을 어떻게 인식하고 보관해 왔는가에 대해 생각해 볼 필요가 있다. 또한 유림들의 그러한 정신을 높이 기릴 필요가 있을 것이다.

책판이 없이는 책을 생산할 수 없다. 책판은 그 자체로 재료적 정보, 각수 정보, 출판자의 정보, 출판지역의 정보 등 다양한 정보를 제공해 준다. 책을 매우 소중하게 여기는 유림들은 당시의 사회에서 중요시한 책을 인쇄한 감영책판에 대해 매우 큰 매력을 느꼈을 것이다. 전국에서 서원을 중심으로 책판이 많이 보관되어 있는 이유도 바로 유림들이 계속해서 책을 찍어내어 활용하고, 또 선조들이 책판을 보관하는 일이 그 서원의 위상과 관련되었기 때문에 가능한 일이었다. 그리하여 전주향교의 유림들은 완영 책판을 인수하고 나서 실제로 중간에 쇄출을 하면서 책판을 활용하거나 인근 서포에 대여를 해주게 된다.

필자가 소장한 『朱子文集大全』 표지 안쪽에 다음과 같은 기록이 있다. 이를 보면 '癸丑(1913년)' 년에 전주 향교에서 이 책판을 이용하여 인출한 것을 알 수 있다. 전라감영에서 발간한 책은 주로 사대부에게 나누어주는 정도의 출판만이 가능하였기 때문에 일반 가정에서는 보기가 어려웠다.

朱子文集大全一部共六十一冊/　先生沒後七百十三年/　降生
七百八十四年/ 癸丑孟夏於完府鄕校印來

이 완영책판은 1900년 당시 전라관찰사이었던 조한국의 명으로 전라 감영 내에 분산되어 있던 책판을 모아 전주향교에 보존케 하였다. 이에 대해 進士 蘇學奎가 1921년에 찬한 「鄕校冊庫重建記」에 이렇게 나와 있다.(이동희, 2005;116에서 인용)

> "관찰사 조한국이 官庫를 수색하여 傳하는 책판들을 향교에 옮겨 보관케 하여 鄕儒들로 하여금 글을 읽고 그 道를 구하여 평생 무궁히 쓸 것을 장만하게 하였다. 그리하여 도내 사람들만 그 혜택을 입는 것이 아니라, 책을 印出하여 원방에 廣布함이 또한 많아 (타 지역 사람들에게도 그 혜택이 미치니) 다른 향교들이 미치지 못할 바요 가히 一國의 矜式이 됨이라. 噫라, 근년이래로 儒風이 떨치지 못하고 습속이 투박하여 겉치레만을 숭상하고 실지는 向學의 뜻이 없어 향교내 서책의 유실이 많으며, 冊版 (또한 유실이 많아)『朱子大全』, 『性理大全』,『綱目』과『栗谷全書』등만이 남아 있다. 敎本 또한 흩어지고 유실됨이 있으나 수집하는 사람이 없고 책고의 滲漏(삼루)와 傾頹(경퇴)함을 유지할 힘이 없어 책판들이 썩게 될 지경에 놓인지라. 州의 紳士 鶴汀臺 吳榮錫씨가 오직 이것을 두려워하여 척연히 일어나 冊庫를 중건하고 흩어진 판본을 갖추어서 소중히 보관토록 하였다."

1987년 洪斗炫이 기술한 「尊經閣重建記」에 따르면 몇 가지 사항을 이해할 수 있다. 첫째로, 홍두현씨가 전교를 맡아 판목을 정비하였을 때, 그 수가 9천5백여 판이었다는 점이다. 이 수량은 현존하는 책판의 두 배 가량이 되는 수량이다. 둘째로, 四書三經과『小學』의 책판을 冊商 卓某씨에게 빌려주었는데 1920년(경신년) 수재에 유실되어『朱子大全』,『性理大

全』,『栗谷全書』,『東醫寶鑑』,『史記評林』,『三綱錄』,『增修無冤錄』등만 남게 되었다는 점이다. 셋째로, 그후『栗谷全書』缺板을 士人 柳秉養이 私財를 내어 보관하였고, 향교 안의 冊庫가 무너지자 東廡에 책판을 보존하였다. 넷째로, 한국전쟁 때 북한군들이 판목들을 훼손하고 불태웠다는 점이다.

전주향교에서는 1900년 초에 책고(冊庫)를 지어 관리해 오다가, 1987년 전주시에서 장판각을 건립하여 보관하였다.[22] 그러다가 책판이 습기와 병충해로 훼손되자, 전북대학교 박물관에서 사업을 통하여 훈증과 소독을 하였다. 2005년 12월 16일 전라북도의 유형문화재 제204호로 지정되었다. 이후 전주향교에서 전북대학교 박물관에 기탁하여 수장고에 보존·관리되고 있다.[23]

현재 완영책판은 총 5,058개로, 이들 목판의 책판 종류는『資治通鑑綱目』(1,774개),『東醫寶鑑』(151개),『朱子大全』[24](1,471개),『栗谷全書』(491개),

---

22  전라관찰사 조한국(趙漢國)이 부임한 이후, 전라감영에 있던 책판 전부를 향교로 옮겼다. 오영석(吳榮錫)이 사재를 들여 冊庫를 明倫堂 동편에 건립하여 책판을 보관하였다. 그러다가『小學』및 四書三經 책판을 冊商 卓某에게 대여하였으나 庚申年(1920년) 수해로 유실되었다. 수해로 인해『栗谷全書』의 책판이 많이 훼손되었으나 유병양(柳秉養)의 지원으로 보수하였다. 이후 전라선 철도 이설 및 기린로 확장으로 인하여 기존의 冊庫가 헐리게 되었다. 1987년 대대적인 향교 개보수를 할 때, 현재의 장판각(藏版閣)을 세워 책판을 이전하였다. 현재 책판은 전북대학교 박물관에 기탁하여 관리하고 있다.

23  『梁大司馬實記』는 남원 출신인 의병장 양대박(1543-1592)의 충절을 기리기 위해 정조 임금이 충장공의 시호를 내리고 직접 문집 간행을 명하여 전라감영에서 출판된 책이다. 최근『梁大司馬實記』의 목판 208판이 남원향토박물관에 온전히 보관되어 있는 것이 확인되었다. 이 목판은 매우 미려하게 판각되어 있으며, 마구리가 온전한 상태로 결판이 없이 잘 보관되어 있다. 필자의 견해로는 전라감영에서 사용한 목판으로 추정된다.「完營客舍冊板目錄」(1885)에 남원에 소재한 책판으로 기록되어 있다.(남원시 문화예술과, 2020 참조)

24  『朱子大全』은 중국 宋代의 성리학자 朱憙(1130~1200)의 글을 모아 편찬한 문집이다. 121권(원집 100권, 속집 11권, 별집 10권)으로 되어 있다. 이 책은 1771년 전주의 전라감영(完營)

『性理大全』(576개), 『增修無冤錄』(7개), 『增修無冤錄諺解』(46개), 『史記』(483개), 『史略』(57개), 『湖南三綱錄』(1개), 『朱書百選』(1개) 등 11종이다.(한국국학진흥원, 2016;278-540참조)[25]

'전주향교 장판각 목판 정리사업 최종결과보고서(2005)'에 따르면, 이 책판의 재질은 자작나무과에 속하는 목재로, 대체로 가로 40-70㎝, 세로 20-30㎝, 두께 2-5㎝ 이내의 판목으로 양면에 서각되어 있으며, 마구리의 경우 92.2%가 결락되어 있다.

## 5.3. 완영책판의 가치와 의의

완영책판은 단순히 목판으로서 가치뿐만 아니라, 조선시대의 정치와 사회를 이해하고, 책판과 관련된 사회사를 이해할 뿐 아니라, 향후 다양하게 문화적으로 활용할 수 있는 문화재이다. 이 책판의 가치를 몇 가지 들면 다음과 같다.

첫째, 중앙정부의 요청으로 발행한 책을 관청에서 찍은 책판이다. 다른 감영본과 마찬가지로 조선시대 임금의 통치 이념과 당시 사대부들의 의식을 확인할 수 있는 책을 발간한 책판이다. 당시 조선시대를 지배하던 유교적 이념을 공부하는 책으로 전라감영 책이 매우 긴요하게 활용되었다.

둘째, 완영 책판은 완판본의 발달을 가져온 출발점이다. 전라감영에서

---

에서 간행하였다.

25  2005년 정리사업에서는 완영책판이 5,059판으로 보고되었으나, 최근 전북대학교 박물관에서 정밀하게 검토한 결과 5,058판으로 정리하여 『전북지역의 목판자료』(한국국학진흥원, 2016)에 수록하였다.

발간한 완영본은 이 지역의 출판과 인쇄문화를 발전시키고, 고급 한지 생산을 이끌었다. 그리하여 조선 후기에 완판방각본, 태인방각본의 발달을 가져와 서울의 경판본과 쌍벽을 이루게 되었다.

셋째, 완영 책판은 전주의 유림들이 지켜낸 문화유산이다. 완산감영의 기능이 쇠퇴할 즈음, 전라관찰사 조한국의 지혜로 전주향교가 이 책판을 맡아 보관하면서 오늘에 이르게 되었다. 홍수와 전쟁을 거치면서 유학자들이 책판을 잘 보관하였기 때문에 오늘 최고의 책판을 보유하게 되었다.

넷째, 완영 책판이 감영 책판으로는 가장 많은 책판을 보유하고 있다. 현재 전주향교가 보유하고 전북대학교 박물관이 소장하고 있는 완영책판은 5,058 판으로 전국에서 가장 많은 감영 책판을 보유하고 있다. 이 책판은 규장각에 소장된 경상감영 책판과 함께 우리나라 감영책판을 대표하는 책판이라 할 것이다. 완영책판의 보관과 처리에 대한 지원을 위하여 전주시와 전라북도 지자체의 적극적인 지원이 매우 필요한 시점이다.

다섯째, 현존하는 전라감영의 유물이라면 완영본, 완영책판, 고문서가 대부분이다. 현재 전라감영이 복원되어 준공되었다. 전라감영에 유물이 전시된다면 완영에서 발간한 책, 책판, 그리고 고문서가 다양하게 전시될 것이다.

## 6. 완판 방각본의 발달

전라감영에서 인쇄출판의 기능이 차츰 약화될 즈음에 전라감영에서 책을 출판하던 각수들은 생계를 위하여 민간 출판소로 진출할 수밖에 없었을 것이다. 그리하여 당시 사간본이라 일컬어지는 책을 찍은 서포에서 일을 하였을 것으로 추정된다.

전주에서는 남문시장의 발달, 한지의 대량 생산, 숙련된 각수, 먹의 생산과 같은 지역의 기반 시설이 발달하였고, 조선 후기부터 일제강점기에 이르기까지 서당이 늘어나고, 중산층의 의식이 높아지면서 책을 요구하는 수요자가 급격히 늘어나기 시작하였다.

그리하여 동시대에 서울, 안성, 전주, 태인, 대구와 같은 큰 시장에서는 방각본 책을 양산하는 경향을 보이기 시작한다. 그리하여 활자본이 나오기 전까지 지방에서는 목판 방각본이 양산되었다.

한편, 전라감영에서 발간한 책들은 주로 사대부들이 보는 책이어서 민간에서 보기가 쉽지 않았다. 따라서 지역의 선비들은 이 책을 구하기 위해 노력했을 것이다. 일부에서는 책을 빌려 베껴서 보기도 하고, 일부에서는 책판을 소유한 전주향교에서 인출을 시도했을 것이다. 또 다른 한편으로는 서점에 이 책을 찍을 것을 요구하기도 했을 것이다.

그리하여 서포를 운영하던 주인들은 전주 향교에서 이 완영책판을 임대하게 되었다.

## 6.1. 완판 방각본과 완영본의 영향

방각본은 판매용 책이다. 방각본이 발달한 지역을 살펴보면 대체로 상업의 중심지이다. 서울의 경우에도 남대문 시장을 중심으로 청계천, 종로 인근이 경판방각본의 출판소이다. 안성판도 역시 시장을 중심으로 발달하였고, 달성방각본도 역시 시장을 중심으로 발달하였다.

전주의 경우, 전라감영이 전주에 위치하고 있었기 때문에 전주 남문밖 시장과 서문밖시장이 발달하였다. 전라도 전 지역에서 전주 시장으로 모여들어 물건을 구입하였다. 전라감영에서 중앙에 한지를 올리고, 책을 찍고, 생활용품으로 사용하기 위하여 수많은 한지를 생산하였다. 전주의 한지는 서울 등 각지에 공급되었다.

조선 후기를 대표하는 책판의 목록을 담은 '冊板 目錄'이 있다. 그 가운데에서 '完營客舍冊板目錄', '各道冊板目錄', '冊板錄' 등 몇 가지 책판 목록에는 전주의 책방에서 출판한 책판의 목록을 '私板'이라고 표시하고 있다.

그런데 특이하게 1750년경에 쓰인 '諸道冊板錄'에서는 조금 더 구체적으로 '南門外私板', '西門外私板'으로 표시하고 있다. '南門外'는 '남문밖'이나 '남밖'으로 불렸고, '西門外'는 '서문밖'으로 불렸다.

필자의 판단으로는 '南門外'라는 이름에 적절한 출판소는 '七書房'이 중심이 되었을 것이다.[26] '七書房'은 사서삼경을 찍어낸 대표적인 출판사이고, 또한 한문소설 『九雲夢』을 찍어낸 곳으로 알려져 있다. 비슷한 시기에 나온 『剪燈新話』도 '諸道冊板錄'에서 '南門外私板'으로 분류되어 있다.

'西門外'는 전주에서 가장 오래된 서점인 '서계서포'를 말한다고 할 수 있다. 이미 여러 책의 간기에서 '西門外'가 보인다.

---

26  서울 新舊書林에서 大正 3년(1914년)에 발행된 『備旨句解 孟子集註』의 맨 뒷장에는 전주 칠서방의 고무인이 찍혀 있다. 이는 서울의 新舊書林과 전주의 七書房이 협약을 맺어 책을 교류한 증거다. 이 고무인의 주소에 '南門外'로 나온다. 고무인의 내용에 '全州南門外西天里/七書房/主 張在彦'으로 나온다.

『少微家熟點校附音通鑑節要卷之十三』道光十一年(1831)辛卯八月日
西門外開板 崔永□
『喪禮初要』光武七年(1903) 癸卯秋 完山西門外 重刊


이처럼 조선시대 후기 여러 책판 목록에 보이는 이 '私板'의 존재로 미루어 볼 때, 이미 1700년대 중반 이전에 사적인 출판을 하는 출판소가 존재한 것으로 볼 수 있다.[27]

조선 후기 전주를 대표하는 출판소로는 西溪書鋪, 多佳書鋪, 文明書館, 完興社書鋪, 昌南書館, 七書房, 梁冊房 등이 있었다. 이 출판소들은 책을 발간하고 동시에 판매를 하던 인쇄소 겸 서점이었다. 이 서점들은 서울, 대구 등 전국과 교류를 하는 매우 큰 출판사로 자리하고 있었다.

방각본은 '조선시대에 민간의 출판업자가 영리(판매)를 목적으로 출판한 책'을 말한다. 따라서 완판방각본은 '조선시대에 전북 전주에서 민간의 출판업자가 영리를 목적으로 출판한 책'을 말하는 것이다.

전주를 중심으로 발간한 완판방각본은 태인방각본과 더불어 전국적으로 잘 알려져 있다. 전주와 태인에서 방각본을 출판한 사실은 이 지역이 다른 지역보다 여러 면에서 훨씬 발달되어 있음을 알 수 있다. 전주에서 방각본이 탄생한 배경에는 전라감영의 소재지, 전국 3대 시장인 남문시장, 전국 최고 품질의 한지 생산, 숙련된 각수들 양성, 우수한 먹 생산, 판소리의 발달 등 많은 요인이 있다. 완판방각본의 발달에는 전라감영의 인

---

27  일반적으로 완판방각본의 시작은 『童蒙先習』으로 보고 그 발간연도를 1714년으로 보고 있다.

완판본 인쇄·출판의 문화사적 연구

쇄문화가 바탕이 되었음을 알 수 있다.

## 6.2. 완영본의 방각본화

『전주향교지』(2004, 761-762)에 실린 1921년의 「鄕校冊庫重建記」에 의하면, '책고에 보존되던 책판 중 『小學』과 '四書三經'은 冊商 卓某씨에게 빌려 주었다가, 경신년(1920) 수해로 유실되었다.'고 기록하고 있다. 이때 탁모씨는 당시 가장 큰 서점을 운영하던 서계서포 주인 탁종길 씨를 말하는 것이다. 이러한 기록은 전라감영 책판이 전주의 서포로 임대된 것을 확인하는 소중한 증거가 되는 셈이다.

그러나 '사서삼경'과 『소학』은 사실상 卓種佶 씨가 운영하던 '西溪書舖'나 '文明書館'에서 찍지 않았다. 오히려 '七書房'에서 주로 이 책을 찍어내어 서울까지 판매하게 되었다. 따라서 향교에 있던 책판 중 사서삼경과 『소학』 책판은 탁종길 씨가 임대를 했지만 실제로는 칠서방으로 재임대되어 책을 인출했을 것으로 추정된다.

여기서 '사서삼경'의 刊記에 인쇄된 '全州府河慶龍藏板'의 경우에 실제로 河慶龍이란 인쇄업자가 판각하여 만든 책이 아니고, 전라감영이나 전주부 소속으로 있던 책판을 임대하여 뒤에 개인의 간기를 넣어서 20세기 초에 출판한 것으로 추정된다.

'서계서포'의 주인은 '탁종길(卓種佶)'이다. '탁종길(1883-1947)'은 그의 나이 27세 무렵 '서계서포'를 운영하다가 그 후 업종을 바꾸었다. '서계서포'에서 인쇄업자로 일하던 '양원중(梁元仲)'의 동생이 바로 '양진태(梁珍泰)'인데, 원래 '양책방'으로 1908년경에 영업을 하였는데 1915년경에 '서계서포'를 흡수하여 '다가서포'로 합쳐서 경영하였다.

'다가서포'는 서계서포를 인수하여 1916년 한글고전소설을 비롯한 판매용 책을 인쇄하고 판매한 전주의 대표적인 서점이다. 특히 1916년 발간된 『열여춘향수절가』는 완판본 『춘향전』의 가장 대표적인 소설이다. 따라서 완판본을 대표하는 서점이라고 말할 수 있다. 여기서 인쇄된 『열여춘향수절가』, 『심청전』, 『홍길동전』 등 완판본 한글고전소설은 우리나라를 대표하는 고전소설이다. 그래서 '서계서포'와 '다가서포'에서 찍은 책이 거의 같다.

『論語諺解』의 간기

전라감영본은 대체로 18세기에서 19세기에 많이 간행된다. 그러다가 개인들의 요구에 따라 19세기에 조금씩 인출된다. 이후 19세기말, 20세기초에 방각본으로 대량 출판된다. 필자가 확인한 바에 의하면 『東萊博義』, 『東醫寶鑑』, 『朱書百選』, 『杜律分韻』, 『史記英選』, 『栗谷先生全書(擊蒙要訣)』, 『華東正音通釋韻考』 등은 후쇄본들이 아주 다양하게 나타나는 것으로 보아 20세기 초기까지 상당한 양이 방각본으로 출판된 것으로 보인다.(이태영, 2016:292)

완판본 인쇄·출판의 문화사적 연구

『東萊博議』의 배지　　　　　　　　　『朱書百選』의 백지

　『精選東萊先生左氏博議句解』는 南宋의 학자인 呂祖謙(1137-1181)이 『春秋左氏傳』의 記事 가운데 治亂과 得失의 자취를 남긴 사건을 선택하여 설명한 역사평론서이다. 『東萊博議』혹은 『左氏博議』라 불리며 과거를 준비하는 사람들의 교육을 목적으로 하는 科文體의 형식이다.

　완판방각본 『精選東萊先生左氏博議句解』天·地·人 세 권의 표지의 배지에 완판본 『孟子諺解』가 인쇄되어 있다. 또한 卷之一의 앞표지의 간지에 '東萊卒後七百三十二年 癸丑(1913)季春 賣于完南溪書房'이란 賣得記가 있어서 완판본임을 알 수 있다. 여기서 '癸丑'은 1913년에 해당하는데, '完南溪書房'은 '七書房'으로 추정된다.

　『東醫寶鑑』은 25권 25책으로, 서울 내의원에서 출간한 책을 전라감영 (完營)에서 다시 복각한 책이다. 조선 최고의 의학서이다.

　방각본으로 출판된 『東醫寶鑑』은, 첫째로 배지에 다른 책이 인쇄되어 있다. 필자 소장의 『東醫寶鑑』의 경우, 배지에 『東醫寶鑑』이 인쇄되어 있다. 또한, 1892년판『삼국지삼권이라』의 배지에『東醫寶鑑』이 인쇄되어 있다. 둘째는 20세기 초에 나오는 책의 규격이 한지의 사용을 최소화하기 위하여 원래 책보다 작아졌다. 완판방각본으로 출판된『東醫寶鑑』은 1800년대 중엽에서 1900년대 초까지 발행된 것으로 추정된다.

『朱書百選』은 正祖가 朱熹(1130~1200)의 글 중에서 요긴한 내용을 뽑아 1794년(正祖 18) 內閣에서 간행한 책이다. 완영본『朱書百選』은 1795년(正祖 19) 전라감영(完營)에서 간행하였다. 필자 소장의『朱書百選』의 경우, 1권 앞표지의 배지에『全韻玉篇』, 2권의 앞표지의 배지에는『通鑑』, 뒤표지의 배지에는『全韻玉篇』이 인쇄되어 있다. 책의 크기를 완영본보다 줄여서 인쇄하였다.

이『朱書百選』의 경우는 아주 특이하게도 책판이 분실된 부분을 보관을 하지 않은 채, 그냥 출판을 하였다. 그리하여 책판이 결판된 경우는 백지를 끼워 넣어서 그대로 출판하여 소비자가 그 부분을 필사할 수 있도록 배려하였다. 또한 필자 소장의『朱書百選』에는 전주 多街書鋪에서 발행하는 책의 목록이 들어 있어서 전라감영본 책판이 다가서포에 임대되어 방각본으로 대량 인쇄되었음을 알 수 있다. 이 목록에 제시된 전라감영의 책은『四禮便覽』,『朱書百選』,『史記英選』,『杜律分韻』,『擊蒙要訣』등이 있다.

방각본으로 출판된『朱書百選』이본의 경우, 앞뒤 표지의 배지에 모두 한글고전소설이 인쇄되어 있어서 방각본으로 출판된 것을 확인시켜 준다.

『四禮便覽』은 陶菴 李縡(1680~1746)가『朱子家禮』의 법을 중심으로 여러 학설을 조정하고 통합한 禮書이다. 완판방각본『四禮便覽』은 1916

權大銖 商店의 고무인

년 전주 多佳書鋪에서 판매용 책으로 간행하였다는 판권지가 부착되어 있다. 이는 완영본 책판이 출판업자에게 대여가 되면서 방각본으로 재간행되었다.

『杜律分韻』은 당나라 두보의 시를 정조의 명으로 간행한 책이다. 1790년 간행한 완영본의 간기가 분명한 『杜律分韻』에 경북 봉화에 있던 책방 '權大銖 商店'의 고무인이 다음과 같이 찍혀 있다.[28]

穀物官鹽 釀造業 漢藥貿易/ 慶北 奉化郡 春陽面 德邱里/ 權大銖
商店

이 상점은 여러 가지 물건을 파는 잡화점으로 이해된다. 그러니까 책들이 잡화점에서도 판매된 것으로 판단된다. 이러한 증거로 볼 때, 『杜律分韻』 책판은 전주의 다가서포에 대여되어서 방각본으로 찍혀 팔린 것으로 보인다.[29]

『栗谷全書』는 李珥의 詩文集이다. 1742년(영조 18) 李縡가 이이의 5대손인 鎭五 등과 상의해 시집·문집·속집·외집·별집을 한데 합하고, 『聖學

28    여기 인용하는 『杜律分韻』 사진은 전주시청 소장본이다.
29    완영본은 사대부들을 위한 책이었으므로, 지역 선비들은 이 책을 구하여 필사하려고 노력하였다. 그리하여 여느 책과 마찬가지로 필사본이 많이 존재한다.

輯要』・『擊蒙要訣』 등을 첨가해 1749년『栗谷全書』라는 이름으로 바꾸어 간행하였다. 『華東正音通釋韻考』는 1747년(영조 23)에 朴性源이 저술한 韻書이다.

완영본이 방각본으로 출판된 책의 내용은 성리학, 의학, 운학, 학습서 등인데, 이는 당시 대중들에게 필요한 책이 방각본으로 거듭 발간된 것이다.

# 7. 결론

이 글에서는 이제까지 완영본과 완영책판에 대해 논의하였다. 그 결과를 요약하면 다음과 같다.

첫째, 전라감영은 500여 년간 전주에 소재하면서 호남의 수도로서 기능을 하고, 정치, 경제, 문화가 발달하도록 크게 이바지하였다.

둘째, 기존의 책판 목록과 새로 확인된 사항을 종합한 결과로 볼 때, 전라감영의 중요한 기능인 인쇄출판 기능을 통하여 완영본 책을 87종을 발간하였다. 그러나 여기에 희현당에서 출판한 책 3종과 전주부 간기가 있는 책 4종을 합하면 94종이 된다.

셋째, 전주부에서 출판된 책, 특히 전라관찰사가 전주부윤을 겸직하고 있던 시기에 출판된 책은 전라관찰사의 영향 하에서 출판된 것이기 때문에 완영본으로 처리하는 게 필요할 것이다. 이 점은 계속 연구되어야 할 사항이다.

넷째, 완영 책판이 서포로 임대되어서 방각본으로 출판된 책이 상당하다. 당시에 매우 필요한 책이었기 때문에 수요가 있었던 것으로 파악된다. 그리하여 일부 책은 다른 지방으로도 팔려나갔다.

다섯째, 완영 책판은 전국에서 전주향교가 가장 많이 보유한 감영 책판이다. 따라서 완영책판, 감영의 고문서, 완판본을 합쳐서 연구한다면 세계문화유산에 등재할 수 있을 것이다. 또한 규장각에 보관된 경상 감영의 책판과 함께 연구한다면 이 또한 세계문화유산으로도 등재할 수 있을 것이다.

아직 미진한 부분의 연구가 매우 필요하다. 예를 들면 완영본이나 전주부본 옛 책 한 권에 대한 전체적인 비교 연구가 필요하고, 전라도 관찰사와 전주부윤에 대한 종합적이고 깊이 있는 연구가 필요할 것이다.

금복현·장신홍(1990), 『전통 부채』, 빛깔있는 책들 13, 대원사.

金聖洙(2010), 「忠淸監營과 淸州牧의 간행도서에 관한 분석」, 『서지학연구』 45, 33-63.

김남기(2017), 「규장각 소장 영영장판의 현황과 성격」, 2017년 영남문화연구원 기획 학술대회 『영영장판과 영남의 출판문화』 소재, 15-35.

김덕호·조숙정(2007), 『2007년도 민족생활어 조사 6(김치, 젓갈, 장아찌)』, 국립국어원.

김삼대자(1973), 『전통 목가구』, 대원사.

김치우(1999), 「朝鮮朝 前期 地方刊本의 硏究 -冊板目錄 所載의 現存刊本을 中心으로 -」, 성균관대박사학위논문.

남권희(2007), 「전주지역의 출판문화 연구 : 한국 출판문화사에 있어서 완판본이 갖는 의미」, 국어문학회 2007년도 춘계 전국학술발표대회 자료집, 43-61.

남원시 문화예술과(2020), 「『梁大司馬實記』목판 조사보고서」, 한국국학진흥원.

류탁일(1985), 『완판 방각소설의 문헌학적 연구』, 학문사.

소순열·원용찬(2003), 『전북의 시장 경제사』, 전라문화총서 11, 신아출판사.

손계영(2011), 「조선후기 책판의 간행공간에 관한 연구 - 한국국학진흥원 소장 책판을 중심으로 -」, 『서지학연구』, 49, 359-388.

손계영(2017ㄱ), 「경상감영의 출판과 간행본의 특징」, 2017년 영남문화연구원 기획 학술대회 『영영장판과 영남의 출판문화』 소재, 71-105.

손계영(2017ㄴ), 「조선후기 경상감영의 출판과 간행본의 특징」, 『영남학』 61권 (2017), 85-116.

신부자(1998), 『전라도 장인 33인』, 혜안.

신양선(19976), 『조선후기 서지사』, 혜안.

옥영정(2011), 「조선시대 완영의 인쇄문화에 대한 고찰」, 『서지학연구』 50, 433-470.

윤병태(1990), 「希顯堂鐵字考」, 『서지학연구』 5·6.

윤원호(1988), 「조선시대 전북지역의 경제」, 『전라문화논총』 2집, 11쪽.

이동희(2005), 「전라도 완영책판의 인출과 보존」, 『전주향교 장판각 목판 정리사업 최종결과보고서』, 전주시·전북대학교박물관.

이동희(2016), 「전라감영과 지방통치」, 『전라감영 특별전 도록』, 전주학총서 35, 118-131.

이승철·구자운(1999), 『한지의 역사』, 소호산림문화과학연구보고서 제2집.

이태영(2001), 「完板(全州板) 坊刻本 한글 古小說의 書誌와 言語」, 정광교수회갑기념논문집.

이태영(2001), 「전라감영의 인쇄문화가 지역사회에 끼친 영향」, 경상감영 400주년 기념 제15회 한국향토사연구 전국학술대회 발표 논문 초록(향토사연구 2002년 제13·14집에 수록).

이태영(2004ㄱ), 「개화기 시대의 출판 문화를 통해서 본 전주 시민의 정신」, 전주의 문화 정체성, 전라문화총서 12, 신아출판사.

이태영(2004ㄴ), 「지역 전통 문화의 기반 구축과 그 활용 방안 - 완판본 한글 고전소설의 데이터베이스 구축과 그 활용을 중심으로 -」, 『민족문화논총』 30집(영남대), 273-304.

이태영(2007) 「새로 소개하는 완판본 한글고전소설과 책판」, 『국어문학』 43집, 29-54.

이태영(2008), 「전라감영과 시장의 발달이 호남문화에 끼친 영향」, 『전라감영연구』, 전주역사박물관·전라문화연구소, 165-190.

이태영(2013), 「완판본의 개념과 범위」, 『洌上古典硏究』 38, 9-36.

이태영(2014), 「완판본에 나타난 刊記의 특징」, 『洌上古典硏究』 42, 321-350.

이태영(2015), 「완판본 출판과 지역민의 의식세계」, 『전주학연구』 9, 전주역사박물관.

이태영(2016), 「배지를 활용한 완판본 연구」, 『洌上古典硏究』 49, 281-311.

이태영(2017), 「전라감영과 지방감영의 출판 연구」, 『전라감영 원형과 복원』, 전주시 출판 예정.

이희권(2008), 「전라감영의 조직구조와 관찰사의 기능」, 『전라감영연구』 소재, 3-41.

장명수(1994), 『城郭發達과 都市計劃 硏究 - 全州府城을 中心으로 -』, 학연문화사.

장명수(2020), 『전라도 관찰사 밥상』, 북코리아.

鄭亨愚·尹炳泰(1979), 『韓國冊板目錄總覽』, 한국정신문화연구원.

정형우·윤병태(1995ㄱ), 『한국의 책판목록(상, 하)』, 연세대학교 국학연구원 국학연구 총서 4, 보경문화사.

정형우·윤병태(1995ㄴ), 『한국의 책판목록(보유·색인)』, 연세대학교 국학연구원 국학 연구총서 4, 보경문화사.

조희웅(1999), 『古典小說 異本目錄』, 집문당.

천혜봉(2010), 『한국 서지학』, 민음사.

최지선(2005), 「조선시대 호남관찰영본에 대한 서지적 연구」, 전북대 문헌정보학과 대학원 석사논문.

한국국학진흥원(2016), 『전북지역의 목판자료』, 한국국학진흥원 목판연구소.

홍성덕·김철배(2005), 「전주향교 완영책판(完營冊板) 보존현황 및 활용방안」, 『고문 화』 65, 81-106.

홍정실·손재식·강봉규(1990), 『장석과 자물쇠』, 대원사.

# 3부

## 완판본과 전북의 교육

3부에서는 전라감영의 교육기관인 희현당에서 희현당철활자로 만든 책의 종류와 그 의미를 알아보고, 전북 태인에서 찍은 초기 방각본의 의미와 시대적 배경을 통하여 당시 전북의 교육에 대해 살펴본다.

# 제5장 | 희현당 철활자의 탄생 배경에 대한 연구

## 1. '희현당 철활자'에 대한 견해

학계에서 논의하고 있는 '희현당 철활 자'에 대한 의견은 크게 두 가지로 나뉜다. 하나는 '希顯堂鐵活字'란 용어를 사용하는 경우와 다른 하나는 '整理字體鐵活字'란 용 어를 사용하는 경우이다.

윤병태(1990:23)에서는 이 활자를 '希顯堂 鐵字'로 명명하고, 이 활자로 인쇄한 책을 79종을 찾아, 인출시기에 따라, 전기, 중기, 후기, 미상본으로 나누어 제시하고 있다. 손보기(1982)에서는 '希顯堂字'로 이름 하고 있다. 남권희(2010)는 '希顯堂鐵活字'로 이름하고, 이 활자는 정조년간 말기에 민간이 주조하여 상업적으 로 사용한 활자로, '정리자를 닮게 만든 철활자'로 보고 있다.

천혜봉(1998:149)과, 천혜봉(2010:397)에서는 정리자체를 닮게 만든 철활자란 뜻으로 '整理字體鐵活字'라 명명하고 있다. 정조조 말기 무렵에 민간이 주조하여 상업적으로 사용해 온 활자로 찍은 책을 '整理字體鐵活字本'이라고 이름하고 있다. '整理字體鐵活字'는 순조조 이후에서 대한제국 말기까지 호남과 서울 등에서 문집, 족보, 경서, 훈몽서, 한의서, 역상서, 지리서, 거의록, 창의록, 충의록, 효행록 및 그밖의 각종 전기류 등 각계각층이 원하는 책을 찍어 주었다고 보고 있다. 한편, 김두종(1981:343)에서는 '정리자체목활자'로 이름하고, 이 활자는 정리자인본을 자본으로 하여 그대로 모각한 목활자로 보고 있다.

현재 전주에서 19세기에 철활자로 찍고 간기가 정확하게 알려진 책은 『孟子集註大全』, 『朴公贈吏曹參判忠節錄』, 『蘭谷先生年譜』 등이다. 『孟子集註大全』은 14권 7책으로, 마지막 권말에 '乙丑四月豊沛鑄印'이라는 간기가 있다. 『朴公贈吏曹參判忠節錄』은 1책으로 '崇禎 紀元後 癸未 孟夏 希顯堂 開刊'이라는 간기가 있어, 순조 23(1823)년 4월에 희현당에서 인출하였다. 고종 13년(1876) 김시걸의 『蘭谷先生年譜』는 그 발문에 '希顯堂 活字印'의 기록이 있다. 따라서 전주에 있던 희현당에서 활자를 이용하여 책을 찍은 것이 분명하다.

그렇다면 이 철활자가 전주에서 만든 것인가 하는 점이 매우 중요한데, 그런 정확한 증거는 남권희(2010)에서 자세히 밝히고 있다. 이 글에서는 위의 견해를 참고하여 희현당철활자가 전주에서 만들어진 여러 가지 배경을 살펴보고자 한다. 그리하여 '희현당'의 교육기관으로서의 역할, 희현당철활자로 찍은 옛 책들, 전라감영의 역할, 풍패지향(豐沛之鄕)으로서의 전주의 역할, 야장(冶匠)의 역할 등을 살펴, 희현당철활자가 전라감영

의 지원 아래에서 주조되어 교육용 책을 발간한 후에, 민간이 임대하여 상
업적으로 이용한 것으로 보고 그 배경을 살펴보고자 한다.

## 2. 희현당 철활자와 옛 책의 종류

### 2.1. 희현당의 역사

희현당(希顯堂)은 전라감사(觀察使兼兵馬水軍節度使巡察使全州府尹) 김시걸[1](金
時傑)이 1700년에 옛 사마재(司馬齋 : 生員과 進士의 講學所)가 있던 터에 창건
한 樓亭으로 유생들의 학당으로 사용한 곳이다. 성인이 되고 현인이 되기
를 바란다는 희(希) 자와, 입신양명해서 부모의 이름을 드러낸다는 현(顯)
자를 취하여 희현당(希顯堂)이라 하였다.[2] 전라북도 전주시 화산동에 위치
하고 있던 '희현당'(현 전주신흥고등학교)에서는 19세기에 여러 책이 출판되

---

1    『조선왕조실록』에 김시걸이 전라도관찰사로 임명되는 사실을 적고 있다.
        *이야·민진주·김시걸에게 관직을 제수하다(숙종실록 33권, 숙종 25년 윤7월 7일 계묘 1번
     째기사 1699년 청 강희(康熙) 38년)
        이야(李壄)를 승지(承旨)로, 민진주(閔鎭周)를 대사성(大司成)으로, 김시걸(金時傑)을 전
     라도 관찰사(全羅道觀察使)로 삼았다. 【태백산사고본】 36책 33권 30장 B면【국편영인
     본】 39책 536면
2    1707년 전주에 건립된 '完山希顯堂事蹟碑'에 나오는 '희현'이라는 글을 해석한 내용을
     인용하면 다음과 같다.(전라북도금석문대계, 전주시편, 30쪽 참조)
        "학교가 완성되매 공은 선비들에게 바램(希)이 없으면 과녁이 없이 활을 쏘는 것 같
     아 마음을 둘 곳이 없고, 그것을 나타낸(顯)는 욕구가 없으면 각자가 부지런하였다
     가도 게을러져 학업을 이어나갈 수 없다고 여겨 특별히 희현(希顯) 두 글자로 당명(堂
     名)을 삼았다."

었다. 특히 이 책을 출판하면서 만들었던 무쇠 활자는 '希顯堂 鐵活字'로 불리고 있다.

1743년에 세워진 '희현당중수사적비'(希顯堂重修事蹟碑)에 따르면, 1715 년 관찰사 이집(李㙫)이 중수하려다 이임하는 바람에 뜻을 이루지 못하였 다가 그 아들 이주진(李周鎭)이 1738년 관찰사로 도임하여 건물을 넓히는 한편, 학생 선발 등 학칙 40여 조목을 마련하였다. 이 건물은 1907년 신흥 학교 교사로 사용되다가 소실되었다. 1707년에 세워진 '완산희현당사적 비'(完山希顯堂事蹟碑)는 김시걸의 업적을 기록한 것이다. 신흥학교 뒤 황학 대 기슭에 묻혀 있던 것을 다시 신흥학교 교정에 세웠다.[3]

『湖南道先生案』의 관찰사 김시걸

1707년에 세워진 '完山希顯堂事蹟 碑'에 따르면, 전라관찰사 김시걸은 '학 문을 일으키고 인재를 기르며 백성을 교화할 임무를 제일 급한 일로 여겼다' 고 한다. '요 근래 몇 십 년 동안 학문의 전통은 이어지지 않았고 곳간에는 제 대로 쓸 만한 재물이 없는 형편'이어서 '수천 꿰미 돈을 내어 서사(書舍) 한 구 역을 지어 배우는 이들의 장소로 삼고 기타 즉 사마재 옛 터에 숙소와 거처하 는 공간을 만들었다'고 한다. 김시걸의 '흥학육재(興學育才)의 도'를 위한

---

3    유연대(油然臺)는 전주시 완산구 중화산동 신흥중고등학교 뒤에서부터 시작하여 도토리 골과 어은골을 거쳐 진북사(鎭北寺)에 이르기까지 남북으로 뻗친 산줄기를 가리킨다.

것이었다. 특히 '희현'(希顯) 두 글자를 당 이름으로 내어 걸었다. 이러한 노력은 '세상에 쓰일 인재를 모자라지 않게 함에 있다'고 하고 '우리 고을 사람들로 하여금 글과 재주를 익힐 수 있는 장소를 얻도록 하였다'고 한다.(전라북도금석문대계, 전주시편, 30쪽 참조) 결국 전라관찰사 김시걸은 호남의 인재를 양성하고 교육하기 위해 큰 돈을 들여서 희현당을 지은 것이다.[4]

1743년에 세워진 '希顯堂重修事蹟碑'에 따르면 완산은 곧 '풍패의 옛 고을'이며 '호남의 도시'이다. 전라관찰사였던 이집(李㙫)이 을미년 관찰사로 재직할 때에 또한 중수하고자 하는 뜻을 세웠으나 병으로 갈려 돌아가 끝내 뜻을 이루지 못하였다. 무오년에 아들인 이주진(周鎭)이 관찰사로 부임하여 선고(先考)의 뜻을 받들어 몇 천금이나 되는 재물을 들여 옛 당우를 잘 수리하고 새

『湖南道先生案』의 관찰사 이주진

롭게 하였다. 더욱이 학장(學長)을 겸하고 별다르게 내감(內監)을 두며 고사(庫舍)를 옮기고 인재를 모아 다시 초선(抄選) 등의 법을 더하니 모두 전에는 없던 일이며 그 외에도 40여 절목을 두어 행하니 선비를 기르는 아름다운 규제가 이 이상 더할 수 없었다.

당우에 '집안에 들어서는 효도하고 나아가서는 공경하며 충성과 믿음

---

4    『湖南道先生案』 사진은 전라북도청에 소재한 책을 인용한다.

과 독행과 공경을 잃지 않고, 널리 배우고 살펴 삼갈 것이며, 밝게 분별하고 두터이 실행할 것이다.'(入孝出悌 忠信篤敬 博學審愼 明辯篤行)라는 16글자를 써 붙이고 권하였으니 실제 학문에 힘써 옛 성인의 밝은 가르침을 능히 얻을 수 있도록 하려는 데 있었다. 비석을 세우는 이유는 문치(文治)의 교화와 흥학(興學)의 정사에 있다고 하였다.(전라북도금석문대계, 전주시편, 38쪽 참조)

## 2.2. 정리자체철활자와 희현당철활자[5]

정조 임금은 1792년에 나무로 生生字 32만자, 1796년에 생생자를 바탕으로 금속활자인 整理字 30만자를 주조하게 하였다.(이재정, 2010;138) 『정조실록』(정조실록 44권, 정조 20년 3월 17일 계해 1796년)에는 정조가 정리주자가 완성되자 전교를 내렸다.

"임자년에 명하여 중국의 四庫全書 聚珍板式을 모방하여 字典의 자본을 취해서 黃楊木을 사용하여 크고 작은 글자 32만여 자를 새

---

5 국가에서 임금이 왕실의 권위를 상징하고자 할 때, 금속활자를 만들어 책을 찍어내었다. 세계 최고의 금속활자로서 고려시대의 '證道歌字本'(증도가자본), '詳定禮文字本'(상정예문자본), '興德寺字本'(흥덕사자본) 등이 있고, 조선시대의 '癸未字本(계미자본, 1403년)', '庚子字本(경자자본, 1420년)', '甲寅字本(초주 갑인자본, 1434년)', '丙辰字本(병진자본, 1436년)', '庚午字本(경오자본, 1450년)', '乙亥字本(을해자본, 1455년)', '丁丑字本(정축자본, 1457년)', '戊寅字本(무인자본, 1458년)' 등 수많은 금속 활자가 만들어졌다. 특히 '초주 갑인자본(甲寅字本,1434년)'으로는 한글 문헌인 『月印千江之曲』과 『釋譜詳節』을 1447년에 찍어냈다.
철로 만든 활자는 국가와 민간에서 만든 것으로 알려져 있지만, 국가에서 허락을 받아야 하고, 재정과 기술이 결합해야 했기 때문에 아무 곳에서나 만들 수는 없는 활자였다.

기어 '生生字'라고 이름하였다. 을묘년에는 《정리의궤(整理儀軌)》및
《원행정례(園幸定例)》 등의 책을 장차 편찬·인행하려는 계획 아래
명하여 생생자를 자본을 삼아서 구리로 활자를 주조하게 하여 크
고 작은 것이 모두 30여 만 자였는데 이를 '整理字'라 이름하여 奎
瀛 新府[6]에 보관하였다."


『弘齋全書』에서도 정조는 '인쇄가 간편하고 빠르며 비용과 수고를 줄
일 수 있어서 중국의 취진판식보다 도리어 더 나으니'라고 활자의 제작
목적을 밝히고 있다.(이재정, 2010:141) 그러나 이재정(2010:145)에서는 정조
연간 금속활자로 인쇄한 책들이 御製, 御定書 등임을 들어서 정조가 활자
를 국가와 왕실의 권위를 대변하는 것으로 생각하고 있었던 것으로 해석
하고 있다.

김두종(1981;343-4)은 '정리자체목활자'라 칭하고 이 활자는 정리자인
본을 자본으로 하여 그대로 모각한 목활자로 보고 있다. 다음 책들이 해당
된다.

家禮集考 8권 8책(순조1년, 1801), 文谷年譜 2책(순조2년, 1802), 馬方
統彙 4책(순조2년, 1802), 孟子集註大全 5책(순조2년, 1802), 論語集註大
全 3책(순조2년, 1802), 編註醫學入門 19책(순조2년, 1802), 兒戲原覽 1
책(순조3년, 1803), 寒喧箚錄 3책(순조3년, 1803), 順興安氏保宥錄 1책
(순조3년, 1803), 屛溪集 30책(순조 초경), 心經附註 2책(순조 초경), 野堂
遺稿 10책(순조15년), 창연집 5책(순조18년), 活溪先生遺稿 1책(순조22

---

6    정조 말년에 新進의 文臣들을 뽑아 鑄字所에 수직하게 하고 '奎瀛新府'라 이름하였다.

년), 芹谷遺稿 2책(순조24년), 濯溪集 5책(순조28년), 明齋遺稿 33책(순
조 말경), 陶菴先生集 25책(고종5년), 桃源遺蹟 1책(철종10년, 1859), 泊
翁詩抄 4책(철종10년, 1859), 時憲紀要 2책(철종11년, 1860), 慶州李氏
金石錄 10책(고종5년), 南山集 2책(고종10년), 桐溪年譜 1책(고종12년,
1875)

윤병태(1990:23)에서는 이 활자를 '希顯堂鐵字'로 명명하고, 이 활자로
인쇄한 책을 79종을 찾아, 인출시기에 따라, 전기, 중기, 후기, 미상본으로
나누어 제시하고 있다. 남권희(2010)에서는 '희현당철활자'로 이름하고[7],
윤병태의 인출 시기에 따라 105종류를 제시하고 있다.[8](*점이 있는 책은 윤
병태에서도 언급한 책이다.)

희현당철활자 中字

---

7    남권희(2010:80)에서는 원광대학교 박물관 소장 활자 중 『丁卯學義錄』 활자와 동일한 활
     자가 있다고 보고하고 있다.
8    이 글에서 인용하는 희현당철활자 실물은 현재 전라북도 원광대학교 박물관에 소장되
     어 있다. 中字가 248개, 小字가 2197개가 소장되어 있다.

완판본 인쇄·출판의 문화사적 연구

*丁卯擧義錄[9], 1책(정조22년, 1798) / *南征日錄, 4권 2책(정조년간) / *南門倡義錄, 68장(정조년간) / *夏亭先生遺集, 1책(정조24년, 1800) / *家禮集考, 8권 8책(순조1년, 1801) / *寒喧箚錄, 5권 3책(순조1년, 1801) / *明齋先生遺稿, 46권, 별4권 합26책(순조년간) / *文谷年譜, 2권 1책(순조2년, 1802) / *馬方統彙, 4책(순조2년, 1802) / *晩隱遺稿, 1책(순조2년, 1802) / *屛溪先生集, 60권

『丁卯擧義錄』 상권 1a

30책(순조년간) / *順興安氏保宥錄, 20장(순조3년, 1803) / *兒戲原覽, 1책(64장)(순조3년, 1803) / 牛山先生年譜, 2권1책(순조5년, 1805) / 兒戲原覽, 1책(순조5년, 1805) / 錦囊經, 2권 1책(순조6년, 1806) / *黎湖先生年譜, 4권2책(순조9년, 1809) / *蓧叢遺稿, 1책(63장)(순조10년, 1810) / *芚菴集, 6권, 부록 합3책(순조11년, 1811) / *在澗集, 6권3책(순조13년, 1813) / *湖南貢膳定例附篇(순조20년, 1820) / *活溪先生遺稿, 2권(순조22년, 1822) / *朴公贈吏曹參判忠節錄(순조23년, 1823) / *茂松尹氏族譜, 6권5책(순조31년, 1831) / *列聖朝受教, 13장(순조29년, 1829) / *廣平大君章懿公子孫譜, 9권9책(순조33년, 1833) / *結城張氏族譜, 속권1책(순조년간) / *金海金氏世譜(순조년간) / *論語集註大全(순조년간) / *周易大全(순조년간) / *書傳大全(순조년간) / *編註醫學入門(순조년간) (총 32종류)

---

9    여기 인용하는 사진은 국립중앙도서관 소장본이다.

(中期印本(顯宗, 哲宗間)) *頤齋集, 8권4책(헌종2년, 1836)/ *性堂集, 5권2책(헌종11년, 1845)/ 全州李氏益安大君派譜, 22권7책(헌종13년, 1847)/ *璿源李氏敬寧君派世譜, 10권10책(헌종14년, 1848)/ *龍彎誌, 2책(헌종15년, 1849)/ 完山李氏派譜(헌종년간)/ *平昌李氏世譜(헌종년간)/ *河東鄭氏族譜(헌종년간)/ 文化柳氏派譜, 7권6책(철종1년, 1850)/ 觀書隨錄, 10-14책 19-28권(철종3년, 1852)/ *飮水讀仙, 1책(19장)(철종5년, 1854)/ 茂長邑誌, 1책(47장)(철종8년, 1857)/ 永順太氏族譜, 1권1책(철종8년, 1857)/ 溫陽鄭氏派世譜, 5권5책(철종9년, 1858)/ *桃源遺蹟, 2권1책(철종10년, 1859)/ 國語, 18권3책(철종10년, 1859)/ 陵城朱氏判下事目, 12장(철종10년, 1859)/ *泊翁詩抄, 9권4책(철종10년, 1859)/ *泊翁詩抄, 9권4책(철종11년, 1860)/ *南原尹氏重刊族譜, 13권13책(철종12년, 1861)/ *時憲紀要, 2편2책(철종11년, 1860)/ *竹山朴氏重鐫族譜(철종년간)/ *淸州韓氏族譜(철종년간)/ *諸家曆象集(철종년간) (총 24종류)

(後期印本(高宗間))[10]*菱湖集, 3권1책(고종2년, 1865)/ *戒懼菴集, 14권7책(고종2년, 1865)/ *地理全書靑烏先生葬經, 1귀(9장)(고종3년, 1866)/ *地理新法胡舜申, 24권10책(고종5년, 1868)/ *陽湖影堂志, 1책(고종5년, 1868)/ *慶州李氏派譜, 2권2책(고종5년, 1868)/ *慶州李氏世譜, 영본3책(고종6년, 1869)/ 密城朴氏族譜, 7편11책(고종6년, 1869)/ *太宗大王率功臣六十六人會盟錄(고종6년, 1869)/ *伴鷗堂遺稿, 3권1책(고종7년, 1870)/ *籌學入格案, 2권2책(고종7년, 1870)/ *宜寧南氏族譜(고종7년, 1870)/ 伴鷗堂遺稿, 2책(고종7년, 1870)/ *太學賡載軸, 32장(고종9년, 1872)/ 仁同張氏世譜, 13권7책(고종9년, 1872)/ *甫山集, 4권2책(고종10년, 1873)/ *正粹錄, 2권1책(고종11년, 1874)/ *甲戌稧, 1책

---

10　윤병태(1990)에는 『慶州李氏金石錄』이 나온다.

(4장)(고종11년, 1874) / *桐漁年譜, 1책(43장)(고종12년, 1875) / *太師武烈公遺蹟, 4권1책(고종12년, 1875) / *蘭谷先生年譜, 1책(41장)(고종13년, 1876) / *五服名義, 3권3책(고종13년, 1876) / 寶城宣氏五世忠義錄, 1책(77장)(고종16년, 1879) / *密陽朴氏世譜(고종년간) / 東萊鄭氏派譜(고종년간) / *明山論, 1책(22장)(고종년간) / *坡州廉氏族譜事實(고종년간) (총 27종류)

(인출시기 미상본) *潛窩遺稿, 4권2책(미상) / *益城唐孝子行錄, 1책(미상) / *德水金氏世譜(미상) / *安東權氏世譜(미상) / *礪山宋氏族譜(미상) / *固城李氏桃村公派譜(미상) / *心經附註, 4권2책(미상) / *分類補州李太白詩(미상) / *陶菴先生集, 50권25책(미상) / *慕巖先生文集, 2권1책(미상) / *三憂堂文先生實記, 4권2책(미상) / *性堂集, 5권2책(미상) / *小菴先生文集, 20권10책(미상) / *順興安氏舊系寶錄, 1책(8장)(미상) / *安齋文集, 2권1책(미상) / *李齋集, 8권4책(미상) / *寒喧箚錄, 5권3책(미상) / *渾溪先生言行錄, 2권1책(미상) / *活溪先生遺稿, 1책 / *明齋先生遺稿, 1책 / *心經附註, 2책 / *孟子集註大全, 1책 (총 22종류) / (총합계 105종류)

(*표시는 윤병태 1990 참조, 윤병태에서는 『慶州李氏金石錄』이 있음.)


윤병태에서는 희현당철활자의 활자의 특징과 정리자와의 차이를 다음과 같이 밝히고 있다.[11]


희현당철활자의 특징(한국의 옛 인쇄문화, 청주고인쇄박물관, 2009, 198쪽)
① 정리자체와 비교하여 지겟다리가 강조됨.

---

11    『아희원람』의 경우도 철활자의 모습이 아래 도표와 같다.

② 크기와 조판형식이 정리자체와 거의 같음.

③ 민간에서 주조하였기에 솜씨가 거칠어 자양이 일정치 못함.

④ 획이 고르지 못함.

⑤ 소자는 더욱 치졸함.

정리자와의 차이점

(윤병태, 2002;275-276 참조)

**희현당철활자 小字**

① '之'의 마지막 획과 두 번째 획과 의 이음의 차이, 마지막 획의 끝부분.

② '世'자의 크기와 두 번째 획의 길이, 세 번째 획 굴곡의 미끈함.

③ '於'자에서 人 아래 두 점이 二로 되어 있음.

④ '年'자에서의 짧은 1획이 된 것.

⑤ '心'자의 두 번째 획이 미끈함. 세 번째 획인 점모양의 차이.


필자가 몇 권의 희현당철활자본을 참고하여 글자체를 뽑아 비교하였다. 모두 동일한 글꼴임을 확인할 수 있었다.

완판본 인쇄·출판의 문화사적 연구

| 맹자집주대전 | 편주의학입문 | 박공충절록 | 난곡선생연보 | 정묘거의록 |
|---|---|---|---|---|
| 之 | 之 | 之 | 之 | 之 |
| 也 | 也 | 也 | 也 | 也 |
| 於 | 於 | 於 | 於 | 於 |
| 年 |  | 年 | 年 | 年 |
| 心 | 心 | 心 |  | 心 |

희현당 철활자의 대조

## 2.3. 희현당철활자로 찍은 옛 책

완판본의 고장인 전라북도 전주에서 활자로 인쇄된 책 중에서 간기가
분명한 책은 『孟子集註大全』, 『朴公贈吏曹參判忠節錄』, 『蘭谷先生年譜』
등이다.

『孟子集註大全』(32.6×22.0㎝) 14권 7책은 마지막 권말에 '乙丑四月豊沛
鑄印'이라는 간기가 있다. 이 간기는 乙丑(1805) 四月에 전주(豊沛)에서 활
자로 인쇄하였다는 뜻이다. 이 책은 간기의 형태로 볼 때, 후대에 목판에
음각으로 간기를 파서 삽입한 것으로 보인다. 따라서 이미 출판된 책을 얼

『朴公贈吏曹參判忠節錄』간기

마 후에 인쇄업자가 임대하여 찍어서 판매한 책으로 보인다.[12] 간기로 보면, 전주에 철활자가 있어서 그 활자로 인쇄한 것으로 해석된다. 그렇다면 그 철활자는 전라감영에 소재한 것인가? 아니면 희현당에 소재한 것이었을까? 필자의 판단으로는 희현당에 소재한 것도 결국은 전라감영과 관련되어 있어서 희현당에 소재했을 가능성이 매우 크다.

『朴公贈吏曹參判忠節錄』은 1책으로 '崇禎 紀元後 癸未 孟夏 希顯堂 開刊'이라는 간기가 있어, 순조 23(1823)년 4월에 희현당에서 인출하였다. 간기와 책의 성격으로 볼 때, 일반적인 방각본 책은 아니다. 이 책은 청재(清齋) 박심문의 충절에 관한 기록들을 모아 놓은 책으로, 전라도관찰사 홍석주가 서문을 쓰고, 도유사 행덕, 교정 초민·행원 등이 참여하였다. 따라서 유림들이 '충절'을 기리기 위해 만든 책이므로 희현당에서 출판한 책이고, 그렇다면 희현당에는 활자가 있었다고 말할 수 있다. 이 시기의 대부분의 간기에서 희현당이 나오는 위치는 발행소를 말하는 게 대부분이다. 따라서 희현당에서 활자로 찍었다는 의미가 맞다고 생각한다.

고종 13년(1876) 김시걸의 『蘭谷先生年譜』는 그 발문에 '希顯堂 活字

---

12    완판방각본이 활발히 판매되던 19세기 후반에 전라감영에서 발간한 완영본 책을 지역의 출판업자가 임대하여 찍은 예가 있다.

印'의 기록이 있다. 이 발문의 자구는 희현당의 활자로 찍었다는 말로 번역된다. 완판본의 역사에서 1876년이면 대체로 목판방각본이 왕성하게 출판되는 시기였다. 그러나 이 책은 방각본으로 출판할 성격의 책이 아니다. 따라서 유림들이 전라관찰사를 지낸 난곡(蘭谷) 김시걸(金時傑)을 기리기 위해 희현당에 있던 활자로 인쇄한 것으로 해석된다.

　필자가 소장한 『孟子集註大全』(32.6×22.0㎝)은 14권 7책으로 1805년에 발간된 완질본이다. 이 책의 배지에 『編註醫學入門』(순조년간)이 인쇄되어 있다. 배지의 인쇄 특징을 제시하면 다음과 같다.

　　　『孟子集註大全』 1책(1·2권) 앞표지의 배지에는 『編註醫學入門』 4권 94ㄱ이, 뒤표지의 배지에는 3권 84ㄱ이 인쇄되어 있다.
　　　『孟子集註大全』 2책(3·4권) 앞표지와 뒤표지의 배지에는 『編註醫學入門』이 인쇄되어 있으나 그 장수는 미상이다. 2책의 앞뒤 내지에는 '乙丑八月十八日買來'라는 내용이 필사되어 있다.
　　　『孟子集註大全』 3책(5·6권) 뒤표지의 배지에는 『編註醫學入門』 4권 42ㄴ이 인쇄되어 있다.
　　　『孟子集註大全』 4책(7·8권) 앞표지의 배지에는 『編註醫學入門』 6권 29ㄱ이, 뒤표지에는 『編註醫學入門』이 인쇄되어 있으나 장수는 미상이다.
　　　『孟子集註大全』 5책(9·10권) 앞표지의 배지에는 『編註醫學入門』이 인쇄되어 있으나 장수는 미상이고, 뒤표지의 배지는 없다.
　　　『孟子集註大全』 6책(11·12권) 앞표지와 뒤표지의 배지에는 『編註醫學入門』이 인쇄되어 있으나 장수는 미상이다.
　　　『孟子集註大全』 7책(13·14권) 앞표지의 배지에는 『孟子集註大全』 10권 26ㄴ이 인쇄되어 있고, 뒤표지의 배지에는 『孟子集註大全』이 인쇄되어 있으나 장수는 미상이다.

한편, 필자가 소장한 『孟子集註大全』 4책(7·8권) 앞표지의 배지에는 완판본 한문본 『三國志』가 입력되어 있다. 다른 책들도 역시 『編註醫學入門』이 배지에 인쇄되어 있다. 필자 소장의 『孟子集註大全』 6책(11·12권)은 크기가 작은 책으로 발간된 책인데 이를 통해서 보면 이후에도 계속 발간되었음을 알 수 있다.

그렇다면 『編註醫學入門』은 1805년 이전에 발간된 희현당철활자본이 분명해진다. 김두종(1981;343-4)에서는 『編註醫學入門』은 19책으로 1802년(순조2년)으로 보고 있다. 『孟子集註大全』과 『編註醫學入門』을 비롯한 희현당철활자본은 한 출판소에서 계속 판매용 책으로 발간한 것으로 추정된다.

『編註醫學入門』은 明代 서기 1580년에 南豊 健齋 李梃 선생이 의술학습서로 편집하여 한방 의학도들에게 의학교재로 사용되었다. 一秩 19卷으로 緒論, 保養, 運氣, 經絡, 臟腑, 診察, 鍼灸, 本草, 傷寒 及 用藥賦, 雜病 及 用藥賦, 婦人小兒 及 用藥賦, 外科 及 用藥賦, 其他 諸治方의 순으로 되어, 의서 학습 교재로서 체계를 확립한 책이다. 따라서 이 책은 일차적으로 희현당에서 학생들을 가르치기 위한 교재로 출판된 것으로 추정된다. 그런 다음 출판업자가 판매용으로 출판한 것으로 보인다.

1750년경에 쓰인 책판목록인 「諸道冊板錄」에서는 '南門外私板'과 '西門外私板'으로 표시하고 있다. '南門外私板'으로 표시된 책의 항목에 한문본 『三國志』가 나온다. 전주 칠서방의 고무인의 내용은 '全州南門外西天里/七書房/主 張在彦'으로 七書房이 고무인의 주소에 '南門外'로 나오고 있다. 따라서 희현당철활자는 애초에 희현당에서 주조되었으나 후에 칠서방으로 대여되어 책이 왕성하게 출판된 것으로 이해된다. 이 부분에

완판본 인쇄·출판의 문화사적 연구

대한 더 정밀한 연구가 필요하다고 하겠다.


## 3. 희현당 철활자의 탄생 배경

### 3.1.. 풍패의 도시

'豊沛'란 건국자의 본향을 일컫는 말로, 전주는 조선을 건국한 태조 이
성계의 본향이기에 전주를 '豊沛之鄕'이라 하였고, 전주객사를 '豊沛之館'
이라 하였다. 이 '풍패'란 단어는 중국 漢나라를 건국한 황제인 漢高祖의
고향 豊沛를 본따서 제왕의 고향을 豊沛之鄕이라 한 데서 유래하고 있다.
조선왕조를 건국한 이성계의 고향임을 나타내는 뜻으로 전주를 '豊沛'라
고 한 것이다.

'完興社書鋪'에서 1912년 찍어낸 『유충열젼』에는 '豊沛重印'의 간기
가 있다. 전주에서 간행된 목판본 『孟子集註大全』의 간기는 '歲在丁卯豊
沛新刊'으로 기록되어 있다. 乙丑(1805) 전주에서 간행한 희현당철활자본
『孟子集註大全』(32.6×22.0cm) 14권 7책은 마지막 권말에 '乙丑四月豊沛鑄
印'이라는 간기가 있다.

이우갑(2015)에서는 전주와 관련된 한시에 나타난 왕실 본향의 이미지
를 연구한 바 있다. 이를 참고하여 '왕실 본향의 이미지'에 대해 살펴보기
로 한다.

조선 초기의 문신 서거정(徐居正)은 『四佳集』 권2, 「全州拱北亭重新記」
에서 전주를 '朝鮮根本之地'로 지칭한다. 곧 전주는 왕실의 본향으로서,

'천명이 내리는 서기가 가득한 공간', 그리고 '조상들이 공업을 쌓고 왕업을 준비한 장소'로 제시되었다.(이우갑, 2015;33)

1410년 전주에 태조 어진이 봉안되었다. 어진을 모신 진전은 '어용전(御容殿)', '태조진전(太祖眞殿)'으로 불렸다. 1442년 '경기전(慶基殿)'이라는 전호를 부여받고 국가가 관리하게 되었는데, 이로써 전주는 왕실 본향의 이미지를 갖추게 되었다.(이우갑, 2015;57)

1614년에 경기전의 중건과 더불어 태조 어진을 경기전으로 다시 모셨다. 전주는 왕실 본향의 위상을 크게 높였다.(이우갑, 2015;65) 전주는 왕실 본향의 순례지였고, '경기전'이 그 역할을 하고 있었다. 전주는 왕실 본향의 이미지가 정착되어 고정되었으나 조선 중기에는 '풍패'라는 상투적 별칭만 남았을 뿐이었다.(이우갑, 2015;50) 1650년 무렵 전주의 객사에 '豐沛之館'의 편액을 걸게 되면서 전주는 새 이미지를 확보하게 되었다.(이우갑, 2015;73)

1767년 6월에 부임한 전라도관찰사 홍낙인(洪樂仁, 1729~1777)은 1768년 남문과 서문을 중건하였다. 전주부 남문의 누각에는 '풍남문(豐南門)' 편액, 서문의 문루에는 '패서문(沛西門)' 편액이 걸리게 되었다. 이로 말미암아 일상생활에서 왕실 본향의 이미지가 확산되었다. 풍남문 편액의 풍패 호칭은 전주 전체를 지칭하는 새로운 칭호로 사용되었다.(이우갑, 2015;86)

조선시대 전 기간을 통하여 인쇄·출판의 도시인 전주에서, 왜 목판본과 활자본 『孟子集註大全』의 간기에만 '풍패'가 쓰였을까? 이러한 문제를 짚어보는 일은 '풍패'를 이해하는 일은 물론, '희현당철활자'의 탄생을 이해하는 일이 될 것이다.

완판본 인쇄·출판의 문화사적 연구

『孟子』는 맹자의 제자가 맹자의 언행을 기록한 책이다. 『孟子集註大全』은 朱子가 『孟子』를 集註한 책이다. 송대에 주희(朱熹)는 훈고(訓詁)에 치중한 조기(趙岐)를 비판하고, 성리학의 관점으로 『孟子集註』를 지었다. 고려 말까지는 『논어』나 『文選』 등 다른 경전에 비하여 소홀히 취급되었다. 인격과 사서를 중시하는 주자학이 도입되면서 『맹자』는 지식인들의 필수 교양서가 되었다.(한국민족문화대백과사전 참조)

안현주(2006:307-9)에서 책판목록에 수록된 한문본 『孟子』의 현황에 따르면, 호남에서는 남원, 능성, 태인, 전주, 제주[13] 등에서 발행된 것으로 나타나고 있다.[14] 여기에 1805년 활자본을 포함하여 제시하면 다음과 같다.


『孟子大文』 임진왜란 이전, 전화로 소실 추정
『孟子集註大全』 1618년 이전 전라도관찰사 이경전 등이 펴낸 목
판본, 현존
『孟子集註大全』 乙丑四月豊沛鑄印, 현존
『孟子集註大全』 歲在丁卯豊沛新刊, 현존
『孟子集註大全』 전주 昌南書館 간행 후쇄본, 현존
『孟子奎璧』 태인 간행 추정, 현존

---

13  실물은 현존하지 않지만 濟州에서 2종의 『孟子』 판본이 간행되었다. 『孟子』는 「古冊版有處攷」, 「耽羅志」의 기록으로 1653년 이전에 간행된 것으로 추정하고, 『孟子大全』은 「鏤板考」의 기록으로 1796년 이전으로 추정한다.(안현주, 2006;309 참조)

14  옥영정(2004)에 따르면, 1637년의 간기가 있는 『사서언해』는 개인이 간행한 것으로 지방 간본의 특징을 보이고 있고, 판매용으로 간행되었을 가능성이 있다고 보고 있다. 이 사서언해는 『논어언해』 2책, 『맹자언해』 2책, 『중용언해』와 『대학언해』 1책을 합쳐서 총 5책으로 밝혀졌다. 『맹자언해』에 '崇禎十年丁丑月日刊'의 간기가 있고, 간행기록이 있다.

'道光庚子(1840년)編'의 간기가 있는『각도책판목록』에 全州私板『孟子大全』이 수록되었다., 이『孟子大全』이 풍패에서 간행된『孟子集註大全』을 의미한다. 1807년에 전라도 풍패에서 목판본『孟子集註大全』이 간행되었는데, "歲在丁卯豊沛新刊"라는 간기가 있다. 풍패에서 간행된 이『孟子集註大全』의 간행시기를 1807년으로 추정하고 있다.(안현주, 2006:322) 또한 이 책을 '明本覆刻本' 계열로 보고 있다.[15]

정형우·윤병태(1995ㄱ)에 따르면, '南涯 舊藏本'인 1885년에 필사된「完營客舍冊板目錄」에는 '全州私板'으로, '延世大 藏本'인 1778년경에 필사된「各道冊板目錄」과 '尹氏文庫 藏本'인 1780년경 또는 1814년 이후 필사된「冊板錄」에서는 '私板'이라 칭하고 있다. '서울대 藏本'인 1750년경 필사된「諸道冊板錄」에서는 '南門外私板', '西門外私板'으로 칭하고 있다.「完營客舍冊板目錄」,「各道冊板目錄」,「冊板錄」등에『孟子大全』이 나온다. 언해본과 같이 나오는 것으로 보아 목판본일 가능성이 높다.

과거시험에는 3가지 종목 준비를 해야 한다. 첫째가 사서삼경을 익히는 經學이고, 둘째가 詩와 文章을 짓는 文學이며, 셋째가 국가 현안에 대해 자기 의견의 진술을 要하는 策問이다.

과거에 합격하는 일은 立身揚名이다. 이는 유교 최초의 경전『孝經』에서 유래한 말이다. '身體髮膚 受之父母 不敢毀傷 孝之始也 立身行道 揚名於後世 以顯父母 孝之終也'(사람의 몸은 부모에게서 받은 것이니 다치지 않는 것이 효도의 시작이요, 몸을 세워 道를 행하고 후세에 이름을 떨쳐 부모를 높이는 것은 효도의 끝이니라.)에 나오는 立身揚名은 원래는 '세상을 위해 좋은 일을 한

---

15  정유자 목활자본『孟子集註大全』은 1793년에 교서관에서 처음 활자로 인쇄되었다.

완판본 인쇄·출판의 문화사적 연구

다.'는 뜻이었으나, 이미 조선조에서부터 '출세해서 이름을 세상에 날린다.'는 의미로 바꾸어 쓰였다.

조선 후기 전주의 최고의 교육기관인 '희현당'에서는 전라도 각 지역에서 모인 유림들을 대상으로 교육을 실시하였다. 그 교육은 과거시험에 합격하여 국가와 이 지역을 빛내는 일이었다. 과거 시험을 위해 필요한 책 중의 하나가 바로『孟子』였다.

1800년대에 전주에서 발간한 두 종류의『孟子集註大全』의 간기는 매우 유사한 면을 보인다. 첫째는 목판에 음각을 하여 보각한 간기를 가지고 있다. 둘째는 간기가 '乙丑四月豊沛鑄印', '歲在丁卯豊沛新刊'와 같이 상당히 비슷한 유형을 보인다. 셋째는 간기에서 전주를 '豊沛'로 표기한 점도 같다.

## 1)『孟子集註大全』

『孟子集註大全』(32.6×22.0cm) 14권 7책은 마지막 권말에 '乙丑四月豊沛鑄印'이라는 간기가 있다. 이 간기는 乙丑(1805) 四月에 전주(豊沛)[16]에서

---

16  '豊沛'란 건국자의 본향을 일컫는 것으로, 전주는 조선을 건국한 태조 이성계의 본향이기에 전주를 '豊沛之鄕'이라 하였고, 전주객사를 '豊沛之舘'이라 하였다. 이 '풍패'란 단어는 중국 漢나라를 건국한 황제인 漢高祖의 고향 豊沛를 본떠서 제왕의 고향을 豊沛之鄕이라 한 데서 유래하고 있다. 조선왕조를 건국한 이성계의 고향임을 나타내는 뜻으로 전주를 '豊沛'라고 한 것이다.
   '完興社書鋪'에서 1912년 찍어낸『유충열전』에는 '豊沛重印'의 간기가 있다. 목판본『孟子集註大全』만 특이하게 '풍패'를 쓰고 있다. 乙丑(1805) 전주에서 간행한 희현당철활자본『孟子集註大全』14권 7책은 마지막 권 말에 '乙丑四月豊沛鑄印'이라는 간기가 있다.
      『유충열전』豊沛重印(1912)
      『孟子集註大全』歲在丁卯豊沛新刊
      『孟子集註大全』乙丑四月豊沛鑄印(1805)

활자로 인쇄하였다는 뜻이기 때문에 전주에 당시 활자가 있었다는 점은
명백하다.

『孟子集註大全』철활자본

『孟子集註大全』목판본

이 책과 관련하여 몇 가지 의문을 해결해야 할 것이다. 하나는 윤병태
(1990)에 따르면, 『論語集註大全』(순조년간), 『周易大全』(순조년간), 『書傳大
全』(순조년간)도 같은 활자로 발행된 것으로 보고 있는데 이들은 간기가
없어서 어디에서 발간했는지를 말하기 어렵다.

다른 하나는, 1805년 전주에서 활자로 찍은 『孟子集註大全』은 간기의
형태로 볼 때, 목판에 음각으로 간기를 파서 삽입한 것이다. 따라서 인쇄
업자가 활자, 또는 활자판을 가지고 새로 찍어서 판매한 책으로 보인다.
그러므로 활자의 이동이 예상된다고 볼 수 있다.

세 번째의 문제로는, 1807년 전주에서 찍은 목판본 『孟子集註大全』은
'歲在丁卯豊沛新刊'의 간기로 보면 활자본 이후에 전주에서 찍은 책인데,

전주를 같이 '풍패'로 기록한 점이 같은 업자일 가능성이 매우 높다고 볼 수 있다.

그렇다면 간기에서 수많은 완판본 책과는 다르게 왜 전주를 '풍패'로 표기했을까 하는 점을 생각해 볼 필요가 있다.

첫째, 이미 '풍패'가 '왕실 본향'의 이미지를 갖는 견해를 살펴보았다. 따라서 『孟子集註大全』을 발행한 주체는 전라감영과 관련된 기관이었을 가능성이 매우 높다.

둘째, 1805년 전주에서 철활자로 찍은 『孟子集註大全』은 간기의 형태로 볼 때, 그 간기는 목판에 음각으로 간기를 파서 삽입한 것이다. 이런 방식은 무엇을 의미하는 것일까? 이것은 이미 마련되어 있던 철활자나 철활자판을 인쇄업자가 대여하여 다시 찍으면서 간기를 삽입한 것으로 해석할 수 있다. '歲在丁卯豊沛新刊'의 간기를 가진 전주에서 발간한 목판본 『孟子集註大全』도 역시 목판에 음각으로 간기를 파서 다시 삽인한 것이다. 이 또한 이미 마련된 책판으로 다시 인출한 것으로 해석할 수 있다.

인쇄업자는 희현당에 소장된 활자를 대여하여 교육용 책인 『孟子集註大全』을 찍은 것으로 보인다. 이때 이 책의 사용 용도가 유생들의 교육에 쓰이는 책이고, 또한 전라감영의 관찰사나 희현당의 관계자들은 전주를 '왕실 본향'이라는 이미지를 여전히 가지고 있었기 때문에 '풍패'를 넣은 것으로 보인다.

정조(1776~1800) 임금이 1796년에 생생자를 바탕으로 금속활자인 整理字 30만자를 주조하게 한 사실(이재정, 2010;138)이 정조가 활자를 국가와 왕실의 권위를 대변하는 것으로 생각하고 있었던 것으로 해석하고 있다.(이재정, 2010;145) 따라서 전라도관찰사를 비롯한 많은 관리들은 임금의 뜻을 생각하고 희현당에서 활자를 제작했을 가능성이 매우 높다고 말할 수 있다.

한시에 나타나는 '풍패'라는 지명은 '왕실 본향'을 가리키는 말이다. 따라서 사대부들이나 유림들이 사용하는 어휘라고 볼 수 있다. 단순히 인쇄업자가 썼을 리는 없다. 분명히 이 책의 발간에는 감영의 사대부와 지역의 유림이 관여했을 것으로 추정할 수 있다. 그렇다면 이 책들을 출판한 사람들이 단순히 민간업자라고 말하기 어렵다.

## 3.2. 교육기관 희현당의 운영[17]

하삼도에서 도 단위 학교이자 상설교육 기관인 영학(營學)으로 제일 먼저 설립한 곳은 1700년에 설립된 전라도 전주의 희현당이다.[18] 희현당은 전라도 문재들을 교육하는 기관이고, 전라도 선사(選士)들이 머물던 장소였다.[19] 희현당은 도 단위 유생을 대상으로 하는 교육기관으로 설립되었다.(이성심, 2017;17)

1707년 전주에 건립된 '完山希顯堂事蹟碑', 1743년에 세운 '希顯堂重修事蹟碑'와 1833-1834년에 기록한 『完營日錄』, 1895년(고종 32)에 발간

---

17 전주가 교육도시로 불리게 된 이유 중의 하나는 전라감영이 운영하던 '희현당'이 있었기 때문이었다.

18 전라도 영학의 설립시기, 설립취지, 설립방법, 학생자격, 중건, 운영 상황이 기록된 사료는 『完山誌』이다.

19 경상도의 낙육재(樂育齋), 전라도의 희현당(希顯堂), 충청도의 영학원(營學院), 평안도의 장도회(長都會), 함경도의 양현당(養賢堂), 황해도의 사황재(思皇齋) 등이 도 단위 학교로 상설 교육 기관인 營學이다. (이성심, 2017;17)

완판본 인쇄·출판의 문화사적 연구

된 『湖南邑誌』를 참고하여 '희현당'의 교육에 대해 살펴보고자 한다.

'完山希顯堂事蹟碑'의 번역문을 참고하여 그 내용을 요약하면, 전주부의 서쪽 4리에 희현당이 있는데 이는 전라도관찰사 김시걸이 1700년(숙종26년) 세운 당우이다. 많은 돈을 내어 사마재 옛 터에 여러 건물을 짓고 전라도의 유생을 모아 인재를 양성하고자 하였다. 그리하여 장차 현인을 바라고 성인을 바란다는 뜻과 장차 입신양명하여 부모의 이

희현당

름을 드러낸다는 뜻으로 '희현당'이라 하였다는 내용이다. '希顯堂重修事蹟碑'의 번역문을 중심으로 내용을 살펴보면, 전라도 관찰사 이집이 중수하고자 하였으나 병이 들어 그 뜻을 이루지 못하였으나, 그 아들인 이주진이 전라도 관찰사로 부임하여 1738년(영조14년) 선고의 뜻을 헤아려 큰 재물을 들여 중수하였다는 내용이다. 관찰사 이주진에 의해 그 사이 미진했던 희현당의 학문추구의 기능이 회복된 것이다.

희현당에서는 선사백일장을 개최하여 영학 유생을 선발하였다. 1833년~1834년 전라도 관찰사였던 서유구(1764~1845)는 1833년 5월1일 희현당 선사백일장을 개최하였다. 선사백일장이 1896년에도 실시되었던 점을 보면 희현당은 19세기말까지 운영되고 있었다.(이성심, 2017;78)

전라관찰사 서유구가 지은 『完營日錄』에 나타나는 '희현당'에 대한 기록을 살펴보면, 선사백일장을 개최하여 영학 유생을 선발하는 장면, 유생들이 기악을 차려 놀자고 요청하는 장면, 유생들에게 주연을 베푸는 장면, 쌀과 고기를 내보내는 장면, 희현당 학임에게 체문하거나 하체를 내리

는 장면 등이 나온다. 김순석(2018ㄱ-ㄷ)을 참고하여 이를 간략히 순서대로 제시하면 다음과 같다.

1833년(순조 33) 5월 1일 : 희현당에서 선사하는 백일장을 시행하였다.(번역본 1권, 59쪽)

1833년(순조 33) 7월 5일 : 희현당에 모여 공부하던 유생들이 사륙변려체(四六駢儷體)로 기악(妓樂)을 차려 칠석(七夕)에 놀자고 요청하여, 노래하는 사람·거문고 타는 사람·술·안주를 보내겠다고 제송(題送)하였다. (번역본 1권, 110-111쪽)

1833년(순조 33) 7월 30일 : 희현당(希顯堂)에서 유생들이 모여 공부하던 것을 그치고 장차 돌아가려 하였다. 식사 후에 가서 주연(酒宴)을 베풀어 그들을 전별하고 신시(申時 15-17시) 이후에 감영으로 돌아왔다. (번역본 1권, 129쪽)

1833년(순조 33) 12월 24일 : 쌀과 고기를 내보내는 일로 희현당(希顯堂)에 체문(帖文)을 내렸다.(번역본 1권, 427쪽)

1834년 3월 26일 : 백일장 일자를 알려 주라는 일로 53개 주·법성·고군산에 감결을 발송하였다.(번역본 3권, 57쪽)

1834년 3월 26일 : 선사 백일장을 설행한다는 내용으로 희현당의 학임(學任)에게 하체(下帖)하였다.(번역본 3권, 57쪽)

1834년 4월 4일 : 대도회(大都會) 및 선사 백일장(選士白日場)의 일자를 연기하여 정한 일로 53개 주·법성·고군산에 감결을 발송하였다.(번역본 3권, 82쪽)

1834년 4월 4일 : 선사 백일장의 일자를 연기하여 정한 일로 희현당 학임(学任)에게 하체(下帖)하였다.(번역본 3권, 82쪽)

1834년 4월 4일 : 백일장 시관을 차정(差定)한 일로 각 읍에 관문을 발송하였다.(번역본 3권, 83쪽)

1834년 4월 17일 : 전주 유생은 서제(書題) 위에 읍명(邑名)을 써 넣으라는 일로 전주부에 관문을 발송하였다.(번역본 3권, 128쪽)

1834년 4월 20일 : 희현당 선사 백일장(選士白日場)을 설행하였다. 시관인 능주 목사·장성 부사·금산 군수·진산 군수·화순 현감·태인 현감이 함께 고시(考試)하였으며 저물녘에 합격자를 발표하였다. 도(道)에서 선발한 20명과 읍에서 선발한 10명은 합격자를 불러 상을 주고 각별히 절선(節扇)을 각각 1자루씩 주었다.(번역본 3권, 139쪽)

1834년 4월 20일 : 유생을 부접(附接)한 일로 희현당 학임(希顯堂學任)에게 하첩(下帖)하였다.(번역본 3권, 140쪽)

1834년 4월 27일 : 유생을 돌아가며 거접하는 일로 희현당 학임에게 하첩(下帖)하였다.(번역본 3권, 156쪽)

1834년 7월 7일 : 기악과 술과 고기를 희현당(希顯堂) 거접소(居接所)에 보냈다.(번역본 3권, 346쪽)

1834년 7월 9일 : 희현당(希顯堂) 유생의 품목(稟目)에 뎨김하였다. (번역본 3권, 354쪽)

1834년 10월 29일 : 여러 선비들에게 과업을 권장하는 일로 희현당의 학임에게 체문을 내렸다.(번역본 4권, 238쪽)


이처럼 서유구가 지은 완영일록에 나타난 '희현당'에 관련된 기록을 보면 '희현당'은 전라감영이 직영하는 교육기관이었음을 알 수 있다.


## 3.3. 전라감영의 인쇄문화와 19세기의 전주


희현당은 전라감영의 영향 아래에서 발전하였다. 실제로 전라도의 인쇄·출판문화의 발달은 전라감영의 인쇄와 출판문화에서 비롯된 것이다.

조선시대 전기는 논외로 하고, 조선 후기를 중심으로 살펴보면, 전라감영본은 대체로 18세기에서 19세기에 많이 간행되어 현재까지 90여 종이 발간되었다. 전라감영과 밀접하게 관련되어 발행된 전주부본은 조선 전기부터 후기까지 237종이 발간된 것으로 보고되어 있다. 그러다가 개인들의 요구에 따라 19세기에 조금씩 인출되다가 19세기말, 20세기초에 방각본으로 대량 출판된다.

필자가 확인한 바에 의하면 『東萊博義』, 『東醫寶鑑』, 『朱書百選』, 『杜律分韻』, 『史記英選』, 『栗谷先生全書(擊蒙要訣)』, 『華東正音通釋韻考』 등은 후쇄본들이 아주 다양하게 나타나는 것으로 보아 20세기 초기까지 상당한 양이 방각본으로 출판되었다.

이러한 과정에서 전라감영에서 활동하던 각수, 지장 등의 역할이 이 지역 인쇄문화 발전에 큰 영향을 끼치게 되었다. 전라감영에서 숙련된 각수, 지장들은 전라감영의 출판 역할이 줄어들자 사가로 진출하여 활동하게 되었을 것이다. 전라도 지역에서 19세기와 20세기 초에 목활자본이 많이 사용되어 문집과 족보 발행에 많이 활용된 것도 이와 같은 각수들의 역할과 관련이 있을 것으로 해석된다.

완판본 인쇄·출판 문화를 대표하는 도시인 전라도 전주에 소재하고, 전라감영의 영향에 있던 희현당에서 금속활자인 철활자를 만들었을 가능성은 충분하다고 볼 수 있다.

## 3.4. 야장(冶匠)의 역할

야장(冶匠)은 쇠를 생산하여 무기, 농기구, 연장, 그릇 등을 만드는 장

완판본 인쇄·출판의 문화사적 연구

인을 말한다 조선시대 '지방 관서에 소속되어 물품의 제작을 담당한 지방 기술자'인 외공장(外工匠)의 경우에는 지장(紙匠)을 제외하고 배속된 야장의 수가 가장 많았다. 조선 후기에 야장들은 관청의 일뿐만 아니라 독립하여 수공업을 하고 있었다. 그만큼 철의 수요가 많았음을 보여준다.

『경국대전』에 나오는 조선시대의 지방관청에 소속된 장인인 外工匠의 분포를 살펴보면 다음과 같다.(윤원호, 1988:11)

| 甲匠 | 冶匠 | 弓人 | 矢人 | 木匠 | 皮匠 | 鑰匠 | 漆匠 | 沙器匠 | 弓弦匠 | 紙匠 | 席匠 | 磨造匠 | 墨匠 | 梳省匠 | 油具匠 | 梳匠 | 扇子匠 | 箱子匠 |
|---|---|---|---|---|---|---|---|---|---|---|---|---|---|---|---|---|---|---|
| 10 | 68 | 40 | 61 | 59 | 61 | 6 | 61 | 39 | 2 | 236 | 58 | 5 | 6 | 1 | 55 | 1 | 2 | 4 |

조선시대 외공장의 종류 및 지방의 분포 상황

대장장이(야장)는 지방에서는 관찰사영, 병마절도사영, 수군절도사영, 그리고 기타 지방관청에 등록하여 무보수로 일을 하다가, 관청에서 일이 없으면 개인적인 일을 하였다. 18세기 후반에 오면서 등록 제도가 없어지고 개인이 대장간을 짓고 점포를 경영하게 되었다.(장경희, 2014:57-59)

주장(鑄匠)은 국가가 필요로 하는 각종 그릇과 기물을 제작하는 장인이다. 주장은 화폐 만드는 일도 하였다. 1424년(세종 6) 호조에서 명하여 경상도와 전라도의 동전을 주조하게 할 때, 지방에 있는 주전장(鑄錢匠)을 모아 교습시키도록 하였다. 주장(鑄匠)은 교서관에서 활자를 만드는 일을 했다. 그러나 조선 후기에 주장(鑄匠)들은 주로 사적 생산에 종사하였다. 일부는 국가에서 만든 동전을 염가로 사들여 몰래 그릇을 주조, 판매하기도 하였다.(장경희, 2014:63-64)

전라도 전주에서 화폐가 제작된 사실을 알 수 있는 기록은『조선왕조실록』이다.『조선왕조실록』에는 전라도에서 주화를 만들도록 지시하는 내용이 나온다.[20]

　＊전라 감영에서 돈을 주조하도록 허락하다(숙종실록 13권, 숙종 8년 11월 30일 계유 4번째기사 1682년 청 강희(康熙) 21년)

　전라 감영(全羅監營)에서 돈을 주조(鑄造)하도록 허락하였다. 감사(監司) 이사명(李師命)의 청을 따른 것이다.【태백산사고본】13책 13권 31장 A면【국편영인본】38책 615면

　＊주전소 설치에 관한 행 호군 백환의 진언과 호조의 계(세종실록 23권, 세종 6년 2월 7일 계축 5번째기사 1424년 명 영락(永樂) 22년)

　호조에서 계하기를, "그의 말대로 시행하고, 전라도 내상(內廂)에도 또한 주전소(鑄錢所)를 두게 하소서." 하니, 그대로 따랐다.【태백산사고본】8책 23권 17장 A면【국편영인본】2책 579면

　＊경상·전라도에 주전소를 설치, 별감을 나누어 보내어 그 공역을 감독하게 하다(세종실록 23권, 세종 6년 2월 26일 임신 3번째기사 1424년 명 영락(永樂) 22년)

　경상·전라도에 주전소(鑄錢所)를 설치하고 별감(別監)을 나누어 보내어 그 공역을 감독하게 하였다. 전(前) 봉례랑(前奉禮郎) 강속(姜涑)은 경상좌도에, 행 호군(行護軍) 백환(白環)은 경상우도에, 호군(護軍) 이온(李韞)은 전라도에 보냈다.【태백산사고본】8책 23권 25장 A면【국편영인본】2책 583면

　＊사섬서 제조가 동전 주조에 관해 아뢰다(세종실록 25권, 세종 6년

---

20　전라감영에서 발간한 화폐는 '全左 전라좌영 1678년, 全 전라감영 1682년, 全兵 전라병영 1678년, 全右 전라우영 1678년, 全左 전라좌영 1678년' 등이 있다. (한영달, 2002)

　　　　　　　　　완판본 인쇄·출판의 문화사적 연구

7월 26일 기해 4번째기사 1424년 명 영락(永樂) 22년)

　　사섬서 제조(司贍署提調)가 계하기를, "저화(楮貨)는 본래 백성들이 즐겨 쓰는 물건이 아니었는데, 이제 동전(銅錢)을 겸용하라는 명령으로 인하여 저화는 더욱 더 유통되지 아니하오니, 마땅히 빨리 동전을 반포하여 백성의 마음을 안정하게 하소서. 주전(鑄錢)을 가히 행할 수 있는 조건을 갖추어 아래에 기록하나이다.

　　1. (생략) 경상도·전라도에도 역시 월정으로 부과한 군기(軍器)를 정지하고 대장간을 더 설치하여 돈을 주조하게 할 것입니다.

　　1. 분서(分署)와 경상·전라도의 주전소에 1일의 작정한 수가 없으면 미편(未便)하니, 매 1명이 하루에 상공(上工)은 2천 문(文), 중공(中工)은 1천 6백 문, 하공(下工)은 1천 3백 문으로 하소서." 하니, 그대로 따랐다.【태백산사고본】 8책 25권 12장 B면【국편영인본】 2책 615면

　　＊전라도 주전 별감이 새로 주조한 돈의 양을 아뢰다(세종실록 27권, 세종 7년 2월 20일 경신 9번째기사 1425년 명 홍희(洪熙) 1년)

　　전라도 주전 별감(全羅道鑄錢別監)이 계하기를, "새로 주조한 돈이 3천 4백 22관 이옵니다." 하였다.【태백산사고본】 9책 27권 23장 B면【국편영인본】 2책 655면


　　이런 정황으로 미루어 볼 때, 전라도 전주에서는 철을 다루는 많은 인력이 존재한 것이다. 이들은 활자를 만드는 일에도 관여하게 된 것이다.

## 3.5. 철남과 관련된 희현당철활자본 초기본

정리자체철활자본으로 거론된『丁卯擧義錄』1책(정조22년, 1798),『南門倡義錄』68장(정조년간) 등 초기본이 주로 호남과 관련되어 출판되었다는 사실을 깊이 살펴봐야 한다. 이 책은 모두 희현당철활자로 되어 있다.

### 1)『丁卯擧義錄』, 1책(정조22년, 1798)

이 책은 1798년(정조 22)에 양호(호남·호서) 유생들이 1627년 정묘호란 때 김장생(金長生)이 양호호소사(兩湖號召使)로서 의병 활동을 했던 기록을 모아 편집한 활자본 책으로 3권 1책본과 2권 1책본의 두 종류가 있다. 이 두 책의 가치는 호란 당시 양호 지방의 유림들의 행적과 규모를 밝혀주는 자료로서 그 가치가 매우 크다.(한국민족문화대백과사전 참조)

책의 끝에는 1798년 이 책의 편집 당시의 유사(有司) 7인이 소개되어 있다. 이들은 모두 전라북도에 거주하는 유림들이다.

> 修正都有司 高興後人 儒學 柳永履(居 高敞)
> 別有司 道康後人 持平 金光遇(居 泰仁)
> 平海後人 儒學 黃一漢(居 興德)
> 全州後人 儒學 李濬錫(居 南原)
> 開刊別有司 道康後人 儒學 金光直(居 泰仁)
> 光山後人 儒學 金性澈(居 古阜)

### 2)『南門倡義錄』, 68장(정조년간)

이 책은 저자 미상으로, 1799년(정조 23) 金麟淳이 편집하여 간행한 2

『南門倡義錄』序 1a

권 1책이다.[21] 이 책의 내용은 1592년 임진왜란 때 前佐郎 金景壽가 동생인 전판관 金信男과 아들 金克厚와 金克純과 함께 전라도 장성현 남문(長城縣 南門)에서 창의(倡義)한 역사적 사건을 기록한 책이다. 金千鎰, 高敬命, 金景壽, 金齊閔과 의병장들의 명단이 있어 당시의 상황을 이해하는 데 중요한 자료가 된다.

## 4. 결론

이 글에서는 희현당철활자의 탄생과 그 배경에 대해서 살펴보았다. 그 결과 다음과 같이 배경을 관찰하고 희현당철활자가 전라감영의 영향으로 탄생한 결과라는 사실을 확인할 수 있었다.

첫째, 그간 학계의 견해는 두 가지였다. 하나는 희현당철활자를 정리자체철활자와 동일시하여 '민간이 주조하여 상업적으로 사용한 활자'로 생각하는 견해가 있었다. 다른 하나는 희현당철활자와 정리자체철활자가 글꼴이 다른 점을 발견하여 희현당철활자의 존재를 확인한 견해였다.

둘째, 윤병태(1990)에서는 79종을, 남권희(2010)에서는 희현당철활자로

---

21    여기 인용하는 사진은 국립중앙도서관 소장본이다.

찍은 책을 105종을 제시하고 있다. 희현당철활자로 찍어 간기가 분명한 책은 『孟子集註大全』, 『朴公贈吏曹參判忠節錄』, 『蘭谷先生年譜』 등이다. 『孟子集註大全』은 14권 7책으로, 마지막 권말에 '乙丑四月豊沛鑄印'이라는 간기가 있다. 『朴公贈吏曹參判忠節錄』은 1책으로 '崇禎 紀元後 癸未 孟夏 希顯堂 開刊'이라는 간기가 있어, 순조 23(1823)년 4월에 희현당에서 인출하였다. 고종 13년(1876) 김시걸의 『蘭谷先生年譜』는 그 발문에 '希顯堂 活字 印'의 기록이 있다. 『編註醫學入門』도 1802년에 전주에서 찍힌 것으로 확인된다. 『孟子集註大全』은 일차적으로 희현당에서 학생들을 가르치기 위한 교재로 출판된 것으로 추정된다. 그런 다음 출판업자가 판매용으로 출판한 것으로 보인다.

셋째, 조선 후기 전주의 최고의 교육기관인 '희현당'에서는 전라도 각 지역에서 모인 유림들을 대상으로 교육을 실시하였다. 그 교육은 과거시험에 합격하여 국가와 이 지역을 빛내는 일이었다. 과거 시험을 위해 필요한 책 중의 하나가 바로 『孟子』였다. 인쇄업자는 희현당에 소장된 활자를 대여하여 교육용 책인 『孟子集註大全』을 찍은 것으로 보인다. 이때 이 책의 사용 용도가 유생들의 교육에 쓰이는 책이고, 또한 전라감영의 관찰사나 희현당의 관계자들은 전주를 '왕실 본향'이라는 이미지를 여전히 가지고 있었기 때문에 '풍패'를 넣은 것으로 보인다.

넷째, 희현당은 전라감영에서 운영하던 영학이었다. 하삼도에서 도 단위 학교이자 상설교육 기관인 영학(營學)으로 제일 먼저 설립한 곳은 1700년에 설립된 전라도 전주의 희현당이다. 희현당은 전라도 문재들을 교육하는 기관이고, 전라도 선사(選士)들이 머물던 장소였다. 희현당에서는 선사백일장을 개최하여 영학 유생을 선발하였다. 1833년~1834년 전라도 관찰사였던 서유구(1764~1845)는 1833년 5월1일 희현당 선사백일장을 개최하였다. 선사백일장이 1896년에도 실시되었던 점을 보면 희현당은 19세기말까지 운영되고 있었다.

다섯째, 희현당은 전라감영의 영향 아래에서 발전하였다. 실제로 전라도의 인쇄·출판문화의 발달은 전라감영의 인쇄와 출판문화에서 비롯된 것이다. 조선시대 전기는 논외로 하고, 조선 후기를 중심으로 살펴보면, 전라감영본은 대체로 18세기에서 19세기에 많이 간행되어 현재까지 90여 종이 발간되었다. 전라감영과 밀접하게 관련되어 발행된 전주부본은 조선 전기부터 후기까지 237종이 발간된 것으로 보고되어 있다.

여섯째, 야장(冶匠)은 쇠를 생산하여 무기, 농기구, 연장, 그릇 등을 만드는 장인을 말한다 조선시대 '지방 관서에 소속되어 물품의 제작을 담당한 지방 기술자'인 외공장(外工匠)의 경우에는 지장(紙匠)을 제외하고 배속된 야장의 수가 가장 많았다. 조선 후기에 야장들은 관청의 일뿐만 아니라 독립하여 수공업을 하고 있었다. 주장(鑄匠)은 국가가 필요로 하는 각종 그릇과 기물을 제작하는 장인이다. 주장은 화폐와 활자를 만드는 일을 했다. 전라도 전주에서는 철을 다루는 많은 인력이 존재한 것이다. 이들은 활자를 만드는 일에도 관여하게 된 것이다.

일곱째, 정리자체활자본으로 거론된『丁卯擧義錄』1책(정조22년, 1798),『南門倡義錄』68장(정조년간) 등 초기본이 주로 호남과 관련되어 출판되었다는 사실을 깊이 살펴봐야 한다. 이 책은 모두 희현당철활자로 되어 있다.

희현당 철활자는 필서체 철활자와 더불어 민간인쇄를 촉진시켜 시민문화와 시민의식의 계발에 기여한 점에서 인쇄문화사상 의의가 크다. 그러므로 전라도의 역사 안에서 '희현당철활자'의 탄생 배경을 자세히 살펴보는 일도 희현당철활자의 존재 여부를 살피는 중요한 과정이 될 수 있을 것이다.

희현당철활자본의 경우는 분명히 전라감영이 운영하는 희현당에서 주조하여 희현당 교육에 필요한 책을 찍었음을 알 수 있다. 이후에 인쇄 업자들이 관여하여 더 많은 책을 찍어서 판매한 것으로 이해하여야 할 것이다.

김두종(1981), 『韓國古印刷技術史』, 탐구당.

김순석 외(2018ㄱ), 『완영일록 역주(1)』, 흐름.

김순석 외(2018ㄴ), 『완영일록 역주(3)』, 흐름.

김순석 외(2018ㄷ), 『완영일록 역주(4)』, 흐름.

남권희(2010), 「조선시대 금속활자의 주조와 조판에 관한 연구 - 校書館印書體字한글 활자·希顯堂鐵活字·筆書體鐵活字의 복원-」, 조선시대 한글 활자와 철활 자, 『2010 조선왕실 주조 금속활자 복원사업 결과보고서』, 청주고인쇄 박물관.

손보기(1982), 『(새판) 한국의 고활자』, 보진재.

안현주(2006), 「조선시대에 간행된 〈孟子〉의 諸板本에 관한 硏究」, 『한국도서관·정보 학회지』 제37권 제1호, 305-328.

유일성·박해(2007), 『〈완산희현당사적비〉 譯文』, 전라북도금석문대계 1, 36-7.

유일성·박해(2007), 『〈희현당중수사적비〉 譯文』, 전라북도금석문대계 1, 38-43.

윤병태(1989), 「倣整理字體鐵字考」, 『인문학연구』 16권2호(충남대학교 인문과학연구소), 187-254.

윤병태(1990), 「希顯堂鐵字考」, 『서지학연구』 5·6, 23-55.

윤병태(1992), 『朝鮮後期의 活字와 冊』, 범우사.

윤원호(1988), 「조선시대 전북지역의 경제」, 『전라문화논총』 2집, 전북대학교 전라문 화연구소.

이성심(2017), 「조선후기 지방교육 연구」, 한국교원대 대학원 박사학위논문.

이우갑(2015), 「전주 관련 한시 연구 ; 왕실 본향 이미지를 중심으로」, 석사학위논문(전 북대).

이재정(2010), 「正祖의 生生字·整理字 제작과 中國活字 購入」, 『韓國史研究』 제151호, 137-174.

이정수(2005), 「16세기 중반-18세기 초의 화폐유통 실태」, 『조선시대사학보』 32, 95-148.

장경희(2014), 「조선시대 철물 제작 장인 연구」, 『조형디자인연구』, 17-1, 49-75.

주경미(2011), 「한국 대장장이의 역사와 현대적 의미」, 『역사와경계』 78, 355-390.

천혜봉(1998), 『한국금속활자본』, 범우사.

천혜봉(2010), 『한국 서지학』, 민음사.

한영달(2002), 『韓國의 古錢』, 도서출판 선.

# 제6장 | 완판본 출판에서 태인방각본의 역할

## 1. 방각본(坊刻本)

방각본(坊刻本)은 판매를 위해 만든 책이다. 책을 어디에서 만들었는가에 따라서 관청에서 만든 책은 관판본(官板本), 지방감영에서 만든 책은 감영본(監營本), 절에서 만든 책은 사찰본(寺刹本), 개인이 주문을 받아 생산한 책을 사간본(私刊本), 판매를 위해 만든 책을 방각본이라 부르고 있다. 그리하여 지역에서 판매를 위해 만든 책을 경판(京板)방각본, 완판(完板)방각본, 태인(泰仁)방각본, 달성(達成)방각본, 안성(安城)방각본 등으로 부른다.

태인방각본(泰仁坊刻本)은 다른 지역과 달리 비교적 시대가 조금 앞서 있고, 방각본을 발간한 여러 양식이 다른 지역의 방각본과는 상당히 차이점을 보이고 있다. 대체로 방각본의 초기적 모습을 보인다고 말하고 있지만(김동욱, 1970[1], 류탁일, 1981, 류준경, 2006), 일부에서는 방각본으로 보기 어렵다는 견해(이윤석, 2010)도 보인다.

태인방각본이 방각본인가 아니면 사간본(私刊本)인가? 무엇보다도 태인방각본의 성격과 특징을 정확하게 규명하는 일이 필요할 것이다. 이런 점을 정확하게 규명하는 연구는 태인방각본의 위상을 판가름하는 매우 필요한 작업이라고 생각한다.

이 글에서는 태인방각본의 성격과 특징을 규명하고, 한국 출판문화사에서 갖는 위상을 살펴보고자 한다.


## 2. 방각본의 개념과 범위

방각본(坊刻本)이란 말을 한자어 그대로 해석하면 '가게에서 목판으로 새긴 책'이라고 해석할 수 있다. 물론 이 용어는 목판본이 활성화할 때를 기준으로 만들어진 용어이어서, 목판본 이후 활자본이 활성화할 때를 포함하면 용어와 그 개념은 달라질 수 있다. 기존의 논의에서 방각본의 다른 명칭을 살펴보면 다음과 같다.

『한국민족문화대백과사전』에서는 책을 인쇄하여 파는 곳을 방사(坊肆), 서방(書坊), 서사(書肆), 서포(書鋪) 등으로 일컫던 데에서 방간본(坊刊本) 외에 사본(肆本), 서방본(書坊本), 서사본(書肆本). 서포본(書鋪本) 등으로 불

---

1    "특히 書院中心의 冊子는 儒林이란 共同體가 있고, 여기에는 他姓도 介入하여 聚斂(취감) 이 부수될 것이니 坊刻本 一步前에 있다고 하겠다."(김동욱, 1970:100)

리게 되었다고 보고 있다. 『표준국어대사전』에서는 방각판(坊刻版), 방간본(坊刊本), 방본(坊本), 방판(坊版) 등의 다른 명칭을 제시하고 있다.

천혜봉(2010:250)에서는 목판뿐만 아니라 목활자와 주자(鑄字)를 만들어 찍어 주고 삯을 받았으므로 방각자본(坊刻字本), 방주자본(坊鑄字本)을 써야 하고, 이를 포괄하는 용어로 방간인본(坊刊印本), 방본(坊本)의 사용이 불가피하다고 보고 있다.

이를 종합하면 방각본의 다른 명칭으로 '사본, 서방본, 서사본, 서포본, 방각판, 방간본, 방본, 방판, 방각자본, 방주자본, 방간인본' 등을 들 수 있다. 이중에서 '사본, 서방본, 서사본, 서포본' 등의 명칭은 책을 파는 서점과 관련되기 때문에, 서점이 아닌 곳에서 판매한 책의 경우를 포함하기 어렵다. 따라서 '방각본'이란 용어가 목판본에 한정되었다고 한다면, '방간본, 방본'과 같이 목판본, 활자본을 아우를 수 있는 명칭을 사용하는 것이 바람직할 것이다. 그러나 현재 '방각본'이란 용어가 일반화되어 있으므로 본 연구에서도 '방각본'을 사용하기로 한다.


## 2.1. 방각본의 사전적 정의

우리나라에서 출판한 여러 사전에 나타난 방각본의 개념을 살펴보면 다음과 같다.

> 방각본 : 민간인이 영리를 목적으로 간행한 책. (한국민족문화대백과사전)
> 방각본 : [1] 중국의 남송 이후 영리를 목적으로 하는 서점에서

출판한 사각본(私刻本).[2] [2] 서방에서 판각(板刻)한 책. [3] 민간이 발간한 판본(板本). (出版辭典)

　방각본 : 원래 중국의 남송(南宋) 이후 영리를 목적으로 하는 서점에서 출판한 사각본(私刻本)을 일컫는 말이다. (Daum 백과사전)

　방각본(坊刻本) : 방각본은 임진왜란과 병자호란이 끝난 후 17세기에 상업적 이윤을 목표로 출간된 소설을 뜻한다. (위키백과)

　방각판(坊刻版) : 조선 후기에, 민간의 출판업자가 출판한 책. 주로 목판으로 만든다. (표준국어대사전)

　방각본 : 방각본은 조선 시대에 판매를 목적으로 민간에서 간행한 서적이다. (문학비평용어사전)


　위의 여러 사전에서 정의한 개념을 살펴보면 '발간시기, 발간주체, 발간목적, 발간장소' 등이 언급되고 있다. 발간시기는 조선시대 또는 조선후기, 발간주체는 민간인, 발간목적은 영리 또는 상업적인 출판이고, 발간장소는 서점이거나 발간장소를 명기하지 않고 있다. 방각본의 초기에는 서점에서 책을 팔지 않고, 서원이나 인쇄를 하는 사가에서 출판하여 판매하였고, 목활자본 같은 경우는 인쇄업자가 직접 출판을 요구하는 소비자를 찾아가서 책을 출판하는 경우가 많았다. 이를 도표로 그려보면 다음과 같다.

| 발간시기 | 발간주체 | 발간목적 | 발간장소 | 기타 |
|---|---|---|---|---|
| 조선시대, 조선후기 | 민간, 민간인 | 영리, 상업 | 서점, 명기하지 않음 | |

방각본 개념 도표

---

2　우리나라에서는 주로 주문자 생산으로 거래되는 사간본(私刊本)을 말하는 것이다.

　완판본 인쇄·출판의 문화사적 연구

방각본을 연구한 서지학자의 방각본에 대한 정의를 살펴보면 다음과 같다.

> 방각본이란 영리를 목적으로 간행된 서적이다. (류탁일, 1981)
> 민간에서 상업적인 목적으로 출판된 목판본 서적을 말한다. (류 준경, 2005)
> 민간이 장사할 목적으로 목판에 새겨 찍어낸 책을 일컬어 왔다. (천혜봉, 2010)

서지학자들이 정의한 개념에도 일반적으로는 목판본이지만 활자본의 개념을 배제하지 않고 있다. 이는 이미 여러 논문과 저서에서 제시된 바 있다.

따라서 위의 사전에 나타난 개념과 학자들의 개념을 종합하여 방각본의 개념을 정리한다면 대체로 '조선시대에 민간의 출판업자가 영리(판매)를 목적으로 출판한 책.'이라고 정의할 수 있다.

## 2.2. 방각본의 범위와 특징

기존의 논문에서 조선시대 초기 방각본이라 일컬어진 책을 살펴 방각본의 조건을 갖추고 있는지 살펴보기로 한다.

| | 시대 | 출판업자 | 상업성 | 판매 | 출판지역 | 도시규모 | 인쇄종류 |
|---|---|---|---|---|---|---|---|
| 攷事撮要 | 1576년 | 하한수 | ○ | ○ | 서울 | 대도시 | 목판 |
| 孟子諺解 | 1637년 | | ○ | ○ | 태인 추정 | 중소도시 | 목판 |
| 左傳鈔評 | 1724년 | | | | 금성(나주) | 대도시 | 목판 |
| 九雲夢 | 1725년 | | | | 금성(나주) | 대도시 | 목판 |
| 님경업전 | 1780년 | | | | 京畿 | 대도시 | 목판 |
| 朱書百選 | 1860년 | | | | 금성(나주) | 대도시 | 목판 |

조선 초기 방각본이라 일컫는 옛 책

첫째, 기존의 견해에서 방각본이라 다루어진 책들을 살펴보면, 『攷事撮要』와 '四書諺解'만 방각본으로서의 조건을 잘 갖추고 있다.

1576년(선조 9)에 간행된 『攷事撮要』의 간기를 통하여 이 고사촬요가 지금까지 발견된 가장 이른 시기의 방각본으로 추정하고 있다.

萬曆四年七月日水標橋下北邊第二里門入河漢水家刻板買者尋來

(만력4년(1576) 7월 수표교 아래 북변 제2里門의 입구에 있는 하한수 가의

각판이니 살 사람은 찾아오라.)

둘째, 옥영정(2004)에 따르면, 1637년의 간기가 있는 '사서언해'는 개인이 간행한 것으로 지방간본의 특징을 보이고 있고, 판매용으로 간행되었을 가능성이 있다고 보고 있다. 이 사서언해는 『논어언해』 2책, 『맹자언해』 2책, 『중용언해』와 『대학언해』 1책을 합쳐서 총 5책으로 밝혀졌다. 『맹자언해』에 '崇禎十年丁丑月日刊'의 간기가 있고, 간행기록이 있다. 옥영정(2004:195)에서도 제시하고 있지만, 류준경(2005:156)을 참고하여 간기

완판본 인쇄·출판의 문화사적 연구

의 내용을 인용하면 다음과 같다.

時用孟子諺解淸濁具備盡美矣 窮儒寒士 病其價重 故略書如左 崇禎
十年丁丑月日刊

(지금 쓰이는 『맹자언해』는 청탁淸濁이 매우 잘 갖추어져 있다. 그러나 곤궁
하고 한미한 선비들은 그 값이 비싼 것을 안타깝게 여긴다. 그래서 이같이 간
략히 써서 『맹자언해』를 만든 것이다. 숭정 10년(1637) 정축년에 간행하였다.)

위의 기록에 의하면, '사서언해'를 발간하는 비용을 낮추기 위해 대문
의 내용을 줄이고 빈 여백이 없이 내용을 채우고 간행한 것이 특징이다.
옥영정(2004:196)에서는 『論語諺解』에 나오는 각수 '玄淨'이 1635년 泰仁
龍藏寺 간행의 『水陸無遮平等齋儀撮要』(수륙무차평등재의촬요)에 나오는 동
일한 각수로 보고 1차적인 간행지를 전라도 태인이나 그 주변지역으로 파
악하고 있다.

전북 정읍 산내면 사내리에 있던 龍藏寺에서는 1635년(인조 13년) 한
해에만 무려 14권의 불경을 간행한 절이다. 이는 당시 용장사의 위세를
짐작케 하는 간행사업이다. 용장사는 정읍 산내면에 속해 있는 절이다. 따
라서 용장사의 인쇄문화는 태인의 인쇄문화에 영향을 주었을 것이다. 이
사업에 투입된 인쇄기술자들은 태인 선비문화권에서 인쇄를 담당했을 것
이고, 이 영향은 후대에까지 이어졌을 것으로 추정된다.

셋째, 고려대에 소장된 明나라의 목문희(穆文熙)가 批輯하고 石星이 校
閱한 책인 『左傳鈔評』 목판본의 간기에 '崇禎後再度甲辰(1724)錦城午門刊
刻'이라고 기록되어 있다고 보고하고, 이를 방각본으로 보고 있다.(안현주,
2012:432) 필자는 이를 『九雲夢』과 마찬가지로 사간본으로 처리하는 것이

바람직하다고 생각한다.

넷째, 1725년 전라도 금성에서 발간한 최초의 한문소설로 알려진 『九雲夢』은 '崇禎再度乙巳錦城午門新刊'이란 간기가 있다. 금성(錦城)은 전라도 나주의 옛 이름이다. 오문(午門)은 남문(南門)이란 뜻이므로 전라도 금성에 있는 남문에서 새로 찍었다는 기록이다. 이 시기는 전라감영에서 책을 발간하는 시기여서 상업적 출판이 이루어졌다고 보기 어렵다. 선비들이 이 책을 많이 보았기 때문에 주문자 생산의 방식을 띠고 있다고 볼 수 있을 것이다. 따라서 '사간본'으로 처리해야 할 것이다.

넷째, 1780년 京畿에서 발간된 한글목판본 『님경업젼』은 '歲庚子孟冬京畿開板'이란 간기를 갖는다. 이 책은 49장본으로 연세대학교 중앙도서관에 소장되어 있다. 이미 이윤석(2010:136-138)에서 언급한 것처럼 이 책은 경판방각본의 여러 특징과 상당히 달라서 방각본이라는 명확한 증거가 없다. 이윤석에서는 관판(官板)으로 추정하고 있다.

다섯째, 1860년 전라도 나주에서 발간한 『御定朱書百選』은 '庚申錦城信印'의 간기를 갖는다. 이 책의 내제와 간기 방식이 내각장본이나 완산감영본과 거의 같다. 따라서 방각본으로 볼 수 있는 근거가 없다.

주지하다시피, 한국에서 방각본을 출판한 지역은 '서울, 금성, 완산(전주), 태인, 달성, 안성' 등으로 한정된다. 그리하여 '경판방각본, 완판방각본, 태인방각본, 금성판본, 달성판본, 안성방각본' 등으로 불리고 있다. 여기서는 상업적 출판이 비교적 확실한 방각본을 대상으로 설명하고자 한다.

첫째, 천혜봉(2010:252)에 의하면, 경판방각본의 시작은 1792년(정조 16) 貞洞에서 간행된 『疑禮類說』이고 그 다음은 1804년(순조 4) 광통방(廣通坊)에서 간행된 『千字文』이다. 이후 한문본 방각본과 한글본 방각본이 목판본으로 인쇄되어 판매되었다. 지방에서 목활자본이나 석판본이 활성화된 반면에 서울에서는 활자본이 활성화되어 방각본으로 판매되었다. 전국에서 방각본 출판이 가장 많은 것으로 보고되고 있다.

둘째, 일반적으로 완판방각본의 시작은 『童蒙先習』으로 보고 그 발간 연도를 1714년으로 보고 있다. 柳富鉉(1990)에서는 규장각에 있는 '일사 古170-B149da'는 '湖南完山刊康熙甲午木板本'의 간기를 갖는데 이를 後刷本으로 보고 있다. 유부현(1990:505-506)에 따르면, 초간본 『童蒙先習』은 '甲午孟春甲子日湖南完山開板'의 간기를 갖는다. 柳富鉉(1998:82)에서는 『童蒙先習』異本의 文字異同을 통해 1714년본임을 확인하고 있다. 그러나 천혜봉(1997:223)에서는 1774(영조 20년)으로 이해하고 있다.

한편 완판본 『史要聚選』은 서문 말미에 '崇禎紀元後戊子年月日書于西溪'의 기록이 있고, 目錄末에 '戊子開版'의 간기가 있다. 이 시기를 1648년으로 보았으나, 실제로 태인방각본의 간기가 '己未(1799년)開板'으로 나오기 때문에 그 이후로 볼 수밖에 없다. 따라서 1828년에 간행된 것으로 해석해야 할 것이다.[3]

완판방각본은 일반적으로 1800년대 초부터 활발하게 책방을 중심으로 판매되었다. 서울과의 교류도 활발히 하여 서점간 교역이 이루어졌다.

셋째, 달성방각본은 옥영정(2010:237)의 '비소설 한문방각본(목판본)의 간행 현황'이라는 부록에 따르면 30여 종이 발간된 것으로 보고되고 있다.

넷째, 안성방각본은 최호석(2010:73)의 '안성판 방각본 총 목록'에 따르

---

3    류탁일(1985:23)에서는 '태인간본이 1679년에 간행되었으니 이 이후의 무자년이 될 것이다. 무자년은 1708년, 1768년, 1828년 중에 어느 하나에 해당될 것이다. 1768년 무자가 아니면 그 이후에 간행된 듯하다.'고 보고 있다.

면, 소설류가 11종, 실용서적과 기초 교육용 도서가 11종이 된다.

이상 경판방각본, 완판방각본, 달성방각본, 안성방각본 등은 주로 목판본 책으로 조선후기에 서점을 중심으로 활발하게 판매되는 특징을 보이고 있다. 또한 자연스럽게 서울과 안성, 서울과 전주·대구, 전주와 대구는 상호 교류하는 특징을 보이고 있다.

이제 각 지역의 방각본의 특징을 도표로 그려서 그 특징을 요약하면 다음과 같다.

| | 시대 | 출판업자 | 상업성 | 판매 | 독자계층 | 출판지역 | 도시규모 | 인쇄종류 | 출판규모 | 상호교류 | 재발간여부 |
|---|---|---|---|---|---|---|---|---|---|---|---|
| 경판 | 조선후기 | ○ | ○ | ○ | 민간 | 상업 | 대도시 | 목판활자 | 대규모 | 완판달성 | |
| 완판 | 조선후기 | ○ | ○ | ○ | 민간 | 상업 | 대도시 | 목판활자 | 대규모 | 경판달성 | |
| 달성 | 조선후기 | ○ | ○ | ○ | 민간 | 상업 | 대도시 | 목판활자 | 소규모 | 경판완판 | |
| 안성 | 조선후기 | ○ | ○ | ○ | 민간 | 상업 | 대도시 | 목판 | 소규모 | 경판 | |
| 태인 | 조선후기 | 간기에표시 | ○ | ○서원 | 민간서원 | 상업 | 중소도시 | 목판활자 | 소규모 | | 완판달성 |

지역별 방각본의 특징

완판본 인쇄·출판의 문화사적 연구

# 3. 태인방각본의 종류와 그 특징

　정읍 태인에서는 전이채(田以采), 박치유(朴致維)가 『史要聚選』(1799), 『事文類聚』(1799), 『新刊素王事紀』(1804), 『孔子家語』(1804), 『農家集成』 (1806), 『新刊救荒撮要』(1806), 『詳說古文眞寶大全後集』(1796), 『詳說古文 眞寶大全前集』(1803), 『童子習』(1804), 『孔子通紀』(1803), 『大明律詩』(1800), 『增刪濂洛風雅』(1796), 『孝經大義』(1803) 등의 책을, 손기조(孫基祖)가 『明心 寶鑑抄』(1844)를 19세기 중엽까지 간행하여 판매하였다. (김윤수, 1990:355-401, 송일기, 2000:14). 이 책들은 당시 문인사회에서 인기가 있었던 실용적 인 책들로, 수요자인 문인들의 요구에 따라 출판한 것이다.

　전북 태인은 서울을 제외하고 지방에서는 판매용 책을 많이 찍어낸 지 역이다. 판매용 책을 찍었다는 사실은 당시의 태인의 여러 환경이 다른 지 역에 비해 매우 발전하였음을 말하여 주는 것이다. 태인(泰仁)은 태산(泰 山)현과 인의(仁義)현이 합쳐서 생긴 지명으로 조선시대에는 사대부가 많 이 거주하고 상업이 활발하던 지역이었다. 따라서 상업적인 출판도 활발 하였고, 특히 18-19세기에는 방각본 출판을 주도하였다.

## 3.1. 태인방각본의 종류

　전북 태인에서 발간된 방각본의 내용적 특징은 다음과 같다.

　첫째, 공자의 생애와 업적을 기리기 위한 서적이 많았다. 공자와 관련 된 것으로 알려진 방각본은 『孔子家語』, 『孔子通紀』, 『新刊素王事紀』 등인 데, 태인 지역이 공자를 알리고 기리는 작업에서 앞서고 있었음을 보여주는 것이다.

둘째, 유교적 교양이나 교화를 강조하는 내용의 서적을 출판하여 『明心寶鑑抄』,『孝經大義』, 어린이 교육용 도서인 『童子習』 등이 출판되었다. 이런 책들은 태인 지역의 향약을 실현하기 위해 발간한 것으로 보고 있다.

셋째, 실용성을 가진 방각본을 출판하였다. 농사 기술을 널리 알리기 위해 만든 『農家集成』과 굶주림을 구제하기 위해 만든 『新刊救荒撮要』가 있고, 당시의 백과사전인 『事文類聚』, 초학자들을 위한 문장 백과사전인 『古文眞寶大全』 등이 발간되었다. 이런 출판은 실학적 정신과 그 맥을 같이하고 있다고 볼 수 있다.

넷째, 선비들이 보는 시와 관련된 책들이 발간되었다. 명나라의 유명한 시인들의 칠언율시(七言律詩)를 모아 둔 시집인 『大明律詩』, 염락학파(濂洛学派)의 시를 모아서 『增刪濂洛風雅』를 발간하였다.[4]

다섯째, 중국의 역사에 관한 책으로, 권이생(權以生)이 중국 상고시대로부터 명나라에 이르기까지의 역사적 사실 가운데 요점이 되는 부분을 뽑아 엮은 『史要聚選』을 발간하였다.

태인방각본에서는 일반적인 방각본의 특징인 요약본이 많이 발간된 것이 특징이고, 이세 교육을 위한 자료, 초학자를 위한 사전, 지역민을 위한 농서 발간 등이 특징적이다.

태인방각본으로 알려진 책은 13권이 발간되었다. 각 책에 대한 해설을 간략히 제시하면 다음과 같다. 아래 해설은 『규장각도서해제』,『한국민족

---

4 전라도 지역에 사는 선비들이 태인방각본을 필사해서 본 필사본이 많이 발견되고 있다. 특히 『孔子家語』와 『增刪濂洛風雅』 등이 많이 필사되었다.

문화대백과사전』,『Daum백과사전』등을 참조하였다.

### 1)『增刪濂洛風雅』

염계(濂溪)는 주돈이(周敦頤)가 살던 곳이고 낙양(洛阳)은 정명도(程明道)가 살던 곳으로 이 두 글자를 따서 사람들이 염락학파(濂洛学派)라고 부르는데 그 학자들의 시를 보아서 국풍(国風)과 아(雅)에 비겨서 풍아(風雅)라고 했다. 그래서『염락풍아』라고 이름을 지었다. 여기에 내용을 뽑아 더한 것이『증산염락풍아』이다. 이 책의 목록에는 '歲在丙辰(1796년) 開刊'이라는 간기와 5권의 마지막에는 '田以采梓'라는 간기가 있다.

### 2)『史要聚選』

『사요취선』은 '역사의 주요사항을 선택하여 모은 것'이라는 뜻으로 빨리 찾아볼 수 있게 만든 역사에 관한 사전이다. 권이생(權以生)이 중국 상고시대부터 명나라에 이르기까지의 역사적 사실 가운데 요점이 되는 부분을 뽑아 엮은 것이다. 이 책의 목록난에는 '己未(1799년) 開板'이라는 간기와 9권의 마지막에는 '田以采 朴致維梓'라는 간기가 있다.

### 3)『事文類聚』

이 책은 중국 상고시대에서 송나라 때까지의 모든 사문(事文), 즉 사실(事實)과 시문(詩文)을 수집하여 부문별로 분류한 백과사전과 같은 책이다. 이 책의 목록난에는 '己未(1799년) 開板'이라는 간기가, 1권 첫쪽에는 '田以采 朴致維梓'라는 간기가 있다.

4)『大明律詩』

『대명률시』는 명나라의 유명한 시인들의 칠언율시(七言律詩)를 모아 둔 시집이다. 이 책에는 '歲庚申(1800년)田以采朴致維梓'이라는 간기가 있다.

5)『童子習』

이 책은 명나라의 주봉길(朱逢吉)이 편찬한 유교의 기초 덕목에 관한 내용을 모은 어린이용 교화서이다. 아이들이 알아야 할 내용을 모두 17가지 주제로 나누어 서술하였다. 이 책에는 '田以采朴致維梓'라는 간기가 있다.

6)『詳說古文眞寶大全』

이 책은 송(宋)나라의 학자 황견(黃堅)이 편찬한 것으로 20권 10책으로 되어 있다. 전국시대부터 송나라 말기까지의 시문을 전집과 후집으로 나누어 편찬하였다. 이 책은 학생들이 문장을 배우는 데 필수적인 교본으로, 조선시대 서당에서 교재로 쓰던 시문선집이다. (한국민족문화대백과사전 참조)

『고문진보』는 조선시대부터 한문을 익히려는 사람들에게 널리 읽힌 교재 중의 하나이다. 『詳說古文眞寶大全』은 철학적 사유에 기초한 도학적 문학관이 적용되어 있어, 도문일치를 지향한 문인 학자들이 문장을 익히는 교재로 사용하였다. (정재철, 2003:52 참조)

이 책에는 '崇禎紀元後三癸亥(1803년)十二月日泰仁田以采朴致維梓'라는 간기가 있다. 최근 발견된 『詳說古文眞寶大全』에는 '丙辰(1796)夏詩山開板'이란 간기가 있다.[5]

---

5    이 자료를 제공해 주신 태인본 소장가인 유훈 선생께 감사드린다.

### 7)『孔子通紀』

『공자통기』는 공자의 일생을 한꺼번에 살필 수 있도록 요점을 정리하였기 때문에 통기(通紀)라는 이름을 붙였다. 이 책에는 '崇禎紀元後三癸亥 (1803년)九月日泰仁田以采朴致維梓'라는 간기가 있다.

### 8)『孝經大義』

공자(孔子)가 그의 제자 증자(曾子)와 더불어 문답한 것 중에 효도에 관한 것을 송나라 주희(朱熹)가 간오(刊誤)한 것이『孝經刊誤』이다. 나중에 이를 원나라 동정(董鼎)이 주해한 책을 바탕으로 명나라 서관(徐貫)이 간행한 판본을『孝經大義』라고 한다.(옥영정, 2012:60 참조) 태인방각본『효경대의』는 1803년 田以采, 朴致維가 발간하였다. 이 책에는 '崇禎紀元後三癸亥十月日泰仁田以采朴致維梓'라는 간기가 있다.

### 9)『新刊素王事紀』

공자를 비롯한 성현들을 받드는 내용과 구체적 의식을 수록한 것이다. 소왕(素王)은 자리가 없는 왕으로서 공자(孔子)를 말한다.『소왕사기』는 곧 공자의 일에 대한 기록인 것이다. 이 책에는 '甲子(1804년)秋七月下瀚泰仁田以采朴致維梓'라는 간기가 있다.

### 10)『孔子家語』

중국 명나라의 학자이며 관료였던 반부(潘府)가『주자가례』(朱子家禮)에 입각하여 공자의 일대기를 서술한 책이다. 공자가 당시 벼슬아치, 사대부 및 제자들과 더불어 서로 도(道)에 관해 문답한 내용이 많다. 이 책에는

'甲子(1804년)秋七月下澣泰仁田以采朴致維謹梓'라는 간기가 있다.

### 11)『農家集成』[6]

조선 중기의 문신이었던 신속(申洬)이 만든 농업에 관련된 책이다. 이 책 속에 나오는 여러 가지 작물의 품종 이름에서 이두와 한글의 표기가 많이 나온다. 전라도 방언을 반영한 것으로 보이는 어형도 간혹 보인다. '쟐외콩(者乙外太)'이 과도교정되어 '댤외콩'(21b)으로 된 것이 보인다. 1581년판(농사직설)의 '져므시리조(漸勿日伊粟), 아히사리피(阿海沙里稷)'는 이 책에서는 '져므시리조(23a), 아히사리피(23b)'로 나타난다.(디지털한글박물관 해제 참조) 이 책에는 '崇禎紀元後丙寅(1806年)春三月上澣武城 田以采朴致維謹梓'라는 간기가 있다.

방각본 중에서 농서를 발간한 것은 태인본이 처음이다. 전라도의 상업적 출판업자가『농가집성』을 제작하여 판매한 것은 이 책에 대한 수요가 있었다는 것을 의미한다. 다른 지역에서는 방각본『농가집성』을 발행하지 않은 점으로 볼 때, 전라도만의 특성이라고 할 수 있다.『농가집성』은 기본적으로 한문으로 쓰여진 책이라는 점에서 지식인의 농업에 대한 관심을 이해할 수 있다.[7](이선아·소순열, 2006:46) 더욱이 이두와 한글의 표기가 나오는 점으로 보면 일반 시민들을 위한 책으로 이해할 수 있다.

---

6    『농가집성』은 1806년에 발행되었으나 18세기 국어사와 방언사 연구에 크게 도움이 되는 자료이다.

7    19세기에 한문으로 된 방각본(坊刻本)『농가집성』이 출판된 것은 전라도 지역을 중심으로 형성되었던 실학의 한 모습을 보여주는 것이라고 보고 있다.(이선아·소순열, 2006:46 참조)

## 12) 『新刊救荒撮要』

서원(지금의 淸州)의 현감으로 있던
신속(申洬)이 흉년이 들어 양식이 부족
한 것을 염려하여 기근 구제에 대한 내
용으로 엮은 책이다. 1권 1책의 목판본
으로 기존 『구황촬요』 중 언해 부분을
약간 수정한 것에다, 신속이 언해, 편찬
한 『구황보유방』(救荒補遺方)을 합철하

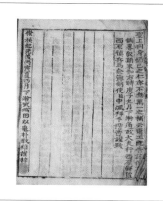

『新刊救荒撮要』의 간기

였다. 이 책에는 '崇禎紀元後丙寅(1806
년)夏四月下澣武城田以采朴致維謹梓'라는 간기가 있다. 이 책은 한글로
되어 있어서 18세기 국어사 연구에 크게 도움이 되는 자료이다.


## 13) 『明心寶鑑抄』

『명심보감』(明心寶鑑)은 고려 충렬왕 때 추적(秋適)이 편찬한 어린이 학
습용 책이다. 경서(經書)와 사서(史書) 등에서 유교적 덕목을 기르고 교양
에 필요한 요점을 뽑아 분류하여 만든 것이다. 조선 초기부터 초학자에게
도의(道義)를 가르치는 책으로 『동몽선습』(童蒙先習)과 함께 널리 이용되어
왔다.

태인의 손기조(孫基祖)에 의해 출판된 『明心寶鑑抄』는 『明心寶鑑』에서
중요한 부분을 뽑아 만든 것이다. 이 책에는 '崇禎後甲辰春(1844년) 泰仁孫
基祖開刊'이라는 간기가 있다.

## 3.2. 태인방각본 간기의 특징

태인방각본의 특징은 간기에서도 찾아볼 수 있다. 다른 방각본의 간기와는 달리 태인방각본의 간기는 아래 도표와 같은 구조를 갖는다.

태인방각본의 가장 큰 특징은 간기가 갖는 모든 구조를 완벽하게 갖추고 있다. 그러나 더 큰 특징은 출판업자를 명기하고 있다는 사실이다. 간기에 각수를 명기한 경우는 다소 있지만, 출판업자를 분명하게 명기한 경우는 매우 드물다. 출판업자가 거의 모든 책에서 나타나고 있고, 또 어떤 경우는 출판업자만 표기하는 경우가 있어서 태인방각본은 분명히 출판업자에 의한 판매를 목적으로 한 책으로 인식된다. 전주에서 발간한 완판본의 경우, 『사서삼경』을 제외하고[8] 간기에 출판업자가 명기된 경우는 없다. 다만 1911년 판권지부터 출판업자가 명기되어 있다.

| 分類<br>冊名 | ①<br>年<br>號 | ②干支 | | ⑤<br>刊<br>行<br>地 | ⑥<br>刊行<br>方法 | ⑦刊行者 | ⑧<br>冊의<br>種類 |
| | | ③刊行年 | ④刊行月日 | | | | |
|---|---|---|---|---|---|---|---|
| 增刪濂洛風雅 | | 歲在丙辰<br>(1796) | | | 開刊 | 田以采梓 | 목판 |
| 史要聚選 | | 己未(1799) | | | 開板 | 田以采朴致維梓 | 목판 |
| 事文類聚 | | 己未(1799) | | | 開板 | 田以采朴致維梓 | 목판 |

---

8 　『孟子』를 제외한 완판본 '사서삼경'에는 '歲庚午仲春開刊'이라는 간기와 함께 '全州府河慶龍藏板'이라는 간기가 추가로 제시되어 있다.

| | | | | | | | |
|---|---|---|---|---|---|---|---|
| 大明律詩 | | 歲庚申<br>(1800) | | | | 田以采朴致維梓 | 목판 |
| 詳說古文眞寶<br>大全 | 崇禎紀<br>元後 | 三癸亥<br>(1803) | 十二月日 | 泰仁 | | 田以采朴致維梓 | 목판 |
| | | 丙辰(1796) | 夏 | 詩山 | 開板 | | 목판 |
| 孔子通紀 | 崇禎紀<br>元後 | 三癸亥<br>(1803) | 九月 日 | 泰仁 | | 田以采朴致維梓 | 목판 |
| 孝經大義 | 崇禎紀<br>元後 | 三癸亥<br>(1803) | 十月日 | 泰仁 | | 田以采朴致維梓 | 목판 |
| 新刊素王事紀 | | 甲子(1804) | 秋七月下瀚 | 泰仁 | | 田以采朴致維梓 | 목판 |
| 孔子家語 | | 甲子(1804) | 秋七月下瀚 | 泰仁 | | 田以采朴致維梓 | 목판 |
| 農家集成 | 崇禎紀<br>元後 | 丙寅(1806) | 春三月上瀚 | 武城 | | 田以采朴致維謹梓 | 목판 |
| 新刊救荒撮要 | | 丙寅(1806) | 夏四月下澣 | 武城 | | 田以采朴致維謹梓 | 목판 |
| 童子習 | | | | | | 田以采朴致維梓 | 목판 |
| 明心寶鑑抄 | 崇禎後 | 甲辰(1844) | 春 | 泰仁 | 開刊 | 孫基祖 | 목판 |

태인방각본 간기의 특징

## 3.3. 태인방각본과 완판본

송일기(2006:173-177)에 의하면 박치유(朴致維)가 전이채(田以采)와 함께 태인본을 간행하기 시작한 1799년은 박치유의 나이 37세이다. 전이채는 출판업자이고 박치유는 인쇄업자로 추정하고 있다. 대체로 태인본이 1806년까지 발행이 되는데, 이후 말년에 박치유는 친교가 있던 장성 백양사의 암자인 운문암에서 백파(白坡) 긍선(亘璇)의 저작을 출판하게 된다. 1827년 운문암에서 간행한 『大乘起信論疏筆刪記』와 『作法龜鑑』의 뒤에

'養眞居士朴致維書'란 기록이 보인다. 이때가 박치유의 나이가 65세에 이른다.

추정컨대 1827년 박치유가 불서 간행에 깊이 관여하게 된 이후로 태인본 책판은 전주로 이관되게 된 것으로 보인다. 이후 서계서포와 칠서방 등에서 이 책을 거듭 간행하게 되어 전주 방각본을 활성화시키게 되었다. 일반적으로 태인 방각본의 출판은 1796년부터 1806년까지로 끝이 난다. 전주에서는 1803년 한문고전소설 『九雲夢』이 발간되면서 완판방각본의 출판이 활발해진다.[9] 태인 방각본의 책판은 전주와 대구로 옮겨와서 계속 출판되었다. 『孔子家語』, 『增刪濂洛風雅』, 『詳說古文眞寶大全』, 『新刊救荒撮要』, 『大明律詩』, 『孝經大義』, 『東國文獻』 등이 방각본으로 계속 출판되었음을 알 수 있다.

18세기 말에 발행된 태인방각본은 중간에 휴지기간을 두고, 대부분 전주에서 다시 완판방각본으로 재발행된다. 그렇다면 1796년부터 1800년대 말까지 약 100년 동안 계속 발간된 것으로 보인다. 『효경대의』를 재발행한 대구의 경우까지 포함하면, 무려 120여 년 동안 발간하였다고 말할 수 있다. 태인방각본이 후대까지 계속 인기를 끌었던 이유는 과거시험과 관련되어 있는 책과 가난한 선비들이 요약하여 공부할 수 있는 책이었기 때문이었다.

이태영(2016:287)에서는 태인방각본이 전주에서 다시 완판방각본으로

---

9  「完營客舍冊板目錄」, 「各道冊板目錄」, 「冊板錄」 등 몇 가지 책판 목록에는 전주의 書舖에서 출판한 책판의 목록을 '私板'이라고 표시하고 있다. 그런데 1750년경에 쓰인 「諸道冊板錄」에서는 조금 더 구체적으로 '南門外私板', '西門外私板'으로 표시하고 있다. 그러므로 전주에서 발간된 완판방각본은 이미 1700년대 초부터 발행된 것으로 보인다.

발행되는 과정을 배지에 완판방각본 책의 한 면이 인쇄되어 있는 모습을 통하여 밝히고 있다. 그 내용을 소개하면 다음과 같다.

### 1)『孔子家語』

필자 소장의『標題句解孔子家語』(上, 中, 下)는 상권 앞표지와 뒤표지, 하권의 뒤표지 배면에 완판본『됴웅전』이 반초서민체(半草庶民體)로 찍혀 있다. 이태영(2006)에서는 배지에 나타나는『조웅전』은 1862년 이전에 찍은 책으로 추정하고, '丁巳孟秋開板'의 간기를 갖는 1857년본『됴웅젼』이나 그 무렵에 찍은 책으로 추정하였다.

### 2)『增删濂洛風雅』

필자 소장의『增删濂洛風雅』의 卷之一의 앞장에 붙어 있는 '目錄'에 '歲在丙辰開刊'이라는 간기가 있다. '丙辰'은 1916년으로 전주에서 새긴 것으로 추정된다. 표지의 배지에『소학언해』(小學諺解)가 인쇄되어 있는데 이『小學諺解』는 1916년 전주 '七書房'에서 간행된 책이다.

### 3)『詳說古文眞寶大全前集』

필자 소장의『詳說古文眞寶大全前集』은 12권 3책(天·地·人)으로 되어 있다. '天'으로 표시된 1책 뒤표지의 배지에는『적성의전』33ㄱ이 인쇄되어 있다. '人'으로 표시된 2책 뒤표지의 배지에『적성의전』이 인쇄되어 있다. 이『적성의전』의 글꼴은 1800년대 중반에 사용된 半草庶民體 글꼴로 보인다.

### 4) 『新刊救荒撮要』

디지털한글박물관에서 제공하는 이미지를 보면 『新刊救荒撮要』의 경우에도 표지의 앞뒤 배지에 인쇄가 되어 있다. 간지가 붙어 있어 어떤 책인지 확인이 어렵지만 태인에서 찍힌 경우에는 배지에 인쇄가 없기 때문에 이를 통해서 이 책이 방각본으로 출판되었음을 추정할 수 있다.

### 5) 『孝經大義』

간기가 분명한 태인방각본인 『孝經大義』에는 판권지가 붙어 있다. 이는 대구의 '在田堂書鋪'의 판권지인데 이는 大正 五年(1916)에 발행한 판권지가 붙어 있다. 판권지가 붙어 있는 것으로 보아 책판을 대구의 在田堂書鋪에서 인수하여 방각본으로 찍은 것으로 볼 수 있다.

태인본 중 전주에서 간행한 책은 『孔子家語』,『增刪濂洛風雅』,『詳說古文眞寶大全』,『新刊救荒撮要』,『大明律詩』 등이고, 대구에서 재간행된 『孝經大義』등 주로 유가서가 많았다. 따라서 19세기 중반에 소비자의 욕구를 위해 태인본을 전주, 대구에서 방각본으로 인쇄하여 판매한 것이다. 태인본은 완판방각본의 발달에 큰 기여를 하게 되었다.

## 3.4. 태인방각본의 특징

앞에서 살펴본 바와 같이, 태인방각본은 몇 가지 독특한 특징을 보인다.[10]

---

10    옥영정(2006:78)에서는 태인방각본의 특징으로 역사서, 문장, 유가서, 농서, 의서 등 그 주

1) 지방에서 발행한 방각본으로 일반적인 다른 방각본에 비해 연대가 앞서는 특징을 보인다. 초기 방각본의 모습을 보여준다.

2) 간기에 출판업자와 인쇄업자의 이름인, 전이채(田以采), 박치유(朴致維), 손기조(孫基祖)가 분명하게 기재된 특징을 보인다.

3) 무성서원을 중심으로 하는 선비문화의 영향으로 출판되는 특징을 보인다. 이 책들은 향약을 실현하기 위한 출판이었다.

4) 전주(완산)와 대구에서 방각본으로 재발행되어 많이 판매된 독특한 특징을 보인다.

5) 일반적인 방각본의 특징처럼, 요약본을 발행하는 특징을 보인다.

6) 태인의 방각본 출판은 지식에 대한 개화를 열망하는 시대 정신의 반영이라고 말할 수 있다.


경판, 완판, 달성판은 상업 도시에서 판매를 목적으로 간행한 책이지만, 태인방각본은 선비들이 살고 있는 도시에서 그 선비들이 향약을 실현하기 위하여 선비들이 필요한 책과 지역민을 위한 책을 출판업자에게 요구하여 간행한 점에서 상당히 다르다. 태인방각본도 역시 완판사간본처럼 일종의 주문자 생산이라는 중간단계를 갖고 있었을 것이다. 그러나 출판업자와 인쇄업자와 출판지가 분명히 드러나 있고, 류준경(2004)에서 이야기한 것처럼 방각본의 체계를 갖추었다는 점에서 방각본의 역사에서 매우 중요한 초기방각본의 위치를 차지한다.

---

제가 다양하고, 양반이나 중인, 평민 등을 대상으로 삼은 특성을 들고 있다.

## 3.5. '책판 목록'에 보이는 태인본

조선시대 태인현에서 간행된 서적을 확인할 수 있는 자료로 1583년 許篈이 續撰한『攷事撮要』에 8종을 기록하고 있다.

『喪禮抄錄』,『三魁堂集』,『三魁續集』,『程氏家熟』,『靈川屛風書』,
『退溪屛風書』,『容齋集』,『八道地圖』

1530년 태인 靈泉寺에서 간행한『妙法蓮華經』과 1533년 靑龍山寺에서 간행한『彌陀禮懺』과 태인현에서 간행한『高靈世稿』등 3종이 더 전하고 있다. 임진왜란 이후에 간행된 것으로 1635년 용장사에서 간행된 14종의 불서와 1636년 申欽(1566-1628)의 문집인『象村稿』가 간행되었다.

'冊板置簿冊', '完營冊板目錄', '諸道冊板錄' 등의 18세기에 편찬된 책판목록을 통해 다음과 같이 태인 지역의 책판을 확인할 수 있다.(김지완·남권희, 2017:256)

『吳忠烈公遺稿』,『擊蒙要訣』,『老峯集』,『一齊集』,『灵泉集』,『玄谷集』,『東坡集』,『史略大文』,『語學粉字』,『竹陰集』(完營冊板目錄, 1759년)
『東坡集』,『玄谷集』,『灵泉集』,『大文抄史略』,『學語初讀粉子』,『一齊集』,『竹陰集』(冊板置簿冊, 18세기 중반)
『一齊集』,『擊蒙要訣』,『濂洛風雅』,『史要聚選』(諸道冊板錄, 18세기 후반)

1840년에 작성된 규장각 소장의 '各道冊板目錄'에 따르면 태인 지역

완판본 인쇄·출판의 문화사적 연구

의 책판은 모두 18종이 확인된다. 여기에 태인방각본으로 알려진 책이 12종이 포함되어 있다.(옥영정, 2006:76-77)

『左傳』, 『禮記』, 『古文前集』, 『古文後集』, 『四書奎璧』, 『濂洛風雅』, 『明律』, 『史要聚選』, 『事文類聚』, 『孔子家語』, 『孔子通紀』, 『孝經』, 『經抄』, 『童子習』, 『農家集成』, 『救荒方』, 『篆千字』, 『春秋』

옥영정(2006:78)에서는 위에서 언급한 책 중에 『左傳』, 『禮記』, 『四書奎璧』, 『經抄』, 『篆千字』, 『春秋』 등은 태인방각본과 유사한 점이 많은 것으로 보아 방각본일 가능성이 큰 것으로 보고 있다.

## 3.6. 일제강점기 이후의 출판

전라북도 정읍은 개화기시대, 또는 일제강점기에도 많은 상업적 출판이 이어졌다. 전주를 중심으로, 남원과 정읍 등에서 활발한 출판이 계속되었다.

옥영정(2006:84)에서 제시한 일제강점기 정읍지역의 목활자본의 종류를 제시하면 다음과 같다.[11]

『海州吳氏族譜』(1914, 心敬齋), 『朝鮮簪獻寶鑑』(1914, 考巖院堂), 『朝鮮

---

11  최근에 武城書院에서 발간한 목활자본 『三綱錄』(1887)이 발견되었다. 이 책은 현재 전북대학교 도서관에 소장되어 있다.

簪纓譜』(1915, 소성면 公坪), 『朝鮮簪纓附錄名賢姓譜』(1916), 『礪山宋氏族譜』(1916, 七寶面 院村里), 『朝鮮萬姓簪纓譜』[12](1916, 武城書院), 『尊聖出義稧案』(1916, 蓮花齋), 『康津金氏族譜』(1917, 延諡閣), 『耽津安氏世譜』(1917, 安東浩宅), 『幸州殷氏世譜』(1917, 半萊齋), 『井邑郡邑誌』(1918, 養士齋), 『井邑郡鄕校儒林案』(1918, 育英齋), 『淸安李氏族譜』(1921, 武城書院), 『麗朝忠烈錄』(1923), 『義城金氏族譜』(1938, 新庵書齋), 『古阜聖廟重修案』(蓮花齋)

정읍 지역에서 발간된 석판본으로, 『武城書院院誌』(1930)는 저작겸발행자는 무성리 金麟基이고, 인쇄소는 광주의 南振印刷所이다. 『湖南誌』(1935)는 전남 장성의 筆巖書院과 전북 정읍의 武城書院에서 편집하고, 정읍 三笑堂石版印刷所에서 발행하였다. 『瀛山實錄』(1939)은 인쇄소는 水城里 湖一石版印刷所이고 발행소는 市基里 瀛山堂으로 되어 있다. 『瀛州三綱錄』(1953)은 '癸巳十月日 古阜鄕校'의 간기를 갖는다. 『瀛州誌』(1958)는 古阜鄕校에서 간행되었다. 『瀛皓亭遺誌』(1966)는 水城里 西城洞 光明印刷社에서 인쇄되었다.

정읍지역에서 발간한 활자본으로는, 『引逸亭遺稿』(1964년)는 인쇄소는 대전의 右文堂印刷社, 발행소는 所聲面 玉山精舍이다. 『睡餘錄』(1929년)은 인쇄소는 군산의 文化印刷所, 저작자가 所聲面 草堂主人으로 되어 있다. 『一齋先生遺集』(1936년)은 인쇄소가 井州邑 明治町 文進堂印刷所로 되

---

12  『朝鮮萬姓簪纓譜』는 5권 5책으로 목활자본이다. 이 책의 간기는 '丙辰(1916)剝棗月上浣泰山之武城書院開刊'으로 되어 있다. 책을 판매했다는 기록인 '定價 金 六圓'이 기록되어 있어서 판매용으로 출판되었음을 알 수 있다. 발행소는 '全羅北道 井邑郡 七寶面 院村里 武城書院'으로 되어 있다. 옥영정(2006)에서는 『東國萬姓簪纓譜』로 되어 있다.

어 있다. 『春雨亭文稿』(1961년)는 '泌陽祠'에서 발행하였고, 『泰仁誌』(1965)는 인쇄소가 명확하지 않다. 『扶風世蹟錄』(1967)은 발행소는 '扶安 鄕校', 인쇄소는 신태인읍 중앙동 '全羅印刷所'에서 발행하였다. 『隱山亭詩集』(1980)도 같은 출판소에서 발행하였다. 『礪山宋氏知申公派譜』(1975)는 정읍 칠보 松庵精舍에서 간행하고, 인쇄소는 水城里 井邑合同印刷公社에서 인쇄되었다. 간기가 확실하지 않은 『泰仁文廟儒道會儒林案』이 있다.

위에서 알 수 있는 사항은 무성서원이나 그 인근 무성리, 원내리에서 간행한 서적이 계속 이어져 오고 있다는 사실이다. 전체적으로 정읍에서는 일제 강점기에도 활발하게 방각본 출판이 있었다고 볼 수 있다.


## 4. 태인방각본 출판의 시대적 배경

태인방각본을 이해하기 위해서는 전북 정읍에 소재한 태인 지방의 역사와 문화에 대한 이해가 선행되어야 한다. 그래야만 태인방각본이 이 지역에서 왜 출판되었는지 그 이유를 알게 될 것이다. 태인의 역사문화적 배경을 간략히 살펴보기로 한다.

### 1) 고운 최치원과 태인

고운(孤雲) 최치원(857~?)은 신라시대의 학자이며 문장가이다. 본관은 경주이고, 자는 고운(孤雲)이나 해운(海雲)이라 하였다. 12세에 중국 당나라에 유학하여, 18세에 빈공과(賓貢科)에 합격하였다. 29세에 귀국하여, 시독 겸 한림학사 수병부시랑 지서서감사(侍讀兼翰林學士守兵部侍郎知瑞書監事)

에 임명되었다.

890년에 태인에 군수로 부임했던 고운 최치원 선생이 유상대(流觴臺)를 만들어 유상곡수(流觴曲水)를 즐기며 풍류를 즐긴 것으로 알려져 있다. 1020년(현종 11) 내사령(內史令)에 추증, 다음해에 문창후(文昌候)에 추시(追諡)되어 문묘에 배향되었다. 조선시대에 태인(泰仁)의 무성서원(武城書院)에 제향되었다.[13]

## 2) 『不憂軒集』과 정극인(丁克仁)

정극인(1401~1481)은 조선 전기의 문신이며 문인이다. 경기도 광주 두모포(두무포) 출생으로, 호는 불우헌, 다각, 다헌이요, 본관은 영광이다.

1437년(세종 19) 세종이 흥천사(興天寺)를 중건하기 위하여 토목공사를 일으키자 태학생(太學生)을 이끌고 부당함을 항소하다가 왕의 진노를 사 북도(北道)로 귀양을 갔다. 이 일로 정극인은 낙향하여 태인에 사는 고부 임씨와 혼례를 치렀다. 태인(泰仁)으로 가 '불우헌(不憂軒)'이라는 집을 짓고 살았다.

그는 향리의 자제들을 양성하고, 미풍양속을 위해 태인의 향약을 주창하고 『향약계축』(鄕約契軸)을 개수하였다. 그는 태인의 고현향약을 창시하였다. 한국 최초의 가사 작품으로 알려진 「상춘곡」과 短歌 「불우헌가」, 한림별곡체(翰林別曲體)의 「불우헌곡」 등을 지었다. 문집으로 『불우헌집』(不憂軒集) 2권 1책이 전한다. 1615년 호남 유생들이 무성서원을 지어 최치

---

13   이밖에도 경주의 서악서원(西嶽書院), 함양의 백연서원(柏淵書院), 영평(永平)의 고운영당(孤雲影堂), 대구 해안현(解顔縣)의 계림사(桂林祠) 등에 제향되었다.

완판본 인쇄·출판의 문화사적 연구

원, 정극인, 신잠, 송세림을 배향하였다. 1696년 무성서원에 사액이 내려지고, 예조판서에 추증되었다. (한국문화대백과사전 참조)

『불우헌집』(不憂軒集)은 조선 단종 때의 문신 정극인의 시문집이다. 2권 1책으로 1786년(정조 10)에 후손 효목(孝穆)이 수집·간행한 주자본(鑄字本)이 현존하는 최고본이다. 1969년에 정극인의 18세손인 팔성(八聲)이 石版으로 중간한

『不憂軒集』의 賞春曲

것이 있다. 권1에는 시(詩), 권2에는 문(文)과 歌曲이 실려 있다. 이 문집에 실려 있는 〈賞春曲〉은, 한국문학사에서 최초의 가사(歌辭) 작품으로 알려져 있다.


3) 『泰仁古縣洞鄕約』

『태인고현동향약』은 전라북도 태인현 고현동(현재 전라북도 정읍시 칠보면 시산리)에서 향약이 결성된 후, 선조조 임진왜란 전후에 시작해 1977년에 이르기까지 약 400년 동안 시행한 향약 자료집으로, 29책으로 된 필사본이다. 보물 제1181호로 지정되어 있다.

이 책은 정극인(丁克仁)이 사간원(司諫院) 정언(正言)을 사임하고 태인현 고현동으로 옮겨 살면서, 현지 주민의 도의선양(道義宣揚)과 상호친목, 권선징악의 미풍양속을 권장, 교도하려는 목적으로 지은 문헌이다.(한국민족문화대백과사전 참조)

## 4) 정읍 무성서원[14]

정읍 무성서원(井邑 武城書院)은 전라북도 정읍시 칠보면 무성리에 있는 서원이다. 신라 시대의 최치원(崔致遠)이 이곳의 현령을 지내고 합천의 군수로 전출된 뒤, 고을 사람들이 최치원을 기리기 위하여 유상대(流觴臺) 위에 생사당을 지었는데 이것이 선현사(先賢祠)이다. 조선 시대인 성종 15년(1484년)에 선현사를 지금의 자리로 옮긴 것이 바로 태산사(泰山祠)로 무성서원의 전신이다. 광해군 7년(1615년)에 태산사 자리에 현지 선비들이 서원을 짓고, 80여 년이 지난 1696년 사액을 받았다.

서원의 기능에 대해서는 이수환(2012:429)에 잘 요약되어 있다. 이 부분을 인용하기로 한다.

> "서원은 향촌 내 교육기관으로서의 역할뿐만 아니라 교육문고 내지 출판문화의 중심지 역할을 담당하여 지방문화의 창달에 기여하였다. 사액서원은 일반적으로 사액과 동시에 국가로부터 전답, 노비와 함께 서적을 하사받았으며, 자비로 서적을 구입하기도 하였다. 이후 국가에서는 원생들의 공부를 분발시킨다는 의미로 서적을 인출할 때마다 서원에 頒賜를 거듭하였다. 또한 각 가문내지 院祠에서 印刊된 문집 등이 반질되어 옴으로써 서원은 향촌사회의 유생들을 위한 도서관적 기능을 충실히 수행하였다."

---

14  유네스코 세계유산위원회는 2019년 7월 6일 오후 아제르바이잔 바쿠에서 열린 제43차 세계유산위원회에서 '한국의 서원'을 세계유산목록에 등재하기로 최종 결정했다. 그러나 아직도 무성서원에 대한 학계의 연구가 많지 않다. 태인방각본을 이해하기 위해서는 무성서원의 기능과 역할에 대한 깊은 연구가 반드시 필요하다고 생각한다.

서원에서는 유학 가운데서도 특히 성리학을 공부하는데 힘썼는데, 『격몽요결』, 『소학』에서부터 시작해서 『대학』, 『논어』, 『맹자』, 『중용』, 『시경』, 『서경』, 『주역』, 『예기』, 『춘추』를 읽는 것이 원칙이었다.(정재훈, 2012:45) 무성서원은 조선 시대 호남에서 가장 규모가 크고, 많은 선비를 길러낸 서원이었고, 당시 서원 교육의 모습을 가장 잘 보여주는 곳이었다.

### 5) 泰仁 雲住山 龍藏寺의 불서 간행

고려시대 승병을 키웠던 '용장사', 조선중기까지 존재하다가 '운주사'로 바뀐 뒤, 조선 말기에 무너져버린 절로 알려져 있다. 용장사는 1635년(인조 13년) 한 해에 무려 14권의 불경을 간행한 절이다. 이는 유례가 드문 일로, 당시 용장사의 위세를 짐작케 하는 간행사업이다. 용장사는 태인에 속해 있는 절이다. 따라서 용장사의 인쇄문화는 곧바로 태

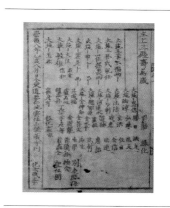

용장사본 『妙法蓮華經』 간기

인의 인쇄문화에 영향을 주었음에 틀림없다. 이 사업에 투입된 인쇄기술자들은 태인 선비문화권에서 인쇄를 담당했을 것이고, 이 영향은 후대에까지 이어지게 된다.

용장사에서 간행한 책을 제시하면 다음과 같다.

> 『誠初心學人文』(계초심학인문) 崇禎八年乙亥(1635)四月　全羅道龍藏
> 寺開板

『高峯和尙禪要』(고봉화상선요) 崇禎八年乙亥(1635)四月日 全羅道泰
仁地雲住山龍藏寺開刊

『楞嚴經』(능엄경) 崇禎八年乙亥(1635)四月日 泰仁龍藏寺開刊

『蒙山和尙法語略錄』(몽산화상법어약록) 崇禎八年乙亥(1635)四月日
全羅道泰仁地雲住山龍藏寺開刊

『佛說廣本大歲經』(불설광본대세경) 崇禎八年乙亥(1635) 泰仁地雲住
山龍藏寺刊

『金剛般若波羅蜜經』(금강반야바라밀경) 崇禎八年乙亥(1635) 八月日
全羅道泰仁縣雲住山龍藏寺開刊

『大慧普覺禪師書』(대혜보각선사서) 崇禎八年乙亥(1635) 八月日 全羅
道泰仁地雲住龍藏寺刊

『妙法蓮華經』(묘법연화경) 崇禎八年乙亥(1635) 八月日 全羅道泰仁地
雲住山龍藏寺開刊

『法集別行錄節要幷入私記』(법집별행록절요병입사기) 崇禎八年乙亥
(1635) 八月日 全羅道泰仁地雲住山龍藏寺開板

『禪源諸詮集都序』(선원제전집도서) 崇禎八年乙亥(1635) 八月日 全羅
道泰仁地雲住山龍藏寺開刊

『水陸無遮平等齋儀撮要』(수륙무차평등재의촬요) 崇禎八年乙亥(1635)
泰仁地雲住山龍藏寺刊

『天地冥陽水陸齋儀纂要』(천지명양수륙재의찬요) 崇禎八年乙亥(1635)
泰仁龍藏寺

『十地經論』(십지경론) 崇禎八年乙亥(1635) 泰仁地雲住山龍藏寺刊

『大佛頂如來密因修了義諸菩薩萬行首楞嚴經』(대불정여래밀인수료의
제보살만행수능엄경) 崇禎八年乙亥(1635) 八月日 全羅道泰仁地雲住山龍
藏寺開刊

태인에서 방각본 책이 많이 간행된 이유는 당시 태인의 교육적 환경과 문

화적 환경에 말미암는 것이다. 당시의 태인은 현감이 있었던 큰 도시였고, 최치원을 모신 무성서원(武城書院)이 있을 만큼 유학자들이 많이 기거하던 곳이었다. 따라서 자연히 그 지역에서 지식 탐구열이 높게 되었고 교육용 도서가 많이 발간되게 된 것이다.


## 5. 결론

본고에서는 태인에서 1796년에서 1844년까지 전이채(田以采), 박치유(朴致維), 손기조(孫基祖) 등이 발간한 옛 책이 보여주는 방각본의 특징을 검토하였다. 그리하여 이 책들은 방각본의 초기적 특징을 보이는 태인방각본으로 규정하였다.

이 태인방각본은 방각본의 효시로 알려진 『攷事撮要』(1576), 『孟子諺解』(1637) 와는 다르게 방각본의 여러 조건을 잘 갖추고 있다고 볼 수 있다.

첫째, 지방에서 발행한 태인방각본은 경판방각본, 완판방각본 등 일반적인 다른 방각본에 비해 다분히 초기 방각본의 모습을 보여준다.

둘째, 간기에 출판업자와 인쇄업자의 이름인, 전이채(田以采), 박치유(朴致維), 손기조(孫基祖)가 분명하게 기재된 특징을 보인다. 다른 방각본에서는 잘 보이지 않는 특징이어서 태인방각본이 업자에 의해 출판되고 판매되었음을 분명히 보여주고 있다.

셋째, 태인방각본은 소위 선비문화의 중심지인 무성서원을 중심으로 하는 선비문화의 영향으로 출판되는 특징을 보인다. 유가서, 이세교육에 필요한 책, 역사서, 인근 지역주민을 위한 농서 등이 발행된 것은 지역에

사는 선비들이 향약을 실현하기 위해 출판한 것으로 이해된다.

넷째, 1827년 박치유가 불서 간행에 깊이 관여하게 된 이후로 태인본 책판은 전주로 이관되게 된 것으로 추정된다. 이후 서계서포와 칠서방 등에서 이 책을 거듭 간행하게 되어 완판(전주) 방각본을 활성화시키게 되었다. 일반적으로 태인 방각본의 출판은 1796년부터 1806년까지로 끝이 난다. 『孔子家語』, 『增删濂洛風雅』, 『詳說古文眞寶大全』, 『新刊救荒撮要』, 『大明律詩』, 『孝經大義』, 『東國文獻』 등이 전주와 대구에서 방각본으로 계속 출판되었음을 알 수 있다.

다섯째, 태인방각본도 수요자의 요청과 업자의 계산에 따라, 다른 방각본의 특징처럼 요약본을 발행하는 특징을 보인다.

여섯째, 태인의 방각본 출판은 다른 지역보다 앞서서 이 지역민들이 지식에 대한 개화를 열망하는 시대 정신이 반영된 산물이라고 말할 수 있다.

앞으로 더 심도 있는 연구를 통하여, 책을 만들어 판 책방의 유무, 태인에서 활동한 출판업자들의 활동을 좀더 자세히 밝혀야 한다.[15] 태인 방각본은 무성서원, 고운 최치원, 태인의 선비문화 등과 밀접히 관련되어 있어 이들과의 연계성을 심도 있게 파악해야 할 것이다. 특히 전라북도 완판본, 완산감영본, 전라북도의 사찰본과 함께 다양한 각도에서도 다루어야 할 것이다.

---

15    전북 정읍의 태인에도 서점이 운영되고 있었다. 〈대한매일신보〉 1910년 5월 26일자 광고와 〈大韓每日申報〉 1910년 8월 26일자 광고에 태인의 보명서관(普明書館)이 나온다.
　　　　廣告 湖南 僉君子/ 本館에 數月前부터 諸般新舊書籍이 具備온바 今에 又一層擴張이 되엿스니 速速히 願愛ᄒ심을 無望/ 全北 泰仁郡內 七里 五統 一戶/ 普明書館 館主 宋在東 主任 宋在敏(대한매일신보 1910.5.26.)
　　　　泣祝 大韓每日申報 解停/ 全北 泰仁郡內 七里 五統 一戶(대한매일신보 1910.8.26.)

완판본 인쇄·출판의 문화사적 연구

김동욱(1970), 「「방각본」에 대하여」, 『동방학지』11집.

金侖壽(1993), 「朴致維의 坊刻本 佛典과 白坡大師의 「筆削記」」, 『한국문헌정보학회지』, Vol.25.

김지완·남권희(2017), 「17세기 태인 용장사 간행 불서의 서지적 분석」, 『서지학연구』 71, 253-296.

류준경 (2005). 「서민들의 상업출판, 방각본」. 한국사 시민강좌 37, 일조각, 155-172.

류준경(2006), 「독서층의 새로운 지평, 방각본과 신활자본」, 『한문고전연구』 13, 271-302.

류탁일(1985). 『완판 방각소설의 문헌학적 연구』, 학문사.

송일기(2006), 「白坡 亘璇과 養眞居士 朴致維의 만남」, 『한국불교문화연구』6,

안현주(2012), 「조선시대 羅州의 인쇄문화에 관한 연구」, 『한국도서관·정보학회지』 43(1), 417-438.

옥영정(2004), 「17세기 개인출판의 四書諺解에 관한 고찰 - 1637년 간행의 四書諺解를 중심으로 -」, 『서지학연구』 27, 187-209.

옥영정(2006), 「조선시대 태인지역의 고인쇄문화에 대한 일고」, 『서지학보』, Vol.30.

옥영정(2012), 「『효경간오』, 『효경대의』, 『효경언해』의 간행본과 그 계통 연구」, 『정신문화연구』, Vol.35 No.1.

柳富鉉(1990), 「「童蒙先習」의 書誌的 硏究」, 『서지학연구』 5.6, 481-524.

柳富鉉(1998), 「『童蒙先習』 異本의 文字異同 硏究」, 『서지학연구』 15, 77-102.

이수환(2012), 「서원 기록자료 정리의 현황과 과제」, 『민족문화논총』 52, 423-447.

이선아·소순열(2006), 「조선시대(朝鮮時代) 농서(農書)의 지역적(地域的) 간행(刊行)의 의의(意義) : "농사직설(農事直說)"과 "농가집성(農家集成)"을 중심으로」, 『농업사연구』, Vol.5 No.1.

이윤석(2010), 「방각본 연구의 몇 가지 문제」, 『열상고전연구』 31, 117-142.

이태영(2013), 「완판본의 개념과 범위」, 『열상고전연구』 38, 9-36.

이태영(2014), 「완판본에 나타난 刊記의 특징」, 『열상고전연구』 42, 321-350.

이태영(2016), 「배지를 활용한 완판본 연구」, 『열상고전연구』 49, 281-311.

이혜경(1999), 「조선조 방각본의 서지학적 연구」, 전남대학교 문헌정보학과 석사학위 논문.

전북대학교 한국학자료센터(2011), 『全州 南安齋 所藏 全義李氏家의 古文獻』, 湖南圈域 古文書資料集成2.

鄭載喆(2003), 「『詳說古文眞寶大全』 연구 : 도학적 문학관의 적용 양상」, 『韓國漢文學研究』, Vol.32

정재훈(2012), 「조선시대 서원의 발전과 지역적 특징」, 『안동학연구』 11, 35-57.

천혜봉(2010), 『한국 서지학(개정증보)』, 민음사.

최호석(2010), 「안성판과 경판의 거리」, 『열상고전연구』 31, 69-90.

한국출판연구소 편저(2002), 『출판사전』, 범우사.

『Daum 백과사전』

『문학비평용어사전』

『위키백과』

『出版辭典』

『표준국어대사전』

『한국민족문화대백과사전』

# 4부

# 완판본과 전북의 정신

4부에서는 완판본이 다양하게 출판되는 배경에 지역민들의 의식세계가 반영된 것으로 이해하여 이를 구체적으로 살펴보고, 전북 지역의 사찰에서 간행한 다양한 불경을 통하여 그 시대의 문화사를 이해한다.

# 제7장

# 완판본 출판과 지역민의 의식세계

## 1. 전북과 전주

조선시대 전라도는 감영이 있던 도시로서 많은 책을 출판하였다. 조선 전기는 일단 논외로 하더라도, 조선 중기에 全羅監營에서 발간한 完營本, 全州府에서 발간한 全州府本, 목활자를 이용하여 찍은 족보와 문집과 같은 私刊本, 판매용 책인 完板坊刻本, 방각본으로 출판된 완판본 한글고전소설, 사찰에서 발간된 完板寺刹本 등은 完板本이라 이름할 수 있는 대표적인 옛 책들이다.

조선시대 중기와 후기에 걸쳐 찍어낸 많은 책은 전주 지역 사람들의 의식에 많은 영향을 끼쳤다. 요즘 관점으로 보아도 서울에서 주로 출판되는 책의 일차적인 소비자는 서울 시민이 분명하다. 하물며 교통이 매우 불편한 조선시대에 전주에서 출판된 책들은 일차적으로 전주와 인근 지역민들이 수혜자가 되었을 것이고, 다음으로 주문을 받은 지역으로 배송되어 해당 지역민들이 수혜자가 되었을 것으로 추정할 수 있다.

완판본의 생산이 단순히 출판업자의 노력으로만 이루어진 것은 아니다. 전주는 한지의 최대 생산지였기 때문에 이미 서울 등 전국적으로 한지를 판매하는 판매망이 구축되어 있었다.[1] 전주는 호남의 수도였기 때문에 모든 물산이 전주로 모여들어서 남문시장과 같은 전국적인 시장이 발달하게 되었다. 그래서 유통구조가 확립되어 있어서 책의 출판과 유통이 순조롭게 진행되었던 것이다. 따라서 '감영의 발달, 한지의 생산, 시장의 발달' 등 다양한 문화사적인 측면이 발달하였기 때문에 전북에서 완판방각본이 출판된 것이다.

전주 지역에서 발간된 完板本이 서울에서 발간된 京板本에 대비되어 불릴 만큼 인쇄문화가 발달한 이유를 단순히 상업적인 이유에서만 찾는 것은 매우 한정적인 논의라 할 수 있다. 필자는 그간 완판본 연구를 통해서 문화사적 관점, 서지학적인 관점, 유통의 사회사적 관점 등 다양한 시각으로 완판본을 보아 왔고 답사를 통해 여러 부분을 고증하려고 노력하였다. 그러므로 완판본 출판과 출판된 책을 통하여 조선시대 이 지역 사람들의 의식세계를 들여다보는 일은 매우 필요한 작업이라고 생각한다.

이 글은 조선시대 완판본 출판과 관련하여 이 지역 사람들이 보여주는 의식세계, 곧 완판본의 출판과 유통에 나타나는 시민의식과 정신을 이해

---

1   전주역사박물관에서는 조선 후기 전주의 한지상점들이 서울을 비롯한 전국의 상점들과 거래한 내용을 기록한 '한지 거래 장부'를 구입하여 보관하고 있다. 전주의 한지 생산을 짐작할 수 있는 소중한 자료가 될 것이다.

완판본 인쇄·출판의 문화사적 연구

하려는 데 목적이 있다.


## 2. 士大夫들의 책과 의식세계

### 2.1. 完營本, 全州府本과 선비

조선시대 임금들은 통치 이념이 담긴 사상서, 정치서, 교화서 등을 출판케 하여, 많은 신하들이 읽도록 하였다. 이런 내용은 『朝鮮王朝實錄』에 많은 예들이 보인다. 완산감영에도 명을 내려 『朱子大典』, 『朱書百選』 등 많은 책을 찍도록 했다는 기록이 보인다. 그 결과 전라감영에서는 약 90여 종류의 책들이 발간되었다.

이 책들은 당시 전라감영에 근무하던 관료들에게 배포되었다. 특히 한강 이남에서 전라도와 경상도는 한지가 많이 생산된 관계로 중앙으로부터 많은 책을 찍으라는 명이 내렸다. 이 결과 목판 인쇄 기술, 숙련된 각수, 질 좋은 한지, 유통구조 등이 크게 발전하였다.

직책이 높은 관료들은 소위 사대부라 할 수 있는 학자들인데 이들이 보는 책은 당시로서는 그 시대를 대표하는 매우 귀하고 중요한 책들이었다. 따라서 새로운 책을 갈망하던 이 지역에 사는 선비들이 完營本 서적을 보고 싶어했을 것이다. 이러한 증거로 완영 책판을 이용하여 후쇄한 사실과 완영 책판이 방각본 업자에게 대여되어 판매용 책으로까지 출판된 사실을 들 수 있다. 완영본 책은 한 책이 한 권에서부터 백 권에 이르는 책이 있었기 때문에 가난한 선비들은 출판된 책을 구하기 어려웠다. 그리하여

손으로 베끼는 필사본이 성행하게 되었다.[2]

그리하여 이 지역 선비들은 '정치, 역사, 제도, 사회, 의학, 군대, 어학, 문학, 유학' 등(鄭亨愚외, 1979:558) 다양한 완영본을 읽을 수 있게 되었고, 그 지식의 폭은 자연 넓어졌다. 또한 이러한 과정을 통하여 새로운 책에 대한 갈망이 더욱 커졌다.

이 책들 중 몇 권의 내용을 예를 들면 다음과 같다.

『朱子書節要』는 조선시대 李滉(1501~1570)이 중국의 朱子가 지은 『朱子大典』 중에서 편지를 뽑아 모은 책이다. 1611년에 全州府에서 다시 간행하였다. 『十七帖』은 중국 東晋의 서예가 王羲之의 편지를 모은 서첩이다. 1612년 全州府에서 간행하였다. 『帝範』은 당태종이 지어서 태자에게 내린 책으로 제왕으로

『續明義錄』의 간기

서 모범이 되어야 할 12조목이 기록된 책이다. 1613년 完山府에서 간행되었다.[3]

정치서인 『明義錄』은 1776년(정조 즉위년) 王世孫(정조)의 대리청정을

---

2     필자의 경험으로 비추어 보면, 이렇게 필사된 책들은 골동품 상점에서 헐값에 판매되거나 폐지로 수집되어 종이 재생산에 투여되거나 폐기되었다. 필사본 옛 책의 중요성을 강조해야 할 시점에 와 있다.

3     完山府에서 간행되었으나, 당시 전라도관찰사는 전주부윤을 겸직하고 있었기 때문에 완영본으로 볼 수 있을 것이다.

반대하던 洪麟漢(홍인한), 鄭厚謙(정후겸) 등에게 독약을 내리고, 왕세손을 옹위한 洪國榮, 鄭民始, 徐命善을 重用하였다. 이 사건을 알려 忠逆(충역)을 밝히고자 간행한 책이다. 『續明義錄』은 正祖 즉위 초, 洪相範(홍상범) 등의 역모사건을 적은 책이다.

역사서인 『史記』는 중국 前漢의 司馬遷이 黃帝에서 漢 武帝까지의 역사를 편찬한 역사서이다. 『史記評林』은 명나라 凌稚隆(능치륭)이 史記에 대한 諸家의 설을 모은 책이다.

『增修無寃錄諺解』는 1790년(정조 14)에 『增修無寃錄大全』을 정조의 명에 의하여 徐有隣 등이 언해한 法醫學書이다. 『四禮便覽』은 陶菴 李縡(1680~1746)가 『朱子家禮』의 법을 중심으로 여러 학설을 조정하고 통합한 禮書이다. 『栗谷全書』는 李珥의 詩文集이다. 1742년(영조 18) 李縡가 이이의 5대손인 鎭五 등과 상의해 시집·문집·속집·외집·별집을 한데 합하고, 『聖學輯要』·『擊蒙要訣』 등을 첨가해 1749년 『栗谷全書』라는 이름으로 바꾸어 간행하였다.

『警民編諺解』는 1519년(중종 14) 황해도 관찰사 金正國이 백성을 警戒하기 위해 편찬, 간행한 책으로 1책이다. 간행목적은 인륜의 중함을 모르는 백성들을 교화하는 데 있다고 하였다. 이 책은 향촌 내부에서 엄격한 上下尊卑의 구별을 가능하게 해주는 유교적 本末論이 이념적 기초를 이루고 있다.

『三韻聲彙』는 1751년(영조 27) 洪啓禧가 『三韻通考』, 『四聲通解』, 『洪武正韻』 등의 운서를 참고하여 지은 韻書이다. 『華東正音通釋韻考』는 1747년(영조 23)에 朴性源이 저술한 韻書이다.

『性理大全』은 명나라 成祖(永樂帝)의 명을 받아 胡廣 등 42명의 학자가 송나라 때 성리학설을 집대성하여 편집한 책이다. 『朱書百選』은 正祖가 朱熹(1130~1200)의 글 중에서 요긴한 내용을 뽑아 1794년(正祖 18) 內閣에서 간행한 책이다. 『朱子大全』은 중국 宋代의 성리학자 朱熹(1130~1200)의 글을 모아 편찬한 문집이다.

나라의 통치를 목적으로 전라감영에서 출판하도록 명을 내린 이러한 책들은 지역 선비들에게 아주 필요한 책이었을 것이다.

조선시대에 전주는 韓紙로 유명한 곳이었다. 『新增東國輿地勝覽』(1469-1545년)에도 주요 종이 생산지로서 경상도 영천군, 밀양군, 청도군 그리고 전라도의 全州府가 나와 있다. 『東國輿地勝覽』(1481년)에는 전주를 上品紙의 산지라고 하였고, 『輿地圖書(18세기)』와 『大東地志(1864년)』에는 조선시대 전주의 한지가 최상품이었다고 기록하고 있다.

한편, 조선시대에는 전라관찰사가 전주부윤을 겸하는 일이 많았기 때문에 전주부에서 '七書類, 禮書類, 史書類, 儒家類, 童蒙類, 韻書類, 政敎類, 農書類, 兵書類, 醫書類, 文學類, 文集類, 其他' 등 237 종류의 책을 출판하였다.[4] 이는 단일 도시로는 가장 많은 책의 출판으로 알려져 있다. 이러한 모든 책들은 선비들을 위한 책이었고, 이 지역의 선비들은 시대에 뒤떨어지지 않기 위해서 발간되는 많은 책을 빨리 보는 혜택을 받았을 것이다. 따라서 이 지역 선비들의 지적 욕구와 탐구 정신은 조선시대에서 이 시기가 가장 활발한 시기였을 것이다.

---

4    전라관찰사가 전주부윤을 겸직하는 경우가 많아서, 전주부본 가운데에서도 전라감영본으로 처리해야 할 책이 상당히 많은 게 사실이다. 전주부본에 대한 정밀한 검토가 요구된다.

완판본 인쇄·출판의 문화사적 연구

## 2.2. 희현당과 교육 도시

이성심(2017;17)에 의하면, 전라도 전주의 희현당(希顯堂)은 전라감영에서 운영하는 도 단위 유생들을 대상으로 교육하는 도 단위 학교이자 상설교육기관이었다. 여기서 전라도 전체에서 뽑은 선사(選士)들을 교육하였다.

희현당에서는 교육용 책을 발간하기 위해서 '희현당철활자(希顯堂鐵活字)'를 주조하였다. 남권희(2010)에 의하면, 이 활자로 된 책은 현재 105권이 파악되었다. 『孟子集註大全』은 14권 7책으로, 마지막 권말에 '乙丑四月豊沛鑄印'이라는 간기가 있다. 『朴公贈吏曹參判忠節錄』은 1책으로 '崇禎 紀元後 癸未 孟夏 希顯堂 開刊'이라는 간기가 있어, 순조 23(1823)년 4월에 희현당에서 인출하였다. 고종 13년(1876) 김시걸의 『蘭谷先生年譜』는 그 발문에 '希顯堂 活字 印'의 기록이 있다.

'희현당'은 감영에서 관장하는 교육기관이고, 당시 전국에 5개 정도 있던 영학의 하나였다. 하삼도에서 가장 먼저 만든 교육기관이었다. 경상도의 낙육재(樂育齋), 전라도의 희현당(希顯堂), 충청도의 영학원(營學院), 평안도의 장도회(長都會), 함경도의 양현당(養賢堂), 황해도의 사황재(思皇齋) 등이 도 단위 학교로 상설교육 기관인 營學이다. (이성심, 2017;17)

희현당이 탄생하게 된 이유는 1700년 전라관찰사 김시걸의 '흥학육재(興學育才)의 도'를 위한 것이었다. 1738년 전라관찰사로 도임한 이주진(李周鎭)의 문치(文治)의 교화와 흥학(興學)의 정사에 있었다. 이러한 연유로 전북 전주는 오랫동안 교육의 도시라고 불리어 왔다.

## 2.3. 조선 후기, 전주 선비의 한 모습

조선 후기, 전주 교동 출신의 사림으로는 성리학자 木山 李基慶(이기경, 1713-1789), 서예가 蒼巖 李三晩(이삼만, 1770-1847)과 曉山 李光烈(이광렬) 등을 들 수 있다. 전주에서 三齋라 불리는 선비는 欽齋 崔秉心(최병심, 1874-1957), 顧齋 李炳殷(이병은, 1877-1960), 裕齋 宋基冕(송기면, 1882-1956)이다.[5] 이 분들은 간재 전우의 제자로 조선시대 후기 전주를 대표하는 유학자들이다. 欽齋는 항일의식이 매우 투철한 분으로, 한말 독립투사들의 비사(秘史)를 엮은 조희제(趙熙濟)의『念齋野錄』의 서문을 쓴 분이다. 또한 顧齋는 농사를 지으면서 유학을 공부한 유학자로서『염재야록』의 발문을 쓴 분이다. 裕齋는 예술을 공부하면서 유학을 공부한 유학자이다.

俛窩 李道衡(1909-1975)은 顧齋의 아들이자 제자였으며 전주향교의 2대 전교를 지낸 분이다. 顧齋의 손자인 이석곤(남안) 선생은 유도회장을 지낸 분으로 최근에 작고하신 분이다. 南安齋는 顧齋 李炳殷이 20세기 초 학문을 연마하면서 후학을 가르치던 곳으로 문중의 소장 문

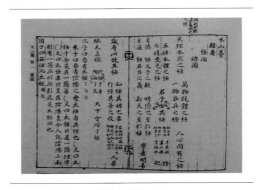

이기경의『木山藁』

---

5    이미 이천승(2008)에서는 전주 한옥마을의 삼재를 중심으로 그들이 문화자존의식을 연구한 바가 있고, 이형성(2009)에서는 고재 이병은의 학문과 사상을, 이형성(2012)에서는 금재 최병심의 성리사상에 대해 연구한 바 있다.

헌이 고스란히 남아 있어서 조선 후기 선비들이 어떤 책을 보았는지를 알 수 있다.[6]

남안재에는 고문서 36종 277점 11책과 고서 687종 2,224책 1첩이 소장되어 있다.(유호석,2011:12) 이 고서들은 經史子集에 걸쳐 다양하고 고른 분포를 보이고 있어서 이 집안 인물들의 폭넓은 독서와 교양을 짐작할 수 있다.

經部에는 사서오경의 원문, 주석서, 연구서와 『효경』과 小學類의 책이 포함된다. 史部에는 일반 史書를 비롯한 고실(故實)·전기·금석·지지·조령(詔令)·주의(奏議)·육직(六職)의 직관과 정서류(政書類)들이 해당된다. 子部에는 유가·도가·불가·병가·농가·술수·보록(譜錄)·정음(正音)·역학(譯學)·잡가(雜家)·유서(類書)·서학(西學)류 등이 해당된다. 集部에는 漢詩文의 총집과 별집류, 시문을 형식별로 모은 것들이 모두 해당된다.(유호석,2011:12) 남안재 소장 문헌을 통하여 우리는 전주에서 활동한 선비들의 의식세계를 깊이 고찰할 수 있을 것이다.

## 2.4. 전주 향교의 역할

전주 향교는 공자를 모신 사당이며, 조선시대 중고등학교에 해당하는 학교였다. 19세기 후반 전라감영의 출판 기능이 약해지면서 주로 유림들이 많이 활동하는 전주 향교가 큰 역할을 하였다. 그리하여 전주 지역 선

---

6    이미 2011년 전북대학교 전라문화연구소 호남권한국학자료센터에서 『全州 南安齋 所藏 全義李氏家의 古文獻』이란 제목으로 '湖南圈域古文書資料集成2'를 출간한 바 있다.

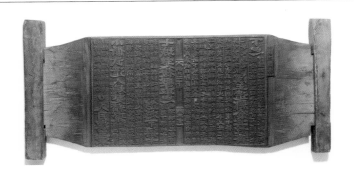

『資治通鑑綱目』의 책판

비들의 활동 무대라고 말할 수 있다.

완산감영에서 책을 출판할 때 사용한 책판은 전주향교 소유로 이전까지는 전주 향교의 장판각(藏板閣)에 보관되어 있었다. 이 책판은 1899년(고종 3년)에 전라관찰사 趙翰國이 전주향교로 이전하였다. 전주향교에서는 홍수, 사변을 겪으면서도 잘 보관하여 선비와 유림의 역할을 다하였다. 주

전주 향교 장판각

로 『資治通鑑綱目』, 『東醫寶鑑』, 『性理大全』, 『栗谷全書』, 『朱子文集大全』, 『增修無寃錄』, 『史記』, 『史略』 등 5,058 판의 책판이 있다. 이 책판은 전라북도 유형문화재 제204호로 지

완판본 인쇄·출판의 문화사적 연구

정되어 있다. 현재는 전북대학교 박물관에 기탁되어 보관되고 있다.

이 가운데 필자가 소장한 『朱子文集大全』 표지의 배지에 다음과 같은 기록이 있다. 이를 보면 '癸丑(1913년)'년에 전주 향교에서 이 책판을 이용하여 후쇄한 것을 알 수 있어서 이런 식으로 많은 책을 인출했을 것이다. 또한 이 완영본 책판은 1900년대 초 민간업자에게 대여가 되어 『東醫寶鑑』, 『朱書百選』, 『東萊博義』 등은 전주에서 판매용으로 많이 쇄출되어 판매되었다.

> 朱子文集大全一部共六十一冊/ 先生沒後七百十三年/ 降生七百八十四年/ 癸丑孟夏於完府鄕校印來

## 3. 四書三經 출판과 유교적 의식세계

조선시대는 斥佛崇儒의 정책으로 유교의 나라라고 할 수 있다. 이미 완영본과 전주부본에서도 유가서인 『朱子大全』, 『朱子書節要』, 『朱書百選』 등이 많이 만들어졌다.

전주에서는 전라감영에서부터 四書三經을 찍기 시작하여 판매용 책으로 대량으로 인쇄되었다. 일반 서적보다 큰 책으로 만들어졌고, 또한 휴대용 수진본으로도 만들어 판매되었다. 전주에서는 출판소인 '七書房'을 중심으로 사서삼경이 인쇄되어 전국으로 판매되었다.

'사서삼경'의 대량 생산의 의미는 무엇일까? 유교는 공자를 始祖로 하는 중국의 대표적 사상이다. 인을 모든 도덕을 일관하는 최고 이념으로 삼고, 修身, 齊家, 治國, 平天下의 실현을 목표로 하는 일종의 윤리학·정치학이며, 수천 년 동안 중국, 한국, 일본 등 동양사상을 지배하여 왔다. 이러한 동양 사상의 흐름 때문에 '사서삼경'은 사대부들의 필독서가 되었다. 또한 과거 시험에 나오기 때문에 꼭 사서 읽어야 하는 필독서였다. 四書三經은 유교의 경전인 '論語, 孟子, 中庸, 大學'과 '詩經, 書經, 周易'을 말한다. 특히 책이 크기 때문에 한지가 생산된 전주에서 많이 발간되었다.

『中庸』은『中庸章句大全』이라고 한다.『中庸』은 원래『禮記』의 한 篇名이었는데 송나라의 程子, 朱子에 이르러 4書의 하나로 구분하여 유가의 기본서로 삼고 章句를 나누고 주석을 붙인 책이다. 이 책은 '河慶龍藏板'으로『中庸諺解』와 함께 1870년 전주 七書房에서 간행하였다.

『孟子』는『孟子集註大全』이라고 한다.『孟子』는 유교경전인 사서(四書) 중의 하나로, 맹자의 제자가 맹자의 언행을 기록한 책이다.『孟子集註大全』은 朱子가『孟子』를 集註한 책이다. 이 책은 19세기 초에 전주에서 간행하였다.

『大學』은『大學章句大全』이라고 한다. 유교경전인 四書 중의 하나로, 朱子가『大學』에 章句를 짓고 자세한 해설을 붙인 책이다. 이 책은 '하경룡장판'(河慶龍藏板)으로『大學諺解』와 함께 1870년 전주 七書房에서 간행하였다.

『論語』는『論語集註大全』이라고 한다. 朱子가 집주하고 거기에 여러 학설을 보강한 책이다. 이 책은 '河慶龍藏板'으로『論語諺解』와 함께 1870년 전주 七書房에서 간행하였다.

『周易』은『周易傳義大全』이라고 한다. 고대 중국의 철학서로 六經의 하나이며,『易經』이라고도 부른다. 이 책은 '河慶龍藏板'으로『周易諺解』와 함께 1870년 전주 七書房에서 간행하였다.

완판본 인쇄·출판의 문화사적 연구

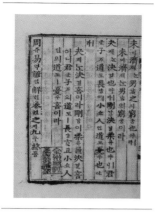

『주역언해』의 간기　　　　　　　　　『周易傳義大全』

『書傳』은 『書傳大全』이라고 한다. 명나라 胡廣이 중심이 되어 『書傳』의 주석자인 蔡沈의 주석을 기본으로 하고 朱子의 학설을 가르침으로 하여 여러 학설을 집대성한 주석서이다. 이 책은 '河慶龍藏板'으로 『周易諺解』와 함께 1870년 전주 七書房에서 간행하였다.

『詩傳』은 『詩傳大全』이라고 한다. 『詩經』은 五經의 하나로, 중국 고대의 시를 모은 책이다. 이 책의 내용을 알기 쉽게 풀이한 책이 詩傳이다. 이 책은 '河慶龍藏板'으로 『詩傳諺解』와 함께 1870년 전주 七書房에서 간행하였다.

완판방각본 중 '사서삼경'은 아주 다양한 서지적 특징을 보이면서 발간되었다. 다른 방각본 책과는 다르게 아주 큰 책으로 발간된 것이 특징이며, 또한 휴대에 편리하게 수진본(袖珍本)으로도 발간된 특징을 보인다.[7]

---

7　사서삼경 이외에도 성리학의 입문서 역할을 하였던 『소학』은 立敎, 明倫, 敬身, 稽古 등

과거시험을 보려면 千字文을 배워 漢字를 깨우치고, 이후『童蒙先習』,
『通鑑』등의 기본서를 익힌 후, 과거 시험과목인 四書三經을 학습한다. 과
거시험에는 3가지 종목 준비를 해야 한다. 첫째가 위의 사서삼경을 익히
는 經學이고, 둘째가 詩와 文章을 짓는 文學이며, 셋째가 국가 현안에 대
해 자기 의견의 진술을 要하는 策問이다.[8]

완판본 중 유학에 관련된 책을 제시하면 다음과 같다.

### 1) 완영본

朱子書節要, 性理大全, 性理大全書, 聖學輯要, 小學諺解, 御定朱書百選,
朱子大全, 朱子文集, 訓義小學, 訓義小學具諺解, 訓義小學大全, 七書, 資治
通鑑綱目, 栗谷全書, 尤菴先生言行錄, 標題註疏小學集成

### 2) 완판 전주부본

家禮, 綱目, 啓蒙, 古文眞寶, 論語大文, 論語大全, 論語諺解, 大學, 大學
大全, 大學諺解, 道學正脉, 孟子, 孟子大文, 孟子大全, 孟子諺解, 三綱行實,

---

의 편으로 되어 있는 성리학적 律身과 修己의 책이었다.『예기』는『禮記集說大全』이라
고 한다. 禮의 이론과 실제를 기술한 五經의 하나로, 명나라의 胡廣이 집대성한 책이다.
조선 후기 전주 七書房에서 간행한 책이다.

8  과거에 합격하는 일은 立身揚名이다. 이는 유교 최초의 경전『孝經』에서 유래한 말이다.
'身體髮膚 受之父母 不敢毁傷 孝之始也 立身行道 揚名於後世 以顯父母 孝之終也'(사람의
몸은 부모에게서 받은 것이니 다치지 않는 것이 효도의 시작이요, 몸을 세워 道를 행하고 후세에 이름을
떨쳐 부모를 높이는 것은 효도의 끝이니라.)에 나오는 立身揚名은 원래는 '세상을 위해 좋은 일
을 한다.'는 뜻이었으나, 이미 조선조에서부터 '출세해서 이름을 세상에 날린다.'는 의미
로 바뀌어 썼다.

喪禮補編, 喪禮備要, 喪禮抄, 書大文, 書傳大全, 書傳諺解, 性理大全, 聖學輯要, 小學, 小學講本, 小學啓蒙, 小學大全, 小學諺解, 小學集成, 詩大文, 詩傳大全, 詩傳諺解, 心經釋義, 御定朱書百選, 諺解呂氏鄕約, 呂氏鄕約, 禮記, 栗谷全書, 儀禮經傳, 儀禮文學, 儀禮問解, 儀禮正傳, 二倫行實, 周易, 周易大全, 周易諺解, 朱子大全, 朱子奉事, 朱子封事, 中庸大全, 中庸諺解, 中庸集略, 中庸或問, 學蔀通辨, 或問中庸, 孝經, 訓義小學

### 3) 완판방각본[9] :

(1) 교양서 : 明心寶鑑抄, 諺解圖像童蒙初學, 啓蒙篇, 童蒙先習, 擊蒙要訣

(2) 예절에 관한 책 : 喪禮類抄, 喪禮, 四禮便覽, 喪禮抄要, 喪禮抄

(3) 사서삼경 : 大學諺解, 中庸諺解, 論語諺解, 孟子諺解, 詩經諺解, 書傳諺解, 周易諺解, 中庸章句大全, 小學諸家集註, 詩傳大全, 大學章句大全

이천승(2013)에 따르면, 유학을 기반으로 하였던 조선 지식인들의 책에 대한 관심은 유가경전 및 역사서, 그리고 그들의 삶을 정리한 문집의 출간 등에서 확인된다. 또한 상례와 제례를 강조했던 유학의 영향으로 조선후기까지 관련 책들이 발간되었다.

---

9    유교와 관련된 태인본으로는 공자와 관련된 것으로 알려진 방각본은 『孔子家語』, 『孔子通紀』, 『新刊素王事紀』 등이다. 둘째, 유교적 교양이나 교화를 강조하는 내용의 서적을 출판하여 『明心寶鑑抄』, 『孝經大義』, 어린이 교육용 도서인 『童子習』 등이 출판되었다. 셋째, 실용성을 가진 방각본을 출판하였다.

# 4. 판매용 책에 나타난 의식세계

판매용 책을 방각본(坊刻本)이라 한다. 따라서 완판본 중 판매용으로 발행된 책을 完板坊刻本이라 부른다. 방각본의 종류로는 경판본, 완판본, 달성판본 등이 있다.[10]

> 방각판(坊刻版) : 조선 후기에, 민간의 출판업자가 출판한 책. 주로 목판으로 만든다. ≒방각본·방간본·방본01(坊本)·방판02(坊版). 〈표준국어대사전〉

조선시대 한양은 정치와 경제의 중심지이기 때문에 독자들의 부응에 따라 책이 발간되어 판매되는 일은 매우 당연한 일일 것이다. 그런데 왜 조선시대 판매용 책이 지방에서는 유일하게 전주에서 시작되는가? 방각본이 발달하였다는 다른 지방을 보면 대구 달성판이 30여 종, 경기도 안성판이 20여 종 등이다. 거기에 비하여 태인본과 완판본을 합하면 100여 종에 이른다. 이러한 차이는 무엇을 의미하는가? 표면적으로는 물산이 풍부한 고장이어서 한지와 목재 등이 많고 각수와 인쇄기술이 발달하였고, 또한 상업적인 유통구조가 있어서 그런 것이다.

『한국민족문화대백과사전』에 나타나는 '완판본'의 항목의 해설에서 일부를 인용하면 다음과 같다.

---

10  안성판본은 광의의 개념으로 경판본에 포함시킬 수 있으며, 태인본은 광의의 개념으로 완판본에 포함시킬 수 있다.

"일찍부터 상업이 발달하고, 물자가 풍성하던 전주 지방은 소작
하던 농민들이 호남평야를 배경으로 경제적 안정을 얻고, 상업 자
본의 유입으로 부상(富商)이 일어나고 있었다. 점차로 여유 있는 서
민층이 폭넓게 형성되면서 이들 가운데서 교양을 높이고, 실생활
에 필요한 지식을 얻고, 또 오락도 되는 독서에 대한 욕구가 높아
진 것은 너무나 당연하다."

그러니까 이 지역민들의 의식과 욕구가 높아져서 판매용 책이 출판된
것으로 보고 있다. 이제 조선후기 완판본 판매용 책에 나타난 지역민의 의
식세계를 다루고자 한다.

## 4.1. 한글고전소설 출판과 의식세계

### 1) 완판본 한글고전소설의 방언

완판 고전소설의 특징은 일상언어인 구어체가 주로 사용되고 있고, 방
언이 많이 사용되어 있다. 완판본이 구어체 이야기 방식으로 서술되고, 방
언이 많이 사용되는 점으로 보면 사실주의적인 문학 세계를 이루고 있음
을 알 수 있다.

완판본 한글고전소설처럼 110여 년 동안의 전라도 방언 현상을 집중
적으로 보여주는 자료는 매우 드물다. 여기에 추가하여 그간 손으로 쓴 필
사본 한글고전소설을 포함하면 그 양은 매우 방대한 양이 될 것이다.[11]

---

11    완판본 한글고전소설에 나타난 전라도 방언은 〈완판본 한글고전소설 방언사전〉으로 편
      찬되어야 할 것이다.

완판본 한글고전소설에 나타나는 대표적인 음운 현상은 구개음화, 전설고모음화, 움라우트, 원순모음화 등이다. 이러한 특징은 전북 방언의 공시적인 음운 현상과 매우 일치하는 모습을 보이고 있다.

### (1) 구개음화 현상

대표적인 음운 현상으로 구개음화를 들 수 있다. 구개음화는 k-구개음화, h-구개음화의 예를 들 수 있다.

> (열여춘향수절가) 엉접결에, 짚은, 져을, 질구나, 젼티어선, 화짐, 질, 곁에, 질러내니, 질게 쉬고, 지다릴제, 찌어라, 찌여, 치, -찔리 (끼리)
>
> (심청전) 질삼, 겻틔, 질너니여, 질게, 황쳔질, 먼질, 집도다, 젼듸지, 슨쳐, 질, 지심, 홰찜, 집픠, 제우/체우, 졉저고리, 짓거ㅎ다, 직거, 짐쌈, 치, 지달이다, 옷지슬, 찌고

> (열여춘향수절가) 심, 세아리다, 셩님, 셔, 슝악, 샹단
> (심청전) 셔, 셰알리다, 쉬파람, 슝흉, 심

### (2) 전설고모음화(치찰음화)

> (열여춘향수절가) 실픔, 시럽다, 구실, 하엿시니, 시물, 질길, 쇠시랑, 질겁다, 칭칭, 궂인, 목심
> (심청전) 실하, 질거옴, 이실, 실푼, 몹실, 잇시리, 무신, 시물, 우심, 무룸씨고, 벼실, 직시

완판본 인쇄·출판의 문화사적 연구

### (3) 움라우트 현상

(열여춘향수절가) 귀경, 허수애비, 애미, 맥혀, 이대지, 깩끼다, 지
팽이

(심청전) 밋겨스니, 듸린, 믹키여, 믹겨, 메기고, 멕이고

### (4) 원순모음화

(열여춘향수절가) 심운, 높운, 업운, 나뿐, 참우로, 아푸다, 짚운, 삼
우며, 푸다, 거무, 춤

(심청전) 나부, 너부신, 몬져, 몬쳐, 압푸, 읍푸, 아부, 아부지, 높푼,
집푼, 이무, 거문, 을푼, 시푸던지, 쏘부

그렇다면 왜 이렇게 완판본 한글고전소설에서는 방언을 많이 사용했
는가? 당시 일부 사대부들은 식자층이어서 한양말에 가까운 점잖은 말을
사용하려고 노력했을 것이다. 그러나 서민층들은 배우지 않은 계층이 대
부분이어서 당시에 구어체로 사용되던 방언이 많이 들어가야만 쉽게 이
해할 수 있었을 것이다. 완판본 한글고전소설은 전라도 독자를 대상으로
만든 소설이기 때문에 당연히 전라도 방언이 많이 들어가는 구어체 어휘
와 문장을 사용한 것이다. 바로 이러한 점이 완판본 한글고전소설을 경판
본과 차별화하는 매우 중요한 한 요인이 된 것이다. 따라서 완판본은 서민
층을 위한 한글고전소설이란 점에서 독자적인 위치를 갖는다고 말할 수
있다.[12]

---

12    『千字文』의 경우, 한자의 뜻과 발음을 달고 있는데, 뜻의 경우에 당시의 서민들이 알아볼

## 2) 일제강점기 한글 교육과 완판본 한글고전소설

완판본 한글고전소설을 정자로 글자를 새긴 이유는 소설 한 권을 다 읽으면서 우리 한글을 공부할 수 있도록 배려한 것이었다. 따라서 그 발간의 목적이 단순한 소설을 발간한 것이 아니라 한글교육을 위한 책이었다.

『언삼국지』의 첫 페이지에 '가갸거겨'로 시작하는 자모음표인 '半切表'가 붙어 있어서 이를 입증하고 있다. 소설 책 한 권을 다 읽으면 한글 교육을 거의 다 할 수 있도록 만들었던 것이다.

한글의 역사에서 완판본 한글고전소설이 차지하는 위치는 아주 중요하다. 세종대왕이 1443년 훈민정음을 창제하고 1446년 『훈민정음 해례본』을 세상에 내놓은 뒤로 거의 모든 책은 한문을 번역하여 한문 원문과 한글 번역문(언해문)을 싣고 있다. 순수하게 한글로만 된 것은 책이 아니라 편지, 또는 필사된 글과 같은 간단한 글이 대부분이다. 근대에 와서야 공식적으로 국한문이 혼용되었으니 사실상 우리의 문자는 한문이 크게 대우를 받은 셈이다. 그래서 옛 책에 나오는 우리말은 대체로 한문을 번역한 번역투가 아주 많다.

전주에서 발간한 완판본 고전소설은 셀 수 없이 많이 팔렸다. 실제로 책에 필사된 책 주인의 주소를 보면, 전라도, 충청도, 제주도, 경상도 등 전국 각지에서 완판본 한글고전소설을 본 흔적을 찾을 수 있다. 따라서 전라도를 대상으로 한 한글 교육은 물론 전국적인 한글 교육에 크게 공헌하고 있었던 것이다. 일제의 검열을 받던 시대라 한글 교육을 위한 교과서를 발

---

수 있도록 방언이 많이 포함되어 있다. 따라서 전주에서 발행한 『千字文』은 이 지역민들을 염두에 두고 발행한 것으로 볼 수 있다.

완판본 인쇄·출판의 문화사적 연구

간하기는 쉽지 않았을 것이다. 그러한 상황을 잘 극복하면서 완판본 한글 고전소설이 한글 교과서의 역할을 하고 있었다.

### 3) 완판본 한글고전소설과 한글성경

블랑(Blanc, 白圭三, 1844-1890)은 프랑스 출신의 신부로 1876년 조선에 입국하여 1882년 제7대 조선교구장으로 임명된 분이다. 부주교의 신분으로 전라도에서 장수, 용담으로 피신하고 있으면서 남원, 진안, 무주 등 교우촌을 순방하면서 숨어 전교를 하였다.

장동하(2006)가 분석한 블랑 신부의 편지에 따르면, 1879년 봄부터 전라도 지역과 서울에 인쇄소를 설립하였고, 최우정에게 인쇄 작업을 지시하고, 외인 박무주라는 사람의 제의에 따라 철판 인쇄 작업을 하게 하였다. 또한 고산 지소의 종이를 사용한다는 내용도 포함되어 있다. 그 결과 1882년 2월 이전에 『텬쥬셩교공과』 제2권을 500부 인쇄하고, 『텬쥬셩교공과』 제3권을 작업 중이었다. 동년 5월 24일 『교리문답』 100부를 간행하고, 동년 12월 8일 『신명초행』과 『텬쥬셩교예규』를 간행하였다. 1884년 5월 31일 『신명초행』과 『텬쥬셩교예규』 그리고 『텬쥬셩교공과』 제4권을 발행하였다.(장동하, 2006:181)[13]

비슷한 시대에 구이에서 출판을 한 곳은 귀동(龜洞, 龜谷), 광곡이 있는데 완주군 광곡에 있는 봉성은 1893년 『조웅전』을 출판한 곳이다. 귀동

---

13    류현국(2014:170)에 나오는 '1860년대 전라도 조선교구 인쇄소'의 도표(표1)에 따르면 목활자본 『텬쥬셩교공과』 2판이 1862년에, 목판본 『신명초행』 3판이 1864년에, 목판본 『텬쥬셩교예규』 2판이 1864년에 발행된 것으로 보고되고 있다. 류현국(2014)의 논문과 장동하(2006:181)의 논문이 차이를 보이고 있어서 이후 세밀한 연구가 필요하다.

(龜洞)은 완주군 구이면 덕천리 구암마을로, 1823년『별월봉긔하』, 1907년 『초한전』, 1908년『소디셩젼』,『장경젼』 등을 찍은 곳이다.

천주교가 신자를 위해 한글 교리책을 발간한 일은 완판본 한글고전소설을 펴내는 일과 부분적으로 관련이 있다고 볼 수 있다. 블랑 신부의 한글로 된 교리책을 발간하려는 노력 속에는 전주를 중심으로 활동했던 각수들이 서로 관련되어 활동했던 것으로 추정할 수 있다. 한글을 전문으로 새기던 각수가 전주와 서울에서 활동하던 블랑 주교에게는 크게 필요했을 것이고 그래서 한글 고전소설을 새기던 각수와 활자를 만드는 사람을 활용한 것으로 보인다.

### 4) 완판본 한글고전소설과 시민의식

판소리는 삼백 년 이상 전승되어 오면서 '판'을 통하여 우리 민족의 삶에 끊임없이 관여해 왔다. 판소리는 일반적으로 전라도 지방에서 생겨났고 자라났다. 전라도 지역을 배경으로 한 노래들 중에서, 조선 후기에 발생한 판소리는 아직까지 계승되어 오고 있으며, 규모도 가장 크고 수준도 높다. 판소리는 그 자체가 음악·문학·연극적 요소가 다 들어있는 고도의 복합성을 지닌 예술이다.

판소리가 조선 후기 서민 문화가 크게 대두하기 시작할 때 발생, 서사무가에 그 기원을 두고 있고, 판소리 창자가 전라도 단골무가(丹骨巫家)에서 나왔다. 판소리계 완판본 고소설이 전주 지방에서 주로 간행되어서 호남 지방의 농토를 배경으로 하고 있는 농민 계층으로 보급되었다는 사실은 판소리가 서민 문학의 집합체라는 것을 알 수 있게 한다. 판소리에 담고 있는 양반 사회의 풍자와 비판에서도 나타난다.

판소리는 한의 문학이라고도 하고 종합 예술이라고도 한다. 소설로 발전한 것으로 보면 분명히 문학이요, 여전히 노래로 불려지는 걸 보면 음악이며, 창자가 청자와 더불어 공연하는 걸 보면 연극이다. 세계문화유산 걸작으로 등록된 이 판소리는 당시 이 지역 주민들에게 무한한 문학적 상상력을 제공해 주었다. 울고 웃기고, 새로운 세계를 상상하면 시름을 잊게 해주던 예술작품인 것이다.

판소리는 해학과 풍자정신이 매우 강한 음악과 사설이다. 완판본 판소리계열 고소설은 '열여춘향수절가, 심청전, 토별가, 화룡도(적벽가)' 등이다. 판소리를 향유하던 전주 시민들이 청각적 일회성을 넘어서 시각적이며 환상적이고 영원성을 추구하는 판소리계 소설을 원하게 되었던 것이다.(류탁일, 1981:37) 이러한 판소리의 영향으로 완판본 고전소설은 음악적인 운율을 바탕으로 내용을 이야기하면서 극적인 효과를 주는 주로 낭송을 하는 소설로 자리잡게 되었다. 흥미로운 것은 대중들의 지식 욕구, 독서 욕구에 의하여 출판사에서 책이 만들어져 판매되었다.

따라서 개화기 시대의 이 지역의 시민들은 자기의 지적인 욕구를 해소하려는 많은 계층이 있었다. 당시 전주가 서울과 마찬가지로 개화 의식이 매우 빠르게 진전된 도시였음을 말하여 준다.

한글고전소설 중 영웅소설은 주로 『유충열전』, 『소대성전』, 『이대봉전』, 『조웅전』, 『홍길동전』 등인데, 전주에

『조웅전』 상권 1쪽

서 발간된 고소설 중 초기소설에는 영웅소설인 『조웅전』이 많이 발간되었다. 그 뒤에 『유충열전』이 가장 많이 팔린 것으로 보인다. 이 소설은 서울에서 출간되지 않은 소설이어서 많이 팔렸다. 같은 영웅소설인 『소대성전』, 『용문전』, 『이대봉전』 등이 발간되었다. 영웅소설은 선인과 악인의 싸움에서 선인이 승리하는 권선징악적인 내용의 소설이다. 또한 忠孝를 그 내용으로 삼고 있다.

엄태웅(2016:257)의 견해에 따르면, 완판본 소설의 향유층이 중인 계층의 남성이 많기 때문에, 완판본은 영웅소설의 남성 인물의 국가에 대한 충절과 '대명의리론'에 의한 절의를 부각하고 남성 영웅의 영웅적 모습을 강조하는 경향을 띠고 있다고 보고 있다. 반면에 경판본 영웅소설은 결연 및 가정과 가문의 문제에 관심이 많은 것으로 보고 있다.

영웅소설이 이처럼 많이 발간된 이유는 당시의 명나라와의 우호관계를 중시하는 풍조에도 있었지만, 서민들의 신분 상승 욕구, 또는 새로운 세상을 희구하는 마음이 표현된 것으로 이해해야 한다.

완판본 『열여춘향수절가』는 기생의 딸인 춘향이 사대부 집안의 아들이 이몽룡과 결혼하는 이야기이다. 양반과 평민의 신분을 뛰어 넘는 내용은 유교적이고 봉건적인 당시의 상황에서는 일반 시민들에게 큰 위안을 주었음에 틀림없다. 『정수경전』은 여주인공인 정수정이 매우 획기적인 여성의 활약 모습을 작품화한 것이다. 『이대봉전』은 위기에 처한 명나라를 구하는 여성 영웅이 등장하는 점이 특이하다.

이러한 소설에서 볼 수 있는 당시의 전주 시민들의 의식에는 여성 해방, 신분 차별 철폐에 대한 강한 민주적인 의식이 있었음을 알 수 있다.

『심청전』은 봉건적이고 유교적이며 가부장적인 소설이라고 비판을 하고 있지만, 죽음으로써 '孝'를 실천하다가 왕비가 되는, 신분 상승을 꿈꾸는 소설이라고 할 수 있을 것이다.

『열여춘향수절가』는 제목에서부터 '열여'와 '수절'이란 단어를 쓰고 있다. 이는 조선시대 유학자들이 추구한 '忠, 孝, 烈'과 관련된 단어이며, 유교사회에서 미덕으로 여겨지던 한 남자를 섬기는 '守節'의 개념이 들어 있는 것이다. 춘향은 결국 열녀로서, 한 남자를 섬기다가 양반의 자제와 결혼하게 되면서 신분이 상승되는 결말을 맺는다.

목판본 한글 고대소설이 생기기 전, 이미 우리 전주에서는 판소리 사설을 손으로 써서 이야기책을 만들어서 읽고 있었다. 한 번 만들어 놓은 책을 이 사람 저 사람이 베껴서 여러 종류의 새로운 소설을 만들어 냈다. 손으로 베끼면서 자기의 마음에 맞게 상상력을 동원하여 고친 것들이 아주 훌륭한 새로운 소설의 이본(異本)을 만들어 냈던 것이다.[14]

필사본 고소설을 만들어낸 주요 계층이 집안에 있던 부녀자들이란 사실은 전주의 여성들이 지식과 문화 욕구가 강하고, 진취적인 성향을 가졌음을 보여준다.

이후 전북 지역은 수 많은 걸출한 소설가와 시인을 배출하게 된다. 풍자문학의 대가 백릉 채만식은 옥구 출신이고, 『혼불』의 작가 최명희는 전주, 시대 정신을 풍자한 정읍 출신의 윤흥길 등의 소설가와 시인인 부안의

---

14 한글고전소설의 독자는 매우 다양하였다. 글을 잘 아는 선비층, 동네에서 행세 하는 양반층, 전주에서 상업을 하여 돈을 번 중산층, 농촌에서 농사로 돈을 번 중농층, 이야기꾼을 초청하여 언문 소설을 말로 들었던 양반 마님들, 외롭고 힘든 생활을 하면서 소설을 통해 희망을 잃지 않았던 기생들, 집안에서 두문불출하며 외롭게 생활을 하던 우리 어머님들이 한글고전소설의 독자들이었다. 이 소설은 이 모든 독자들에게 위로와 위안과 희망을 주면서 나름대로 상상의 세계로 안내하였다.

신석정, 고창의 서정주 등이다.

이처럼 전라북도가 소설과 시의 고장으로 자리매김하게 된 것은 이 지역이 주는 여러 문화적 요인에 의한 것일 것이다. 그러나 문학적 감수성이 발달한 것은 이 지역이 전통적으로 상상력의 세계관을 통해 새로운 세상을 희구하는 강한 정신을 갖고 있었기 때문이라 말할 수 있을 것이다.

### 5) 간기에 나타난 의식세계

이태영(2014)에서는 완판본에 나타난 간기의 특징을 자세히 언급하였다. 이를 중심으로 당시 전주 시민들이 보여주는 의식세계를 살펴볼 수 있다.

완영본의 경우, 호남의 감영을 '完營'이라고 쓰고 있다. 『朝鮮王朝實錄』에서도 '完營'이라고 쓰고 있다. 전라감영에서 '完營'이란 이름으로 책이 발간된 시기는 주로 1700년대에서 1800년대까지인데 1700년대부터 간기에 '完營'이라고 표기되어 있다. 영남의 감영은 '嶺營'이라고 간기에 표기하고 있다. 따라서 '完'이 생산적으로 쓰이기 시작한 시기는 이때부터라고 할 수 있다. '完營'은 '전라감영, 완산감영, 호남관찰영'으로 불리고, 전주는 '풍패지향, 호남제일성'의 별칭을 갖게 된다. 여기서 '完'은 '큰, 완전한, 훌륭한'이란 의미를 내포하기 시작하였다.

『구운몽』하권의 간기

『孟子集註大全』의 간기

　　완판방각본(판매용 책)은 대체로 '完山'이란 발행지를 보여준다. 1800
년대 초에 찍은 책들은 '完山府, 完府'를 사용하여 이 책들이 '전주부'에
서 찍은 것임을 보여준다. 완판본에서 거의 대개의 책은 전주를 상징하는
한자어 '完'이 들어간다. '完山'이라고도 쓰지만 '完' 자만으로도 전주를
나타냈던 것이다. 그리하여 전주를 통칭하는 말로는 '完山'을, 서쪽은 '完
西', 남쪽은 '完南'으로 썼다.

　　칠서방에서 간행한 『孟子集註大全』, 완홍사서포에서 발행한 『유충열
젼』, 乙丑(1805)년 전주에서 간행한 희현당철활자본 『孟子集註大全』에는
전주를 '豊沛'로 나타낸다. 조선왕조를 건국한 이성계의 고향임을 나타내
는 뜻으로 전주를 '豊沛'라고 한 것이다.[15]

　　'完'은 하나의 음절로도 '호남'과 '전주'를 상징하기 시작하였다. 그래

---

15　이 '풍패'란 단어는 중국 漢나라를 건국한 황제인 漢高祖의 고향 豊沛를 본따서 제왕의
　　고향을 豊沛之鄉이라 한 데서 유래하고 있다.

서 '完紙, 完板, 完營'과 같은 말이 쓰이게 된다. 전라도 사람들은 '完'이란 음절을 '完山=백제(후백제)=全州=全羅道=湖南=完'이라는 등식으로 생각하여 사용하였던 것이다. 이런 의식이 조선시대에 강화된 이유는 전주가 후백제의 도읍지였고, 또한 조선을 건국한 이태조의 본향(豐沛之鄕)이었기 때문이기도 하다.

# 5. 종교서적에 나타난 의식세계

전주는 조선시대 초·중기는 불교와 유교가, 후기에는 천주교와 도교가 그리고 개화기에는 개신교가 발전한 도시이다. 서지학적인 입장에서 보더라도, 전주는 여러 종교가 어우러진 도시임을 알 수 있다.

## 5.1. 完板寺刹本, 『佛說大報父母恩重經諺解』

완판사찰본은 조선시대 호남 또는 전북의 寺刹에서 발행된 책을 말한다. 전북 고산의 安心寺, 花岩寺, 雲門寺, 廣濟院, 影子庵, 魚頭庵과 전북 정읍의 龍藏寺, 雲住寺와 전북 완주의 圓嵓寺, 長波寺 白雲庵, 松廣寺와 전북 김제의 興福寺, 金山寺, 歸信寺와 고창의 文殊寺, 진안의 中臺寺, 懸庵 등이 잘 알려진 책을 발행한 사찰이다. 여기서는 『佛說大報父母恩重經諺解』를 중심으로 전라도 지역에서 발행한 책을 가지고 지역민들의 의식세계를 점검해 보기로 한다.

『佛說大報父母恩重經』은 부모의 10가지 은혜에 대해 부처님의 가르침을 담은 책이다. 이 책은 한문본과 한글본이 있다. 송일기(2001:188)에 의하면 한글로 번역한 初譯本은 전주 서방산과 전주 소양 청량산 遠燈庵 근처에 살던 吳應星이 양친부모의 극락왕생을 발원할 목적으로 1545년에 언해하여 개판한 책이다.[16] 吳應星이 저본으로 삼은 책은 1441년 고산 화암사에서 발행한 『佛說大報父母恩重經』으로 보고 있다. 이후 전라도에서 언해본이 14종이 발행된다. 이는 전국적으로 가장 많은 언해본 출간이다.(송일기, 2010:6-8)

송일기(2010:3)에서는 조선 중후기는 '억불숭유'의 정책으로 성리학이 수용되고, 불교가 쇠락해 가는 시점에 '은중경'이 비약적으로 출판되는 현상은 부모에 대한 효를 강조하는 유교중심의 사회에 불교계가 적응해 가는 과정에서 나타난 현상으로 이해하고 있다.

송일기(2010), 이호권(2005)를 참고하여 전라도에서 발간된 언해본과 그 발행기록을 살펴보면 다음과 같다.

> 1545初譯本 : 권말에 '嘉靖紀元之乙巳(1545) 月日 寶城後學吳應星謹誌'의 발문 기록이 있음.
> 1563松廣寺 : 권말에 '嘉靖42年(1563) 6月日 留鎭于曹溪山松廣寺'의 기록이 있음.
> 1573興福寺 : 萬曆元年 癸酉(1573) 季秋日 全羅道金堤地 僧迦山興福寺 開板
> 1580澄光寺 : 권말에 '庚辰年12月日留鎭于金華山澄光寺'의 기록

---

16    송일기(2001:189)에 의하면, 전주 소양 청량산에 소재한 遠燈庵은 그의 현조인 吳蒙乙이 중국에서 구입한 야광옥구슬 10개를 불전에 헌납한 곳이고, 또한 曾祖父 吳孝綿이 대시 주로 발원하여 '은중경'을 개판하였던 곳이다.

이 있음. (전라도 낙안, 현 순천시 낙안면)

　　1628白岩寺 : 崇禎紀元之元(1628)年7月日 長城白岩寺開板

　　[1635]崔衍板 : 권말에 '崇禎8年乙亥(1635) 秋 完山後人 崔衍識'의
발문이 있음.

　　1651鳳栖寺 : 大淸順治8年歲次辛卯(1651)5月日 全州府西方山鳳栖
寺開刊

　　1653內藏寺 : 順治十年癸巳(1653)11月日內藏寺開板

　　1676影子庵 : 康熙十五年丙辰(1676)元月 高山地影子庵開板

　　1720金山寺 : 康熙五十九年庚子(1720)二月日 全羅道金溝金山寺開板

　　1760碧松臺 : 乾隆25年 庚辰(1760) 臘月15日 訖功于井邑內藏山碧松
臺 移板于 白羊山 雲門庵

　　1760文殊寺 : 乾隆 25年 庚辰(1760)春 高敞 文殊寺 南聖(?)庵開板
留鎭于大寺

　　1794南高寺 : 乾隆五十九年甲寅(1794)四月日 全州南高寺開板 - 금산
사판의 복각본으로 28b에 금산사판의 간기가 그대로 새겨져 있다.

　　1806安心寺 : 嘉靖十一年丙寅(1806)流月日 高山安心寺開板 - 影子
庵板의 후쇄본.


## 5.2. 全州 關聖廟와 호남의 도교 문화

　전주 남고산에 있는 關聖廟는, 호남 도교 문화의 본산으로 삼국지에
나오는 關羽를 모시는 사당이다. 관우는 중국 후한 말의 무장으로, 字는
雲長이다. 관우, 장비는 '용맹한 자', 義理의 化身으로 도교에서는 관우를
신격화하여 전쟁의 신인 關聖帝君이라 부른다. 흔히 공자의 사당은 文廟,
관우의 사당은 武廟라 한다. 명나라 말기인 1594년, 명나라가 자신들의

완판본 인쇄·출판의 문화사적 연구

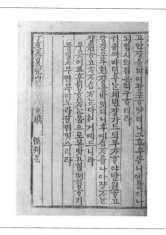

『過化存神』의 간기

임진왜란 출정 때 이긴 것을 관우장군의 덕이라고 여겨 관제묘를 세운다.

전주의 관성묘는 고종 10년(1884)에 세워졌다. 구한말 초상화의 대가 蔡龍臣(1850-1941)이 관성묘의 '삼국지연의' 그림과 관우 초상(1928년)을 그렸다. 관성묘에서는 도교 관련 옛 책을 발간하기도 하였다.

『明聖經』은 조선시대에 간행된 충효와 염치·절개 등 인간 수양에 필요한 네 가지의 덕목을 해설한 도가(道家)의 책이다. 이 책은 '丁亥仲冬全州南廟藏板'의 간기를 갖는데 1887년 전주 關聖廟에서 간행하였다.『명성경』이 널리 배포된 것은 조선시대의 유교적 이념과 같았기 때문이기도 하였다.『過化存神』은 관성교의 경전을 모아 언해한 책을 1887년 관성묘에서 중간한 것으로 '丁亥孟夏完山韓赫模重鐫 侄判홀'의 간기를 갖고 있다.[17]『玉皇寶訓』은 道敎의 玉皇上帝를 비롯해서, 도교의 神將인 關聖(關羽)와 孚佑帝君(呂洞賓) 등이 강림해서 쓴 神筆과 그에 관한 주해서이다. 이 책은 '乙未孟夏重鐫完南廟藏板'의 간기를 갖는데 1895년 전주 關聖廟에서 간행하였다.『聖帝五倫經』은 '壬辰(1892년)閏六月上澣全州南廟藏板, 金洛公沈宜錫等開刊, 書寫趙升熙'의[18] 간기를 갖는다.

---

17    여기 인용하는『過化存神』의 사진은 전주시청 소장본이다.

18    이 책의 간기는 인터넷 경매시장에 출품된 책에서 인용한다.

## 5.3. 천주교『이순이 루갈다 옥중편지』[19]

『옥중편지』1쪽

1801년 3월 辛酉迫害 때 시아버지 유항검과 남편이 체포된 뒤, 같은 해 10월 18일(음력 9월 11일) 국청에서 사형이 선고되어 전주로 환송되자, 나머지 시댁 식구들과 함께 10월 22일(음력 9월 보름)경 체포되어 전주옥에 갇혔고, 이어 10월 24일 시아버지 유항검이, 11월 14일 남편 유중철이 각각 순교한 후, 이순이 루갈다는 이듬해 1월 31일(음력 1801년 12월 28일) 시어머니 申喜, 시숙모 李六喜, 시사촌동생 柳重誠 등과 함께 전주 숲정이에서 참수당해 순교하였다.

순교하기 전에, 어머니 권씨, 친언니와 올케 등에게 보낸 2편의 옥중편지를 남겼다. 한 편은 이순이가 어머니에게 보낸 편지이고, 다른 한 편은 이순이가 큰언니와 올케에게 보낸 편지이다.[20] 이순이(루갈다)는 양반의 가문에서 배운 부모에게 효도하는 孝의 개념을 신앙을 갖게 되면서 하

---

19   이 옥중 편지는 한글필사본으로 현재 천주교 전주교구에서 운영하는 호남교회사연구소에 소장되어 있다. 이 편지는 1868년 8월 울산 장대에서 병인박해 때 붙잡혀 처형을 당한 순교자 김종륜(金宗倫, 루가)이 필사한 책으로 알려져 있다. 이 편지는 당시 사회의 모습과 천주교 박해의 역사를 엿볼 수 있는 중요한 역사 자료이며 천주교 신앙문화 자료이다.

20   『이순이 루갈다 옥중 편지』는 모두 4편이다. 원문 순서대로 (1) 이경도(李景陶) 가롤로가 옥중에서 어머니에게 보낸 편지, (2) 이순이 루갈다가 어머니에게 보낸 편지, (3) 이순이 루갈다가 친언니와 올케에게 보낸 편지, (4) 이경언(李景彦) 바오로가 쓴 옥중 기록 등이다.

느님께 효도하는 개념으로 승화시킨 순교자라 할 수 있다.

전북의 천주교는 이미 신해박해(1791년, 정조 15)를 통해 한국 최초의 순교자인 윤지충(바오로)와 권상연(야고보) 등 수많은 순교자를 낳게 했다. 천주교를 믿는다는 이유로 죄없는 백성을 죽이려 하자 신자들은 기꺼이 목숨을 내놓았다. 신유박해 때, 유항검, 유중철, 이순이 등은 전주에서 순교한 천주교 신자들로 그들은 내세의 영원한 구원을 위해 현세의 목숨을 기꺼이 내놓았다.[21]

이처럼 전주는 세계 3대 신앙은 물론, 이 땅을 배경으로 탄생한 종교가 있고, 여러 신흥종교가 발달한 지역이다. 이 땅에 '내세의 구원에 대한 확실한 믿음'을 가지고 많은 결실을 맺은 곳이 전주 지역이다.


# 6. 결론

전주를 중심으로 한 전북 지역은 일찍이 선비문화가 꽃핀 곳이어서, 선비들이 모여 시를 나누고 글을 쓰며, 시서화를 즐기면서 한편으로는 유학적 풍류정신을 키우고, 한편으로는 나라를 위한 절의정신을 함양한 곳이다.

---

21  불교의 경우도 완주군 구이면 광곡에 고구려 '普德和尙'이 '景福寺'를 세우고 열반종을 퍼뜨린 곳이다. 기독교의 경우에도 미국 선교사를 중심으로 가난한 사람들을 위해 치료도 하면서 신앙을 전파한 지역이다. 특히 원불교는 전라도가 탄생 지역으로 원불교의 중심이라 할 수 있다. 특히 개화기 시대 신흥종교가 무성한 곳이었는데, 증산교를 대표적으로 들 수 있을 것이다.

일찍이 지적 욕구와 문화적 욕구가 강했던 전주 시민들은 사대부를 중심으로 정치와 교육용 책을 출판하였고, 서민을 중심으로 한 이야기 책과 교육용 책, 그리고 생활백과용 책을 수없이 만들어냈다. 이러한 놀라운 문화 의식은 배움을 최고의 가치로 여겼던 당시의 사회적 분위기와 관련되는 것이지만, 우리 선조들의 지적 의식이 매우 앞서 있었음을 보여준다.

인쇄문화가 매우 발달한 곳으로 다른 지역과 달리 판매용 책이 지방에서는 가장 먼저 판매된 곳이다. 이는 일반인을 위한 책이기 때문에 보다 많은 대중들이 책을 읽을 수 있게 되었다. 그 결과 대중들은 지식을 쌓고, 정신을 배우며, 자각하게 되는 과정을 일찍 경험하게 되는데 이것이 곧 시민 의식의 발흥으로 이어진다.

특히 서민을 중심으로 일기 시작한 개화 의식은 매우 뛰어났다고 말할 수 있다. 여성 해방, 신분 철폐 등과 같은 민주적인 의식을 강하게 가지고 있었다. 이러한 의식은 전주 지역 사람들이 많은 책을 통하여 배움을 가지고 있었기 때문에 가능한 것이었다. 이런 정신은 동학, 실학 등과 아주 밀접한 관련을 갖는 것이다.

판매를 목적으로 하는 방각본의 출현은 근대 시민사회로 가는 방향에 촉진제가 되었다. 판매용 책이 일반인을 위한 책이고 더욱이 한글고전소설의 경우 소시민에게 한글을 가르치기 위한 교육용 책까지 겸하고 있었다. 이런 모습들은 다분히 민중이 중심이 되는 새로운 세상을 열려는 생각이 있었던 것이다.

다른 지역에서 찾아보기 힘든 판소리라는 공연 음악과, 이를 바탕으로 한 고대소설의 발달, 이야기를 손으로 직접 옮기는 다양한 필사작업으로 이 지역 사람들은 상상력의 세계를 풍부히 갖게 되었다. 이후 현대문학에서도 이 영향력은 그대로 이어져 걸출한 수많은 작가를 배출한 지역이 되었다.

이 지역은 종교와 신앙의 입장에서도 수많은 순교자를 배출하였고, 새로운 종교를 탄생시킨 지역이다. 이는 이 지역민들이 '새로운 세상'에 대해 확실한 믿음을 가지고 있었기 때문에 가능한 일이었다.

따라서 주로 출판 문화와 문학적 관점에서 보면 지식인은 지식으로부터 나아가 초자아를 꿈꾸었고, 소시민들은 책을 통하여 개화하여 자각하는 새로움을 맛보았으며, 문학을 통하여 끝없는 상상력을 키워왔고, 신앙을 통하여 누구나 평등하고 구원을 받는 '새로운 세상'이 오기를 추구하는 정신이 매우 강한 지역이었다고 말할 수 있을 것이다.

김동욱(1974), 『한국고전소설판각본자료집』, 국학자료원.

김동욱(1994). 「방각본에 대하여」, 『고소설의 저작과 전파』, 아세아문화사, 223-246.

김두종(1973), 『韓國古印刷技術史』, 탐구당.

김현주(1996), 「京板과 完板의 距離 : 판소리계 소설을 대상으로 한 社會文化的 解釋」, 『국어국문학』 116, 157-184.

류탁일(1985). 『완판 방각소설의 문헌학적 연구』, 학문사.

류현국(2014), 「천주교 한글 성경 출판의 역사적 변천을 수반한 타이포그래픽의 변화 (1860-1910)」, 『한국상품문화디자인학회논문집』 39, 167-177.

박상국(1987), 『全國寺刹所藏木板集』, 문화재관리국.

송일기(2001), 「佛說大報父母恩重經 : 諺解』의 初譯本에 관한 硏究」, 『서지학연구』 22, 181-200.

송일기(2010), 「새로 발견된 湖南板 〈父母恩重經諺解〉 4종의 書誌的 硏究」, 『한국도서관정보학회지』 41-2, 209-228.

엄태웅(2016), 『방각본 영웅소설의 지역적 특성과 이념적 지향』, 민족문화연구총서 151, 고려대학교 민족문화연구원.

옥영정(2011), 「조선시대 完營의 인쇄문화에 대한 고찰」, 『서지학연구』 50, 433-470.

이창헌(1995), 「경판방각소설 판본 연구」, 서울대학교 박사학위논문.

이창헌(2005), 「소설 방각본의 한글 각자체(刻字體) 소고」, 『民族文化』 28, 225-261.

이천승(2008), 「간재(艮齋) 전우(田愚)와 그 문인들의 문화자존의식 : 전주 한옥마을 '삼재(三齋)'를 중심으로」, 『한국철학논집』 24, 한국철학사연구회.

이천승(2013), 「완판본의 철학적 기반과 배경」, 『2013년도 완판본 학술발표대회 발표초록』, 전주 완판본문화관.

이태영(2004), 「지역 전통 문화의 기반 구축과 그 활용 방안 - 완판본 한글 고전소설의 데이터베이스 구축과 그 활용을 중심으로 -」, 『민족문화논총』 30집 (영남대), 273-304.

이태영(2007) 「새로 소개하는 완판본 한글고전소설과 책판」, 『국어문학』 43집, 29-54.

이태영(2008), 「전라감영과 시장의 발달이 호남문화에 끼친 영향」, 『전라감영연구』, 전주역사박물관·전라문화연구소, 165-190.

이태영(2010), 「완판 방각본 출판의 문화사」, 『洌上古典硏究』 31, 91-115

이태영 편저(2012), 『전주의 책, 완판본 백선』, 전주시·전주문화재단.

이태영(2013), 「완판본의 개념과 범위」, 『洌上古典硏究』 38, 9-36면.

이태영(2014), 「완판본에 나타난 刊記의 특징」, 『洌上古典硏究』 42, 321-350면.

이형성(2009), 「고재(顧齋) 이병은(李炳殷)의 학문(學問)과 사상(思想)」, 『유교사상연구』 36, 한국유교학회.

이형성(2010), 「전주지역 사림(士林)의 발견(發見) 및 향교주변(鄕校周邊) 사림(士林)의 주체적 삶」, 『한국사상과문화』 53.

이형성(2012), 「금재 최병심의 성리사상」, 『간재학논총』 13.

이혜경(1999), 「조선조 방각본의 서지학적 연구」, 전남대 박사학위논문.

이호권(2005), 「父母恩重經諺解의 異本에 대한 연구」, 『한국방송통신대학교 논문집』 40, 65-87.

장동하(2006), 「개항기 조선교구 인쇄소 연구」, 『가톨릭 신학과 사상』 57, 152-185.

전북대학교 한국학자료센터(2011), 『全州 南安齋 所藏 全義李氏家의 古文獻』, 湖南圈域 古文書資料集成2.

鄭亨愚·尹炳泰(1979), 『韓國冊板目錄總覽』, 한국정신문화연구원.

조희웅(1999), 『古典小說 異本目錄』, 집문당.

조희웅(2006), 『고전소설 연구보정(상, 하)』, 박이정.

천혜봉(2006), 『한국서지학』, 민음사.

홍성덕·김철배(2005), 「전주향교 완영책판(완영책판) 보존현황 및 활용방안」, 『고문화』 65, 81-106.

홍윤표(2007), 「한글의 역사와 완판본 한글 고소설의 문헌적 가치」, 『국어문학』 43집, 5-27.

완판본 인쇄·출판의 문화사적 연구

# 제8장

# 완판사찰본과
# 전북의 문화사

## 1. 불경의 간행

완판사찰본은 조선시대 전북의 寺刹에서 발행한 책을 말한다.[1] 전북 고산의 安心寺, 花岩寺, 雲門寺, 廣濟院, 影子庵, 魚頭庵과, 전북 정읍의 龍藏寺, 雲住寺와, 전북 완주의 圓嵒寺, 長波寺 白雲庵, 松廣寺, 淨水寺와, 전북 김제의 興福寺, 金山寺, 歸信寺와, 고창의 文殊寺, 진안의 中臺寺, 懸庵, 전북 전주의 남고사, 관성묘(關聖廟)[2]

---

1    고려시대에 발간한 책으로는 1042년에 臨陂縣令 崔積良이 1천부를 찍은 『金剛般若波羅密經』이 있고, 金山寺 광교원에서 1092년 8월에 간행한 『仁王護國般若經疏法衡抄』 권5-6의 발간 기록이 있으며, 금산사에서 重職 成元이 文宗 35년(1081) 6월에 간행한 8권 권자본 『妙法蓮華經』(일본의 金剛峯寺) 등이 있다. (남권희, 2007)

2    전북 전주의 관성묘는 비록 관우(관운장)를 모시는 사당이지만 도교에 관련된 책을 찍어낸 사당으로 사찰본에 포함하여 다루고자 한다.

등이 옛 책을 발행한 사찰이다.[3]

　사찰에서 간행한 책은 대개 불경이다. 이 불경을 통하여 한 시대의 불교의 위세를 살펴볼 수도 있고, 또한 한 시대의 정신의 흐름까지도 살펴볼 수 있다. 사찰이라고 하면 불경을 주로 찍어냈을 것으로 짐작할 수 있지만, 당시의 국가의 시책과 관련된 책이나, 도교와 관련된 책, 그리고 전라감영과 관련된 책을 발행하거나 책판을 보관하기도 하였다. 경우에 따라서는 책과 연관된 인물, 사건 등을 살펴볼 수 있어서 완판본 연구에서 반드시 살펴야 할 과제라 생각한다.

　전라북도 사찰 가운데 소양 원암사에서는 고려시대 불경을 발간하였고, 고산 花岩寺에서는 조선시대 초, 무인이며 전라관찰사를 지낸 성달생(成達生)이 사찰의 중창에 깊이 관여하고 책을 찍어내는 데에도 아주 밀접하게 관련되어 있어서 이러한 문화사를 살피는 일도 매우 중요하다. 조선시대 초기에 많은 불경을 찍어낸 고산 安心寺 책판은 만해 한용운 선생이 직접 정리한 일화가 있다. 조선 중기부터도 많은 책을 찍은 사찰이 다수 있어서, 완판본 연구에서 사찰본의 출판에 대한 면밀한 연구가 꼭 필요한 실정이다. 태인 용장사에서는 1635년 한 해에 무려 14종의 불경을 찍은 사찰이어서 많은 관심을 불러일으킨다. 또한 전주 관성묘는 도교와 관련된 책을 찍어낸 곳으로 잘 알려져 있다.

　이 글에서는 전라북도 사찰을 중심으로, 사찰에서 발행된 옛 책의 서

---

3　『金剛般若波羅蜜經』은 보물 제877호로 1357년(공민왕 6)에 선종의 근본경전인 금강경에 육조 혜능의 주해본 중 김저(金貯)가 소장한 원나라 판본을 저본으로 전라도 전주의 덕운사에서 지선(志禪)이 복각 간행한 금강경 주해본의 일종이다. 간기는 '全州開板'으로 기록되어 있다. 전주 덕운사가 어디인지는 명확하지 않다.

지적 특징과 사찰과 관련된 문화사를 중심으로 살펴보고자 한다.

## 2. 전북 완주 소양·용진·상관·장파면과 완판사찰본

전북 완주군 소양면은 조선시대 전주군에 소속된 지역이다. 일찍이 한지를 재배하여 종이 생산이 매우 왕성한 곳이었다. 따라서 자연스럽게 사찰에서 옛 책을 생산하게 된 것이다.

### 2.1. 고려시대의 全州 원암사(圓嵓寺)와 『佛祖三經』[4]

전북 완주군 소양은 송광사(松廣寺)와 위봉사(威鳳寺)가 있어서 잘 알려진 동네이다. 또한 6·70년대 한지를 만드는 공장이 많아서 한지마을로 잘 알려져 있다. 추측컨대, 고려시대에도 이 마을에는 분명 한지를 만들었을 것이다. 대체로 옛 책을 출판한 고장에는 꼭 한

『佛祖三經』 간기

지를 만드는 곳이 있는 것과 마찬가지다. 특히 원암사가 있는 청량산 부근

---

4    『佛祖三經』의 간기 사진은 문화재청의 영인본 중 나주 운흥사 소장본을 인용한다.

에서 닥나무를 재배했을 것이다.[5]

『新增東國輿地勝覽』에 '원암사(圓巖寺) 청량산에 있다.'고 적혀 있다. 『輿地圖書』에 '원암사(圓巖寺) - 청량산(淸凉山)에 있으며, 관아에서 동북쪽으로 40리이다.'로 기록된 것으로 보아 이 시기에 절이 있었던 것으로 보인다.(변주승, 여지도서48, 전라도 보유1, 76쪽)

원암사에서 고려시대 恭愍王 10年(1361)에 『佛祖三經』(四十二章經, 佛遺敎經, 潙山警策)이란 불경을 간행하였다. 이 책에는 '至正辛丑(1361) 重刊留 全州圓嵓寺'란 간기가 분명하고, '發願比丘 行心 誌, 同願比丘 法空 刊行, 助緣居士 尹善'과 같이 기록자, 간행자, 도와준 사람에 대한 기록이 분명하다.

현재까지 알려진 『佛祖三經』의 高麗 판본은 恭愍王 10年(1361)에 全州 圓巖寺에서 간행한 것과, 禑王 10年(1384)에 志峯과 志道, 施主者 金氏가 함께 간행하고, 李穡이 발문을 쓴 판본이 있다. 1361년에 발행한 판본은 계선이 없고, 1384년에 발행한 판본에는 계선이 뚜렷하다. 원암사에서 간행한 책은 보물 제 694호로 지정되어 현재 성암미술관에 소장되어 있고, 나주 운흥사(雲興寺, 나주시 다도면 암정리 972) 소장본은 보물 제694-2호로 지정되었다.『佛說大報父母恩重經』은 22장본 절첩본으로 현재 전북 완주군 대각사에 두루마리로 배접되어 소장되어 있다.『佛說長壽滅罪護 諸童子陀羅尼經』은 41장본 절첩본인데 책 형태로 만들어져 완주 대각사에 소장되어 있다. 1496년(燕山君2年)에 발행된 『六祖法寶壇經諺解』하권이 1551년 전주(소양) 원암사에서 복각본으로 간행된 바 있다.

---

5    원등사 스님의 말씀에 의하면 지금도 닥나무가 산에 많이 자라고 있다고 한다.

완판본 인쇄·출판의 문화사적 연구

『佛祖三經』(四十二章經, 佛遺敎經, 潙山警策) 至正辛丑(1361) 重刊留全州 圓嵓寺

『六經合部』 세종 6년(1424년)에 전주 원암사(圓巖寺)에서 간행된 판본, 영광 불갑사 소장본.

『佛說大報父母恩重經』景泰三(1452)壬申六月日誌

『佛說長壽滅罪護諸童子陀羅尼經』景泰三年(1452)圓岩刻

『六祖法寶壇經諺解』(권하, 1496 발행) 1551년 복각본, 全州圓嵓寺

『佛祖三經』은 원나라의 고승인 蒙山 德異가 석가가 설법한『佛說四十二章經』과, 석가가 열반에 들어가기 직전의 가르침인『佛遺敎經』, 그리고 중국 潙仰宗을 개창한 시조로 알려진 위산 靈祐의 어록인『潙山警策』을 합한 책이다. 특히『佛說四十二章經』은 석가의 가르침을 42장으로 간추려 설명한 것으로 불교의 경전을 처음 접하는 초보자에게 불교의 교훈적인 가르침을 쉽게 설명하고 있어 불교를 널리 전파하는 데 도움을 준 경전으로 알려져 있다. 이『佛祖三經』은 원나라 판본을 저본으로 하여 1361년에 全州 원암사에서 간행한 목판본 1책이다.

## 2.2. 완주군 용진면과 봉서사(鳳捿寺)

봉서사는 전라북도 완주군 용진읍 간중리 2번지로 종남산(終南山)과 서방산(西方山) 사이에 있는 사찰이다. 한국불교 태고종 사찰로 727년(성덕왕 26)에 창건, 고려 공민왕 때 나옹(懶翁)이 중창한 사찰로 알려져 있다.

이 절은 진묵대사가 출가한 절로, 이 절에는 전라북도 유형문화재 제108호인 진묵대사부도가 있다. 진묵대사와 해인사 대장경과 얽힌 설화가 전해지고 있다.

이 봉서사(鳳栖寺)에서도 '大淸順治8年歲次辛卯(1651)5月日全州府西方山鳳栖寺開刊'의 간기를 가진 『佛說大報父母恩重經』이 발간되었다.(송일기·박민희, 2010:219)

『佛說大報父母恩重經』大淸順治8年歲次辛卯(1651)5月日全州府西方
山鳳栖寺開刊

## 2.3. 소양 위봉사, 송광사와 전라감영의 책판

전라북도 완주군에 終南山이 있다. 송광사는 그 산 동남쪽 끝자락에 있다. 조선시대에는 전주군에 속한 지역이었다. 전하는 바에 따르면, 종남산 남쪽에 영험이 있는 샘물이 솟아나 그 옆에 절을 짓고 백련사라 했다고 한다. 송광사가 역사 기록에 처음으로 등장하는 것은 통일신라 말이다. 보조 체징(普照體澄, 804~880) 선사가 설악산 억성사에서 수행하다 선법의 요체를 구하러 중국에 유학을 가던 길에 백련사가 영험도량이라는 소문을 듣고 이곳에 잠시 머물렀다. 귀국해서 체징선사는 백련사를 송광사로 개칭했다. 고려 중기 대각국사 의천(大覺國師 義天, 1055~1101)이 중국 송나라에 유학하고 돌아와 천태종을 개창하자, 사명을 백련사로 다시 고치고 천태종에 귀속했다.(송광사 홈페이지 참조)

송광사에서 발간한 책은 다음과 같다.

완판본 인쇄·출판의 문화사적 연구

『佛祖源流』[6] 乾隆二十九年甲申(1764)
夏刊板于全州終南山松廣寺觀音殿
『兆陽林氏族譜』崇禎紀元後壬戌
(1742)五月日全州松廣寺白雲菴刊

송광사본『佛祖源流』간기

사암 채영(獅巖 采永) 스님이 조선시
대의 억불정책으로 선종과 교종의 법맥
(法脈)이 분명히 전해지지 않고 있는 점
을 개탄하여, 1762년(영조 38) 봄부터 전
국의 각 사찰을 다니며 선종 각 문파(門
派)에 대하여 고증할 만한 자료를 수집하였다. 1764년 여름에는 각 문파
의 고승들을 이곳 송광사로 불러 의견을 수렴하여, 관음전에서『西域中華
海東佛祖源流』를 간행하였다. 한편 송광사는 전라감영에서 발간한 책의
책판이 보관되었던 사찰이다.

위봉사(圍鳳寺, 威鳳寺)는 전라북도 완주군 소양면 대흥리 주줄산(珠茁
山)에 있는 절이다. 대한불교조계종 제17교구 본사인 金山寺의 말사이다.
이 절은 604년(무왕 5)에 瑞巖大師가 창건하였다고 전한다. 위봉사에는
『千手經』이 발간되었고, 전라감영에서 발행한 책의 책판이 상당수가 보
관되었다.

『千手經』康熙三十年(1691) 六月日威鳳寺開板

---

6    여기 인용하는 사진은 전주역사박물관 소장본이다.

'冊板置簿冊'(1740년경), '三南所藏冊板'(1743년경), '諸道冊板錄'(1750년경), '冊板錄'(남권희 교수 소장본), '龍湖閒錄'에 따르면, 전라감영의 책판은 전주와 가까운 '威鳳寺, 松廣寺, 南高寺, 石溪書院, 華山書院' 등에 나누어 보관되었다고 전한다. 그 책판은 다음과 같으나 현재는 그 소재를 알 수 없다.

> (松廣寺)『達城碑誌』
> (威鳳寺)『孤竹集』, 『達城碑誌』, 『道學正脉』, 『同春年譜』, 『명암집』,
> 『白江集』, 『百拙齋集』, 『百洲集』, 『石洲集』, 『악음집』, 『楊州趙氏族
> 譜』, 『聯珠集』, 『二樂亭集』, 『認齋集』, 『長吟集』, 『靜觀齋集』, 『竹西
> 集』, 『淸溪集』, 『化堂集』

## 2.4. 완주군 상관면과 정수사(淨水寺)

정수사의 현재 주소는 전북 완주군 상관면 정수사길 18 번지이고, 지번은 상관면 마치리 137-1 번지이다. 만덕산(萬德山) 정상의 아래(2.5Km)에 위치하고 있다. 이 절에서 1743년 목판본『全州崔氏族譜』가 발간되었다.

> 『全州崔氏族譜』乾陵八年(1743)聖上十九年七月下浣刊印于全州淨
> 水寺.

## 2.5. 완주군 장파면과 장파사 백운암(長波寺 白雲庵)

현재 완주군 장파면 안덕부락의 산에 조선시대에 있었던 절이다. 현재

완판본 인쇄·출판의 문화사적 연구

는 절골이라고 불리는 골짜기 산등성이에 다 허물어진 장파사지가 존재한다. 이 절에서 발간한 책은 다음과 같다.

『妙法蓮華經』順治三年丙戌(1646) 全州長波寺白雲庵開刊
『妙法蓮華經』順治十一年甲午(1654) 八月日 全州長波寺白雲庵開板

# 3. 전북 완주 고산면과 완판사찰본

전북 완주군 고산은 예로부터 물이 좋고 산수가 아름다운 고장이다. 종이를 많이 재배하였으며, 화암사와 안심사와 같이 서지적으로 책을 많이 발간한 절이 있다.

## 3.1. 고산 화암사와 옛 책

화암사(花岩寺)는 전라북도 완주군 경천면 가천리 佛明山 시루봉 남쪽에 있는 절이다. 대한불교 조계종 제17교구 본사인 金山寺의 말사이다. 창건자 및 창건연대에 대한 자세한 기록은 없으나, 신라 문무왕 이전에 창건된 것으로 추정하고 있다. 그 뒤 1425년(세종 7) 관찰사 성달생(成達生)의 후원으로 주지 해총(海聰)이 중창하였다.

박상국(1987)에서는 책판이 확인된 화암사의 불경이 제시되어 있다. 여기에 새로 추가된 불경을 합하여, 화암사에서 간행한 불경을 출판연대 순으로 간기와 함께 제시한다.

『愣嚴經』[7] 癸亥(1443)成達生跋… 全羅道高山地佛明山花岩寺開板

『佛說大報父母恩重經』正統癸亥(1443)花岩寺開板

『妙法蓮華經』正統八年癸亥(1443)五月日成達生跋 全羅道高山地佛明山花岩寺開板

『佛說長壽滅罪護諸童子陀羅尼經』[8] 正統八年癸亥(1443)五月日 全羅道花岩寺開板

『佛頂心觀世音菩薩大陀羅尼經』[9] 景泰二年 辛未(1451) 六月日 全羅道高山地花岩寺開板

『地藏菩薩本願經』景泰四年癸酉(1453) 八月花岩寺開板

『六經合部』順天壬午(1462) 七月日 成達生跋 全羅道高山地花岩寺開板

『妙法蓮華經』成化十三年丁酉(1477) 成達生跋 全羅道高山地佛明山花岩寺開板

『佛說大報父母恩重經』成化二十年甲辰(1484) 跋全羅道高山土花岩開板

『金剛般若波羅蜜經』弘治元年戊申(1488)四月日 全羅道高山地花岩寺開板

『六經合部』弘治元年戊申(1488)四月日 全羅道高山地花岩寺開板

『金剛經啓請』[10] 弘治元年戊申(1488)四月日 全羅道高山地花岩寺開板

---

7    한국불교 근본경전 중의 하나. 10권.『금강경』·『원각경』·『대승기신론(大乘起信論)』과 함께 불교 전문강원의 사교과(四敎科) 과목으로 채택되어 학습되었다.

8    보통『長壽滅罪護諸童子陀羅尼經』은『父母恩重經』과 합철되어 있다. 일반인들에게 널리 유통된 경전으로, 당시의 일반인들의 불교신앙 형태를 알 수 있는 불경이다.

9    『佛頂心觀世音菩薩大陀羅尼經』수진 목판본 상중하 권1책 단권으로, 크기는 세로 12.5 가로 11.3㎝이며, 卷子本으로 인행한 것을 線裝本으로 제본한 것이다. 인터넷 경매시장에서 필자가 확인하였다.

10   계청(啓請) : 다라니를 외우기 전에 관세음 보살과 다라니를 찬탄하며, 관세음 보살을 따

완판본 인쇄·출판의 문화사적 연구

『禪源諸詮集都序』[11], 弘治六年癸丑(1493) 七月有日 全羅道高山地佛
名山花岩寺重刊

『佛說預修十王生七經』, 萬曆四十六年(1618) 全羅道高山地佛明山花
岩寺開板

　1477년에 발간된 『妙法蓮華經』은 1443년(세종 25)에 화암사에서 開板
했던 판본을 飜刻한 것이다. '嘉靖40年辛酉(1561)正月日 慶尙道豊基地小
伯山池叱方寺開板'의 간기를 가진 『妙法蓮華經』(희방사본)은 1477년 화암
사에서 복각한 『妙法蓮華經』을 다시 복각한 문헌이다.[12] 문화재청에 따르
면, 『地藏菩薩本願經』(1453)은 서울시 서대문구 모처에 소재한 책으로 보
물 제1011호로 지정되어 있고, 3권 1책으로 크기는 세로 28.5cm, 가로 17
cm이다. 같은 책의 하나는 현재 서울시역사박물관에 소장된 불경으로 서
울시유형문화재 제179호(유물번호: 서3385)로 지정되어 있다.

　『佛說大報父母恩重經』은 부모의 10가지 은혜에 대해 부처님의 가르
침을 담은 책이다. 이 책은 한문본과 한글본이 있다. 송일기(2001:188)에 의
하면 한글로 번역한 初譯本은 전주 서방산과 전주 소양 청량산 遠燈庵 근
처에 살던 吳應星이 양친부모의 극락왕생을 발원할 목적으로 1545년에

---

라 큰 원(願)을 일으키며, 여러 불보살에게 청원하는 것.

11　선교일치(禪敎一致)를 제창하기 위하여 중국 화엄종(華嚴宗)의 제5조인 종밀(宗密)이 지은
　　책. 조선 중기 이후 우리나라 불교전문강원의 사집과(四集科) 교과서로 채택된 이래 오늘
　　날까지 강원 승려의 필수과목.

12　현재 이 복각본은 7권 7책으로 익산 관음사에 소장되어 있다.

언해하여 개판한 책이다.[13] 吳應星이 저본으로 삼은 책은 1441년 고산 화암사에서 발행한 『佛說大報父母恩重經』으로 보고 있다. 이후 전라도에서 언해본이 14종이 발행된다.[14] 이는 전국적으로 가장 많은 언해본 출간이다.(송일기, 2010:6-8) 송일기(2010:3)에서는 조선 중후기는 '억불숭유'의 정책으로 성리학이 수용되고, 불교가 쇠락해 가는 시점에 『佛說大報父母恩重經』이 비약적으로 출판되는 현상은 부모에 대한 효를 강조하는 유교중심의 사회에 불교계가 적응해 가는 과정에서 나타난 현상으로 이해하고 있다.

화암사 소장본이었던 『妙法蓮華經』목판은 권4에 해당하는 1판이 현재 전북대학교에 소장되어 있다. 1433년, 또는 1477년에 성달생이 발문을 작성한 책의 목판일 가능성이 크지만, 이 목판이 어느 사찰본인지는 정확하게 확인하기 어렵다. 『佛說預修十王生七經』은 唐의 成都府 大聖慈寺의 藏川이 지은 것으로, '預修十王經, 시왕경(十王經)'으로 부르기도 한다. 전북대박물관에 소장된 6판의 목판은 '萬曆46年(1618)全羅道高山地佛名山花岩寺開板'의 간기가 있어 1618년에 화암사에서 제작된 것을 알 수 있다.

---

13  송일기(2001:189)에 의하면, 전주 소양 청량산에 소재한 遠燈庵은 그의 현조인 吳蒙乙이 중국에서 구입한 야광옥구슬 10개를 불전에 헌납한 곳이고, 또한 曾祖父 吳孝綿이 대시주로 발원하여 『은중경』을 개판하였던 곳이다.

14  전북 완주군 용진면에 있는 봉서사(鳳栖寺)에서도 '大淸順治8年歲次辛卯(1651)5月日全州府西方山鳳栖寺開刊'의 간기를 가진 『佛說大報父母恩重經』이 발간되었다.(송일기·박민희, 2010:219)

완판본 인쇄·출판의 문화사적 연구

## 3.2. 화암사 중창과 전라관찰사 성달생(成達生)

전라북도 고산에 있는 화암사를 1425년에 중창하는 데 크게 공헌한 관찰사 성달생(成達生)은 자가 孝伯으로 1376년(우왕 2)에 출생하여 1444년(세종 26)에 서거한 고려말 조선초의 무신이다. 본관은 昌寧이고, 政堂文學商議 성여완(成汝完)의 손자로, 아버지는 開城留後司留後 성석용(成石瑢)이다. 대호군, 경성절제사, 동지총제, 중군총제, 평안도관찰사, 전라도관찰사지중추원사 등을 지냈다. 시호는 양혜(襄惠)이다. 자녀로 '성승'(成勝, ~1456년 6월 8일)과 '성증'을 두었다. 사육신 성삼문(成三問, 1418년 ~ 1456년 6월 8일)은 성승(成勝)의 아들이며, 성달생의 손자이다.

성달생이 전라북도와 관련된 약력은 다음과 같다.

1403년(태종 3년) 안심사판 『妙法蓮華經』 淨寫
1417년(태종 17년) 都觀察黜陟使兼兵馬都節制使
1425년(세종 7년) 화암사 중창 불사에 대시주.
1429년(세종 10년) 성달생이 직접 화암사를 방문.
1432년(세종 14년) 화암사판 『愣嚴經』 정서를 마침.

『湖南道先生案』의 관찰사 성달생

다음 책들은 화암사에서 발행한 불경인데 성달생이 발문을 쓰고 있다. 성달생과 화암사가 매우 관련되어 있음을 보여주고 있다. 이에 대한 자세한 사항은 송일기(1999)의 논문에서 다루고 있다.

『愣嚴經』癸亥(1443) 成達生跋… 全羅道高山地佛明山花岩寺開板

『妙法蓮華經』正統八年癸亥(1443) 五月日成達生跋 全羅道高山地佛
明山花岩寺開板

『六經合部』順天壬午(1462) 七月日 成達生跋 全羅道高山地花岩寺
開板

『妙法蓮華經』成化十三年丁酉(1477) 成達生跋 全羅道高山地佛明山
花岩寺開板

## 3.3. 고산 안심사와 옛 책

안심사는 금산사(金山寺)의 말사이다. 638년(선덕여왕 7)에 자장율사(慈
藏律師)가 창건하였다. 875년(헌강왕 1)에 도선국사(道詵國師)가 중창, 고려
말기에는 祖丘가 중창하였다. 1601년(선조 34)에 守天의 중창을 거쳐 1710
년(숙종 36)에는 信悅이 중건하였다.(한국민족문화대백과사전 참조)

박상국(1987)에서는 책판이 확인된 화암사의 불경이 제시되어 있다.
이를 참조하여 안심사에서 발간한 책을 제시하면 다음과 같다.

『妙法蓮華經』永樂三年乙酉(1405) 兜率山安心寺梓

『大顚和尙注心經』永樂辛卯(1411) 朱夏 高山縣 安心寺

『六經合部』永樂十二年甲午(1414) 全羅道高山地安心寺開板

『金剛般若波羅蜜經』永樂十二年甲午(1414) 全羅道高山地安心寺開板

『六經合部』永樂甲辰(1424) 六月日 成達生跋 全羅道高山地安心寺

완판본 인쇄·출판의 문화사적 연구

開板

『妙法蓮華經』嘉靖二十四年乙巳(1545) 全羅道 高山地安心寺留板

『蒙山和尙六道普說』嘉靖四十五年丙寅(1566) 八月日 全羅道高山地兜率山安心寺留板

『六祖口訣金剛般若波羅蜜經』降慶四年庚午(1570) 全羅道高山地 兜率山安心寺

『大方廣圓覺修多羅了義經』(복각본)[15] 萬曆三年乙亥(1575) 正月 望前有日全羅道高山地安心寺開板

『金剛經諺解』(복각본) 1575년 全羅道 安心寺版

『高峯和尙禪要』萬曆三年乙亥(1575) 正月日 全羅道高山地安心寺開板

『類合』[16] 萬曆三年(1575) 全羅道高山地雲㳌縣安心寺開刊

『千字文』萬曆三年(1575) 全羅道高山地雲㳌縣安心寺開刊

『大慧普覺禪師書』萬曆四年(1576) 全羅道高山地 大雄山 安心禪院

『靜觀集』崇禎紀元辛巳(1641) 安心寺開刊

『心法要抄』[17] 時甲辰(1664) 菊月日大芚山安心寺新刊留置

『妙法蓮華經』康熙十三年甲寅(1674) 八月 安心寺刊

『佛說大報父母恩重經』嘉靖十一年丙寅(1806) 流月日 高山安心寺開板


『妙法蓮華經卷四~七』은 불교의 대표적인 대승경전으로 조선 태종 5년(1405)에 전라도 도솔산 安心社에서 성달생(成達生, 1376~1444년)과 성개

---

15   이 책은 구결이 표시되어 있어 15세기 국어사 연구에 도움이 될 뿐만 아니라 조선 전기의 불교 판본 연구에 귀중한 자료적 가치를 지니고 있다.

16   기본 한자에 수량이나 방위 따위의 종류에 따라 한자의 음과 뜻풀이를 붙인 한자 입문서이다.

17   현재 국립중앙도서관에 소장되어 있다.

(成概, ~1440) 형제가 선친의 명복을 빌
기 위해 필사한 것을 새긴 목판본 전
7권 가운데 권4~7의 1책이다. 『妙法
蓮華經 권4-7』(1405)는 보물 제961로
지정되었고, 현재 경북 김천에 있는
직지사 성보박물관에 소장되어 있다.

우리나라에서 간행된 『六經合部』
의 최고본은 1424년(세종 6)에 전라
도 고산 안심사(安心寺)에서 개판되었
다.(문화재청 홈페이지)[18] 이 『六經合部』
는 信玄 등의 요청에 따라 성달생이 板書本을 필사하여 1424년에 전라도
고산의 安心寺에서 처음으로 개판을 보게 된 불교전적이다.(송일기·김유리,
2012 참조)

원간본을 복각한 『金剛經諺解』 중간본은 1575년(선조 8) 안심사(安心寺)
에서 간행되었다. 그 책판이 6·25전쟁 이전까지 보존되어 있었다. 1932년
한용운(韓龍雲)이 책판을 보수하여 많은 부수를 인출하였다.

『靜觀集』은 조선 중기 승려 一禪의 시문집으로 1책 25장으로 이루어
졌다. 인조 19년(1641)에 안심사에서 간행하였다. 『정관집』은 규장각(古

---

18　영광 불갑사 복장본은 모두 9종이 발견되었는데, 대부분 15세기 판본으로 밝혀졌다. 이
　　가운데 간행연도가 확실한 판본은 1424년에 안심사에서 개판된 판본을 비롯해 1457년
　　(세조 3)에 전주 원암사(圓巖寺)에서 간행된 판본, 1460년에 중대사(中臺寺)에서 간행된 판
　　본, 1488년(성종 19)에 전라도 고산 화암사(花岩寺)에서 간행된 판본 등은 지금까지 전해
　　진다.

3428-687)에 완질이 소장되어 있으며, 목판은 전북대학교 박물관, 국립민속박물관과 원광대학교박물관에도 소장되어 있다. 현존하는 목판은 序를 포함 총 4판이다.

만해 한용운 선생은 안심사에 한글 책판이 있다는 소식을 접하고 서울에서 와서 한글 자료인 『圓覺經諺解』, 『金剛經諺解』, 『恩重經諺解』, 『千字文』, 『類合』 등 총 5종류 658판 반의 책판을 정리하였다. 이 글에서 한용운 스님은 '여러 종류의 한글 경판을 발견하여 나의 손으로 정리한 것은 나의 일생의 승사'라고 밝히고 있다.(잡지 『三千里』(1931년 7월호)에 실린 '國寶 잠긴 安心寺'라는 수필 참조)

당시 每日申報(1931년 7월 8일자)에는 조선의 국보라 일컬을 선조 때에 만든 한글판 불경을 전주 안심사 불상 밑 마루에서 발견했다는 내용의 기사가 실렸다. 또한 1933년 1월, 한용운 스님이 쓰신, '한글經 印出을 마치고'란 글이 『불교』 잡지 103호(65-68쪽)에 실렸는데 여기에서 1932년 12월에 고산 안심사 한글 경판을 보각(補刻)하여 인출하였다고 말하고 있다. 소멸된 일부 책판을 다시 새겨서 함께 책을 찍어낸 것이다.

서울대와 동국대에 소장된 『원각경언해』는 世祖(세조) 11년(1465년)에 발행된 『圓覺經諺解』를 宣祖 8년(1575년) 고산 안심사에서 복각한 책이다. 한용운 스님이 안심사에서 정리하신 『圓覺經諺解』 책판은 바로 이 복각본으로 추정된다. 『金剛經諺解』도 같은 해에 발간된 것이다.

만해가 고산 안심사를 방문했던 1929년(당시 51세)은 일제가 우리 민족 문화를 말살하려고 핍박하던 시기였다. 만해는 불교청년회를 통하여 저항운동을 계속하고 있었다. 한편으로는 한글 불경에 대한 관심이 지대한 것으로 보아, 우리 민족의 정통성을 지키려는 노력을 계속해 오신 것을 알 수 있었다.

1966년 안심사 주지였던 김창수씨가 국가를 상대로 보상을 요청하면서 보낸 '미확인 징발대상 신고서'라는 문서가 있다. 당시 운주면장이 답신으로 보내온 확인서 중 '소실된 불상 및 부속재산명세서'에는 '圓覺經板(원각경판) 약 3,000매, 金剛經板(금강경판) 약 2,000매, 恩重經板(은중경판) 약 800매, 類合板(유합판) 약 200매, 千字板(천자판) 32매'가 소실되었다고 분명히 기록되어 있었다. 이 서류에 기록된 책의 내용은 만해 선생이 1929년 안심사에서 잘 정리해 놓은 책의 이름이었다.

6.25사변 때, 절을 소각하는 과정에서 소중한 우리 문화재들이 몽땅 사라진 것이다. 다른 절에 있던 많은 문화재들도 이런 식으로 불에 타서 한 줌 재로 사라진 것이다.

### 3.4. 高山 雲梯縣 大雄山 廣濟院, 魚頭庵, 影子庵

간기에 나오는 운제현(雲梯縣)은 전북 완주군 화산면의 옛 이름이다. 오랫동안 내려오는 운제현이 고산현에 병합되었고, 1930년대 초 경천저수지가 만들어지면서 화산면에 편입이 되었는데, '雲梯' 두 글자만은 '雲梯里'라는 이름으로 남아 있다. 17번 국도에서 '경천저수지' 서편 둑 비탈길을 올라 계속 따라가면 옥포(玉浦, 玉包, 玉苞)마을이다. '옥포'는 1930년대 수몰민 일부가 산 중턱에 조성한 마을이다.

이 지역의 '廣濟院, 魚頭庵, 影子庵'에서 발간한 책은 다음과 같다.[19]

---

19    『大慧普覺禪師書』와 『六祖大師法寶壇經』의 간기 사진은 국립중앙도서관본을 인용한다.

| 안심선원 | 안심광제원 |
|---|---|
| 『大慧普覺禪師書』간기 | 『六祖大師法寶壇經』간기 |

『賢首諸乘法數』隆慶四年(1570)庚午三月日 全羅道高山地嵫崒山(추
줄산) 魚頭庵開板移來威鳳寺留板

『金剛般若波羅蜜經』萬曆三年乙亥(1575) 全羅道高山雲梯縣大雄山廣
濟院重刊

『六祖大師法寶壇經』萬曆二年甲戌(1574) 全羅道高山雲梯縣大雄山報
恩慈福安心廣濟院重刊

『大報父母恩重經』康熙十五年丙辰(1676)元月 高山地影子庵開板

## 3.5. 고산 운문사(雲門寺)와 6.25 사변

『완주군지』(1245쪽)에는 운문사지에 대해 다음과 같이 나온다. 조선 후
기에 불경이 발행되었다.[20]

---

20    운문사본『重刊龍舒增廣淨土文』과『金剛般若波羅蜜經』의 간기 사진은 국립중앙도서관

"운문사지는 고산면 소향리에 있다. 운문사는 신라 시대에 창건 되어 고려 시대에는 매우 번창하였던 큰 사찰로 전해오고 있다. 그 뒤 6.25로 말미암아 공비들에 의해 전소되었다고 한다. 그러나 이 때 전소되었던 것으로 알려진 건물들은 조선조 말기에 중창되었던 것들로 보인다. 현재 이 사지에는 상당 수의 주춧돌과 축대가 남아 있다."[21]

운문사에서 발간한 책을 제시하면 다음과 같다.[22]

『金剛般若波羅蜜經』乾隆十一年丙寅(1746) 七月日 全羅道高山雲門 寺開刊

『千手千眼觀自在菩薩廣大圓滿無碍大悲心大陀羅尼』乾隆十一年丙 寅(1746) 四月日 高山雲門寺開刊

『佛說阿彌陀經』歲在己未(1799) 十月初吉日高山雲門寺留板

---

본을 인용한다.

21　2014년 9월, 필자가 학생들과 함께 운문사지를 답사하면서 만난 분이 임○○ 씨다. 당시 92세이신데도 70대로 보일 정도로 얼굴 모습이며 목소리가 매우 정정하셨다. 운문사가 있는 소향리 운문 마을이 고향이시다. 여기서 나고 여기서 자랐기 때문에 운문사가 없어 졌을 때까지 잘 알고 있다고 답해주셨다. 한국전쟁 당시 이곳에는 약 50가구가 살고 있 었는데 현재(2014년)는 4가구가 살고 있단다.

임○○ 씨는 6·25 당시 공비 토벌을 하는 의용군파견대장을 지내셨다. 당시 고산에는 40-50여 명의 대원들이 빨치산들과 대치하여 전투를 하였다. 공비들은 당시 충남에 약 3 만, 전북에 약 2만 가량이 있어서 교전이 매우 심하였다. 이러한 상황에서 1952년 운문 사가 불에 탔다. 당시에 이 운문사에는 책판과 책이 있었던 것으로 기억하고 계셨다.

임○○ 씨는 한국전쟁 이전의 운문사에 대해 자세히 말씀해 주셨다. 한 가운데 대웅전이 있었고, 대웅전에서 보면 우측에 오백나한을 모셔놓은 곳과 좌측에 삼신당이 있었단다. 대웅전에서 보면 좌측 아래 산쪽 방향에 안채가 있어서 수많은 손님들이 기거하셨단다. 대웅전 안 천장에는 나무로 만든 용이 있었다고 기억하신다.

22　여기 인용하는 사진은 국립중앙도서관 소장본이다.

『重刊龍舒增廣淨土文』歲在己未(1799) 十月初吉日高山雲門寺留板

고산 화암사에 보관 중이던 『千手經』의 목판은 고산 운문사(雲門寺)에서 책을 찍은 것으로 전북대학교 박물관에 소장되어 있다. 그 판본이 현재 국립중앙도서관(한古朝21-346)에 소장되어 있다. 현존하는 목판은 序 1판, 佛說千手千眼觀世音菩薩廣大圓滿無碍大悲心陁羅尼經 2판, 千手千眼觀自在菩薩廣大圓滿無碍大悲心陁羅尼啓請, 간기 등 총 4판이다.

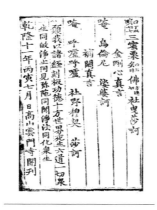

운문사본 『金剛般若波羅蜜經』 간기

운문사본 『重刊龍舒增廣淨土文』 간기

## 4. 전북 정읍 산내면과 용장사(龍藏寺)[23]

전라북도 정읍군 산내면 매죽리 절안마을(구 태인현 산내면)에 존재했던 용장사(龍藏寺)는 신라 말 고려 초에 견훤과 관계가 있는 운주 조통스님에 의해 900년에서 927년 11월 사이에 창건된 사찰이었다. 이 절은 임진왜란 기간에 소실되었다가 1630년에 중건되었고, 1635년에 14권의 불경을 간행하였다. 그러다가 동학농민운동 기간에 폐사된 것으로 추정하고 있다.(허인욱, 2016:54 참조)

용장사는 1597년 정유재란으로 폐사한 뒤, 1630년에 중창하고, 1635년에 개판불사를 하였다. 1635년 4월에 6종, 8월에 5종, 9월에 3종을 간행하였다. 용장사는 1635년 한 해에 무려 14권의 불경을 간행한 절이다.[24] 이는 유례가 드문 일로, 당시 용장사의 위세를 짐작케 하는 간행사업이다. 용장사는 태인에 속해 있는 절이다. 따라서 용장사의 인쇄문화는 곧바로 태인의 인쇄문화에 영향을 주었음에 틀림없다.

그러나 안타깝게도 용장사에서 간행된 1635년 이후부터 태인에서 방각본이 간행된 1796년까지 무려 160여 년 동안이 서지학적으로 빈 칸으로 남아 있다. 매우 의아한 일이 아닐 수 없다. 다시 한 번 전북 태인의 인

---

23     필자가 현지조사할 때, 동네 어르신께서는 밭두덕에 있는 기왓장을 가리키며, 절터에서 나온 기와 파편이 셀 수 없이 많아서 지금도 밭을 일구다가 기와 파편을 가려내는 게 일이라고 하셨다. 말씀하시는 기와를 살펴보니 매우 단단해서 던져도 깨지지 않을 듯한 기왓장이다. 잠시 둘러보니 파편이 수도 없이 많이 쌓여 있다. 심지어는 담을 만들 때 돌과 기와를 섞어서 만든 흔적이 여러 곳에 보인다.

24     송일기(2017)에서는 용장사에서 1635년 한 해에 11권의 불서가 간행된 것으로 보고 논의를 하고 있다.

쇄문화에 대한 재검토가 요구된다.

용장사에서 발간한 책을 제시하면 다음과 같다.[25]

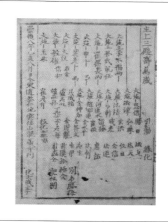

『誠初心學人文』崇禎八年乙亥(1635)四月 全羅道龍藏寺開刊

『高峯和尚禪要』崇禎八年乙亥(1635)四月日 全羅道泰仁地雲住山龍藏寺開刊

『楞嚴經』崇禎八年乙亥(1635)四月日 泰仁龍藏寺開刊

용장사본 『妙法年華經』 간기

『蒙山和尚法語略錄』崇禎八年乙亥(1635)四月日 全羅道泰仁地雲住山龍藏寺開刊

『佛說廣本大歲經』崇禎八年(1635) 乙亥九月日 全羅道泰仁縣雲住山龍藏寺刊

『金剛般若波羅蜜經』崇禎八年乙亥(1635) 八月日 全羅道泰仁縣雲住山龍藏寺開刊

『大慧普覺禪師書』崇禎八年乙亥(1635) 八月日 全羅道泰仁地雲住龍藏寺刊

『妙法蓮華經』崇禎八年乙亥(1635) 八月日 全羅道泰仁地雲住山龍藏寺開刊

『法集別行錄節要幷入私記』崇禎八年乙亥(1635) 八月日 全羅道泰仁地雲住山龍藏寺開刊

『禪源諸詮集都序』崇禎八年乙亥(1635) 八月日 全羅道泰仁地雲住山

---

25   여기 인용하는 사진은 국립중앙도서관 소장본이다.

龍藏寺開刊

　　『水陸無遮平等齋儀撮要』崇禎八年乙亥(1635)四月日　泰仁地雲住山

龍藏寺刊

　　『天地冥陽水陸齋儀纂要』崇禎八年乙亥(1635)四月日泰仁地雲住山龍

藏寺開刊

　　『十地經論』崇禎八年乙亥(1635) 泰仁地雲住山龍藏寺刊

　　『大佛頂如來密因修了義諸菩薩萬行首楞嚴經』崇禎八年乙亥(1635)八

月日 全羅道泰仁地雲住山龍藏寺開刊


　　이 책들을 주제별로 분류해 보면, 학습, 공덕, 기도, 재의식에 관한 책
들이다.(김지완·남권희, 2017:284) 그 중 『誡初心學人文』은 전통강원 沙彌교
육과정 첫 단계에 배우고 있는 교재이다. 『高峯和尙禪要』, 『大佛頂如來密
因修了義諸菩薩萬行首楞嚴經』, 『大慧普覺禪師書』, 『法集別行錄節要幷入
私記』, 『禪源諸詮集都序』 등은 불교의 전통강원의 교육 과목들이다.

　　송일기(2017:90)에 따르면, 용장사의 불서 개판은, 주변 사찰에 시급한
강원교재와 불교의례 서적을 간행하여, 호남북부 지역의 사찰에 보급할
목적으로 조성되었을 것으로 추정하고 있다.



## 5. 전북 김제와 사찰본


전북 김제군과 관련된 사찰은 '금산사, 귀신사, 흥복사' 등이 있다.
전북 母岳山에 있는 金山寺에서는 다음과 같은 책들이 발간되었다.

『金剛般若波羅蜜經』康熙三十三年甲戌(1694) 五月日 母嶽山金山寺刊

『眞言集』康熙三十三年甲戌(1694) 夾鍾日 金溝地母岳山金山寺開刊

『諸般文』康熙三十三年甲戌(1694) 五月日 母岳山 金山寺刊 목판본.

『佛說高王觀世音經』康熙三十三年甲戌(1694) 五月日母岳山 金山寺
開板

『佛說大報父母恩重經』康熙四十年辛巳(1701) 全羅道金溝地母岳山金
山寺開板

『太上玄靈北斗本命延生眞經』康熙四十年辛巳(1701) 七月日 全羅道
金溝地母岳山金山寺刊

『佛說大報父母恩重經』康熙五十九年庚子(1720) 二月日 全羅道金溝
金山寺開板(언해본)


興福寺는 김제시 흥사동 256번지에 있다. 흥복사에서는 '萬曆十二年
甲申(1584) 三月日 全羅道金堤地僧伽山興福寺開板'의 간기가 있는 『大目
連經』이 발간되었다. 현재 국립중앙도서관과 동국대에 소장된 것으로 알
려져 있다. 또한 '萬曆三十八年庚戌(1610) 全羅道金堤郡僧伽山興福寺刊'의
간기가 있는 『妙法蓮華經』이 발간되었다.


『佛說大報父母恩重經諺解』萬曆元年癸酉(1573) 季秋日 全羅道金堤
地僧伽山興福寺開板

『佛說大目連經』萬曆十二年甲申(1584) 三月日 全羅道金堤地僧伽山
興福寺開板

『妙法蓮華經』萬曆十四年丙戌(1586) 月日全羅道金堤郡僧伽山 興福
寺開板.

『妙法蓮華經』萬曆三十八年戊戌(1610) 月日全羅道金堤郡僧伽山 興
福寺開板.

歸信寺는 전라북도 김제시 금산면 청도리 모악산(母岳山)에 있는 절. 대한불교 조계종 제17교구 본사인 금산사(金山寺)의 말사이다. 이 절에서는 다음 책이 발간되었다.

『妙法蓮華經』萬曆三十七年己酉(1609)二月日全羅道全州府歸信寺 開刊.

『長壽滅罪護諸童子陀羅尼經』영조 44년(1768) 歸信寺.


## 6. 전북 고창 문수사(文殊寺)와 선운사(禪雲寺)

대한불교 조계종 제24교구인 문수사(文殊寺)는 전북 고창군 고수면 은사리 48번지에 자리하고 있다. 이 절은 643년(백제 의자왕 3년) 자장율사에 의해 창건되었다. 문수사는 글자 그대로 문수신앙을 펴는 절로 대웅전보다 문수전이 더 주전의 역할을 하고 있다. 1607년(선조 40년)에 절을 중건했다고 전하며, 1653년(효종 4년)에 대웅전을 중창하였다. 이후 1764년(영조 40년)에 1차 중수를 하였고, 1835년(헌종 1년)에 2차 중수를 하였으며, 1876년에는 묵암스님이 중수하였다. 이 절에서 발간한 책은 다음과 같다.

『太顚和尙注心經』永樂辛卯(1411)末夏藏高敞縣文殊寺.(만송문고, 고려대, 영남대) - 부산 범어사에 소장됨.

『妙法蓮華經』(1417) - 경기도 고양시 원각사 소장.

『永嘉眞覺禪師證道歌』永樂甲辰(1424)十月日 高敞文殊寺開板.(고려대)

『妙法蓮華經』嘉靖十三年甲午(1534)六月日 全羅道高敞文殊寺重鋟.

『法華靈驗傳』嘉靖十三年甲午(1534)六月日 全羅道高敞文殊寺重

錄.(고려대, 연세대, 경남대)

『達摩大師觀心論』嘉靖17年(1538)戊戌正月日 全羅道高敞地文殊寺
重錄

『佛說大報父母恩重經』乾隆 25年 庚辰(1760)春 高敞 文殊寺 南聖(?)
庵開板 留鎭于大寺

『妙法蓮華經』(1417)은 경기 고양시 원각사에서 소장하고 있다. 이 책에
는 전라도 방언이 반영된 한글 주석이 달려 있는 점이 특징이다. 원각사
소장본 『妙法蓮華經』 권1~3, 4~7은 유일본으로 알려져 있다.[26]

한편, 고창 禪雲寺에서 발간한 책은 다음과 같다.

『釋氏源流』兜率山禪雲寺開刊(발문, 崇禎後戊子(1648)五月日兜率山人
玄益跋)

『念佛普勸文』乾隆五十二年丁未(1787) 全羅道茂長禪雲寺開刊

# 7. 전북 전주와 사찰본

## 7.1. 전주 관성묘와 도교문화

전주 남고산에 있는 關聖廟는, 호남 도교 문화의 본산으로 삼국지에
나오는 關羽를 모시는 사당이다. 도교에서는 관우를 신격화하여 전쟁의

---

26  문화체육관광부와 동국대의 지원을 받아 문헌 집성 작업을 벌이고 있는 동국대 불교학
술원 ABC사업단에 참여한 한국과학기술대학 정재영 교수는 '문수사 법화경은 유일한
판본으로 조선 초기의 구결이 달려 있어 학문적 가치가 높다.'고 말했다.

신인 關聖帝君이라 부른다.

전주의 관성묘는 고종 10년(1884)에 세워졌다. 숙종이후 관왕묘에 대한 국가적 관심아래 제식이 거행되었으며, 고종 때에 서울에 북묘와 서묘, 그리고 지방에는 전주와 하동에 관왕묘를 건립하였다. 관왕묘를 통해 국가의 위기를 극복하려는 정신을 일깨워 주기 위해서였던 것으로 보인다. 구한말 초상화의 대가 蔡龍臣(1850-1941)이 관성묘의 '삼국지연의' 그림과 관우 초상(1928년)을 그렸다.

관성묘에서는 도교 관련 옛 책을 발간하기도 하였다. 『明聖經』은 조선시대에 간행된 충효와 염치·절개 등 인간 수양에 필요한 네 가지의 덕목을 해설한 道家의 책이다. 이 책은 '丁亥仲冬全州南廟藏板'의 간기를 갖는데 1887년 전주 關聖廟에서 간행하였다. 『過化存神』은 관성교의 경전을 모아 언해한 책이다. 이 책의 발간은 민간신앙으로 전래되던 관성교의 충(忠)을 본받게 하고자 하는 데 그 목적이 있었다. 『明聖經』이 널리 배포된 것은 조선시대의 유교적 이념과 같았기 때문이기도 하였다. 『玉皇寶訓』은 道教의 옥황상제(玉皇上帝)를 비롯해서, 도교의 神將인 관성(關聖, 關羽)과 부우제군(孚佑帝君, 呂洞賓) 등이 강림해서 쓴 神筆과 그에 관한 주해서이다. 이 책은 1895년 전주 관성묘(關聖廟)에서 간행하였다.

　　『明聖經』丁亥(1887)仲冬全州南廟藏板
　　『過化存神』丁亥(1887)孟夏完山韓赫模重鐫 侄判壬
　　『玉皇寶訓』乙未(1895)孟夏重鐫完南廟藏板
　　『聖帝五倫經』壬辰(1892년)閏六月上澣全州南廟藏板, 金洛公沈宜錫

　　　　　　완판본 인쇄·출판의 문화사적 연구

等開刊, 書寫趙升熙[27]

## 7.2. 전주 南高寺와 전라감영의 책판

전주 남고사((南固寺)는 전라북도 전주시 완산구 동서학동 고덕산에 있는 절로, 고구려에서 백제로 귀화한 보덕의 제자 명덕이 668년(신라 문무왕 8년)에 세운 절이다. 전주팔경의 하나인 '南固暮鐘'의 배경이 되는 곳이다. 전주 南高寺에서는 영조 17년(1741)과 정조 18년(1794)에 『佛說大報父母恩重經』를 발간하였다. 1720년 金山寺板의 복각본이다. 『佛說大報父母恩重經』은 부모의 10가지 은혜에 대해 부처님의 가르침을 담은 책이다. 특히 이 책은 부모의 은혜를 기리는 내용의 불경으로 당시의 조선시대의 시대의식을 찾을 수 있는 문헌이다.

　　『大報父母恩重經』歲辛酉(1741)季夏 全州南高寺開刊
　　『大報父母恩重經』乾隆五十九年甲寅(1794)四月日 全州南高寺開板

'冊板置簿冊'(1740년경), '三南所藏冊板'(1743년경), '諸道冊板錄'(1750년경), '冊板錄'(남권희 교수 소장본), '龍湖閒錄'에 따르면, 전라감영의 책판은 현재 전주와 가까운 '威鳳寺, 松廣寺, 南高寺, 石溪書院, 華山書院' 등에 나누어 보관되었다.

---

(南高寺)『동악집』,『체소집』,『혹문
중용』

『自警編』歲乙酉冬(1765)完營開刊南
高寺歲

『浣巖集』[28] 歲乙酉(1765)冬完營開刊
南高寺藏

『浣巖集』刊記

## 8. 결론

전라북도에서는 고려시대에도 불경이 발간되었고, 조선시대에 이르러
안심사, 화암사, 문수사 등을 중심으로 많은 불경이 발간되었다. 중기에는
김제 '흥복사'와 고산 '廣濟院, 魚頭庵, 影子庵' 등에서, 조선시대 후기에는
정읍 용장사, 김제 금산사, 고산 운문사 등에서 불경이 발간되었다. 19세
기 말에 전주 관성묘에서 도교 관련 책들이 발간되었다.

박상국(1987)에 나오는 책판목록을 이용하고, 새로 발견한 문헌을 덧
붙여 전북의 사찰에서 발간한 책의 목록을 연대순으로 제시하면 다음과
같다.

---

28    여기 인용한 사진은 국립중앙도서관 소장본이다.

『佛祖三經』(1361, 全州圓嵓寺)

『妙法蓮華經』(1405, 고산安心寺)

『大願和尙注心經』(1411, 고산安心寺)

『太顚和尙注心經』(1411, 고창文殊寺)

『六經合部』(1414, 고산安心寺)

『金剛般若波羅蜜經』(1414, 고산安心寺)

『妙法蓮華經』(1417, 고창文殊寺)

『六經合部』(1424, 고산安心寺)

『永嘉眞覺禪師證道歌』(1424, 고창文殊寺)

『六經合部』(1424, 全州圓嵓寺)

『佛說長壽滅罪護諸童子陀羅尼經』(1443, 고산花岩寺)

『楞嚴經』(1443, 고산花岩寺)

『佛說大報父母恩重經』(1443, 고산花岩寺)

『妙法蓮華經』(1443, 고산花岩寺)

『佛頂心觀世音菩薩大陀羅尼經』(1451, 고산花岩寺)

『佛說大報父母恩重經』(1452, 全州圓嵓寺)

『佛說長壽滅罪護諸童子陀羅尼經』(1452, 全州圓嵓寺)

『地藏菩薩本願經』(1453, 고산花岩寺)

『六經合部』(1462, 고산花岩寺)

『妙法蓮華經』(1477, 고산花岩寺)

『佛說大報父母恩重經』(1484, 고산花岩寺)

『金剛般若波羅蜜經』(1488, 고산花岩寺)

『六經合部』(1488, 고산花岩寺)

『金剛經啓請』(1488, 고산花岩寺)

『禪源諸詮集都序』(1493, 고산花岩寺)

『蒙山和尙六道普說』(1497, 진안懸庵)

『人天眼目』(1530, 금산西臺寺)

『禮念彌陀道場懺法』(1533, 태인靑龍山寺),

『妙法蓮華經』(1534, 고창文殊寺)

『法華靈驗傳』(1534, 고창文殊寺)

『懶翁和尙語錄』(1534, 금산西臺寺)

『大目連經』(1536, 고창烟起寺)

『涵虛堂得通和尙顯正錄』(1537, 고창烟起寺)

『儒釋質疑論』(1537, 고창烟起寺)

『金剛般若波羅蜜經』(1537, 금산身安寺)

『眞寶珠集』(1537, 錦山身安寺)

『達摩大師觀心論』(1538, 고창文殊寺)

『蒙山和尙法語略錄』(1543, 진안中臺寺)

『妙法蓮華經』(1545, 고산安心寺)

『高峯和尙禪要』(1545, 금산西臺寺),

『六祖法寶壇經諺解』(1551, 복각본, 全州圓嵓寺)

『月印釋譜』(1559, 순창無量寺)

『誡初心學人文』(1564, 부안蒼崛庵)

『金剛般若波羅蜜經』(1565, 순창無量寺),

『蒙山和尙六道普說』(1566, 고산安心寺)

『楞嚴經』(1567, 금산西臺寺)

『牧牛子修心訣』(1567, 순창鷲巖寺)

『聖觀自在求修六字禪定』(1568, 순창鷲巖寺)

『六祖口訣金剛般若波羅蜜經』(1570, 고산安心寺)

『賢首諸乘法數』(1570, 高山魚頭庵)

『佛說大報父母恩重經諺解』(1573, 김제興福寺)

『六祖大師法寶壇經』(1574, 고산廣濟院)

『大方廣圓覺修多羅了義經』(복각본, 1575, 고산安心寺)

『金剛般若波羅蜜經』(1575, 고산廣濟院)

『高峯和尙禪要』(1575, 고산安心寺)

『千字文』(1575, 고산安心寺)

『類合』(1575, 고산安心寺)

『金剛經諺解』(복각본, 1575, 고산安心寺)

『金剛般若波羅蜜經』(1575, 부안蒼崛庵)

『大慧普覺禪師書』(1576, 고산安心寺)

『禪源諸詮集都序』(1577, 금산西臺寺)

『佛說大目連經』(1584, 김제興福寺)

『妙法蓮華經』(1584, 부안實相寺)

『妙法蓮華經』(1586, 김제興福寺)

『妙法蓮華經』(1609, 김제歸信寺)

『妙法蓮華經』(1610, 김제興福寺)

『請文』(1610, 扶安實相寺)

『觀無量壽佛經』[29](1611, 부안實相寺)

『佛說預修十王生七經』(1618, 고산花岩寺)

『妙法蓮華經』(1634, 순창福泉寺)

『妙法年華經』(1635, 태인龍藏寺)

『蒙山和尙法語略錄』(1635, 태인龍藏寺)

『大慧普覺禪師書』(1635, 태인龍藏寺)

『天地冥陽水陸齋儀纂要』(1635, 태인龍藏寺)

『法集別行錄節要幷入私記』(1635, 태인龍藏寺)

『佛說廣本大歲經』(1635, 태인龍藏寺)

『水陸無遮平等齋儀撮要』(1635, 태인龍藏寺)

『誠初心學人文』(1635, 태인龍藏寺)

『大佛頂如來密因修了義諸菩薩萬行首楞嚴經』(1635, 태인龍藏寺)

『金剛般若波羅蜜經』(1635, 태인龍藏寺)

『十地經論』(1635, 태인龍藏寺)

『禪源諸詮集都序』(1635, 태인龍藏寺)

---

29　이 문헌은 '萬曆三十九年辛亥(1611)全羅道扶安楞迦山實相寺開板'의 간기를 갖는다.

『高峯和尚禪要』(1635, 태인龍藏寺)

『楞嚴經』(1635, 태인龍藏寺)

『靜觀集』(1641, 고산安心寺)

『妙法蓮華經』(1646, 전주長波寺白雲庵)

『釋氏源流』(1648, 고창禪雲寺)

『妙法蓮華經』(1654, 전주長波寺白雲庵)

『心法要抄』(1664, 고산安心寺)

『妙法蓮華經』(1670, 태인雲住寺)

『妙法蓮華經』(1674, 고산安心寺)

『大報父母恩重經』(1676, 고산影子庵)

『千手經』(1691, 전주威鳳寺)

『佛說高王觀世音經』(1694, 김제金山寺)

『金剛般若波羅蜜經』(1694, 김제金山寺)

『眞言集』(1694, 김제金山寺)

『諸般文』(1694, 김제金山寺)

『太上玄靈北斗本命延生眞經』(1701, 김제金山寺)

『佛說大報父母恩重經』(1701, 김제金山寺)

『觀無量壽佛經』(1711, 순창新光寺)

『佛頂心觀世音菩薩大陀羅尼經』(1711, 순창新光寺)

『佛說大報父母恩重經』(1720, 김제金山寺)

『無竟集』(無竟室中語錄)(1738, 임실新興寺)

『大報父母恩重經』(1741, 전주南高寺)

『兆陽林氏族譜』(1742, 전주松廣寺)

『全州崔氏族譜』(1743, 전주淨水寺)

『金剛般若波羅蜜經』(1746, 고산雲門寺)

『千手千眼觀自在菩薩廣大圓滿無碍大悲心大陀羅尼』(1746, 고산雲門寺)

『佛說大報父母恩重經』(1760, 고창文殊寺)

『佛祖源流』(1764, 전주松廣寺)

『長壽滅罪護諸童子陀羅尼經』(1768, 김제歸信寺)

『念佛普勸文』(1787, 고창禪雲寺)

『大報父母恩重經』(1794, 전주南高寺)

『佛說阿彌陀經』(1799, 고산雲門寺)

『龍舒增廣淨土文』(1799, 고산雲門寺)

『大報父母恩重經』(1806, 고산安心寺)

『佛說大報父母恩重經』(1806, 고산安心寺)

『聖觀自在求修六字禪定』(1881, 순창鷲巖寺)

『明聖經』(1887, 전주南廟)

『過化存神』(1887, 전주南廟)

『聖帝五倫經』(1892, 전주南廟)

『玉皇寶訓』(1895, 전주南廟)

남권희(2007), 「전주지역의 출판문화 연구 : 한국 출판문화사에 있어서 완판본이 갖는 의미」, 국어문학회 2007년도 춘계 전국학술발표대회 자료집, 43-61.

박상국(1987), 『全國寺刹所藏木板集』, 문화재관리국.

宋日基(1999ㄱ), 「高山 花岩寺와 成達生」, 『전북대학교 문헌정보학과 창립20주년기념 학술논문집』 5, 31-71.

宋日基(1999ㄴ), 「高山 花岩寺 刊行 佛書의 考察」, 『書誌學研究』 18, 253-284.

송일기·김유리(2012) 「「六經合部」의 板本 研究」, 『서지학연구』 52, 193-225.

허인욱(2016), 「井邑 山內 龍藏寺 관련 기록의 검토」, 『전북사학』 48, 31-58.

이태영(2015), 「만해 한용운과 고산 안심사(수필)」, 『문예연구』 87.

송일기(2017), 「泰仁 龍藏寺 開板佛事 研究」, 『서지학연구』 71, 85-101.

김지완·남권희(2017), 「17세기 태인 용장사 간행 불서의 서지적 분석」, 『서지학연구』 71, 253-296.

송일기·박민희(2010), 「새로 발견된 湖南板〈父母恩重經諺解〉4종의 書誌的 研究」, 『한국도서관정보학회지』 41-2, 209-228.

변주승(2009), 『여지도서』 48(전라도 보유1), 디자인흐름.

완판본 인쇄·출판의 문화사적 연구

# 5부

## 완판본의 간행과 기록

5부에서는 완판본을 출판할 때 기록하는 간
기에 나타나는 특징을 다양하게 살펴보고, 이
를 경판본, 중국, 일본과 비교하고, 완판본의
배지에 나타나는 인쇄의 특징을 통하여 완판
본 출판의 내용을 보완한다.

# 제9장

# 완판본에 나타난 간행기록(刊記)의 특징

## 1. 간행기록(刊記)이란 무엇인가?

옛 책에는 책을 간행한 기록인 '刊記'가 있다, 사전에서는 '동양의 간행본에서, 출판한 때, 장소, 간행자 따위를 적은 부분'을 말한다. 간기를 구체적으로 살펴보면 연호(年號), 간행년(刊行年), 간행월일(刊行月日), 간행지(刊行地) 또는 간행처(刊行處), 간행방법(刊行方法), 간행자(刊行者) 등을 기록한다. 간기는 대체로 목판을 새기거나 활판을 만들 때 넣은 것이기 때문에 최초의 간행기록을 살필 수 있다.

그러므로 옛 책에 간기가 없으면 정확한 간행기록을 알 수 없어 책의 가치가 많이 떨어진다. 제목이 같은 『심청전』이라도 간기가 있기도 하고 또 없기도 한다. 또한 동일한 제목의 책일지라도 출판사에 따라서 다른 간기를 가지고 있다.

『심청가』(41장본) 戊戌(1898) 仲秋 完西 新刊

『심청전』(상) 乙巳(1905) 未月完山開刊, 심청전(하) 乙巳(1905) 仲秋

完山 開刊

『심청전』(상) 完西溪 新板, (하) 大韓 光武10年 丙午(1906) 孟春 完西

溪 新刊

한편 1909년 일제가 출판업을 통제하면서 생긴 版權紙가 있는데, 이는
책의 맨 뒤에 저작자, 인쇄업자, 출판사 등의 기록이 있는 종이가 붙은 것
을 말한다. 이후 간기를 따로 넣지 않게 되었다.

전주를 중심으로 전라북도에서 발행한 옛 책인 完板本에는 일반적으
로 간행기록인 刊記가 있다. 옛 책에 간기가 있으면 발간에 관한 여러 사
항을 알 수 있어서 간기의 유무는 서지적으로 매우 중요한 사항이다. 간기
를 통하여 지명을 확인할 수 있으며, 지명을 나타내는 표기 방법으로 그
지역민의 특징을 파악할 수 있다. 간기를 통해서 異本의 출판 여부를 확인
할 수 있다.

간기에는 대체로 다음과 같은 내용이 기술되어 있어 모든 책의 간기
는, 비록 순서가 조금 다를지라도, 이 도표 안에서 작성할 수 있을 것이다.

| 年號 | 干支 | | 刊行地 刊行處 | 刊行方法 | 刊行者 |
|---|---|---|---|---|---|
| | 刊行年 | 刊行月日 | | | |

간기를 살펴보면 시대적으로 사용하는 방법이 다름을 알 수 있다. 따
라서 간기를 통하여 완판본의 특징을 부분적으로 이야기할 수도 있을 것
이다. 완판본에 나타난 간기의 특징을 완판본의 여러 종류의 책을 대비하

완판본 인쇄·출판의 문화사적 연구

여 살펴보면서, 연호, 간지(간행년, 간행월일), 간행지 또는 간행처, 간행방법, 간행자를 구체적으로 살펴볼 수 있다. 또한 서울에서 발행된 경판방각본 옛 책, 중국의 방각본, 일본의 방각본과 대비하여 서로 어떠한 특징을 갖는지를 비교할 수 있다.

## 2. 완판본 간기의 특징

완판본은 여러 종류가 있지만, 여기서는 주로 조선 초부터 발간된 사찰본, 조선 중엽에 발간된 전라감영본, 조선 후기에 발간된 태인본, 한글 고전소설, 방각본 등을 중심으로 논의하고자 한다.

### 2.1. 연호(年號)

'연호'(年號)는 '해의 次例(차례)를 나타내기 위하여 붙이는 이름', '군주국가에서 군주가 자기의 치세연차(治世年次)에 붙이는 칭호'로 옛 책에서는 주로 임금의 연호를 사용하는 것이 일반적이다. 연호는 원호(元號)라고도 한다. 조선시대 초기와 중기에는 연호가 없었기 때문에 주로 중국의 연호를 사용하였다.

완판본의 경우, 사찰에서 발간한 책들은 대체로 중국의 연호를 그대로 사용하고 있는 특징을 보인다. 예를 들면 '萬曆(만력), 乾隆(건륭), 永樂(영락), 嘉靖(가정), 順天(순천), 成化(성화), 正統(정통), 弘治(홍치), 康熙(강희), 隆慶(융경)' 등의 연호가 거의 다 쓰이고 있다. 중국 명나라와 청나라의 연호를 제시하면 다음과 같다.

> 중국 명(明)나라의 年號 : 洪武(홍무), 建文(건문), 永樂(영락), 洪熙
> (홍희), 宣德(선덕), 正統(정통), 景泰(경태),
> 天順(천순), 成化(성화), 弘治(홍치), 正德
> (정덕), 嘉靖(가정), 隆慶(융경), 萬曆(만력),
> 天啓(천계), 崇禎(숭정)
> 중국 청(淸)나라의 年號 : 順治(순치), 康熙(강희), 雍正(옹정), 乾隆
> (건륭), 嘉慶(가경), 道光(도광), 咸豐(함풍),
> 同治(동치), 光緖(광서), 宣統(선통)

조선시대 우리나라의 연호는 아래와 같다. '開國(개국)'은 조선이 개국된 해인 1392년으로 삼는 기년법으로 '고종 31년 - 고종 32년'에 사용되었다. 『鄕約章程』, 『五家統節目』에서 사용한 '開國 五百三年'은 1894년을 말한다. '建陽(건양)'은 고종 33년을 말하는데, 개국504년(1895년) 11월 17일(음력)을 건양원년(1896년) 1월 1일(양력)로 개정하였다. '光武(광무)'는 '고종 34년 - 고종 44년'을 말하는데, 10월 12일, 대한제국 선포와 동시에 개원(改元)하였다. '隆熙(융희)'는 '순종 1년 - 순종 4년'을 말한다.

> 한국의 年號 : 開國(개국), 建陽(건양), 光武(광무), 隆熙(융희)

## 2.1.1. 불경의 연호

이처럼 중국의 연호를 쓰고 있는 것은 당시 조선의 연호가 없기 때문

완판본 인쇄·출판의 문화사적 연구

이고, 특히 불경들이 중국에서 건너온 것이기 때문에 중국의 연호를 거의 대부분 사용하는 것으로 보인다. 전북에서 발간된 사찰본 가운데, 고산의 안심사(安心寺)는 1405년부터 19세기까지 18여 종류의 책을, 고산 화암사(花岩寺)에서는 1443년부터 14여 종류의 책을 출판하였고, 태인 용장사(龍藏寺)에서는 1635년 14 종류의 책을 한 해에 출판하였다. 그밖에 김제의 흥복사(興福寺)와 귀신사(歸信寺), 완주의 장파사 백운암(長波寺 白雲庵) 등 여러 절에서 책을 발간하였다.[1]

> 『六經合部』永樂甲辰(1424) 六月日 全羅道高山地安心寺 開板
> 『禪源諸詮集都序』弘治六年 癸丑(1493) 七月有日 全羅道高山地佛名
> 山花岩寺 重刊
> 『妙法蓮華經』嘉靖二十四年 乙巳(1545) 全羅道 高山地 安心寺 留板
> 『大慧普覺禪師書』萬曆四年 丙子(1576) 四月日 全羅道高山地大雄山
> 安心禪院 留板

『六經合部』에는 중국 명나라 연호를 '영락'이라고 쓰는 임금의 재위 기간인 갑진 년인 1424년 유월에 전라도 고산 땅에 있는 안심사 절에서 처음 찍었다는 간행 기록이 있다. 『禪源諸詮集都序』는 중국 명나라 연호를 '홍치'라고 쓰는 임금의 재위기간인 홍치 육년 계축년(1493) 칠월에 전라도 고산 땅 불명산에 있는 화암사 절에서 다시 찍었다는 기록이다.

---

1  예를 들어 '癸丑(1493)'과 같이 刊行年에 나타난 괄호 안의 연도는 필자가 이해를 돕기 위해 임의로 제시한 것이다. 또한 간기는 원래 붙여 쓰고 있으나 필자가 이해의 편의를 위하여 띄어 쓴 곳이 많다.

### 2.1.2. 완영본의 연호

국가의 명령에 따라 간행한 전라감영본은 주로 1600년대에서 1800년 대까지 약 90여 종이 발간되었는데, 대체로 중국의 연호를 사용하지 않았다. 중국의 연호를 사용한 책에는 명대의 연호를 주로 사용하고, 청대에 들어서면서 중국 연호를 쓰지 않은 것으로 보인다. 중국의 연호를 사용하는 책은『朱子書節要』,『十七帖』,『帝範』,『五禮儀』,『諭諸道道臣綸音』,『尤菴先生言行錄』등이고 나머지는 중국의 연호를 사용하지 않고 있다.

> 『朱子書節要』萬曆三十九年(1611) 中秋 重刊 于全州府
>
> 『十七帖(王右軍書)』萬曆壬子(1612) 冬 湖南觀察使 李相公冲 模刊 于完山府
>
> 『帝範』萬曆 四十一年(1613) 正月日 嘉善大夫 全羅道觀察使兼巡察使 李冲 開刊 于完山府

『朱子書節要』의 간기는 중국 만력 임금 재직 39년인 1611년 가을에 전주부에서 거듭 찍었다는 기록이다. 『十七帖(王右軍書)』의 간기는 중국 만력 임금 재직 임자년인 1612년 가을 호남관찰사인 이충이 완산부에서 모사하여 간행하였다는 기록이다. 『帝範』의 간기는 중국 만력 임금 41년인 1613년 음력 1월에 가선대부 전라도관찰사 겸 순찰사인 이충이 완산부에서 처음 간행하였다는 기록이다.

전라감영에서 1700년대에 나온 완영본 책의 특징은 책의 제목을 가운데 두고 양 옆으로, 오른쪽에는 간지가, 왼쪽에는 발행처와 발행방법이 명시된 점이 매우 특징적이다. 이러한 특징은 한국, 중국, 일본이 거의 비슷한 모습을 보인다. 중앙에서 찍은 책을 가져다 복각한 경우가 많기 때문에

완판본 인쇄·출판의 문화사적 연구

이러한 간기가 완영에서 만들어졌다. 『新編醫學正傳』의 간기는 기묘년인 1759년 여름에 내의원에서 교정하여 전라감영에서 거듭 찍었다는 내용이다.

『五禮儀』乾隆 癸亥(1743) 秋 完營 開刊
『新編醫學正傳』歲己卯(1759) 季夏 完營 內醫院 校正 重刊
『明義錄』丁酉(1777) 孟秋 完營 開刊

### 2.1.3. 태인본의 연호

1662년 명나라가 망하고 청나라가 세워진 뒤에도 조선은 청나라 연호를 쓰는 것을 꺼려하였다. 명나라가 임진왜란 때 참전해 준 은혜를 잊지 말고, 병자호란 때 청나라에 당한 굴욕적인 수모를 되새기자는 崇明背淸, 崇明反淸의 감정은 명나라의 崇禎이나 永曆의 연호를 사용하는 데서도 나타나고 있다.

그리하여 청나라 시대에 조선에서 발간된 책에서도 중국 명나라의 마지막 황제의 연호인 '崇禎'을 선호하여, '崇禎紀元後' 또는 '崇禎紀元後三癸亥'와 같이 표기하였다.[2] 이러한 태도는 태인방각본에서도 주로 발견된다.

---

2   이러한 태도는 완판본 한글고전소설의 여러 소설의 시작 부분에서도 볼 수 있다. 『홍길동전』과 『열여춘향슈절가』, 『심청전』을 제외하고, 완판본 한글고전소설의 대부분이 중국과 관련된 내용이고 또한 중국의 송나라, 명나라, 진나라의 영웅 이야기가 대부분이다. 청나라에 관한 내용은 전혀 없는 것을 알 수 있다. 흥미로운 현상은 송나라의 경우는 임금을 앞에 제시하여 연대를 표시하였고, 명나라의 경우에는 연호인 '成化', '嘉靖'을 사용하고 있는 것이 특징적이다.
　　　송 문제 즉위 이십 삼년이라. 〈됴웅전〉
　　　대송 신동 년간의 니부시랑 현퇵지논 〈현슈문젼〉
　　　각설이라 진나라 시절 시황졔의 명은 졍이니 〈죠한젼〉

태인본이 1700년대 후반에 발행되었음에도 불구하고 이러한 연호를 선호하고 있는 것은 발행자들이 불교 또는 불교 서적 편찬에 관련된 사람들이어서 불교서적이 보여주는 연호 방식을 그대로 사용한 것으로 보인다.[3]

『詳說古文眞寶大全』崇禎紀元後 三癸亥(1803) 十二月日 泰仁 田以采
朴致維 梓
『孔子通紀』崇禎紀元後 三癸亥(1803) 九月日 泰仁 田以采 朴致維 梓
『孝經大義』崇禎紀元後 三癸亥(1803) 月日 泰仁 田以采 朴致維 梓


'崇禎'은 중국 명나라의 마지막 황제 의종(毅宗) 때의 연호로 1628년에서부터 1644년까지를 말한다. 『孔子通紀』의 간기는 숭정 기원후 3번째 계해년인 1803년 9월에 전라북도 태인에서 전이채와 박치유가 출판(상재)하였다는 기록이다. '三癸亥'는 숭정 임금 이후 계해년이 1683년이니까 이 해가 첫 '癸亥'년이고, 120년을 더하면 1803년이 되는 셈이다.

---

한틔죠 황계 창업한 사벅연으 헌졔 찌 이르러 동틕어난을 지으미 〈화룡도〉
디명 셩화 연간의 쇼쥬짜의 흔 명현이 잇시되 〈쇼디셩젼〉

3  송일기(2006)에서 '박치유'에 대한 언급을 인용하면 박치유가 불교에 깊이 관여한 사람임을 알 수 있다.
"양진거사 박치유는 집안의 변고로 어린 시절부터 액막이를 위해 불가와 인연을 맺어 고향 인근에 소재한 어느 절에서 글과 출판 기술 등을 습득한 이후 30대 후반인 1799년부터 40대 초반인 1806년 사이에 태인 아전인 전이채와 공동으로 출판업을 분담하여 추진하였던 것이 아닌가 한다."(176면 인용)
"박치유는 순조 6년(1806)에 태인 방각본의 간행사업을 끝으로 20여 년 남짓한 사이에 방각본 발행자에서 '養眞居士'라는 재가불자로서 백양사 운문암(雲門庵)에 머물면서 백파 긍선이 편저한 '大乘起信論疏筆删記'와 '作法龜鑑'의 간행에 참여함으로써 다시금 그 이름에 접할 수 있다."(198면 인용)

### 2.1.4. 완판 방각본의 연호

완판본에서 명나라 연호 사용은 유학자들에게서 주로 볼 수 있고, 단순히 상업적으로 시대를 표기하는 책에서는 그러한 사상이 희박해지면서 청나라의 연호를 그대로 쓰는 것을 볼 수 있다.[4]

『별월봉긔』道光三年 癸未(1823) 四月日 龜谷 開板
『少微家熟點校附音通鑑節要卷之十三』道光十一年(1831) 辛卯 八月
日 西門外 開板 崔永□
『됴웅젼』광서십구연(1893) 계수 오월일 봉성 신간이라

완판본 한글고전소설 가운데 가장 먼저 출판한 『별월봉긔』의 간기를 보면 '道光'이라는 연호를 쓰고 있다. 간기를 보면 '道光 3년'(1823)의 연호가 나오고, 『通鑑』에도 '道光 11년'(1831)의 연호가 나온다. 완판본 『됴웅젼』에는 '光緒 19년'(1893)에 전북 완주군 구이면[5] 봉성(鳳成)에서 처음 찍었다는 기록이다.[6] 이들 연호는 모두 청나라의 연호이다. 비슷한 시대에

---

4    1725년 전라도 나주에서 간행된 조선 숙종 때 문인 김만중이 지은 장편 소설 한문본 『九雲夢』에는 '崇禎再度乙巳錦城午門新刊'이란 간기가 있다. 금성(錦城)은 전라도 나주의 옛 이름이다. 오문(午門)은 남문(南門)이란 뜻이므로 전라도 금성에 있는 남문에서 새로 찍었다는 기록이다. '崇禎'은 중국 명나라의 마지막 황제 의종(毅宗) 때의 연호로 1628년에서부터 1644년까지를 말한다. '乙巳'년은 1665년이고, '再度'는 두 번째라는 말이니 여기에 60을 더하면 1725년이다.

5    원래 전주군 지역이었으나, 1935년 10월 1일 이후로는 완주군으로 분할되었다. 따라서 이 소설이 나올 때는 전주군 소속이었다.

6    유춘동(2013:43면)에 의하면 『죠웅젼권지삼이라』에는 '同治五年(1866)□□□□完西杏洞 開板'이라는 간기가 있다고 보고되어 있다. '同治 5년'(1866)에 전주 서쪽에 있는 행동(杏洞)에서 처음 발간했다는 기록이다.

나온 완판본『草千字文』에도 '同治, 咸豊'과 같은 청나라의 연호가 쓰이고 있다.

『草千字文』同治 壬申(1872) 仲冬 完山 重刊
『草千字文』咸豊 辛酉(1861) 季冬 完山 重刊[7] (己亥(1899) 重刊)

완판본 한글고전소설의 경우, 이러한 중국의 임금이나 한국의 임금의 연호를 전혀 쓰지 않고 단순히 시대를 나타내는 간지(干支)를 쓴 책이 대부분이다. 이러한 이유는 일반적인 판매용 책이었기 때문에 작자의 중국관이나 의식이 크게 필요치 않았기 때문일 것이다.

『구운몽상』壬戌(1862) 孟秋 完山 開板
『구운몽하』丁未(1907) 仲花日 完南 開刊
『삼국지라』戊申(1908) 冬 完山 梁冊房 新刊

## 2.1.5. 우리나라의 연호

1894년부터 우리나라의 연호가 쓰이고 있다. 1894년부터 1897년까지 '開國'이란 연호를, 1897년부터 1910년까지 '大韓帝國'이란 국명을 썼다. 병오판『심쳥젼』에는 대한제국 고종황제의 연호인 '光武'를 사용하고 있다.『됴웅젼』에도 '光武'를 사용하고,『쵸한젼』에는 순종 임금의 연호인

---

7     이 책에는 간기가 세 개가 있다. 첫째는 '萬曆 丁酉(1597) 季秋 石峯 書'인데 이는 1597년
      에 처음 한석봉이 썼다는 기록이다. 둘째는 '咸豊 辛酉(1861) 季冬 完山 重刊'인데 1861
      년 가을에 완산에서 거듭 간행었다는 기록이다. 셋째는 '己亥(1899) 重刊'인데 실제로
      1899에 거듭 간행된 책이라는 뜻이다.

'隆熙'를 쓰고 있다.

> 『심쳥젼』大韓光武10年 丙午(1906) 孟春 完西溪新刊
> 『됴웅젼』光武七年 癸卯(1903) 夏 完山北門內重刊
> 『쵸한젼』隆熙二年 戊申(1908) 秋七月 西漢記 完西溪新刊

　1894년에 전라감영에서 발행된 『鄕約章程』, 『五家統節目』에서는 '開國 五百三年'과 같이 조선을 개국한 의미로 쓰고 있음을 알 수 있다. 『鄕約章程』은 조선 말기 지방자치규약의 형태로 시행된 향약의 운영방법과 실천조목 등을 규정한 책이다. 『五家統節目』은 동학도의 봉기를 계기로 이들을 감시하고 연대 책임을 지우기 위해 전라도 관찰사가 인쇄하여 배포한 책으로 오통절목(五統節目)이라고도 한다. 이 두 책은 1894년 전라감영의 기관인 전주 초안국(招安局)에서 활자로 간행하였다. 그래서 특별히 '朝鮮 開國'을 의미하는 '開國'을 사용한 것으로 보인다.

> 『鄕約章程』開國 五百三年(1894) 十二月日 完山招安局 活印
> 『五家統節目』開國 五百三年(1894) 十二月日 完山招安局 活印

## 2.2. 간지(干支)

　'干支'는 일반적으로 '刊行年'을 가리킨다. 그러나 책에 따라서 '刊行月日'을 명기한 책이 많다. 완판본 옛 책에 나타난 '刊行年'의 표기는 대체로 다음과 같다.

## 2.2.1. 刊行年

사찰본, 감영본, 방각본 등에서는 간지의 사용에서 '刊行年'은 12간지를 이용하여 60갑자를 그대로 쓰고 있다.[8] 그러나 초기 감영본에서는 연호를 쓰고 연호에 해당하는 재위기간을 써서 표시하기도 하였다. 또한 태인본에서는 명나라 마지막 황제의 연호를 써서 '崇禎紀元後 三癸亥, 崇禎後 三度 癸亥'와 같이 사용하였다.

> 永樂十二年 甲午(1414), 順治十一年 甲午(1654) 八月日
> 萬曆三十九年(1611), 道光十一年 辛卯(1831)
> 崇禎紀元後 三癸亥(1803), 崇禎後 三度 癸亥(1803)
> 歲甲戌(1814), 歲在戊午(1858), 甲辰(1844), 戊申之年(1908)
> 開國五百三年(1894)

이 간행년도를 종합하면 완판사찰본, 완산감영본, 완판방각본의 실제 간행한 연도를 종합적으로 살펴볼 수 있어서 완판본의 출판연대기를 살필 수 있는 매우 중요한 단서가 될 것이다. 판권지가 붙기 이전까지 간기를 가지고 있는 완판본 한글고전소설 일부를 가지고 연도순으로 예를 들면 다음과 같다.[9]

---

8　간기에 보이는 '壬戌, 丁未, 戊申'과 같은 간지(干支)는 '天幹(天干)'과 '地支'를 말하는 것으로 책을 발행한 연도를 나타내는 것이다. '天幹(天干)'은 '육십갑자의 위 단위를 이루는 요소'로 '甲, 乙, 丙, 丁, 戊, 己, 庚, 辛, 壬, 癸'를 말한다. '地支'는 '육십갑자의 아래 단위를 이루는 요소'로, '子, 丑, 寅, 卯, 辰, 巳, 午, 未, 申, 酉, 戌, 亥'를 말한다. 따라서 '六十甲子'는 天幹과 地支를 순차로 배합하여 예순 가지로 늘어놓은 것을 말한다.

9　완판본의 경우, 판권지로 출판의 최초 연도를 추정하는 것은 오류를 범하기 쉽다. 예로 제시된 완판본 책들은 판권지가 일제의 검열이 시작된 1909년부터 붙기 때문이다.

『구운몽상』壬戌(1862) 孟秋完山開板,

『됴웅전』戊戌(1898) 季冬完南新刊, 『퇴별가』戊戌(1898) 仲秋完西新刊,

『유충열전』壬寅(1902) 七月完山開刊,

『유충열전』癸卯(1903) 仲春完山重刊,

『심청전이라(上)』乙巳(1905) 未月完山開刊, 『심청전이라(下)』乙巳(1905) 仲秋完山開刊,

『됴웅전』丙午(1906) 孟春完山開刊, 『열녀춘향슈절가』丙午(1906) 孟夏完山開刊,

『화룡도』丁未(1907) 孟秋龜洞新刊, 『초한전』丁未(1907) 孟夏完南龜石里新刊, 『구운몽하』丁未(1907) 仲花完南開刊, 『소디셩젼이라』丁未(1907) 春三月完西溪新刊,

『삼국지라』戊申(1908) 冬 完山梁冊房新刊, 『장경전』戊申(1908) 孟夏完龜洞新刊, 『소디셩젼이라』戊申(1908) 仲春完龜洞新刊, 『화룡도』戊申(1908) 春完西溪新刊, 『화룡도』戊申(1908) 八月完山梁冊房開刊,

『죠한젼』己酉(1909) 季春完山開刊, 『쇼디셩젼이라』己酉(1909) 孟春完山新刊, 『쇼디셩젼이라』己酉(1909) 孟春完山新刊, 『됴웅젼』己酉(1909) 仲秋完山改刊

### 2.2.2. 刊行月日

시대에 따라 간행월일을 표시하는 경향이 있다. 조선 초기와 중기의 사찰본에서는 '간행월일'은 기재하지 않고 있거나, '三月日, 八月日'처럼 발행한 달을 기재한 것이 대부분이다. 감영본에서는 '孟春, 仲春' 또는 '春, 夏'와 같이 표기하고 있다. 태인본에서는 '十二月日, 十月日' 등으로 쓰이고 있고, '秋七月下澣'으로도 쓰이고 있다. 고전소설에서는 '七月, 季冬,

秋七月, 春' 등이 다양하게 사용되고 있다. 다른 완판방각본에서는 '孟春, 仲春'과 같은 표시가 가장 많이 사용되고 있다.

> 九月 日, 九月二十三日
> 孟春, 仲春, 季春, 孟夏, 仲夏, 季夏, 孟秋, 仲秋, 季秋, 孟冬, 仲冬, 季
> 冬,
> 春, 夏, 秋, 冬
> 春三月, 春三月上澣, 秋七月, 秋七月下澣, 夏四月下澣
> 仲花, 早秋, 臘月, 未月

간기에는 간행월일을 확실히 표기하지만 계절을 표기하는 방법이 있다. 계절을 '春, 夏, 秋, 冬'과 같이 단순히 한자로 표기하는 방법이 있는가 하면, '春三月, 秋七月'처럼 달을 표기하는 방법을 병행한다. 가장 많이 쓰이는 방법은 '仲秋'와 같은 한자어이다. 봄을 '孟春(초봄, 음력 정월), 仲春(2월), 季春(늦봄, 3월)'으로 나누어 표기하고, 여름도 '孟夏(초여름, 4월), 仲夏(5월), 季夏(늦여름, 6월)', 가을도 '孟秋(초가을, 7월), 仲秋(8월), 季秋(늦가을, 9월)'로 표기하며, 겨울은 '孟冬(초겨울, 10월), 仲冬(11월), 季冬(늦겨울, 12월)'으로 표기하고 있다.[10] 경우에 따라 음력 유월을 가리키는 '미월(未月)'과 음력 섣달을 표기하는 '납월(臘月)'을 쓰는 경우도 있다.[11] 예를 들면 다음

---

10  당시 선조들이 계절을 어떻게 인식하고 있었는지를 간기를 통해서 확인할 수 있다. 그러므로 책을 찍을 때 사용했던 출판기록인 간기가 당시 사회를 이해하는 데 얼마나 중요한 척도가 되는가를 알 수 있다.

11  완판본 한글고전소설의 간기는 맨 뒷장에 한 줄 또는 두 줄로 표기되는 경우가 대부분이다.

과 같다.

> 『죠한젼』隆熙二年 戊申(1908) 秋七月 西漢記 完西溪 新刊
>
> 『소디셩젼이라』丁未(1907) 春三月 完西溪新刊
>
> 『심쳥젼이라』乙巳(1905) 仲秋 完山開刊
>
> 『화룡도권지상이라』戊申(1908) 春 完西溪新刊
>
> 『유츙열젼』壬寅(1902) 七月 完山開刊
>
> 『심쳥젼이라』乙巳(1905) 未月 完山開刊

## 2.3. 간행지(刊行地)

'刊行地'는 대체로 책을 출판한 지역을 말하는데, 경우에 따라 인쇄한 지역이나 판각한 지역을 말하기도 한다. 전주를 중심으로 간행된 완판본의 간기에는 간행지가 표시되어 있다. 이를 개괄적으로 제시하면 다음과 같다.

> 完營, 完營藏板
>
> 完山, 完山府, 完府, 完府之溪南山房, 完山 北門內, 完山 西門外, 完山 梁冊房, 完山 招安局
>
> 完西, 完 西溪, 西溪[12], 完南, 完南鍾洞, 完南 龜石里, 完南廟藏板, 完 龜洞(龜洞), 西內[13]

---

12 완판본 『史要聚選』은 중국의 역사서인데 이 책의 서문에 '崇禎紀元後戊子年月日書于西溪'의 간기가 보인다. 이때 '西溪'는 '西溪書鋪'를 가리키는 것으로 이해된다.

13 완판 『무술본천자문』의 간기에 '戊戌孟夏西內新刊'의 간기가 보인다.

全州南廟藏板[14], 全州府
豊沛


완판사찰본에서 '刊行地'를 표시할 때는 거의 대부분이 '全羅道 高山
地 佛名山 花岩寺'처럼 비교적 정확한 주소와 산 이름, 그리고 절 이름을
포함하고 있다. 그러나 특이하게도 '전주'의 경우에는 '전라도'라는 말을
생략한다. 이는 '전주'가 전라도의 수도이기 때문에 생략이 가능한 것으
로 보인다. 사찰본의 경우 간기가 첨부된 양식을 보면 대체로 맨 뒷장에
한 줄로 간기를 쓰는 것이 일반적이다.

> 『佛說長壽滅罪護諸童子陀羅尼經』正統八年癸亥(1443)五月日 全羅
> 道花岩寺開板
> 『六經合部』永樂十二年甲午(1414) 全羅道高山地安心寺開板
> 『金剛般若波羅蜜經』崇禎八年乙亥(1635)八月日 全羅道泰仁縣雲住
> 山龍藏寺開刊
> 『妙法蓮華經』順治三年丙戌(1646) 全州長波寺白雲庵開刊


## 2.3.1. '完營'

'完營'은 '完山監營'의 약자로 전라감영을 의미하는데, 전라감영에서
출판한 책은 '完營'으로 간행지와 간행처를 표시하고 있다.[15] 전라감영은

---

14  '完南廟藏板, 全州南廟藏板'에 나타나는 '南廟'는 전주 남고산성이 자리한 고덕산 자락
    에 위치하고 있는 '關聖廟'를 말한다. 이곳은 삼국지에 나오는 '관우'를 모시는 사당이다.
    여기서 도교와 관련된 『明聖經』, 『玉皇寶訓』 등의 책이 출판되었다.

15  완영본에 첨부된 간기의 양식을 보면 內題의 앞과 뒤에 간기를 붙이는 형식이 매우 독특

'호남관찰영, 완산감영'으로도 불리는데 특히 전주의 옛 이름인 '완산'에서 따온 '완'자와 결합하여 '완영'이라 불렀다. 이 완영판은 이후 방각본으로 출판이 계속되었고, 전북의 완판본을 발전시키는 계기가 되었다.(이태영, 2013:26)

『東醫寶鑑』歲甲戌(1754) 仲冬 內醫院校正 完營重刊
『御定朱書百選』乙卯(1795) 完營新刊
『陸奏約選』甲寅手選御定陸奏約選 丁巳(1797) 完營刊印

### 2.3.2. '完山府, 全州府, 完府'

전주에서 출판된 방각본은 대체로 '완산'이란 발행지를 보여준다. 1800년대 초에 찍은 책들은 '完山府, 完府'를 사용하여 이 책들이 '전주부'에서 찍은 것임을 보여준다. 1800년 명필 창암 이삼만이 전주에서 찍은 『華東書法』은 '隱松藏板'이란 도장이 찍혀 있어 전주시 완산동 '隱松里'에서 발간된 책임을 알 수 있다.

전주를 '완산부'로 표기하던 때는 주로 '完府'란 명칭이 나오는데 이 시대는 18세기 말에서 19세기 초에 해당한다.

『蘇大成』丙申(1838)夏 完府新板
『晩六先生行狀』崇禎後三辛丑(1781)三月日 完府開刊
『華東書法』歲庚申(1800)秋開刊于完府之溪南山房[16]

---

하다. 마지막 쪽에 간기를 붙이는 방식도 한 쪽에 큰 글씨로 간기를 붙이거나, 아니면 책의 맨 마지막에 한 줄로 간기를 붙이는 방식이 있다.

16    이 간기 사진은 김진돈 선생 소장본이다.

『화동서법』의 간기

『增補三韻通考』歲丁卯孟冬完府新
刊[17]

『草簡牘』(簡札式) 丁酉(1837)元月完
府 法滸堂開板

### 2.3.3. '完山'과 '完'

완판본에서 대부분의 책은 전주를
상징하는 한자어 '完'이 들어간다. '完
山'이라고도 쓰지만 '完'자 만으로도 전
주를 나타냈던 것이다. 그리하여 전주
를 통칭하는 말로는 '完山'을, 전주의
서쪽은 '完西'로, 전주의 남쪽은 '完南'으로 썼던 것이다. 주로 서점들이
남문이 위치한 남부시장을 중심으로 남쪽과 서쪽에 있었기 때문에 그런
표기를 했던 것이다.

> 完山, 完山府, 完府, 完府之溪南山房, 完山北門內, 完山西門外, 完山
> 梁冊房, 完山招安局
> 完西, 完西溪, 西溪, 完南, 完南鍾洞, 完南 龜石里, 完南廟藏板, 完龜
> 洞(龜洞)

'完北'과 '完東'은 표기되지 않았다. 그러나 한글고전소설의 간기에
'完山 北門內'가 나오는 것으로 보아 전주 고사동 오거리 근처에 출판소
가 있었던 것으로 추정된다. 이 출판소에서 찍은 간기는 이 책에만 보이는

---

17    이 책은 절첩본으로 남권희 교수 소장본이다.

것으로 보아 아주 영세한 서점이었던 것 같다. 전주의 동쪽으로는 아중리에 '梁冊房'이 있었는데 이는 '完山梁冊房'으로 표기되었다.

> 『됴웅젼』光武 七年(1903) 癸卯 夏 完山 北門內 重刊
> 『삼국지』戊申(1908) 冬 完山 梁冊房 新刊

대부분의 책은 '完山'이란 지명을 사용하여 전주를 나타내고 있는데 '完'이라는 한 음절로도 전주를 나타낸다. 더 자세한 지명은 '北門內, 西門外'와 같이 사대문 근처를 나타내기도 하고, '完西, 完南'과 같이 전주의 방위를 나타내기도 한다. '完南 鍾洞, 完南 龜石里, 完龜洞'과 같이 구체적인 동네의 이름을 나타내기도 한다. '梁冊房, 招安局'과 같이 책방이나 국가기관을 나타내기도 한다. '完西溪, 西溪'는 전주의 '西溪書鋪'를 말한다.

> 『열녀춘향슈절가』丙午(1906) 孟夏完山開刊
> 『文字類輯』辛丑(1901) 季春完山新刊
> 『少微家塾點校附音通鑑節要卷之十一』戊申之年(1908)完南鍾洞新刊
> 『少微家熟點校附音通鑑節要卷之十三』道光十一年(1831)辛卯八月日
> 西門外開板 崔永□
> 『喪禮初要』光武七年(1903) 癸卯秋 完山西門外 重刊

### 2.3.4. '豊沛'

'完興社書鋪'는 1912년 『유충열젼』과 『열여춘향수절가』를 찍어내는데, 풍남문에서 싸전다리로 이어지는 길목에 위치하고 있던 서점이었다. 이 서점에서 찍어낸 『유충열젼』에는 매우 특이한 간기가 찍혀 있다. 다른 완판본 한글고전소설에 나타나는 간기는 대체로 '壬戌孟秋完山開板'과 같이 '간지, 시기, 지역, 간행방법' 등이 나타나는데 '豊沛重印'은 이와는 상당히 다른 간기이다.[18]

> 『유충열젼』豊沛重印(1912)
> 『孟子集註大全』歲在丁卯豊沛新刊
> 『孟子集註大全』乙丑四月豊沛鑄印(1805)

전주에서는 일찍부터 '논어, 대학, 중용, 맹자, 서경, 주역, 시경'과 같은 '四書三經'을 아주 많이 찍어내었다. 책이 매우 커서 한지를 생산하는 고장이 아니면 발간하기 힘든 책이었다. 완판본 '사서삼경'은 대개 '歲庚午仲春開刊全州河慶龍藏版'으로 되어 있는데 『孟子集註大全』만 특이하게 '풍패'를 쓰고 있다. 이 책을 만든 출판업자는 전주를 조선건국의 시조가 태어난 곳이라는 자부심으로 이 어휘를 쓴 것으로 보인다.

전주 시내를 동서로 가로지르는 충경로[19] 거리의 한 가운데쯤에 보물 583호로 지정된 '全州客舍'가 자리하고 있는데 큼지막하게 '豊沛之舘'이란 현판이 걸려 있다. '豊沛'란 건국자의 본향을 일컫는 것으로, 전주는 조선을 건국한 태조 이성계의 본향이기에 전주를 '豊沛之鄕'이라 하였고, 전주객사를 '豊沛之舘'이라 하였다.[20] 이 '풍패'란 단어는 중국 漢나라를 건

---

18    실제로 책에 쓰인 글자가 특이하여 '풍남'(豊南)으로 잘못 읽는 경우가 있다.

19    전주 사람들은 흔히 관통로라 부르기도 한다. '충경로'는 임진왜란 때 전주성을 지킨 충경공(忠景公) 이정란(李廷鸞, 1529-1600) 장군의 시호를 본따 만든 거리 이름이다.

20    보물 308호로 지정된 '豊南門'은 전주성의 남문으로, '풍패'의 '풍'자를 따서 붙여진 이름이다. 많은 사람들이 드나드는 성문을 '풍남문'이라 명명하여, 이곳이 조선왕조의 뿌리임을 분명히 한 것이다. 西門은 '풍패'의 '패'자를 따서 '沛西門'이라 하였다. 북문은 공북

국한 황제인 漢高祖의 고향 豊沛를 본따서 제왕의 고향을 豊沛之鄕이라 한 데서 유래하고 있다. 조선왕조를 건국한 이성계의 고향임을 나타내는 뜻으로 전주를 '豊沛'라고 한 것이다.[21]

乙丑(1805) 전주에서 간행한 희현당철활자본 『孟子集註大全』(32.6×22.0㎝) 14권 7책은 마지막 권 말에 '乙丑四月豊沛鑄印'이라는 간기가 있다.

希顯堂은 전라감사 金時傑이 1700년에 창건한 樓亭으로 유생들의 학당으로 사용된 곳이다. 1738년에 다시 짓고, 1907년 신흥학교 교사로 사용되다가 소실되었다. 전주시 화산동에 위치하고 있던 '희현당'(현 전주신흥고등학교)에서는 '希顯堂藏板'이라고 하여 18세기 말, 19세기 초에 여러 책이 출판되었다. 특히 이 책을 출판하면서 만들었던 활자는 '希顯堂 鐵活字'로 불린다.[22]

---

루가 있어서 拱北門이라 했으며, 동문은 完東門이라 일컬었다.

21  전주 한옥마을에 자리하고 있는 梨木臺는 목조 이안사가 전주를 떠나기 전에 살았던 구 거지로 발산 중턱에 있다. 발산은 승암산(중바위)에서 뻗어 나와 이목대, 오목대 등으로 이어지는 산으로, 목조가 이 발산 아래에 있는 滋滿洞에서 살았다고 전한다. 1900년(광무 4년), 목조 구거지로 전해지고 있는 자리에 고종이 친필로 쓴 '穆祖大王舊居遺址'라는 비를 세우고, 비각을 건립했다. 오목대(梧木臺)는 태조 이성계가 荒山大捷에서 승리하고 돌아가는 길에 잔치를 벌인 곳으로, 1900년(광무 4)에 세운 고종 친필의 '太祖高皇帝駐蹕遺址'라는 비와 비각이 있다.

22  『朴公贈吏曹參判忠節錄』은 1책으로 '崇禎紀元後癸未孟夏希顯堂開刊'이라는 간기가 있어, 순조 23(1823)년 4월에 희현당에서 인출하였음을 알 수 있다.(이태영, 2012 참조) 계유정 난(癸酉靖難) 이후 성삼문(成三問), 하위지(河緯地) 등 사육신(死六臣)의 참형 소식을 듣고 의주(義州)에서 자결한 박심문(朴審問, ?-1456)의 충절(忠節)을 기록한 것으로, 순조(純祖)대에 이조참판(吏曹參判)에 증직되자 그 후손이 유사를 수집하여 기록하였다. 고종 13년(1876) 김시걸의 『蘭谷先生年譜』도 희현당 철활자로 출판되었다.

## 2.4. 刊行方法

책을 간행하는 방법은 활자와 목판의 경우로 나뉘는데 간기에 이를 일일이 명기하지는 않는다. 다만 책을 찍은 상태가 초판인지, 아니면 거듭 찍은 것인지 등의 기록은 명기되는 특징이 있다.

사찰본의 간기에서 간행방법으로는 대체로 '開刊, 開板, 重刊, 留板' 등이 주로 쓰이고, '刊'을 쓰는 경우도 있다.

> 刊, 板
> 刊印, 活印, 鑄印[23]
> 改刊, 重刊, 重印, 重鐫, 模刊
> 開刊, 開板, 新刊, 新板, 新版
> 入梓, 梓, 謹梓[24]

간기에는 지역의 이름이나 출판사가 나오고 맨 마지막에 '新刊, 開板, 開刊, 改刊, 重刊, 重印'이라는 간행방법에 대한 기록이 나온다.[25]

---

23　乙丑(1805)년 전주에서 간행한 희현당 철활자본 『孟子集註大全』(14권 7책)은 마지막 권말에 '乙丑四月豊沛鑄印'이라는 간기가 있다.

24　우리나라에서는 판각을 할 때 '가래나무(梓木)'를 많이 사용하였다. 그래서 판각, 인쇄, 출판의 뜻으로 '梓'자를 사용한다. '上梓'가 대표적인 어휘이다. '入梓, 謹梓'의 예를 들면 다음과 같다.
　　『朱子大全』辛卯(1771) 入梓 完營藏板
　　『孔子家語』甲子(1804) 秋七月下瀚 泰仁 田以采朴致維 梓
　　『農家集成』崇禎紀元後 丙寅(1806) 春三月上瀚 武城 田以采朴致維 謹梓

25　'新刊'은 '책을 새로 간행함 또는 그 책'이란 뜻이다. '신간 서적'처럼 요즘에도 많이 사용하는 어휘다. '開板'은 출판물을 처음으로 찍어 낸다는 뜻이다. '開刊'도 책을 처음으로

戊戌(1898)季冬完南新刊

乙巳(1905)未月完山開刊


이처럼 간기에 나타난 용어를 통해서 이 책이 처음 찍은 것인지, 책판을 다시 고쳐서 찍은 것인지, 거듭 간행한 책인지를 판별하는 중요한 기준이 되는 것이다.


## 2.5. 刊行者


일반적으로 옛 책을 발간할 때는 발문(跋文)을 써서 그 책의 간행 내용에 대해 기술하는 것이 일반적이다. 그러나 판매용 책의 경우에는 발문이 붙지 않고 또한 간기에 책을 간행한 사람이 명기되는 일은 드물다. 그러나 예외적으로 전북 태인본(泰仁本)의 경우는 대부분 간행자가 명기되는 특징을 보이는데 이는 출판사를 대신하여 인쇄업자의 이름으로 대치한 것으로 보인다. '田以采, 朴致維, 孫基祖'와 같은 간행자의 이름이 워낙 잘 알려져서 신용을 위하여 이름을 그대로 사용하는 것으로 보인다.[26] 1600년대 초 전주부에서 발간된 책의 간기에는 관찰사의 이름이 등장한다. 이는

---

간행한다는 뜻이다. '改刊'은 책의 원판을 고쳐서 간행한다는 뜻인데 요즘 말로는 '수정판, 수정증보판'이라 말할 수 있다. '重刊, 重印'은 이미 펴낸 책을 거듭 간행한다는 뜻이다. 원본을 참고하여 다시 판각한 복각본을 말하기도 하고, 책판을 빌어다가 거듭 찍는 경우도 있어서 이 경우는 '제2쇄, 제3쇄'를 뜻하는 말이다.

26  각수의 이름이 기록된 경우가 드물게 보인다.

『妙法蓮華經』康熙九年 庚戌(1670) 二月日 全羅道泰仁雲住寺 化主 刻手 李生立.

『됴웅젼상이라』 33장본 녁남각슈의 박이력 셔봉운.

전라감영의 수장이기 때문에 감영본을 발행할 때 대표자의 성격으로 이름을 넣은 것이다.

『孔子家語』甲子(1804)秋七月下瀚泰仁田以采朴致維謹梓
『明心寶鑑抄』崇禎後甲辰春(1844)泰仁孫基祖開刊
『十七帖』萬曆壬子冬(1612)湖南觀察使 李相公沖模刊于完山府

일제강점기인 1909년부터는 판권지(板權紙)에 책을 출판하는 출판사 주인이 기록되는 경우가 많다. 다음 예는 전주 '西溪書鋪'의 판권지이다.[27]

西溪書鋪 版權紙
朝鮮總督府 警務總監部 認可/ 版權 所有
明治 四十四年(1911) 八月 二十二日 發行 定價 金 四拾錢
全州郡府 西四契 十三統 六戶/ 著作 兼 發行者 卓鐘佶
全州郡府 西四契 十七統 六戶/ 印刷 兼 發行者 梁元仲
全州郡府 西四契/ 印刷 兼 發行所 西溪書鋪

---

27  전주에서 발간된 옛 책의 판권지에 나타나는 출판사와 발행자는 '多佳書鋪(梁珍泰), 文明書館(梁完得), 完興社書鋪(朴敬輔), 七書房·昌南書館(張煥舜), 梁冊房(梁承坤)' 등이다.

완판본 인쇄·출판의 문화사적 연구

## 2.6. 한글 간기

완판본에서 한글로 간기가 작성된 옛 책은 모두 한글고전소설인데 『됴웅젼』, 『화룡도』, 『삼국지삼권니라』가 그 책들이다.[28] 『됴웅젼』은 한글고전소설 중 비교적 오래된 출판연도를 보이는데, 1892년판, 1893년판, 1898년판이 있고, 간기에 아주 특이하게도 각수 이름이 나오는 『됴웅젼』은 이 세 책보다 오래된 판으로 보인다. 또한 『삼국지삼권니라』가 1892년판이고, 『화룡도』가 1908년판인데 『화룡도』에는 '양칙방'이 간기 앞에 기록되어 있다. 책방 이름을 한글로 따로 표기한 것은 당시의 한글 사용자를 위

『삼국지3권』의 간기

해서 기록한 것이 틀림없을 것이다. 따라서 19세기 말에서 20세기 초에 한글 간기를 사용한 것은 한글고전소설이 한글 사용자를 위한 책이자, 한글을 교육하는 책이었기 때문에 한글 사용자를 배려하여 한글 간기를 사용한 것으로 해석된다.[29]

『됴웅젼』 계유(1873) 초동완셔듕간[30]

---

28　전상욱(2010:152)에 의하면, 연세대 중앙도서관에 소장된 『셔민황졔젼』은 1864년 발간된 것으로 추정하는데, '갑ᄌ 즁츈의 곤산은ᄌᆨ셔라'라는 한글 간기를 가지고 있고 전라 방언이 나타나는 점으로 미루어 완판본일 것으로 추정하고 있다.

29　19세기 중엽 이후에서 1909년 이전 사이에 경기도 안성에서도 한글고전소설이 판매가 된다. 대부분 '안성동문이신판'이란 한글 간기가 있다.(최호석, 2006;179)

30　이 판본은 단국대 율곡도서관, 서울대 김종철 교수가 소장하고 있다. 상권 31장 후엽에

『됴웅젼』 광셔십구연(1893) 계亽 오월일 봉셩 신간이라

『됴웅젼』 무술(1898) 즁추 완산 신판[31]

『됴웅젼』 임진(1892) 완산 신판이라

『됴웅젼』 녁남각슈의 박이력 셔봉운

『화룡도』 양칙방 戊申(1908) 八月 完山梁冊房 開刊

『삼국지삼권니라』 님진(1892) 완산 신판ㅣ라


## 3. 완판본 옛 책별 간기의 특징

완판본은 여러 종류가 있지만, 여기서는 주로 조선 초부터 발간된 사
찰본, 조선중엽에 발간된 전라감영본, 조선후기에 발간된 태인본, 방각본
한글고전소설, 비소설 방각본을 중심으로 논의하고자 한다.


### 3.1. 완영본[32]

주로 조선 후기를 중심으로 전라감영에서 출판한 책을 제시하면 다음
과 같다.


『大全詩』, 『春秋』 세종 9년(1427) 10월에 전라도 감사에 명하여

---

'됴웅젼 상권동이라'는 한글이 보이고. '계유초동완셔듕간'이라는 한글 간기가 두 줄로
쓰여 있다.(유춘동, 2013:45면 참조)

31    이 책의 판권지를 보면 1911년 서계서포에 발행된 책이다.

32    16세기 후반의 금성목활자로 『性理大全書節要』를 찍었고, 1591년경 남원에서 목활자로
『菊磵集』을 간행함.(남권희, 2007)

간행하게 함.

『五禮儀』乾隆癸亥(1743)秋完營開刊

『標題註疏小學集成』命弘文館令完營刊進甲子(1744)二月日

『東醫寶鑑』歲甲戌(1754)仲冬內醫院校正完營重刊

『新編醫學正傳』歲己卯(1759)季夏內醫院校正完營重刊

『自警編』歲乙酉冬(1765)完營開刊南高寺藏

『浣巖集』歲乙酉(1765)冬完營開刊南高寺藏

『朱子文集大全』辛卯(1771)入梓完營藏板

『明義錄』丁酉(1777)孟秋完營開刊

『續明義錄』戊戌(1778)李春完營開刊

『增補三韻通考』戊戌(1778)秋完營刊

『諭湖南民人等綸音』乾隆四十八年(1783)十月初八日 全羅監營開刊

『杜律分韻』庚戌(1790)仲秋完營新刊

『華東正音通釋韻考』辛亥(1791)新印 完營藏板

『諭諸道道臣綸音』乾隆五十九年(1794)九月二十三日完營刊印

『御定朱書百選』乙卯(1795)完營新刊

『御定陸奏約選』甲寅手選丁巳(1797)完營刊印

『鄕禮合編』崇禎後三周丁巳(1797) 完營開刊

『孟子集註大全』乙丑(1805)四月豊沛鑄印

『新編醫學正傳』歲己卯(1819)季夏內醫院校正完營重刊

『朴公贈吏曹參判忠節錄』崇禎紀元後癸未(1823)孟夏希顯堂開刊

『警民編』乙丑(1829)六月完營開刊

『三韻聲彙』己丑(1829)季秋完營開板

『種藷譜』種藷譜一冊甲午(1834)完營開印南原府藏表紙記

『諭中外大小民人等斥邪綸音』庚子(1840)春完營新刊

『鄕約章程』開國 五百三年(1894) 十二月日 完山招安局 活印

『五家統節目』開國 五百三年(1894) 十二月日 完山招安局 活印

『尤菴先生言行錄』崇禎紀元後五更子(1900) 秋 完營開刊

『御製追慕錄』湖南開刊, 芸閣活印

『御製續永世追慕錄』湖南開刊 芸閣活印


## 3.2. 전주부본[33]

전라관찰사와 전주부윤이 겸직하는 경우가 아주 많았다. 따라서 전주부에서 책을 많이 발간하였다. 전주부에서 출판한 책을 제시하면 다음과 같다.

『十二國史』『十二國史重雕後序』(이규보)에 따르면, 神宗 2-3年(1199-1200)에 全州牧에서 『十二國史』를 重彫함.

『東坡文集』『十二國史重雕後序』(이규보)에 따르면, 高宗 23年(1236) 全州牧에서 『東坡文集』이 重刻됨.

『東人之文』,『拙藁千百』崔瀣(최해)가 저술한 이 두 책을 閔思平의 부탁으로 全羅道按廉使로 부임한 鄭國俓이 全州牧에서 忠定王 1년(1349) 무렵 간행.

『益齋亂藁』恭愍王 12年(1363)에는 全州牧에서 李齊賢의 시문집인 〈益齋亂藁〉가 開板.

『三元參贊延壽書』[34] 皇明 正統三年 戊午(1438) 孟秋 重刊 全州府

『大乘起信論疏筆削記』(권1-6)『大方廣佛華嚴經合論』(1-120권) 天順

---

33  『攷事撮要』에 조선 전기에 전주 지역에서 출판한 책판 62종이 실려 있다.

34  『三元參贊延壽書』는 5권 1책 58쪽으로 도학 관련 의학서이다. 至元辛卯菊月李鵬飛序에 따르면 1291년 중국 명나라의 이붕비가 지은 책을 조선시대 세종대인 1438년 전주에서 목판으로 발간하였다. 현재 충북 음성 기록역사관에 소장되어 있다.

완판본 인쇄·출판의 문화사적 연구

六年 壬午歲(1462)朝鮮國 刊經都監 奉敎於全羅道 全州府雕造

　『瀛奎律髓』成宗 6년(1475) 3월에 全州府에서 刊行.

　『孝經』成化 十一年 乙未(1475) 五月 全州府 開板

　『文公講義』, 『眞西山經筵講義』明宗 14年(1559) 8월 上澣 全州府에서 入梓.

　『決訟類聚』全州 開刊(1585, 목활자본)

　『詞訟類聚』萬曆紀元乙酉(宣祖 18년, 1585) 11월에 전주에서 발간한 책으로 全羅道 觀察使 金泰廷의 발문이 있다.

　『朱子書節要』萬曆 三十九年(1611) 中秋 重刊 于全州府

　『十七帖, 王右軍書』萬曆 壬子冬(1612) 湖南觀察使 李相公冲 模刊 于完山府

　『帝範』萬曆 四十一年(1613) 正月日 嘉善大夫 全羅道 觀察使 兼 巡察使 李冲 開刊 于完山府

　『晚六先生行狀』崇禎後 三辛丑(1781) 三月日 完府 開刊

　『兆陽林氏族譜』(崇禎後)三癸亥(1803) 六月日 全州府城西 活印


## 3.3. 방각본

전주에서 판매를 목적으로 찍어낸 책을 제시하면 다음과 같다.


　『華東書法』歲庚申(1800) 秋 完府之溪南山房 開刊 隱松藏板

　『朴公贈吏曹參判忠節錄』崇禎紀元後 癸未(1823) 孟夏 希顯堂 開刊

　『少微家塾點校附音通鑑節要』道光 十一年(1831년)辛卯 八月日 西門外 開板 崔永□

　『養洞千字文』[35] 歲在戊午(1858) 暮春 完山 養洞 新刊

---

35　이 책은 원래는 『千字文』이지만, 발간지의 이름을 따서 『養洞千字文』이라 부른다.

『御定奎章全韻』庚申(1860) 春刊 西溪藏板

『草千字文』咸豊 辛酉(1861) 季冬 完山 重刊(己亥重刊)

『簡牘精要』辛酉(1861) 仲秋 西溪 新板

『杏谷千字文』[36] 崇禎紀元後四 壬戌(1862년) 杏谷 開刊

『註解千字文』乙卯 臘月 完山 新刊

『中庸章句大全』『中庸諺解』歲庚午(1870) 仲春 開刊 全州府河慶龍藏板

『大學章句大全』『大學諺解』歲庚午(1870) 仲春 開刊 全州府河慶龍藏板

『論語集註大全』『論語諺解 』歲庚午(1870) 仲春 開刊 全州府河慶龍藏板

『書傳大全』『書傳諺解』歲庚午(1870) 仲春 開刊 全州府河慶龍藏板

『周易傳義大全』『周易諺解』歲庚午(1870) 仲春 開刊 全州府河慶龍藏板

『詩傳大全』『詩經諺解』歲庚午(1870) 仲春 開刊 全州府河慶龍藏板

『儒胥必知』壬申(1872) 仲冬 完西 重刊

『草千字文』同治 壬申(1872) 仲冬 完山 重刊

『古今歷代標題註釋十九史略通攷』甲午(1894) 仲春 完西 新刊

『簡禮彙纂』己亥(1899) 仲秋 完山 新刊

『文字類輯』辛丑(1901) 季春 完山 新刊

『喪禮抄要(袖珍本)』光武七年 癸卯(1903) 秋 完山西門外 重刊

『文字類輯』癸卯(1903) 仲夏 院山 開刊

『簡禮彙纂』乙巳(1905) 孟冬 完山 開刊

『草簡牘』乙巳(1905) 仲夏 完南 新刊

『草簡牘』乙巳(1905) 仲夏 完西 新板

『全韻玉篇』甲辰 仲秋 完西 新刊

『全韻玉篇』乙巳 新刊 完山藏板

---

36　이 책은 원래는 『千字文』이지만, 발간지의 이름을 따서 『杏谷千字文』이라 부른다.

『증보언간독』乙巳(1905) 季春 完南 新刊

『兒戲原覽』丙午(1906) 仲秋 完山 重刊

『明心寶鑑抄』丙午(1906) 季春 完山 開刊

『少微家塾點校附音通鑑節要』戊申之年(1908년) 完南 鍾洞 新刊

『孟子集註大全』『孟子諺解』歲在丁卯 豊沛 新刊

『禮記集說大全』戊辰 夏 開刊

『古今歷代標題註釋十九史略通攷』完西 新板

『簡牘精要』西溪 新版


## 3.4. 한글고전소설

전주에서 찍은 한글고전소설을 제시하면 다음과 같다.


『별월봉긔하』道光 癸未三年(1823) 四月日 龜谷 開板

『구운몽상』壬戌(1862) 孟秋 完山 開板

『趙雄傳』同治 五年(1866년) 杏洞 開板

『됴웅전』壬辰(1892) 完山 新刊

『됴웅전』광셔 십구연(1893)계수 오월일 봉셩 신간

『됴웅전』戊戌(1898) 仲秋 完山 新板

『됴웅전』戊戌(1898) 季冬 完南 新刊

『퇴별가』戊戌(1898) 仲秋 完西 新刊

『유충열젼』壬寅(1902) 七月 完山 開刊

『유충열젼』癸卯(1903) 仲春 完山

『됴웅전』光武 七年(1903) 癸卯 夏 完山北門內 重刊

『심청젼(상)』乙巳(1905) 末月 完山 開刊

『심청젼(하)』乙巳(1905) 仲秋 完山 開刊

『열녀춘향슈절가』丙午(1906) 孟夏 完山 開刊

『심쳥전』大韓光武 10年 丙午(1906) 孟春 完西溪 新刊

『심쳥전(상)』完西溪 新板

『심쳥전(하)』孟春 完西溪 新刊

『됴웅전(상)』丙午(1906) 孟春 完山 開刊

『됴웅전(이)』己酉(1909) 仲秋 完山 改刊

『조웅전(삼)』임진 완산 신판

『구운몽(하)』丁未(1907) 仲花 完南 開刊

『초한전』丁未(1907) 孟夏 完南龜石里 新刊

『소디셩전(용문전)』丁未(1907) 春三月 完西溪 新刊

『화룡도』丁未(1907) 孟秋 龜洞 新刊

『소디셩전(용문전)』戊申(1908) 仲春 完龜洞 新刊

『장경전』戊申(1908) 孟夏 完龜洞 新刊

『삼국지(3,4권)』戊申(1908) 冬 完山梁冊房 新刊

『쵸한전』隆熙 二年 戊申(1908) 秋七月 西漢記 完西溪 新刊

『화룡도』戊申(1908) 春 完西溪 新刊

『화룡도』戊申(1908) 八月 完山梁冊房(양칙방) 開刊

『삼국지(3권)』님진 완산 신판

『쇼디셩전(용문전)』己酉(1909) 孟春 完山 新刊

『쵸한전』己酉(1909) 季春 完山 開刊

『유충열전』豊沛 重印

『됴웅전』녁남각슈의 박이력, 셔봉운

『쵸한전』西溪 新刊

『임진녹』歲辛亥(1911) 孟夏 完南 開板

『별츈향젼』完山 新刊

『九雲夢(漢文本)』崇禎 後三度癸亥(1803)

## 3.5. 사찰본

전북의 寺刹에서 발행한 책으로, 고산의 安心寺, 花岩寺, 정읍의 龍藏寺 등에서 출판한 책을 제시하면 다음과 같다.

『愣嚴經』癸亥(1443)成達生跋… 全羅道高山地佛明山花岩寺開板

『佛說大報父母恩重經』正統癸亥(1443)花岩寺開板

『妙法蓮華經』正統八年癸亥(1443)五月日成達生跋 全羅道高山地佛明山花岩寺開板

『佛說長壽滅罪護諸童子陀羅尼經』正統八年癸亥(1443)五月日 全羅道花岩寺開板

『佛頂心觀世音菩薩大陀羅尼經』景泰二年 辛未(1451) 六月日 全羅道高山地花岩寺開板

『地藏菩薩本願經』景泰四年癸酉(1453)八月花岩寺開板

『六經合部』順天壬午(1462)七月日 成達生跋 全羅道高山地花岩寺開板

『妙法蓮華經』成化十三年丁酉(1477) 成達生跋 全羅道高山地佛明山花岩寺開板

『佛說大報父母恩重經』成化二十年甲辰(1484) 跋全羅道高山土花岩開板

『金剛般若波羅蜜經』弘治元年戊申(1488)四月日 全羅道高山地花岩寺開板

『六經合部』弘治元年戊申(1488)四月日 全羅道高山地花岩寺開板

『金剛經啓請』弘治元年戊申(1488)四月日 全羅道高山地花岩寺開板

『禪源諸詮集都序』弘治六年癸丑(1493)七月有日 全羅道高山地佛名山花岩寺重刊

『佛說預修十王生七經』萬曆四十六年(1618) 全羅道高山地佛明山花岩

寺開板

　　『妙法蓮華經』永樂三年乙酉(1405) 兜率山安心寺梓

　　『大顚和尙注心經』永樂辛卯(1411) 朱夏 高山縣 安心寺

　　『六經合部』永樂十二年甲午(1414) 全羅道高山地安心寺開板

　　『金剛般若波羅蜜經』永樂十二年甲午(1414) 全羅道高山地安心寺開板

　　『六經合部』永樂甲辰(1424) 六月日 成達生跋 全羅道高山地安心寺開板

　　『妙法蓮華經』嘉靖二十四年乙巳(1545) 全羅道 高山地安心寺留板

　　『蒙山和尙六道普說』嘉靖四十五年丙寅(1566) 八月日 全羅道高山地
兜率山安心寺留板

　　『六祖口訣金剛般若波羅蜜經』降慶四年庚午(1570) 全羅道高山地 兜
率山安心寺

　　『大方廣圓覺修多羅了義經』(복각본) 萬曆三年乙亥(1575) 正月 望前有
日全羅道高山地安心寺開板

　　『金剛經諺解』(복각본) 1575년 全羅道 安心寺版

　　『高峯和尙禪要』萬曆三年乙亥(1575) 正月日 全羅道高山地安心寺
開板

　　『類合』[37] 萬曆三年(1575) 全羅道高山地雲沛縣安心寺開刊

　　『千字文』萬曆三年(1575) 全羅道高山地雲沛縣安心寺開刊

　　『大慧普覺禪師書』萬曆四年(1576) 全羅道高山地 大雄山 安心禪院

　　『靜觀集』崇禎紀元辛巳(1641) 安心寺開刊

　　『心法要抄』時甲辰(1664) 菊月日大芚山安心寺新刊留置

　　『妙法蓮華經』康熙十三年甲寅(1674) 八月 安心寺刊

　　『佛說大報父母恩重經』嘉靖十一年丙寅(1806) 流月日 高山安心寺
開板

---

37　기본 한자에 수량이나 방위 따위의 종류에 따라 한자의 음과 뜻풀이를 붙인 한자 입문서
　　이다.

　　　　　　　　완판본 인쇄·출판의 문화사적 연구

『誠初心學人文』崇禎八年乙亥(1635)四月 全羅道龍藏寺開刊

『高峯和尙禪要』崇禎八年乙亥(1635)四月日 全羅道泰仁地雲住山龍藏寺開刊

『楞嚴經』崇禎八年乙亥(1635)四月日 泰仁龍藏寺開刊

『蒙山和尙法語略錄』崇禎八年乙亥(1635)四月日 全羅道泰仁地雲住山龍藏寺開刊

『佛說廣本大歲經』崇禎八年(1635) 乙亥九月日 全羅道泰仁縣雲住山龍藏寺刊

『金剛般若波羅蜜經』崇禎八年乙亥(1635) 八月日 全羅道泰仁縣雲住山龍藏寺開刊

『大慧普覺禪師書』崇禎八年乙亥(1635) 八月日 全羅道泰仁地雲住龍藏寺刊

『妙法蓮華經』崇禎八年乙亥(1635) 八月日 全羅道泰仁地雲住山龍藏寺開刊

『法集別行錄節要幷入私記』崇禎八年乙亥(1635) 八月日 全羅道泰仁地雲住山龍藏寺開刊

『禪源諸詮集都序』崇禎八年乙亥(1635) 八月日 全羅道泰仁地雲住山龍藏寺開刊

『水陸無遮平等齋儀撮要』崇禎八年乙亥(1635) 四月日 泰仁地雲住山龍藏寺刊

『天地冥陽水陸齋儀纂要』崇禎八年乙亥(1635)四月日泰仁地雲住山龍藏寺開刊

『十地經論』崇禎八年乙亥(1635) 泰仁地雲住山龍藏寺刊

『大佛頂如來密因修了義諸菩薩萬行首楞嚴經』崇禎八年乙亥(1635)八月日 全羅道泰仁地雲住山龍藏寺開刊

## 3.6. 태인본

전북 정읍 태인에서 발간한 책을 제시하면 다음과 같다.

『增刪濂洛風雅』歲在丙辰(1796) 開刊 田以采梓

『史要聚選』己未(1799) 開板 田以采朴致維梓

『事文類聚』己未(1799) 開板 田以采朴致維梓

『大明律詩』歲庚申(1800) 田以采朴致維梓

『詳說古文眞寶大全』崇禎紀元後 三癸亥(1803) 十二月日 泰仁 田以采朴致維梓

『孔子通紀』崇禎紀元後 三癸亥(1803) 九月 日 泰仁 田以采朴致維梓

『孝經大義』崇禎紀元後 三癸亥(1803) 十月日 泰仁 田以采朴致維梓

『新刊素王事紀』甲子(1804) 秋七月下瀚 泰仁 田以采朴致维梓

『孔子家語』甲子(1804) 秋七月下瀚 泰仁 田以采朴致维梓

『農家集成』崇禎紀元後 丙寅(1806) 春三月上瀚 武城 田以采朴致维谨梓

『新刊救荒撮要』丙寅(1806) 夏四月下瀚 武城 田以采朴致維謹梓

『童子習』田以采朴致維梓

『明心寶鑑抄』崇禎後 甲辰(1844) 春 泰仁 開刊 孫基祖

## 3.7. 경판본의 간기

다음 경판본 한글고전소설의 간기를 살펴보면 대체로 4가지 유형으로 나뉜다.

『삼국지』咸豊 己未(1859) 紅樹洞 新刊

『수호지』咸豊 庚申(1860)

『정주정전』大韓光武 九年(1905) 仲秋 蛤洞 新刊

『임경업전』歲庚子(1780) 孟冬 京畿 開板

『전운치전』丁未(1847) 仲春 由谷 新刊

『삼국지』己未(1859) 四月 美洞 新版

『당태종전』戊午(1858) 紅樹洞

『숙영낭자전』庚申(1860) 紅樹洞

『홍길동전』안성동문이 신판

『장화홍련전』紫岩 新刊

　첫째로, '咸豊 己未 紅樹洞 新刊(1859)'와 같이 중국의 연호를 쓰는 경우는 한두 권에 지나지 않는다. 『정주정전』의 경우는 '大韓 光武 九年 仲秋 蛤洞 新刊(1905)'과 같이 대한제국의 연호를 사용한다. 둘째, 대부분의 경판본 한글고전소설은 연호를 사용하지 않고 '歲庚子 孟冬 京畿 開板, 丁未 仲春 由谷 新刊'과 같은 방식으로 간기를 사용하고 있다. 이 방식이 가장 일반적인 간기를 다는 방식이다. 셋째, '戊午 紅樹洞, 庚申 紅樹洞'과 같이 간행방법을 명시하지 않은 채, 연도와 출판사가 있던 지명만을 간기에 표시하는 경우도 있다. 넷째, '안성 동문이 신판, 紫岩 新刊, 由洞 新刊'과 같이 발행연월일을 명기하지 않은 간기도 사용되고 있다. 간행연도를 표시하지 않아도 정해진 출판사에서 간행한 연도를 짐작할 수 있기 때문에 굳이 간행연도를 명시하지 않은 것으로 보인다.

　경판본 한글고전소설의 큰 특징은 '서울(경성)'을 표시하지 않고 있다는 점이다. 경판본은 글꼴 등에서 아주 큰 특징을 보이고 있었기 때문에 서울이란 표시를 하지 않은 것으로 보인다. 경판본 중에서도 경기도에서 출판한 안성판본은 '경기, 안성' 등을 표기하고 있다. 반면에 전주에서 발행된 완판본 한글고전소설은 간행지인 '完山, 完'을 표시하고 있는 것이 특징이다.

경판 방각본의 경우에도 역시 '己巳 暮春 武橋 新板'과 같이 사용하는 간기가 가장 일반적이다. 그러나 천자문 계열의 책들은 여전히 중국 명대와 청대의 연호를 쓰거나 대한제국의 연호를 쓰고 있다. '上之五年乙丑'(순종 5년)과 같이 우리나라 임금의 재위연수를 기록하고 '京城'이란 출판지를 명기하는 경우도 있다.

『簡牘精要』己巳 暮春 武橋 新板
『御定奎章全韻』辛亥 孟冬 由泉 重刊
『醫崇損益』同治 戊辰 武橋 新鐫 贊化堂 藏板
『註解千字文』崇禎 百七十七年 甲子 京城 廣通坊 新刊
『千字文』道光 丁未 仲春 由洞 重刊
『草千字』大韓 光武 九年 九月日 紫岩 新刊
『新刊增補三略直解』上之五年 乙丑(1805)仲夏 京城 廣通坊 重刊

완판본 인쇄·출판의 문화사적 연구

# 4. 중국, 일본 방각본 간기의 특징

## 4.1. 중국 방각본 간기의 특징

**중국본 『袖珍書經』**

중국에서 발행한 방각본의 간기를 살펴보면 대체로 한국에서 발행한 고서와 간기 작성 방법이 거의 같다.

첫째, 중국본은 간기를 책의 앞부분에 다는 경우가 많다. 특이하게 표제에 출판지와 출판사를 명시하는 간기를 다는 특징이 있다. 판심 맨 하단에 출판사를 명시하는 간기를 다는 특징이 있다. 내제 옆에 출판사를 명시하는 간기를 다는 특징이 있다. 이상의 간기를 다는 방법과는 달리 표지 다음 장에 전면을 간기로 다는 방법이 있다. 이 경우 염색한 종이를 쓰는 게 특징이다. 일본과 매우 유사하다. 맨 윗칸에 발행 연도를 달고 다음 칸에는 가운데, 좌우로 나누어, 가운데에는 제목을, 우측에는 원저자를, 좌측에는 출판사를 다는 방법이다. 이 방법은 한국의 경우와 매우 유사하다. 중화민국에 들어서서 활자본을 발행하는 경우는 간기의 양식이 상당히 달라진다. 간기인데도 판권지의 성격이 들어간다.

둘째, 간행지를 나타낼 때 '錦章圖書局, 半壁山房'과 같이 책방 이름만 표기하거나, '上海錦章圖書局, 蘇州校經山房'과 같이 지역 이름과 함께 책방 이름을 표기한다. 책방 이름이 주로 표기되는 이유는 책방의 이름이 잘 알려져 있기 때문에 책방 이름을 주로 표기하는 것으로 보인다.[38] 책방을 표시하는 어휘도 한국에서는 주로 '書館, 書鋪, 冊房, 書房' 등이 쓰이는 데 비하여, 중국에서는 '書局, 山房, 書莊, 書林, 書館' 등이 쓰이고 있다.

『袖珍書經』 乾隆 庚午 秋月 亦政堂藏板

『唐詩合解箋註』 光緒 十一年 掃葉山房藏板 重校刻

『康熙字典』 光緒 丁亥 季冬 上海積山書局 石印

『小學纂註』 光緒 十四年 仲夏 蘇州校經山房 刊

『東萊博議』 光緒 二十四年 孟秋 上海書莊 石印

『改良悟眞四註篇』 國民 元年 上海江東書局 印行

『孔子家語』 光緒 三十二年 仲春 上海校經山房 刊印

『監本易經』 光緒 壬寅 冬 煙台成丈信記梓 刊

『朱子四書本義匯參』 光緒 乙巳年 上海宏文閣 校印

『精校方正學全集』 中華民國 二年 八月 上海共和圖書館 石印

『增廣詩韻合壁』 民國 八年 上海錦章圖書局 印行

『校正四書補註附考備旨』 錦章圖書局 印行

『精校左傳杜林合註』 上海錦章圖書局 印行

『卜筮正宗』 上海錦章圖書局 印行

『新訂四書補註備旨』 天寶書局精校藏板

『理氣三訣』 半壁山房

『張氏景岳全書』 上海會文堂新記書局 印行

---

38   淸나라 이문조(李文藻)가 1769년에 지은 '琉璃廠書舍記'에 나오는 書店의 目錄에는 '聲遙堂, 嵩口堂, 名盛堂, 宗聖堂, 聖經堂' 등과 같은 中國 北京 琉璃廠 書店의 목록이 30여 개가 제시되어 있다.(정민, 2011:91)

셋째, 刊行地를 나타내는 경우, '亦政堂藏板, 掃葉山房藏板, 天寶書局 精校藏板, 遠讀齋藏板, 文盛致和堂藏板, 積秀堂唐際雲藏板'과 같이 책판을 소장한 출판사 이름을 기재하는 경우가 대부분이다. 대체로 앞선 출판사 에서 책을 찍은 책판을 소장한 출판사가 앞선 출판사의 이름을 제시하는 경우가 있다. 그러나 한국에서는 '全州府河慶龍藏板'과 같이 출판업자 이 름과 함께 쓰이는 경우가 많고, '乙巳新刊 完山藏板, 隱松藏板'과 같이 출 판 지역을 표시하는 경우와, '西溪藏板'과 같이 출판사를 표시하는 경우도 있다.

넷째, 한국의 경우, '田以采朴致維梓'와 같이 사람 이름 뒤에 '梓'를 써 서 출판을 알리는 경우가 있으나, 중국의 경우에는 '文盛堂梓, 煙台 成丈 信記梓'와 같이 출판사 뒤에 '梓'를 쓰고 있는 점이 다르다.

다섯째, 刊行 方法을 표시하는 어휘가 '刊, 印, 印行, 刊印, 校印, 石印, 重校刻, 新鐫, 擺字, 發行, 出版' 등으로 '印行'을 많이 사용한다. 한국은 '開 刊, 開板, 新刊'을 많이 사용하고 있다.

> 한국 : 刊, 重刊, 模刊, 開刊, 新刊, 刊印, 開板, 改刊, 新板, 重印, 重鐫,
> 板, 新鐫,
> 중국 : 刊, 印, 印行, 刊印, 校印, 石印, 重校刻, 新鐫, 擺字, 發行, 出版

전북에서 발행된 책과, 중국에서 발행된 책의 간기를 비교하여 도표로 제시하면 다음과 같다.[39]

---

39   이 도표에서는 중국 청나라에서 간행된 일부 책의 간기를 중심으로 조선시대 후기의 책 과 비교를 시도하였다. 다양한 중국 간본의 간기에 대해서 더 깊은 연구가 이루어져야 할 것이다.

| 分類 / 冊名 | 年號 | 干支 刊行年 | 干支 刊行月日 | 刊行地 | 刊行方法 | 刊行者 | 冊의種類 |
|---|---|---|---|---|---|---|---|
| 明義錄 | | 丁酉(1777) | 孟秋 | 完營 | 開刊 | | 완영본 |
| 孔子通紀 | 崇禎紀元後 | 三癸亥(1803) | 九月日 | 泰仁 | | 田以采朴致維梓 | 태인본 |
| 됴웅전 | 光武 | 七年癸卯(1903) | 夏 | 完山北門內 | 重刊 | | 완판본 |
| 中庸章句大全, 中庸諺解 | | 歲庚午(1870) | 仲春 | 全州府 | 開刊 | 河慶龍藏板 | 완판본 |
| 삼국지 | | 己未(1859) | 孟夏 | 紅樹洞 | 新刊 | | 경판본 |
| 袖珍書經 | 乾隆 | 庚午(1750) | 秋月 | | | 亦政堂藏板 | 중국본 |
| 唐詩合解箋註 | 光緒 | 十一年(1885) | | | 重校刻 | 掃葉山房藏板 | 중국본 |
| 康熙字典 | 光緒 | 丁亥(1887) | 季冬 | 上海積山書局 | 石印 | | 중국본 |

완판본과 중국본의 간기 비교

## 4.2. 일본 방각본 간기의 특징

일본의 경우는 제목에 붙은 간기와 판권지, 그리고 책의 마지막에 여러 서점을 언급한 내용이 대부분이다. 한국이나 중국처럼 따로 출판연도와 출판사만을 표시하는 간기를 제시하지 않고 있다. 염색된 종이에 쓴 간기는 중국의 염색된 종

일본본 『聽訟彙案』

이에 쓴 간기와 같다. 이러한 특징은 중국과 일본이 서로 교류가 있었다는 증거이다.[40]

## 4.3. 한중일 방각본의 판권지

 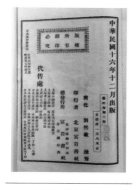 

완판본의 판권지 　　　　중국본의 판권지 　　　　일본본의 판권지

　한중일 방각본의 판권지는 매우 유사한 면이 있다. 그러면서도 각각 특색을 보인다. 한국의 경우, 원래 판권지는 없었다. 간기에 모든 발행 정보를 수록하였던 것이다. 일제강점기인 1909년부터 판권지를 붙이도록 강요하였다. 이 판권지에는 조선총독부의 인가를 받아야 했다. 중국의 판권지 양식은 한국과 크게 다르지 않다. 일본의 경우, 책의 앞이나 맨 뒤에 일본 내에서 해당 책을 판매하는 서점을 자세히 명기하고 있는 게 일본 방

---

40　　여기 제시하는 일본본 『聽訟彙案』의 사진과 중국본 판권지 사진은 전북대학교 중앙도서관 소장본을 인용한다.

각본의 특징이다. 시대에 따라 판권지 양식이 상당히 다른 점이 특징이다.

## 5. 결론

이 논문에서는 완판본 옛 책의 간기에 나타나는 연호, 간행년, 간행월일, 간행지, 간행방법, 간행자 등에 대한 정보를 종합하여 살펴보았다. 그 결과 몇 가지 특징을 발견할 수 있었다.

첫째, 완판사찰본에서는 주로 중국의 연호를 쓰고 있으나 완산감영본에서는 대부분 중국의 연호를 사용하지 않고 있다. 중국의 연호를 사용하는 경우에도 주로 명나라의 연호를 사용하고 있다. 그러다가 판매용 책에서는 청나라 연호를 사용하였다.

1894년부터 우리나라의 연호가 쓰이고 있다. 1894년부터 1897년까지 '開國'이란 연호를, 1897년부터 1910년까지 '大韓帝國'이란 국명을 썼다. 대한제국 고종황제의 연호인 '光武'와 순종 임금의 연호인 '隆熙'가 쓰이고 있다.

둘째, 완판사찰본, 감영본, 방각본의 '刊行年'은 12간지를 이용하여 60갑자를 그대로 쓰고 있다. 초기 감영본에서는 연호를 쓰고 연호에 해당하는 재위기간을 써서 표시하기도 하였다. 태인본에서는 명나라 마지막 황제의 연호를 써서 '崇禎紀元後三癸亥'와 같이 사용하였다.

셋째, 간행한 지역 이름인 '全州'를 나타내는 명칭으로 '完山'이 많이 쓰이는데 이 어휘가 줄어서 '完'으로도 전주를 상징하였다. 그리하여 '完西, 完南, 完南 龜石里, 完龜洞, 完西溪' 등으로 쓰여 방위, 동네, 출판지를 나타내는 음절이나 어휘와 어울려 사용되고 있다. '完營'은 '完山監營'의 약자이다. 전라감영에서 출판한 책은 반드시 '完營'으로 간행지와 간행처를 표시하고 있다. 이 완영본은 이후 방각본으로 출판이 계속되었고, 전북의 완판본을 발전시키는 계기가 되었다.

넷째, 판매용 책에는 발문이 붙지 않고 간기에 책을 간행한 사람이 명기되는 일은 드물다. 泰仁本의 경우는 대부분 간행자가 명기되는 특징을 보이는데 이는 출판사의 신용을 위하여 '田以采, 朴致維' 같은 간행자의 이름으로 대치한 것이다. 일제강점기인 1909년부터는 판권지(板權紙)에 책을 출판하는 출판사 주인이 기록되는 경우가 많다.

다섯째, 완판본에서 한글 간기는 한글고전소설에서만 보인다. 19세기 말에서 20세기 초의 한글고전소설에 한글 간기를 사용한 것은, 한글고전소설이 한글 사용자를 위한 책이자 한글을 교육하는 책이었기 때문에 한글 사용자를 배려하여 사용한 것이다.

여섯째, 경판본 한글고전소설은 연호를 사용하지 않고 '歲庚子孟冬京畿開板, 丁未仲春由谷新刊' 등의 간기를 사용하고 있다. '戊午紅樹洞'과 같이 연도와 출판사가 있던 지명만을 표시하기도 한다. '안성동문이신판, 由洞新刊'과 같이 출판사가 있던 지역만을 표시한 것도 있다.

경판본 한글고전소설의 큰 특징은 '서울(경성)'을 표시하지 않고 있다는 점이다. 경기도에서 출판한 안성판본은 '경기, 안성' 등을 표기하고 있다. 반면에 전주에서 발행된 완판본 한글고전소설은 간행지인 '完山, 完'을 표시하고 있는 것이 특징이다.

일곱째, 중국에서 발행된 방각본의 경우, 간행지를 나타낼 때 책방 이름이 주로 표기되는 이유는 책방의 이름이 잘 알려져 있기 때문이다. '亦

政堂藏板'과 같이 선대 출판사의 책판을 소장한 출판사 이름을 기재하는 경우가 많다. 완판본의 경우, '全州府河慶龍藏板'과 같이 출판업자 이름을, '乙巳新刊 完山藏板, 隱松藏板'과 같이 출판 지역을, '西溪藏板'과 같이 출판사를 표시하는 경우도 있다. 한국의 경우, '田以采朴致維梓'와 같이 사람 이름 뒤에 '梓'를 써서 출판을 알리는 경우가 있으나, 중국의 경우에는 '文盛堂梓, 煙台 成丈信記梓'와 같이 출판사 뒤에 '梓'를 쓰고 있는 점이 다르다. 한국의 경우는 사람이나 지역이, 중국의 경우는 출판사가 출판과 인쇄를 대표하는 경우를 볼 수 있다.

남권희(2007), 「전주지역의 출판문화 연구 : 한국 출판문화사에 있어서 완판본이 갖는 의미」, 국어문학회 2007년도 춘계 전국학술발표대회 자료집, 43-61.

류탁일(1985), 『완판 방각소설의 문헌학적 연구』, 학문사.

박상국(1987), 『全國寺刹所藏木板集』, 문화재관리국.

송일기(2006), 「白坡 亘璇과 養眞居士 朴致維의 만남」, 『한국불교문화연구』 8, 169-209.

옥영정(2010), 「非小說 漢文坊刻本 刊行에 대한 書誌的 고찰」, 『洌上古典研究』 31, 213-254.

유춘동(2013), 「완판(完板) 『조웅전』의 판본」, 『洌上古典研究』 38, 37-62.

이윤석(2013), 「상업출판의 관점에서 본 19세기 고지도」, 『洌上古典研究』 38, 63-99.

이창헌(1995), 「경판방각소설 판본 연구」, 서울대학교 박사학위논문.

이태영(2004), 「지역 전통 문화의 기반 구축과 그 활용 방안 - 완판본 한글 고전소설의 데이터베이스 구축과 그 활용을 중심으로 -」, 『민족문화논총』 30(영남대), 273-304.

이태영(2007), 「새로 소개하는 완판본 한글고전소설과 책판」, 『국어문학』 43, 29-54.

이태영(2010), 「완판 방각본 출판의 문화사」, 『洌上古典研究』 31, 91-115.

이태영 편저(2012), 『전주의 책, 완판본 백선』, 전주시·전주문화재단.

이태영(2013), 「완판본의 개념과 범위」, 『洌上古典研究』 38, 9-36.

정민(2011), 「燕行 記錄을 통해본 18-19世紀 北京 琉璃廠 書店街」, 『동아시아문화연구』 50, 83-124.

전상욱(2010), 「한글방각소설 신자료 고찰」, 『洌上古典研究』 31, 143-167.

조희웅(1999), 『古典小說 異本目錄』, 집문당.

조희웅(2006), 『고전소설 연구보정(상, 하)』, 박이정.

천혜봉(2006), 『한국서지학』, 민음사.

최호석(2006), 「안성판 방각본 출판의 전개와 특성」, 『어문논집』 54, 173-197.

| 제10장

# 완판본의 배지(표지 뒷면)에 나타난 인쇄의 특징

## 1. 배지(褙紙)란 무엇인가?

이 글은 완판본의 褙紙에 나타난 여러 인쇄적 특징
을 고찰하여 출판연도의 추정, 새로운 자료의 발굴, 출
판사의 책판 이동 경로, 이본 추정 등 몇 가지 완판본의
특징을 고찰하는 데 목적이 있다.

옛 책에는 책의 앞과 뒤에 표지가 있다. 표지는 책
을 보호하고, 제목을 표시하는 책의 겉면이다. 한편 褙
紙란 책의 앞뒤에 붙인 표지의 안쪽 면을 말한다. 책의
표지에는 대체로 제목이 존재하는 데 비하여, 책의 배
지에는 다양한 형태의 출판 정보가 존재한다.

첫째로 능화무늬가 다양하게 있어서 책의 종류와
시대를 측정하는 수단이 된다. 둘째로 관청에서 나온
책의 경우, 고문서를 여러 장 붙여서 표지를 만들었기
때문에 다양한 고문서의 종류를 확인할 수 있다. 고문

서에 나타난 연대 기록을 통하여 책의 출판 정보를 획득할 수 있다. 셋째로 조선후기 방각본은 대체로 격자무늬가 일반적이고 후대에는 능화무늬가 거의 없다. 또한 표지가 얇아서 능화무늬를 넣기가 어렵다. 따라서 판매용 책의 경우, 능화무늬 대신 같은 출판사에서 출판한 책의 한 면을 올바로 또는 거꾸로 인쇄한 경우가 많다.[1] 이를 통하여 책의 유통 경로를 파악할 수가 있다. 완판본의 경우 배지에 다양한 고전소설이나 방각본이 인쇄되어 있어서 책이 언제, 어디서 출판되었는지에 관한 연대 정보와 출판사 정보, 이본 정보를 얻는 데도 매우 효과적이다. 또한 태인본이 전주에서 다시 출판되는 정보와 감영본이 방각본으로 출판되는 정보를 얻을 수 있다. 넷째로 수기를 이용하여 이름, 주소, 그림, 買得記 등을 써놓은 경우가 있어서 책을 이해하는 데 도움을 준다. 이처럼 배지에 나타나는 다양한 특징을 살펴보면 여러 가지 서지학적인 사실은 물론, 문화사적인 특징도 파악할 수 있을 것이다.

완판본 한글고전소설의 배지에 대한 연구는 류탁일(1985)에서 언급되어, 이본의 발간 경위, 출판사의 이동 경위 등을 밝히고 있다. 정병설(2012)에서는 경판본 한글고전소설의 배지를 이용하여 방각소와 방각본의 인출 비중 등을 추론하고 있다.[2] 류춘동(2014)에서도 배지에 나타난 경판본 한글고전소설에 대한 부분적인 연구가 이루어지고 있다.

---

1  배지에 인쇄하는 것은 책을 선전하는 것이라고 해석할 수 있으나, 배지에 흰 종이를 간지로 부착한 경우 인쇄된 자료의 확인이 어렵기 때문에 선전하는 행위로만 보기도 어렵다. 전통적인 능화무늬를 대신하여 자기 출판사에서 기존에 인쇄한 책을 배지에 인쇄한 것으로 보인다.
2  여기서 사용하는 '배지'란 용어는 대체로 표지의 이면을 말한다. 한자는 '褙紙', '背紙'로 쓰고 있다. '背面'이란 말이 오히려 적합한 듯 하나, 여기서는 '褙紙'를 쓰고자 한다.

이 글에서는 전라감영에서 나온 『朱子書節要』의 배지에 나타난 고문서를 살펴 『朱子書節要』의 정확한 연대를 측정해 보고자 한다. 전라감영에서 책을 출판했던 책판이 남아서 후대에 방각본으로 판매되는 과정과 태인본이 전주에서 방각본으로 다시 출판되는 과정을 추적해 보고자 한다. 배지에 한글고전소설과 같이 완판본 방각본이 찍힌 다양한 책을 이용하여 출판사 정보, 출판 연대 정보, 이본 정보 등을 파악해 보고자 한다.

## 2. 『朱子書節要』의 褙紙를 통한 연대 추정

『朱子書節要』는 20권 10책으로 된 목판본이다. 奇大升의 발문에 의하면, 이 책은 李滉(1501~1570)이 朱子의 書牘을 뽑아 모은 것으로 1572년 (宣祖 5) 定州府에서 柳仲郢이 간행한 것을 1611년 다시 全州府에서 重刊한 것이다. '萬曆三十九年(1611)中秋重刊于全州府'란 간기를 갖고 있다.

이 책은 두 권이 한 책으로 합본되어 있는데 모든 책의 배지에 고문서가 붙어 있다.[3] 고문서를 이용하여 표지를 만들었기 때문이다. 따라서 이 고문서를 활용한다면 이 책의 출판 시기를 정확하게 이해할 수 있을 것이다.[4] 만일 간기만 있고 배지에 나타나는 특징이 없다면 이 책은 간기에 나

---

3   『朱子書節要』의 배지에 나타난 고문서는 숙종 14년(1688, 강희 27년) 전후로 전라도 여러 지역의 군수, 현감, 목사 등이 순찰사에게 제출한 여러 종류의 보고서이다. 보고의 내용은 進上 椵板, 아교(膠), 藥材, 定配罪人 및 營囚案의 현황과 관리, 拷訊 횟수, 죄인의 전담 유무, 군역 대장, 어살(漁箭) 말목 등에 대한 것들이다. 『朱子書節要』의 배지에 나타나는 고문서의 종류에 도움말을 주신 전경목 교수께 감사드린다.

4   완영본 『續明義錄』에도 전라감영의 고문서가 표지를 만들 때 사용되어 배지에 그 모습

타난 대로 1611년에 발행된 것으로 추
정할 수 밖에 없을 것이다.

그러나 『朱子書節要』 권1, 2가 합
본된 책의 뒤표지의 배지로 사용된 '牒
呈'이란 문서에 '康熙 二十七年 九月
二十八日 行 郡守 韓'이란 기록과 함께
군수의 사인이 기록되어 있다. 또한 권
11, 12가 합본된 책의 앞표지의 배지에
'康熙 二十七年 八月 二十九日 行 郡守'
란 기록과 함께 군수의 사인이 기록되

『朱子書節要』의 배지

어 있다. '牒呈'은 첩보문서에 해당한다. 이 문서에는 巡察使가 표기되어
있어서 군수가 당시 감영의 관찰사인 巡察使에게 보낸 문서로 이해된다.

'康熙 二十七年'은 1688년이므로 『朱子書節要』의 간기인 '萬曆三十九
年中秋重刊于全州府'의 기록에 나오는 '萬曆三十九年'(1611년)은 초간본
이 출간된 기록이며, 필자가 소장한 『朱子書節要』는 1688년 이후에 쇄출
된 책임을 알 수 있게 한다.[5] 이렇듯 감영이나 관청에서 발행한 책들의 배
지에는 고문서가 많이 쓰여서 이를 자세히 관찰하여 서지연구에 활용할

---

을 보이고 있다. 전라감영의 고문서가 많지 않은 시점에서 완영본 책에 인쇄된 고문서도
상당히 유용한 역사적 자료가 될 수 있을 것이다.

5  한편 이 책에는 상단에 주요 단어에 대한 '語錄解'가 필사되어 있다. 당시의 기록으로 보
이는데 그 양이 상당하므로 새롭게 관찰할 필요가 있을 것이다. 그 예를 한두 개 들면 다
음과 같다.
關廳 關猶 디내다 〈1,1ㄱ〉, 將一二 ㅎ나둘ㅎ다 〈1,2ㄴ〉, 剝切 베타돗 〈1,26ㄱ〉

필요가 있을 것이다.[6]

# 3. 배지에 나타난 태인본의 전주 출판의 특징

전북 泰仁은 泰山縣과 仁義縣이 합쳐서 생긴 지명으로 조선시대에는 사대부가 많이 거주하고 상업이 활발하던 지역이었다. 조선시대의 태인은 현감이 있었던 큰 도시였고, 고운 최치원 선생이 통일신라시대에 태인에 군수로 부임하였다. 이후 고운 최치원을 모신 武城書院이 있을 만큼 유학자들이 많이 기거하던 곳이었다.[7] 따라서 자연히 그 지역에서 지식 탐구열이 높게 되었고 교육용 도서와 실용적 도서가 많이 발간되었다.

전북 태인에서는 '田以采, 朴致維'가 『史要聚選』(1799), 『事文類聚』(1799), 『新刊素王事紀』(1804), 『孔子家語』(1804), 『農家集成』(1806), 『新刊救荒撮要』(救荒補遺方合綴, 1806), 『詳說古文眞寶大全』(後集, 1796), 『詳說古文眞寶大全』(前集, 1803), 『童子習』(1804), 『孔子通紀』(1803), 『大明律詩』(1800), 『增刪濂洛風雅』(1796), 『孝經大義』(1803) 등의 책을, '孫基祖'가 『明心寶鑑

---

6    이처럼 배지에 나오는 고문서의 특징을 파악하기 위해서는 배지 앞에 붙이는 간지를 모두 떼는 작업을 해야 한다. 필자가 소장한 『朱子書節要』 10책을 모두 간지를 떼어 확인하였다. 이처럼 고서의 특징을 파악하기 위해서는 책이 훼손되는 위험을 감수해야 한다.

7    정극인 선생은 우리나라 최초의 가사작품인 〈상춘곡〉을 태인에서 지었다. 태인에서 방각본 책이 많이 간행된 이유는 당시 태인의 교육적 환경과 문화적 환경에 말미암는 것이다. 조선 중기 일재 이항, 하서 김인후, 면앙정 송순, 고봉 기대승, 송강 정철 등 걸출한 학자를 배출한 호남지역은 유학이 크게 진흥되어 호남 사림이 형성되었고, 이로 인하여 향촌사회에 유학이 널리 보급되었다. 이에 따라 조선시대에는 태인, 고부, 담양, 장성을 중심으로 학문의 꽃을 피우게 되었다.

抄』(1844)를 간행하여 판매하였다.(송일기, 2000;14).

　　태인 방각본의 출판은 대체로 1806년까지로 끝이 난다. 이 무렵 1803
년부터 전주에서 한문본『九雲夢』이 발간되면서 방각본 판매가 일반화되
는 것은 전주와 태인의 출판 문화가 아주 밀접한 관련이 있음을 보여준다.
실제로 태인 방각본의 책판은 전주로 옮겨와서 계속 출판되었다.『孔子家
語』,『增刪濂洛風雅』,『詳說古文眞寶大全』,『新刊救荒撮要』,『大明律詩』,
『孝經大義』 등이 방각본으로 계속 출판되었음을 알 수 있다.[8] 태인본의 배
지에 전주에서 발행한 책의 한 면이 인쇄되어 있는 책을 살펴보면 다음과
같은 특징을 발견할 수 있다.


　　1)『孔子家語』와『됴웅전』

　　공자가 당시 벼슬아치, 사대부 및 제자들과 더불어 서로 道에 관해 문
답한 내용이 많다. 이 책에는 '甲子(1804)秋七月下澣泰仁田以采朴致維謹
梓'라는 간기가 있다.

　　필자가 소장하고 있는『標題句解孔子家語』(上, 中, 下)는 상권 앞표지와
뒤표지, 하권의 뒤표지 배면에 완판본『됴웅전』이 半草庶民體로 찍혀 있
다.[9] 이는『標題句解孔子家語』의 책판을 태인에서 전주로 가져다가 후쇄

---

8　　『孝經大義』는 朱子가 다시 편찬한『孝經』에 주석을 단 책이다. 이 책은 공자가 曾子에 대
　　하여 효도를 논한 경전이다. 이 책에는 '崇禎紀元後三癸亥(1803년) 10月日 泰仁 田以采
　　朴致維梓'이라는 간기가 있다. 이 책의 맨 뒤에 판권지가 붙어 있다. 이는 대구의 '在田堂
　　書鋪'의 판권지인데 이는 大正 五年(1916)에 발행한 판권지가 붙어 있다. 판권지가 붙어
　　있는 것으로 보아 책판을 在田堂書鋪에서 인수하여 찍은 것으로 볼 수 있다.

9　　류탁일(1985, 75-77)에서 분류한 완판본 고전소설 글꼴의 종류는 다음과 같다.
　　　　(1) 半草達筆體 : 구운몽(1862), 장경전이 해당된다.

한 것으로 보인다. 이 책의 표지에는 책을 찍은 연대를 알 수 있는 '歲在壬戌'이라는 필사 기록이 있다. 여기서 '壬戌'은 완판본 고전소설의 출간과 관련하여 추정해 볼 때, 1862년으로 추정할 수 있다.

현재까지 알려진 조웅전과 관련된 책은 『죠웅젼권지삼이라』에는 '同治五年(1866)□□□□完西杏洞開板'이라는 간기가 있다고 보고되어 있다. '同治 5년'(1866)에 전주 서쪽에 있는 행동(杏洞)에서 처음 발간했다는 기록이다. 이후에는 '계유초동완셔듕간'의 간기는 1873년, '乙酉孟秋完西新刊'은 1895년, '完山新刊壬辰'은 1892년, '광셔십구연계사오월일봉셩신간'은 1893년, '무술중추완산신판'은 1898년[10], '戊戌季冬完南新刊'은 1898년, '光武七年癸卯夏完山北門內重刊'은 1903년, '丙午孟春完山開刊'은 1906년, '己酉仲秋完山改刊'은 1909년, 서계서포 판권지 부착본

---

은 1911년, 다가서포 판권지 부착본은 1916년, 양책방 판권지 부착본은 1932년에 해당된다. (유춘동, 2013:43 참조)

『孔子家語』의 배지

이『孔子家語』의 배지에 인쇄된『됴웅젼』의 글꼴은『구운몽하』의 글꼴과 상당히 유사한 점이 발견된다. 半草庶民體에다가 한 음절에서 다음 음절로 이어질 때 흘리는 모습까지 유사한 점이 있다. 그러나『구운몽하』50장본은 '丁未(1907)仲花 完南開刊'의 간기를 가지며 판권지에 다가서포본 발행으로 되어 있다. 이 책은 이미 있던 책판에 일부 보각을 하여 출판을 하였기 때문에 정확한 연대를 추정하기 어렵다. 한편『구운몽샹』53장본은 '壬戌(1862)孟秋 完山開板'의 간기를 가진다. 물론 이 53장본은 50장본과 글꼴에서 차이가 난다. 그렇다면 배지에 나타나는『조웅전』은 1862년 이전에 찍은 책으로 추정할 수 있다. 이렇게 본다면 이 배지에 보이는 책은 류탁일(1985:98)에서 언급된 '丁巳孟秋開板'의 간기를 갖는 1857년본『됴웅젼』이나 그 무렵에 찍은 책으로 추정된다.

2)『增刪濂洛風雅』

濂溪는 周敦頤가 살던 곳이고 洛阳은 程明道가 살던 곳으로 이 두 글자를 따서 사람들이 濂洛学派라고 부르는데 그 학자들의 시를 모아서 国風과 雅에 비겨서 風雅라고 했다. 그래서 '濂洛風雅'라고 이름을 지었다. 여기에 내용을 뽑아 더한 것이『增刪濂洛風雅』이다.

태인에서 간행된 『增刪濂洛風雅』는 卷之五의 말미에 '田以采梓'의 기록이 있어서 태인본임이 분명하다. 그러나 필자가 소장하고 있는 『增刪濂洛風雅』의 卷之一의 앞장에 붙어 있는 '目錄'에 '歲在丙辰開刊'이라는 간기가 인쇄되어 있다. 이 간기는 전주에서 새긴 것으로 추정된다. 이때 '丙辰'은 책판을 태인에서 가져다가 전주에서 후쇄한 것으로 보이므로 1916년으로 추정된다. 표지의 배지에 『小學諺解』가 인쇄되어 있는데 이 『小學諺解』는 1916년 전주 '七書房'에서 간행된 책이다. 필자 소장의 다른 이본으로 『增刪濂洛風雅』가 1, 2, 3 권이 표지제가 '濂洛風雅 乾'으로, 4, 5권이 '濂洛風雅 坤'으로 되어 있는데 乾의 앞뒤 표지의 배지에 『史要聚選』이 인쇄되어 있다. 필자 소장의 또 다른 이본은 표지제가 '濂洛 乾'과 '濂洛 坤'으로 되어 있다. '濂洛 坤'의 앞표지의 배지에 완판본 『全韻玉篇』하권 22ㄴ쪽이 인쇄되어 있다.

이런 사실로 보면, 태인본 책들이 완판방각본이 가장 많이 팔릴 시기에 전주에서 다시 인쇄되었음을 알 수 있다.

### 3) 『詳說古文眞寶大全前集』

중국의 전국시대 이후 송나라 이전의 진귀한 古文을 편집한 것이다. 학생들이 문장을 배우는 데 필수적인 교본으로 전 동양에 널리 보급되었던 책이다. 이 책에는 '崇禎紀元後三癸亥(1803년)十二月日泰仁田以采朴致維梓'이라

『고문진보』의 배지

는 간기가 있다. 필자가 소장한 『詳說古文眞寶大全前集』은 12권 3책(天·地·人)으로 되어 있다. '天'으로 표시된 1책 뒤표지의 배지에는 『적성의전』 33ㄱ이 인쇄되어 있다. 版心題가 '성의'로 기록된 것으로 보아 『적성의전』이 확실하다. 또한 페이지는 알 수 없으나, '人'으로 표시된 2책 뒤표지의 배지에 『적성의전』이 인쇄되어 있다. 이 『적성의전』의 글꼴은 완판본 한글고전소설의 초·중기 글꼴로 이해된다. 따라서 1800년대 중반에 사용된 半草庶民體 글꼴로 보인다.

### 4) 『新刊救荒撮要』

西原(현 淸州의 옛 이름)의 현감으로 있던 申洬이 흉년이 들어 양식이 부족한 것을 염려하여 기근 구제에 대한 내용으로 엮은 책이다. 이 책에는 '崇禎紀元後丙寅(1806년)夏四月下澣 武城 田以采 朴致維謹梓'이라는 간기가 있다.

디지털한글박물관에서 제공하는 이미지를 보면 『新刊救荒撮要』의 경우에도 표지의 앞뒤 배지에 인쇄가 되어 있다. 간지가 붙어 있어 어떤 책인지 확인이 어렵지만 태인에서 찍힌 경우에는 배지에 인쇄가 없기 때문에 이를 통해서 이 책이 전주에서 방각본으로 출판되었음을 추정할 수 있다.

송일기(2006:173-177)에 의하면 朴致維가 田以采와 함께 태인본을 간행하기 시작한 1799년은 박치유의 나이 37세이다. 전이채는 출판업자이고 박치유는 인쇄업자로 추정하고 있다. 대체로 태인본이 1806년까지 발행이 되는데 이후 박치유는 말년에는 친교가 있던 장성 백양사의 암자인 운문암에서 白坡 亘璇의 저작을 출판하게 된다. 1827년 운문암에서 간행한 『大乘起信論疏筆刪記』와 『作法龜鑑』의 뒤에 '養眞居士朴致維書'란 기록이 보인다. 이때가 박치유의 나이가 65세에 이른다.

그러므로 추정컨대 1827년 박치유가 불서 간행에 깊이 관여하게 된 이후로 태인본 책판은 전주로 이관되게 된 것이다. 이후 서계서포와 칠서방 등에서 이 책을 거듭 간행하게 되어 전주 방각본을 활성화시키게 되었다.

### 5)『東國文獻』

『東國文獻』은 조선시대 태조 때에서 순조 때까지의 여러 명신, 명현들의 이름과 약력을 수록한 인명록, 또는 인물지이다. 이 책은 원래는 4권 4책의 목판본으로 1804년(순조 4)에 인일정(引逸亭) 김성은(金性濤, 1765-1830)이 교정하고, 안방택(安邦宅) 등이 정읍의 충렬사(忠烈祠)에서 간행하였다.(한국민족문화대백과사전 참조) 마지막 장에 '崇禎紀元後三甲子(1804년)校正儒生金性濤'의 간기가 있다.

이 책은 전주 서계서포에서 완판본으로 재발행되었다. 태인의 목판을 사들여 4권 3책으로 다시 간행한 것으로 추정된다.『史要聚選』은 태인본『史要聚選』(1799)과 태인본을 교정하여 출판한 전주 완판본『史要聚選』(1828년)으로 나뉜다. 전주 완판본은 9권 4책으로 이루어져 있는데 마지막 책의 뒤표지의 배지에『東國文獻院宇篇』17a가 인쇄되어 있다. 그러므로『東國文獻』은 서계서포에서 1828년 이후에 발행된 것을 확인할 수 있다.

태인본 중 전주에서 간행한 책은『孔子家語』,『增刪濂洛風雅』,『詳說古文眞寶大全』,『新刊救荒撮要』,『大明律詩』,『東國文獻』 등 주로 유가서가 많은데 이는 당시 이러한 책에 대한 소비가 전국적으로 그만큼 많았다는 증거이다. 따라서 19세기 중반에 소비자의 욕구를 위해 태인본을 전주에

서 방각본으로 인쇄하여 판매한 것이다. 태인본은 전주 방각본의 발달에
큰 기여를 하게 되었다.


## 4. 완판 방각본 배지의 특징

### 4.1. 배지에 나타난 전라감영본의 방각본화

전라감영본은 대체로 18세기에서 19세기에 많이 간행된다.[11] 이후 19
세기말, 20세기초에 방각본으로 대량 출판된다. 필자가 확인한 바에 의하
면 『東萊博義』, 『東醫寶鑑』, 『朱書百選』 등은 후쇄본들이 아주 다양하게
나타나는 것으로 보아 20세기 초기까지 상당한 양이 방각본으로 출판된
것으로 보인다.[12]

---

11   완영본이 전주부본과 중복된 책의 목록을 제시하면 다음과 같다.
  簡易集, 綱目, 警民編, 警世問答, 訥齋集, 大典通編, 東岳集, 東醫寶鑑, 屯庵集, 明義
  錄, 明義錄諺解, 白江集, 史記評林, 三韻群彙, 喪禮補編, 石洲集, 性理大全, 聖學輯要,
  小學諺解, 續明義錄, 續明義錄諺解, 續兵將圖說, 受教輯說, 御定史記英選, 御定朱書百
  選, 御製綸音, 御製追慕錄, 月軒集, 陸奏約選, 栗谷全書, 醫學正傳, 潛齋集, 正音通釋,
  朱子大全, 增修無冤錄, 皇華集, 厚齋集, 訓義小學, 欽恤典則
12   『전주향교지』(2004, 761-762)에 실린 1921년의 「鄕校冊庫重建記」에 의하면, 책고에 보존
  되던 책판 중 『小學』과 四書三經은 冊商 卓某씨에게 빌려 주었다가. 경신년(1920) 수해로
  유실되어 『朱子大全』, 『性理大全』, 『栗谷全書』, 『東醫寶鑑』, 『史記評林』, 『三綱錄』, 『增修
  無冤錄』 등만 남게 되었다고 전한다. 여기서 말하는 冊商 卓某씨는 당시 서계서포를 운
  영하던 卓鐘佶씨로 보인다.

## (1)『東醫寶鑑』

전북대박물관 소장본
『東醫寶鑑』

許浚이 宣祖의 명을 받들어 중국과 우리나라의 醫書들을 참고하여 집성하고, 임상 체험을 바탕으로 治療方을 모은 漢醫學의 백과전서이다. 1610년에 마침내 완성하자, 왕은 곧 내의원에 명하여 인출, 널리 반포하게 하였다. 내용은 5개 강목으로 나뉘어 있는데, 內景篇 6권, 外形篇 4권, 雜病篇 11권, 湯液篇 3권, 鍼灸篇 1권이다.[13]

이 책은 25권 25책으로, 서울 내의원에서 출간한 책을 가져다가 전라감영(完營)에서 다시 간행한 책이다. 이 책은 일반적으로 1814년에 간행된 것으로 알려져 있으나, 전북대학교박물관에 소장된 『東醫寶鑑』에 찍혀 있는 御醫 金光國의 인장 정보로 미루어 볼 때 1754년으로 파악하는 것이 옳다. 전북대학교 박물관 소장본이 초간본임을 알 수 있다. 許浚의 『東醫寶鑑』은 유명하여 중국 상해에서 방각본으로 찍어 판매가 되었다.[14]

---

13　현재 중국의 대부분의 도서관에 소장된 『동의보감』이 완영본인데 이는 한중 수교 이후 주로 구입되어 비치한 것으로 이해된다. 따라서 완영본 『동의보감』이 방각본으로 널리 알려지게 되었다. 필자가 학생들과 함께 인터넷에서 조사한 바에 따르면 '中國國家圖書館, 北京大學圖書館, 中國中醫科學院圖書館, 上海圖書館, 南京中醫藥大學圖書館, 天津中醫藥大學圖書館, 中國醫史文獻研究所, 遼寧省圖書館, 遼寧中醫藥大學圖書館' 등에서 소장하고 있다.

14　대구 재전당서포에서 1907년에서 1910년경 발행한 '出版發兌目錄'(남권희 교수 소장본)에

『東醫寶鑑』이 방각본으로 출판되었다는 증거는 여러 가지 이유를 찾을 수 있다. 첫째는 배지에 다른 책이 인쇄되어 있다는 점이다. 필자 소장의 『東醫寶鑑』의 경우, 능화무늬가 단순 격자무늬가 아니라 격자무늬에 여러 가지 문양이 포함되어 있어서 연대가 19세기 초·중엽으로 추정된다. 이 책에는 배지에 『東醫寶鑑』이 인쇄되어 있는 게 특징이다. 『삼국지 삼권이라』란 제목으로 1892년판의 배지에 『東醫寶鑑』이 인쇄되어 있어 비교적 이른 시기부터 방각본으로 판매한 것으로 보인다. 둘째는 20세기 초에 나오는 책의 규격이 한지의 사용을 최소화하기 위하여 원래 책보다 작아졌다는 점이다. 완판방각본으로 출판된 『東醫寶鑑』은 1900년대 초까지 발행된 것으로 추정된다.[15]

### (2)『朱書百選』

『朱書百選』은 조선 제22대 왕인 正祖가 朱熹(1130~1200)의 글 중에서 요긴한 내용을 뽑아 1794년(正祖 18) 內閣에서 간행한 책이다. 완영본 『朱書百選』은 1795년(正祖 19) 전라감영(完營)에서 간행하였다.

필자 소장의 『朱書百選』의 경우, 1권 앞표지의 배지에 『全韻玉篇』이 인쇄되어 있다. 2권의 앞표지의 배지에는 『通鑑』이, 뒤표지의 배지에는 『全韻玉篇』이 인쇄되어 있다. 배지에 간지가 붙어 있어서 예를 제시하기

---

는 '東醫寶鑑 五匣' 25책이 판매용으로 기록되어 있다. 경상감영에서 발간한 『동의보감』은 '歲己亥仲秋內醫院校正嶺營開刊'이란 간기를 갖는다. 그러나 이 책이 방각본으로 발행되었는지는 의문이다. 완판본이 대구에서도 판매된 것으로 보인다.

15　뒤에서 언급할 『삼국지삼권이라』(29장본)은 '님진(1892)완산신판니라'의 간기를 갖는다. 이 책의 앞표지와 뒤표지의 배지에 『東醫寶鑑』이 인쇄되어 있다. 이러한 사실로 보아도 감영본 『東醫寶鑑』이 후대까지 서포에서 판매용으로 출판되었음을 알 수 있다.

『朱書百選』의 백지

가 어렵다. 또한 책의 크기를 완영본보다 줄여서 인쇄하였다.

이 『朱書百選』의 경우는 아주 특이하게도 책판이 분실된 부분을 보판을 하지 않은 채, 그냥 출판을 하였다. 그리하여 책판이 결판된 경우는 백지를 끼워 넣어서 그대로 출판하여 소비자가 그 부분을 필사할 수 있도록 배려한 것으로 보인다. 결판이 된 부분을 제시하면 다음과 같다.

백지가 있음 : 〈권1, 1〉, 〈권2, 4〉, 〈권2, 9〉, 〈권2, 28〉, 〈권5, 11〉,
　　　　　　〈권5, 25〉
백지가 없음 : 〈권6, 1〉, 〈권6, 2〉

또한 필자가 소장한 『朱書百選』에는 전주 多街書鋪에서 발행하는 책의 목록이 들어 있어서 전라감영본 책판이 다가서포에 임대되어 방각본으로 대량 인쇄되었음을 알 수 있다. 이 목록에 제시된 전라감영의 책은 '四禮便覽, 朱書百選, 史記英選, 杜律分韻, 擊蒙要訣' 등이 있다.[16]

16　필자가 소장한 『朱子文集大全』 표지의 배지에 다음과 같은 필사한 인출 기록이 있다. 이를 보면 '癸丑(1913년)'년에 전주 향교에서 이 책판을 이용하여 후쇄한 것을 알 수 있어서 이런 식으로 많은 책을 인출했을 것이다.(이태영, 2010:95)
　　　朱子文集大全一部共六十一冊 先生沒後七百十三年

방각본으로 출판된『朱書百選』이본의 경우, 앞뒤 표지의 배지에 모두 한글고전소설이 인쇄되어 있어서 방각본으로 출판된 것을 확인시켜 준다.

### (3)『精選東萊先生左氏博議句解』

天·地·人 세 권 중 地에 해당하는 卷之四 앞표지의 배지에 완판본『孟子諺解』1권 33b가, 人에 해당하는 卷之七의 표지 배면에는『孟子諺解』1

『東萊博議』의 배지

권 6b가, 뒤표지 배면에도 역시『孟子諺解』가 인쇄되어 있다. 또한 天에 해당하는 卷之一의 앞표지의 간지에 '東萊卒後七百三十二年 癸丑季春 賣于完南溪書房'이란 賣得記가 있어서 완판본임을 알 수 있다. 여기서 '癸丑'은 1913년에 해당하는데, '完南溪書房'은 '七書房'일 가능성이 매우 높다. '七書房'은 그 이름이 '사서삼경'을 주로 찍은 곳이라는 뜻이다. 남쪽에 위치하고 있을 뿐만

아니라 '書房'이라는 책방 이름을 쓰는 곳은 이곳밖에 없다. 또한 류탁일 (1985:42)에 의하면『東萊博議』가 이곳에서 출판된 것으로 되어 있다. '다가서포'와 '서계서포'가 서민을 위한 고전소설을 주로 출판한 것에 비하여, '칠서방'은 양반을 위한 책들을 주로 출판한 점에서도 그렇게 추정된다. 이 책의 배지에『孟子諺解』가 인쇄되어 있는 점에서도 더욱 그렇다.

---

降生七百八十四年 癸丑孟夏於完府鄕校印來

### (4) 『四禮便覽』

조선시대 陶菴 李縡(1680~1746)가 『朱子家禮』의 법을 중심으로 여러 학설을 조정하고 통합한 禮書인 『四禮便覽』은 전라감영의 책판을 이용하여 1916년 전주 多佳書鋪에서 판매용 책으로 간행하였다는 판권지가 부착되어 있다. 이는 완영본 책판이 출판업자에게 대여가 되면서 방각본으로 재간행되었기 때문에 전라감영의 인쇄문화가 조선후기 완판본 발달에 크게 영향을 끼쳤음을 보이고 있다.


### (5) 『孟子集註大全』

필자가 소장한 『孟子集註大全』(32.6×22.0cm)은 14권 7책으로 1805년에 발간된 완질본이다. 이 책의 배지에 『編註醫學入門』(순조년간)이 인쇄되어 있다. 예를 들면, 『孟子集註大全』1책(1·2권) 앞표지의 배지에는 『編註醫學入門』4권 94ㄱ이, 뒤표지의 배지에는 3권 84ㄱ이 인쇄되어 있다. 그렇다면 『編註醫學入門』은 1802년에 발간된 희현당철활자본이 분명해진다.


## 4.2. 배지에 나타난 전주부본의 특징


### (1) 『詳說古文眞寶大全後集』

『詳說古文眞寶大全後集』은 중국의 전국시대 이후 송나라 이전의 진귀한 古文을 편집한 것이다. 학생들이 문장을 배우는 데 필수적인 교본으로 동양에 널리 보급되었던 책이다. 이 책에는 1472년 金宗直이 쓴 跋文, 1612년 梁夢說이 쓴 跋文, 1796년 耐翁이 쓴 跋文이 붙어 있다.

10권 4책(元, 亨, 利, 貞)으로 이루어진 『詳說古文眞寶大全後集』에는 1권

의 처음에 나오는 목록 마지막에 '丙辰 夏 開板'이란 간기가 있다. 이 책의 모든 배지에는 고문서를 이용하여 표지를 만든 흔적이 보이는데 고문서를 여러 겹으로 겹쳐서 만든 것이다. 특히 이 고문서에서 주목할 만한 점은 2책과 3책의 뒤표지의 배지와 '全州地南固山城別將'이란 기록이 문서의 일부에서 보이는 것으로 보아 全州府에서 발행한 고문서로 추정된다.[17] 전주부에서 사용된 고문서가 책의 표지로 사용되었다.

『古文眞寶』의 표지

연대를 추정해 본다면, 책의 표지에 쓰인 제목이 아주 유려한 글씨로 쓰여서 全卅府本일 가능성이 매우 높다. '丙辰'은 1736년, 1796년, 1856년, 1916년에 해당한다. 1736년은 전라감영에서 책을 찍어내던 시기이므로 이 시기는 아닌 것으로 보이고, 1796년이나 1856년이 이에 해당하는데 '전주부'의 고문서가 있는 것으로 보아, 1796년에 발행된 완판 전주부본일 가능성이 매우 높다고 말할 수 있다.[18]

---

17    한지로 간지가 끼어 있어 기록이 매우 희미하게 보여 이미지를 예로 들기 어렵다.

18    『詳說古文眞寶大全後集』은 완판 전주부본의 목록에 들어 있는 책이다. 이 책은 1900년대에도 계속 발간되었다. 필자 소장의 다른 이본에는 배지에 완판본 『小學諺解』가 인쇄되어 있다.

완판본 인쇄·출판의 문화사적 연구

## (2) 『禮記集說大全』

『禮記集說大全』卷1, 2의 합본인 卷之一의 앞표지의 배지에『史要聚選』卷之八의 6쪽 한 면이 인쇄되어 있고, 뒤표지의 배지에는『通鑑』18권 10쪽이 인쇄되어 있다. 卷3, 4의 합본인 卷之二의 앞표지의 배지에『通鑑』22권 11쪽이 인쇄되어 있고, 뒤표지에도『通鑑』이 인쇄되어 있다. 卷5, 6의 합본인 卷之三의 앞표지와 뒤표지의 배지에는『通鑑』이 인쇄되어 있다. 卷7, 8, 9의 합본인 卷之四의 뒤표지의 배지에는『通鑑』40권 17쪽이 인쇄되어 있다.

『禮記集說大全』卷15, 16, 17의 합본인 卷之七의 앞표지의 배지에는 『史要聚選』이, 뒤표지의 배지에는『通鑑』이 인쇄되어 있다. 권18, 19의 합본인 卷之八의 뒤표지의 배지에는『通鑑』이 인쇄되어 있다.

권23, 24, 25의 합본인 卷之十의 앞표지의 배지에는『宋名臣言行錄』別集 卷五上의 1쪽이 인쇄되어 있다. 뒤표지의 배지에는『通鑑』이 인쇄되어 있다. 권26, 27, 28의 합본인 卷之十一의 앞표지의 배지에는『宋名臣言行錄』別集 卷五上이 인쇄되어 있고, 뒤표지에는『全韻玉篇』이 인쇄되어 있다. 권29, 30의 합본인 권지십이의 앞표지의 배지에는『通鑑』39권 25쪽이, 뒤표지의 배지에는『全韻玉篇』이 인쇄되어 있다.

『禮記集說大全』은 완판 전주부본으로 다른 전주부본인『宋名臣言行錄』이 인쇄되어 있는 것을 볼 수 있다.[19] 전주부본이 이후에 방각본으로 계속 출판되었음을 보여주는 증거들이라고 할 수 있다.

---

19    『全韻玉篇』이 인쇄된 것으로 보아 서계서포에서 발행한 것으로 추정할 수 있다. 류탁일 (1985)에 의하면『全韻玉篇』은 1911년 서계서포에서 발행하였고, 출판사를 알기 어려운 '乙巳新刊完山藏板'의 간기를 갖는 1905년에 발행된 책도 있다.

## 4.3. 배지에 나타난 한글고전소설의 특징

완판본의 배지를 통해서 한글고전소설의 출판 연대, 유통 경로 등을 추정할 수 있고, 이본 정보를 획득할 수 있다. 배지에 대한 탐색이 얼마나 중요한지를 깨닫게 한다. 배지에 대한 연구는 매우 드물다. 대체로 논문에서 해당되는 부분만을 다루는 경향이 많아서 배지만을 연구한 논문을 찾기는 쉽지 않다. 완판본 한글고전소설의 배지에 대한 논의는 류탁일(1985)에서 상당히 다루어져 왔다. 본고에서도 많은 인용과 도움을 받고 있다. 부분적으로는 전상욱(2010)에서 다루고 있고[20], 경판본의 경우는 부분적으로 유춘동(2014)에서 다루고 있다.

### (1) 『구운몽샹』의 배지와 『유충열전』

필자 소장의 『구운몽샹』 53장본의 간기는 '壬戌孟秋 完山開板'으로 되어 있어서 1862년판임을 보여준다. 그러나 이 책의 앞표지의 배지에 나타난 『유충열전』 상권 13장의 인쇄 모습을 보면 글자체가 해서체임을 알 수 있다. 이 해서체는 1900년대에 주로 일반화가 된 글꼴이다. 따라서 『구운몽샹』은 1862년보

『구운몽샹』의 배지

---

20  전상욱(2010:162)에서는 '구주대본 완판본 『장풍운전』(36장본)의 배지에 인쇄된 『홍길동전』(36장본)의 초간본의 존재와 간행시기를 1881년 이전으로 잡을 수 있고, 『별춘향전』(29장본) 선행 판본의 존재 가능성에 대해서도 확장된 인식을 얻을 수 있다'고 보고 있다.

다 훨씬 후대에까지 출판된 책임을 알 수 있다. 또한 이 책의 중간에 다른 해서체를 사용한 판목으로 인쇄한 면들이 들어 있어서 후대에 보각한 것임을 알 수 있다.[21]

### (2) 『별츈향젼이랴극상』의 배지와 『심청젼』

'별츈향젼' 계열의 이본으로는 『별츈향젼이라』(完山新刊)[22], 『별츈향젼이라』(戊申季秋完西新刊). 『별츈향젼이랴극상』, 『불별츈향젼이라』등 네 종이 있다.(배연형, 2006:201) 한편 완판본 『열여춘향수절가』는 '병오판 열녀춘향슈졀가라'(1906, 33장본)이라고 알려진 책, 무신구동신간본(1908년), 서계서포본(1911년), 완흥사서포본(1912년), 다가서포본(1916년) 등이 있다.

『별츈향젼이랴극상』의 배지

---

21  류탁일(1985, 206-8)에 따르면, 보각한 판은 상권에서 8장(5, 6, 16, 43, 44, 45, 46, 52장), 하권에서 6장(29, 34, 35, 36, 42, 50장)이다. 이를 근거로 '丁末'(1907)로 보고 있다.

22  류탁일(1985:175)에 따르면, 『별츈향젼이라』(完山新刊)의 간행연대를 다음과 같이 추정하고 있다.

　　"『별츈향젼이라』(完山新刊)의 서체는 완판 방각본 서체의 초기적 서체인 草書指向的 行書로 趙雄傳 중에서 '丁巳孟秋開板' 『됴웅젼』과 '무술중추완산신판' 『됴웅젼』의 서체와 비슷하나 完板의 전체적 서체로 보아서는 丁巳本보다는 後期的 印象을 주고 있다. 丁巳本의 간행연대가 1857년이며 戊戌本의 간행연대가 1898년이기 때문에, 『별츈향젼이라』(完山新刊)의 간행연대도 넉넉잡아 1850년대를 前後한 시기로부터 1890년대 사이라고 할 수 있다."

디지털한글박물관에서 제공하는 『별츈향젼이랴극상』(여태명 교수 소장본)의 앞표지의 배지에는 『심청전』下권, 19ㄱ이, 뒤표지의 배지에는 『심청전』下권, 19ㄴ이 인쇄되어 있다. 인쇄된 『심청전』이 해서체로 쓰인 것으로 보아 1916년도에 다가서포에서 출판된 한글고전소설로 추정된다. 이 배지에 나타난 『심청전』으로 보면 『별츈향젼이랴극상』이 상당히 오랫동안 다가서포에서 출판된 것으로 보인다.

### (3) 『졍슈경젼』(28장본)의 배지와 『퇴별가』

『졍슈경젼』의 배지

완판본 『졍슈경젼』의 내용은 '정수정'이라는 여장군이 등장하는 여성영웅소설로 『정수정전(鄭秀貞傳)』이라 한다. 內題는 '졍슈경젼'이고, 版心題는 '졍슈경'으로 1권 1책이다.[23]

표지 안쪽에 『퇴별가』15b가 인쇄되어 있는데, 완판본 『퇴별가』의 간기가 '戊戌仲秋完西新刊'으로 되어 있어, 이를 보면 『졍슈경젼』의 출판은 1898년경 이후로 추정된다. 글자체가 이미 소개된 완판본 한글고전소설의 글꼴과 상당히 다른 것으로 草書指向的行書體이다. '성'을 '승'으로, '없다'를 '읍셔, 읍스니'로, '엇지'를 '웃지'로 표

---

23    완판본은 冊匡은 18×25㎝이고 板匡은 16×20.5㎝이다. 四周單邊이고 版心魚尾는 內向黑魚尾이다. 行字數는 16행 28-30字이고 界線은 없다.(이태영, 2007:37)

기하고 있다.(이태영, 2007:37)

『퇴별가』는 '戊戌(1898)仲秋完西新刊'의 간기를 가지고 있는데 서계서
포에서 발행되고, 이후 같은 판이 1916년에 다가서포에서 발행되었다. 따
라서 배지를 통해서 보면 완판본『정슈경전』(28장본)은 서계서포나 다가
서포에서 발행된 것으로 추정된다. 글꼴로 본다면 다가서포보다는 서계
서포에서 발행된 것으로 보인다.

### (4)『蘇大成』(쇼디셩젼)의 배지와『삼국지』

완판본『蘇大成』(쇼디셩젼)은 '丙申
(1838)夏 完府新板'의 간기를 갖는다. 한
문 이름 뒤에 한글로 '쇼디셩젼'이라고
쓰여 있다. 현존하는 완판본『소디셩젼』
중 최고본이다. 홍윤표 교수가 소장한 이
책의 뒤표지 배지에『삼국지』가 인쇄되
어 있다. 완판본『삼국지』는 세 종류가
있다. 하나는『삼국지삼권이라』란 제목
으로 3권으로만 된 책인데, 1892년판으
로 '님진완산신판ㅣ라'는 한글 간기를 갖

『蘇大成』의 배지

고 있다. 다른 하나는『삼국지라』라는 제목으로 '3·4권'이 합본된 책으로.
1908년판인 '戊申冬完山梁冊房新刊'이란 간기를 갖는다. 또 하나는 1932
년에 전주 양책방에서 발간한『언삼국지라』이다. 이『蘇大成』(쇼디셩젼)의
배지에 있는『삼국지』의 글꼴은『조웅전』과 매우 유사하다. 이미 위에서
밝힌 태인본『孔子家語』의 배지에 인쇄된『됴웅전』은 1862년 이전의 책

으로 추정한 바 있다. 그러나 이『삼국지』의 글꼴은『孔子家語』의 배지에 인쇄된『됴웅전』보다 더 흘려 쓴 半草庶民體이다. 따라서 이제까지 보고된 바가 없는 상당히 이른 시기에 출판한『삼국지』로 보인다.[24] '르'을 표기하는 글꼴 표기방식과 'ㅂ'을 표기하는 방식이『조웅전』의 글꼴과 매우 닮아 있다.

『蘇大成』의 배지
『삼국지』의 확대

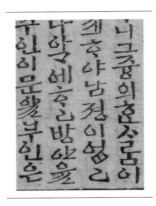

『됴웅전』의 글꼴

배지에 나타난 한글고전소설을 살펴보면 새로운 이본이 많이 보이고, 출판사 정보를 획득할 수 있어서 다양한 서지사항을 살필 수 있었다.

---

24  류탁일(1985:212)에 따르면『유충열전』의 배지에 半草書體『삼국지』가 인쇄되어 있으나 그 전체는 아직 발견되지 않고 있다고 보고하고 있다.

## 4.4. 배지에 나타난 방각본의 특징

(1) 『古今歷代標題註釋十九史略通攷卷之三』

필자가 소장한 『古今歷代標題註釋
十九史略通攷卷之三』은 '完山府壬寅年
改板'의 간기를 갖고 있다. 간기에 '完
山府, 完府'가 나오는 때는 대체로 18세
기말에서 19세기 초엽에 해당한다. 따
라서 이때의 '壬寅'은 1842년으로 추정
된다. 이 책의 뒤표지의 배지에 『장풍운
전』 이본이 인쇄되어 있다. 『장풍운전』
중 잘 알려진 책은 1903년에 간행되어
'癸卯孟冬完山開刊'의 간기를 갖는 책
이다. 이 책은 글꼴이 해서체로 되어 있
다. 그러나 『古今歷代標題註釋十九史略
通攷卷之三』의 뒷배지에 인쇄된 『장풍
운전』은 行書體라고 볼 수 있다. 1800
년대 후반에 발행된 『장풍운전』으로 추
정된다.[25]

『十九史略通攷』의 배지

『十九史略通攷』의 간지에
보이는 『增韻』

---

25　류탁일(1985:204)에 따르면 '완판본 『장풍운전』 원간본의 서체는 1857년에 간행된 『됴웅
전』(丁巳本)과 같다. 이 『됴웅전』과 같은 서체로서는 이 『장풍운전』과 『홍길동전』인데, 이
3본은 동일 板元을 가진 것으로서 1857년 『됴웅전』 간행시 함께 간행된 것으로 보인다'
고 보고하고 있다.

앞표지의 배지에는 『史略』이 인쇄되어 있는데, 앞표지와 1쪽 사이에 후대에 인쇄된 것으로 보이는 『增韻』 8쪽이 간지로 들어가 있다. 이것으로 보면 전주에서도 『增韻』이란 책이 발간된 것을 알 수 있다.[26] 판심제가 '增韻全'으로 되어 있다. 책의 크기가 일반적인 책의 반절에 해당하는 것으로 보아 휴대하기 편한 수진본으로 발간한 것으로 보인다. 완판방각본 목록에 『增韻』이 들어가 있지 않은 것으로 보아 새로 발굴한 자료로 추정된다.

### (2) 『少微家熟點校附音通鑑節要卷之六』의 배지와 『열여춘향슈졀가』[27]

『少微家熟點校附音通鑑節要卷之六』의 판권지는 '완흥사서포'의 판권지가 붙어 있다. '明治 四十五年'의 발행일이 있어서 1912년에 발행한 것을 알 수 있다. 앞표지의 배지에는 『열여춘향슈졀가』하권 11ㄴ이, 뒤표지의 배지에는 『열여춘향슈졀가』상권 34ㄴ이 인쇄되어 있다. 따라서 이것으로 보면 1912년 이전에 완흥사서포에서 『열여춘향슈졀가』를 발행했음을 알 수 있다. 표지에는 책을 구매한 사람이 쓴 구매시기가 '癸丑肇夏望日'이라고 필사되어 있다. 이때 '癸丑'은 1913년이다.

---

26  '增韻'은 '韻書의 韻統에 더 보태어 넣은 韻字'를 말한다. '韻統'은 중국의 여러 종류의 운서(韻書)에 체계화되어 있는 운자(韻字)의 계통을 말한다. 동자 운통(東字韻統), 강자 운통(江字韻統) 따위가 있다. (표준국어대사전 참조)

27  류탁일(1985, 125)에 의하면, 간기가 삭제된 심청전 C는 서계서포(1911)본으로 추정하면서 그 이유 중의 하나를 비고란에서 언급하고 있다. 그 비고란에는 '後褙紙에 열여춘향슈졀가 上 제16장이 부착되어 있다. 前褙紙에는 열여춘향슈졀가 끝장이 부착되어 있다. 열여춘향수졀가(西溪本)와 同一 版元.'이라고 기록되어 있다. 이처럼 배지를 이용한 출판사 추정은 이미 중요하게 다루어져 왔다.

『通鑑節要』의 배지 　　　　　　　　 『삼국지』3권, 9ㄱ

　　배지에 인쇄된 『열여춘향슈졀가』은 1916년 다가서포에서 발행된 『열
여춘향슈졀가』와 그 글꼴이 완전히 일치한다. 따라서 완흥사서포에서
1912년 무렵에 발행된 『열여춘향슈졀가』가 다시 다가서포에서 발행된
것으로 해석된다.[28] 류탁일(1985)에서도 동일한 추정을 하고 있다.[29]

---

28　류탁일(1985,195)은 '丁未孟夏完南龜石里新刊'의 간기를 갖는 초한전 E권을 비교하면서
　　비고란에 '뒤 褙紙에 完興社 刊行의 유충열젼 上 13a가 붙어 있음.'을 보고하고 초한전 E
　　권이 완흥사서포에서 발행된 것으로 추정하고 있다. 이러한 사실로 보면 완흥사서포에서
　　는 '유충열젼, 열여춘향수졀가, 초한전' 등의 고전소설이 발행된 것으로 추정할 수 있다.

29　류탁일(1985, 151쪽)에서는 유충열젼 D는 다가서포의 판권으로 발행되었고, E는 완흥사
　　서포의 판권으로 발행되었다고 보고 있다. 이와 같이 D와 E는 다른 서포의 발행임에도
　　불구하고 D는 E의 책판을 그대로 사용하면서 하권 제15, 16장을 보각했을 뿐이라고 추
　　정한다. 따라서 완흥사서포의 책판이 다가서포로 이동했다는 사실을 추정하고 있다. 류
　　탁일(1985:55쪽)에서도 '1912년의 판권지가 붙은 서적의 책판이 뒷날 다가서포로 넘어왔
　　다는 사실은 다가서포본과의 비교에 의해 얻어진 결과이다.'는 설명이 나오고 있다.

### (3) 『少微家熟點校附音通鑑節要卷之六』의 배지와 『삼국지』

　『少微家熟點校附音通鑑節要卷之六』의 간기는 '甲午孟秋完山新刊'으로 뒤표지의 배지에 『삼국지』3권, 9ㄱ이 인쇄되어 있다. 이때 '甲午'는 1894년이다. 이 판본은 기존에 발견된 『삼국지』3권의 이본들과 다른 판본이다. 글꼴이 매우 유사하지만 자세히 비교하면 이본이 분명하다. 아래의 사진에서 '장'자와 '왕'자가 서로 다르고, '급'자의 경우도 완전히 다르

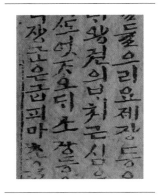

『通鑑』6권의 배지
『삼국지』글꼴

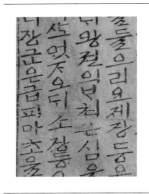

『삼국지삼권니라』의 글꼴

게 나타난다. 책의 표지에는 구매자가 쓴 구매시기가 '丁未十二月十一日'로 필사되어 있다. 이때 '丁未'는 1907년으로 보인다. 『삼국지삼권니라』가 '님진 완산 신판ㅣ라'의 한글 간기를 갖는데 이때가 1892년이다. 따라서 배지에 나오는 '삼국지'는 1892년 무렵에 발간된 이본으로 추정된다.

### (4) 『증보언간독』

　완판방각본 『증보언간독』은 1912년 '完興社書鋪'에서 발행된 것으

『증보언간독』의 배지

로 보고되어 있다.(류탁일, 1985:42) 홍윤표 교수 소장본은 '壬寅季春完西重刊'의 간기로 보아 1902년 '서계서포본'으로 추정된다. 필자가 소장한 『증보언간독』에는 '乙巳季春完南新刊'(1905)이란 간기가 있다. 표지에 구매자가 구매일시를 기록한 '壬子十二月十七日始得加衣'란 필사 기록이 있다. 이때 '壬子'는 1912년이다. 또한 뒤표지의 배지에 『유충열젼』上, 24a가 인쇄되어 있다. '完南'으로 되어 있는 걸로 보거나, 1912년 발간연도로 보면 완흥사서포본일 가능성이 크다.

(5) 『草簡牘』(簡札式)

수진본으로 발간된 이 책은 제목이 확실치 않다. 따라서 일반적으로 『草簡牘』으로 불린다. 어떤 경우 책의 제목으로 '簡札式'으로 기록한 예가 보인다. 맨 뒤에 '丁酉(1837)元月完府 法澬堂開板'의 간기가 보인다. 아마 초기에는 '法澬堂'이란 당호를 갖는 서점에서 발간한 것으로 추정된다.

이 책은 '歲庚午(1870) 仲春 開刊 全州府 河慶龍藏板'의 간기를 갖고, '全州府河慶龍藏板'의 도장이 목판으로 새겨진 『中庸諺解』의 뒷 표지의 내지에 20a와 20b가 인쇄되어 있다. 『中庸諺解』는 칠서방에서 간행된 책이 분명하다. 따라서 『草簡牘』(簡札式)은 후에 칠서방에서 간행된 것으로 이해된다. 그간 이 책의 인쇄처가 분명하지 않았으나, 이 한 장의 배지를 통하여 인쇄처가 확인되었다. 배지에 나타나는 인쇄본의 중요성을 절감하게 된다.

『中庸諺解』의 배지에 인쇄된『草簡牘』

## 5. 결론

본고는 완판본의 褙紙에 나타난 여러 서지적 특징을 고찰하여, 새로운 자료를 발굴하고, 발굴한 이본들의 출판연도를 추정하였으며, 출판사의 책판 이동 경로 등 완판본의 특징을 고찰하였다.

첫째, 전라감영에서 나온 『朱子書節要』의 배지에 나타난 고문서를 살펴 필자가 소장한 『朱子書節要』의 정확한 발행 연대를 측정하였다. 『朱子書節要』는 '萬曆三十九年(1611)中秋重刊于全州府'란 간기를 갖고 있다. 『朱子書節要』 권1, 2가 합본된 책의 뒤표지의 배지로 사용된 '牒呈'이란 문서에 '康熙 二十七年 九月 二十八日 行 郡守 韓'이란 기록과 함께 군수

　　　　　　　　완판본 인쇄·출판의 문화사적 연구

의 사인이 기록되어 있다. 따라서 1688년 이후에 쇄출된 것을 알 수 있다.

둘째, 19세기 중반에 소비자의 욕구를 위해 태인본을 전주에서 방각본으로 인쇄하여 판매하였다.

필자 소장의 『標題句解孔子家語』(上, 中, 下)는 상권 앞표지와 뒤표지, 하권의 뒤표지 배면에 완판본 『됴웅전』이 半草庶民體로 찍혀 있다. 표지에 '歲在壬戌'이라는 필사 기록이 있는데, '壬戌'은 완판본 고전소설의 출간과 관련하여 추정해 볼 때, 1862년으로 추정할 수 있다. 따라서 이 책은 1857년본인 『됴웅전』(丁巳本)이나 그 무렵에 찍은 책으로 추정된다.

『增刪濂洛風雅』에 글자체가 다른 '歲在丙辰開刊'이라는 간기가 인쇄되어 있다. '丙辰'은 1916년으로 추정된다. 표지의 배지에 『小學諺解』가 인쇄되어 있는데 이 『小學諺解』는 1916년 전주 '七書房'에서 간행된 책이다.

『詳說古文眞寶大全全集』 1책 뒤표지의 배지에는 『적성의전』 33ㄱ이 인쇄되어 있다. 이 『적성의전』의 글꼴은 완판본 한글고전소설의 초·중기 글꼴로 이해된다. 따라서 1800년대 중반에 사용된 半草庶民體 글꼴로 보인다.

셋째, 필자가 확인한 바에 의하면 『東萊博義』, 『東醫寶鑑』, 『朱書百選』 등 전라감영본은 후쇄본들이 아주 다양하게 나타나는 것으로 보아 20세기 초기까지 상당한 양이 방각본으로 출판된 것으로 보인다. 다가서포의 책 목록에 제시된 전라감영의 책은 '四禮便覽, 朱書百選, 史記英選, 杜律分韻, 擊蒙要訣' 등이 있다.

『삼국지삼권이라』란 제목으로 1892년판의 배지에 『東醫寶鑑』이 인쇄되어 있어, 완판방각본으로 출판된 『東醫寶鑑』은 1900년대 초까지 발행된 것으로 추정된다.

필자 소장의 『朱書百選』의 경우, 1권 앞표지의 배지에 『全韻玉篇』이 인쇄되어 있다. 2권의 앞표지의 배지에는 『通鑑』이, 뒤표지의 배지에는 『全韻玉篇』이 인쇄되어 있다.

『精選東萊先生左氏博議句解』卷之四 앞표지의 배지에 완판본 『孟子諺解』卷之七의 표지 배면에는 『孟子諺解』가, 뒤표지 배면에도 역시 『孟子諺解』가 인쇄되어 있다. '七書房'에서 간행했을 가능성이 매우 높다.

넷째, 소설 방각본의 경우, 『구운몽상』, 『별춘향젼이랴극상』은 1910년 대까지 계속 출판된 것으로 추정된다. 『경슈경젼』(28장본)은 서계서포에서 발행된 것으로 추정된다. 1838년판인 『蘇大成』(쇼디셩젼)의 배지에 보이는 『삼국지』의 글꼴은 1860년대 이전의 판본으로 보인다.

다섯째, 비소설 방각본의 경우, 『古今歷代標題註釋十九史略通攷卷之三』의 뒷배지에 인쇄된 『장풍운전』은 행서체라고 볼 수 있다. 1857년에 발행된 『장풍운전』으로 추정된다. 앞표지와 1쪽 사이에 후대에 인쇄된 것으로 보이는 『增韻』8쪽이 간지로 들어가 있어, 전주에서도 『增韻』이란 책이 발간된 것을 알 수 있다.

1912년 무렵 완흥사서포에서 발행한 『少微家熟點校附音通鑑節要卷之六』배지에 인쇄된 『열여춘향슈졀가』은 1916년 다가서포에서 발행된 『열여춘향슈졀가』와 그 글꼴이 완전히 일치한다. 『少微家熟點校附音通鑑節要卷之六』의 배지에 나오는 '삼국지'는 1892년 무렵에 발간된 이본으로 추정된다. 필자가 소장한 『증보언간독』에는 '乙巳季春完南新刊'(1905)이란 간기가 있다. 이는 완흥사서포본일 가능성이 크다.

김동욱(1974), 『한국고전소설판각본자료집』, 국학자료원.

류탁일(1985). 『완판 방각소설의 문헌학적 연구』, 학문사.

배연형(2006), 「『별춘향전』(완판 29장본) 연구」, 『판소리연구』 22. 195-227.

송일기(2000), 「泰仁 坊刻本의 出現 時期 및 養眞居士 朴致維의 行歷考」, 『고서』 제9호, 한국고서협회, 9-24.

송일기(2006), 「白坡 亘璇과 養眞居士 朴致維의 만남」, 『한국불교문화연구』 8, 169-209.

유춘동(2013), 「완판(完板) 『조웅전』의 판본」, 『洌上古典研究』 38, 37-62.

유춘동(2014), 「방각본 소설의 새 자료와 과제」, 『고전과해석』 17, 59-82.

이창헌(1995), 「경판방각소설 판본 연구」, 서울대학교 박사학위논문.

이창헌(2005), 「소설 방각본의 한글 각자체(刻字體) 소고」, 『민족문화』 28, 225-261.

이태영(2007) 「새로 소개하는 완판본 한글고전소설과 책판」, 『국어문학』 43집, 29-54.

이태영(2010), 「완판 방각본 출판의 문화사」, 『洌上古典研究』 31, 91-115.

이태영(2013), 「완판본의 개념과 범위」, 『洌上古典研究』 38, 9-36.

이태영(2014), 「완판본에 나타난 刊記의 특징」, 『洌上古典研究』 42, 321-350.

이혜경(1999), 「조선조 방각본의 서지학적 연구」, 전남대 박사학위논문.

전북대학교 한국학자료센터(2011), 『全州 南安齋 所藏 全義李氏家의 古文獻』, 湖南圈域 古文書資料集成2.

전상욱(2010), 「한글방각소설 신자료 고찰」, 『洌上古典研究』 42, 145-167.

정병설(2012), 「영국도서관(British library) 소장 경판한글소설 재론 -배접지를 통해 추론한 방각본의 간행 상황을 중심으로-」, 『고전문학연구』 42, 145-167.

조희웅(1999), 『古典小說 異本目錄』, 집문당.

조희웅(2006), 『고전소설 연구보정(상, 하)』, 박이정.

천혜봉(2006), 『한국서지학』, 민음사.

# ㄱ

완판본 인쇄·출판의 문화사적 연구

# ㄷ

완판본 인쇄·출판의 문화사적 연구

# ㄹ

완판본 인쇄·출판의 문화사적 연구

완판본 인쇄·출판의 문화사적 연구

# ㅇ

완판본 인쇄·출판의 문화사적 연구

완판본 인쇄·출판의 문화사적 연구

완판본 인쇄·출판의 문화사적 연구

# ㅊ

| **이태영** 약력 |　　전라북도 전주에서 태어남.

전북대학교 인문대학 국어국문학과 졸업.

전북대학교 인문대학 국어국문학과 교수.

전라북도 문화재 위원.

전주완판본문화관 운영위원.

국립새만금간척박물관 자료수집관리위원회 위원.

전북대학교 박물관장 역임.

전주역사박물관 운영위원 역임.

전주시 기록물관리위원회 위원 역임.

문화체육관광부 국어심의위원 역임.

한국어지식대사전 편찬위원 역임.

국립한글박물관 개관준비위원 역임.

겨레말큰사전 편찬위원 역임.

국어문학회·한국언어문학회 회장 역임.

국어사학회 회장 역임.

## 완판본 인쇄·출판의 문화사적 연구

초판 1쇄 인쇄　2021년 1월 11일
초판 1쇄 발행　2021년 1월 25일

지은이　　이태영
펴낸이　　이대현
편　집　　이태곤 권분옥 문선희 임애정 강윤경 김선예
디자인　　안혜진 최선주
마케팅　　박태훈 안현진

펴낸곳　　도서출판 역락
출판등록　1999년 4월 19일 제303-2002-000014호
주소　　　서울시 서초구 동광로 46길 6-6 문창빌딩 2층 (우-06589)
전화　　　02-3409-2060(편집), 2058(마케팅)
팩스　　　02-3409-2059
홈페이지　www.youkrackbooks.com
이메일　　youkrack@hanmail.net

ISBN 979-11-6244-630-0 93710

*정가는 뒤표지에 있습니다.

*잘못된 책은 바꿔 드립니다.

* 이 도서의 국립중앙도서관 출판예정도서목록(CIP)은 서지정보유통지원시스템 홈페이지(http://seoji.nl.go.kr)와 국가자료종합
　목록 구축시스템(http://kolis-net.nl.go.kr)에서 이용하실 수 있습니다.(CIP제어번호 : CIP2020054551)